马洪文集

第 六 卷

中国社会科学出版社

作者像

作者简历

马洪，1920年5月18日出生于山西省定襄县待阳村。原名牛仁权，1938年春在延安时改名马洪。曾用名牛黄、牛中黄。

他出身贫寒，13岁时被当地小学聘为教员，开始自食其力。他自学中学课程，并协助当地著名爱国人士、族人牛诚修先生修订《定襄县志》。从那时起，他阅读了大量书籍，开始接触进步思想。九一八事变和一二·八事变爆发后，他参加了学生的抗日示威游行和集会，爱国思想日益浓厚。1936年年初，马洪经人介绍到太原同蒲铁路管理处（局）工作，先当录事（即文书），后考入同蒲铁路车务人员训练班（半工半读）。在此期间，他当过售票员、行李员、运转员等。他努力自修学业，阅读进步书刊，不断开阔眼界。

1936年冬，马洪参加了"牺盟会"，积极参与同蒲铁路职工的抗日救亡工作。1937年冬，太原失守，他跟随同蒲铁路局迁到侯马。11月，在侯马加入中国共产党，时年17岁。由于他工作努力，具有出众的组织才能，被推选为同蒲铁路总工会的负责人之一。他在同蒲铁路沿线的各段站建立和发展工会组织，展开对敌斗争，并参与统一战线的工作。

1938年，马洪到延安，先后在中央党校和马列学院学习和工作。抗日战争胜利后，马洪从延安被派往东北，在中共中央东北局工作。新中国成立以后，曾任东北局委员、副秘书长。后调任国家计划委员会委员兼秘书长。因受"高饶事件"的牵连，被下放到北京市第一和第三建筑公司工作。后又担任国家经济委员会政策研究室负责人。

　　1978年后，历任中国社会科学院工业经济研究所所长、中国社会科学院副院长。

　　1982年后，任中国社会科学院院长、国务院副秘书长、国务院技术经济研究中心总干事。同时兼任国家机械工业委员会副主任、国家计划委员会和国家经济体制改革委员会顾问、国家建委基本建设经济研究所所长。

　　1985年，任国务院经济技术社会发展研究中心（后更名为国务院发展研究中心）主任。1993年改任名誉主任。并任中国社会科学院研究生院教授、博士生导师，被北京大学、清华大学、中国人民大学、复旦大学、南开大学等学校聘为教授及上海交通大学聘为名誉教授。

马洪手迹

目　　录

改革社会科学研究工作的几个问题*

我这次是来参加长白山开发讨论会的，会后准备到大连去参加大连发展战略讨论会。今天，来到这里和同志们座谈，对我来说是个很好的学习机会。

吉林省社会科学院在全国社会科学界是很有影响的，成果很多。《社会科学战线》这个杂志在全国、国际上都有影响，比《中国社会科学》办得早，而且办得出色。

社会科学门类很多。你们这儿每个研究所内部就有好多学科。我是搞经济的，对于社会科学的其他学科，很少研究，可能同志们提出来的问题我也回答不了。所以仅就一些共同性的问题，比如怎样开创社会科学研究的新局面、社会科学研究工作怎样改革等问题说一说我的看法，请同志们指教。

一 社会科学面临着严重的挑战

同志们都知道，第二次世界大战以来，科学技术的进步是日新月异的，70 年代以来，战后开始的这场科学技术革命又进入了一个崭新的阶

---

　　* 本文是作者 1984 年 8 月 4 日在吉林省社会科学院干部会上的讲话，原载《社会科学战线》（季刊）1985 年第 1 期。

段，它已经产生和将要产生怎样广泛而深刻的影响？世界上有不同的描述。有的把它叫做第二次或者第三次技术革命，或者叫做第二次、第三次或第四次产业革命，还有的叫做第三次浪潮，等等。不管怎么样称呼它，不可否认的一个事实是现在世界上确实出现了一批新的技术群和新的产业群。这对世界的经济、社会、思想、文化、政治，也包括我们的社会科学都发生了很大的影响。

自然科学和社会科学的发展历来是相互作用的。自然科学的这种日新月异的发展影响着社会科学相适应地发展。同时，社会科学也给自然科学以影响。世界这种新的科学技术革命的发展，确确实实对社会科学提出了很多的问题，特别是对马克思主义的社会科学提出了很多新的问题。这些问题，无论马克思、恩格斯也好，列宁也好，是在他们那个时代没有遇到过的问题。当然，他们给我们留下了研究这些问题的立场、观点和方法，但是没有也不可能给我们留下现成的答案。如果一切都是现成的，那还要我们干什么！马克思主义要不断发展、不断前进。马克思主义之所以是科学的，就在于它是不断发展、不断前进的科学。因为社会生产是不断发展、不断前进的，科学技术也是不断发展、不断前进的，当然社会科学同样也是不断发展、不断前进的。比如，现在西方资产阶级经济学家、社会学家、未来学家都讲发达的资本主义国家正处在什么"后工业社会"。他们把社会的发展分成这么几个阶段：原始社会、农业社会、工业社会。工业社会以后就是"后工业社会"。后工业社会叫做什么社会呢？有些人把它叫做信息社会。他们认为，以前的社会都注重物质生产，后工业社会——信息社会——则注重信息的生产。以前的人们是靠物质生活的，后工业社会人们要靠信息生活。他们也讲了资本主义国家在科学技术发展上许多客观存在的事实，这是不可否认的。这些科学技术对我们搞四个现代化是很需要的。当然，他们也解释说信息是物质化了的信息。确实也有这样一个问题，将来物质产品中的物化劳动和活劳动会越来越节省。物化劳动和活劳动的节省反映了信息的发展。但是，是不是人类社会的发展已经到了不要物质只靠信息就可以生活的时代呢？

和这种观点相联系的，西方的经济学家、社会学家、未来学家还有另外一种看法。他们认为，人类社会并不需要共产主义，也并不需要社会主义，资本主义就挺好。他们反过来证明这种观点：你看，我们这个资本主义就是萧条一阵子繁荣一阵子，繁荣一阵子又萧条一阵子，每次萧条之后就预示着一次新的繁荣，资本主义就是在萧条—繁荣—萧条这样反复循环的过程中不断前进的。这就得出了一个政治结论：并不需要共产主义，将来社会也不会是共产主义社会。实际上是反对共产主义。美国的经济学家罗斯托写了一本《经济发展的阶段》，它的副标题是"非共产党宣言"。在 60 年代我们出版他这本书的时候把它翻译成《反共产党宣言》。后来，我们好多翻译家说《反共产党宣言》翻译得过分了。可是，他的《非共产党宣言》也是对着马克思、恩格斯的《共产党宣言》来说的。他的基本观点是：未来社会不是属于共产主义而是属于资本主义。

这对我们马克思主义者来说是个严重的挑战。我们必须对此做出回答。马克思主义还灵不灵？马克思主义还是不是一门科学？我们在北京王府井街头参加过一次咨询服务，遇上了一个大学经济系的硕士研究生，他对我说："现在看来，马克思的《资本论》是过时了；最好的是美国未来学家托夫勒的《第三次浪潮》，它代表了时代的潮流。"他不是开玩笑，而是郑重其事地提出这个问题。我向他解释了这个看法是不对的。我们的大学经济学硕士研究生，学的就是《资本论》，却认为它过时了，而托夫勒的《第三次浪潮》才代表了历史发展的趋势。这还不是对我们马克思主义的挑战吗！这不单单是个经济学的问题，还包括了哲学、政治学、社会学等有关的学科，甚至包括了整个社会科学。

这仅是一方面，而另一方面，新的产业、技术的发展确实是马克思没有遇到过的问题，需要用他的立场、观点、方法去认识去解决新的问题。正确地解决这些问题，是我们马克思主义者的历史任务。我们要对新的社会现象、经济生活现象、人们的思想状况进行系统的调查研究，根据马克思主义的基本观点予以科学的解答。解决这些新问题，就是创造新理论，就是丰富和发展马克思主义。马克思主义要有生命力，就必须吸收现代科学的一切新成就、新成果。

以上是从国际上来讲的。从我们国内来讲，也有许多新的问题需要进行科学研究。党的十一届三中全会以来，我们党总结了新中国成立 30 年来的经验教训，也汲取了国际共产主义运动和建设社会主义的经验教训，制定了一条新的路线，对内搞活经济，对外开放，加快有中国特色的社会主义物质文明和精神文明的建设。5 年多的历史证明了党的路线是正确的，取得了很大的成效。这是有目共睹的。

我们在农村实行了以家庭为单位的联产承包责任制，大大发展了农村的社会主义商品生产和商品交换，农村的面貌有了很大的变化。拿吉林省来讲，去年有 100 亿斤粮食储存起来，今年可能又增 100 亿斤！这是很好的现象，说明我们国家大有希望。城市的变化虽然没有农村的变化那么大，但变化也不小。城市要总结农村的经验，创造适合城市的做法。农村主要是集体所有制，要把集体和个人的关系处理好，把家庭联产承包责任制解决好，就能提高群众的积极性。城市主要是社会化生产的全民所有制和集体所有制，那就要解决国家和企业的关系、企业和职工的关系。现在国家又决定给企业以十条权力。国营企业要创造条件实行独立核算、自负盈亏。企业内部对职工的劳动报酬，实行"上不封顶，下不保底"，把企业办得好坏直接和职工的利益挂起钩来，这就有利于解决企业不吃国家的大锅饭，职工不吃企业的大锅饭这样一个问题。

在对外经济关系方面，毛主席在党的七届二中全会上的报告中说，新中国成立后至少要和资本主义国家做生意。但是，中华人民共和国一成立很快就爆发了朝鲜战争，美国对我国实行封锁。那时，我们只和苏联及东欧社会主义国家来往。苏联同我国的关系恶化之后，我们在经济上同资本主义国家的来往也很少。党的十一届三中全会以后，执行了对外开放的政策，我们引进外资、引进技术、搞合作企业等，取得了显著的效果。

两个月前，我到深圳开了个会。那个地方过去是个山沟的小城镇，仅仅 3 年多的时间，就变成了一个相当现代化的城市。澳门对面的珠海过去是个渔村，现在却盖起了好多现代化的大楼。中山县是孙中山先生的老家，也是这样。从珠海到广州，沿途农村到处都看到电视机的天线。如果不执行对外开放政策，这是不可能的。这样，就有一个问题：在农村、城市采取这些政策的理论基础是什么？为什么采取这些政策生产力就发展得快，人民就得到较大的实惠？这样做是符合社会主义原则呢，还是背离了社会主义原则？这也是我们面临的必须回答的问题。

所以，不论从国际或国内来看，我们社会科学工作者都面临着一场严重的挑战。我们怎样迎接这场挑战，把我国的社会科学推向前进，为四个现代化，为社会主义物质文明和精神文明的建设服务，为十二大提出的战略目标服务？这就是摆在我们社会科学工作者面前的重大的历史任务。

二　社会科学与自然科学必须联合起来解决"四化"的重大问题

社会科学门类很多。拿中国社会科学院来说，有三十几个所，大的学科有一百多个，细分起来，小的学科有几百个。为十二大提出的总的战略目标服务，为社会主义物质文明和精神文明建设服务，每个学科服务的方法应该有所不同，有的是直接服务，有的不是直接服务。但是不能说哪个学科没有服务的任务，实际上都有这个任务，只不过不能要求大家都是一个样子。有些应用学科可能直接服务多些，有些人文学科就可以采取另外的形式，它至少可以为我们精神文明建设服务。这方面我们大家都要研究一下，每个学科为实现党的十二大的目标、两个文明建设怎样更好地服务？发展社会科学本身就是精神文明的建设，我们是通过精神文明的建设为物质文明的建设作贡献。

社会主义物质文明和精神文明建设提出的那些最重要的课题，也就是国家迫切需要解决的课题。这些最重要的课题往往是需要社会科学和自然科学两大学科结合起来进行研究才能解决的。我们国家要实现四个现代化，离开自然科学、技术科学只靠社会科学行吗？不行。反过来说，只靠自然科学、技术科学而离开社会科学行吗？也不行。自然科学、技术科学的成果在社会上怎样应用，能不能应用？比如一个工程、一种技术能不能社会化，经济上是不是合算，社会上能不能应用它，这是社会科学的问题。所以，这类问题都需要社会科学和自然科学结合起来进行探讨。比如，我们要搞长江三峡的工程，这是很大的工程，我国历史上是没有过的。它牵涉的方面就太多啦。除了其本身的技术问题以外，要筑一个大坝应在什么地方选择坝址，怎么建设这个坝，是高坝、中坝还是低坝，怎样防止泥沙淤积？这好多问题当然是要自然科学、技术科学解决的；但是，至于建大坝要移走很多老百姓，怎么样移走、安置这些老百姓，就成了很大的社会问题了。同时，它输出了电以后，怎样应用这些电，建设这个大坝怎么才是最经济的？这都是社会科学的问题。

我们面临的很多问题都是社会科学和自然科学结合起来才能解决的。

我参加长白山开发和保护的讨论会，看了开发和保护长白山的六个题目，都是自然科学家作的报告，而报告中讲的事情绝大部分是属于社会科学或与社会科学有关的。保护和开发长白山，毫无疑问，吉林省社会科学院的经济研究所和历史研究所都应该参加。长白山原先是满族的发祥地，是禁区。清朝初年还是开放的，到了康熙十六年才被列为禁区；以后又开放了；后来又被封锁了。为什么这样呢？这要做历史的考察。我看这和破坏与保护有一定的关系。这就要求我们社会科学工作者和自然科学工作者合作，和工程技术专家合作，特别是在经济科学方面。搞人口的研究，如不与医科的专家合作，就搞不清楚。

三　要逐步改变我们的智力结构

我们社会科学工作者应该尽可能地学习点自然科学方面的有关知识。搞经济学的人如果不懂点数学就不行。现在，谈任何经济问题只有定性的概念而没有定量的分析是不行的。可是，我们现在有个很大的问题，搞经济学的人有很多不懂数学，不懂统计学。这是摆在我们面前需要很好解决的问题。我们搞经济学的只讲了一大套原理、原则而没有任何数字说明这些问题，怎么能说是科学的呢？现在中国社会科学院研究生院经济学系招收学生的时候，数学是按理科的要求来考试的，否则就不招收。现在西方的有些经济学家看不起我们，他们跟我们谈话的时候往往对不上话。当然，对不上话的原因，有的是因为两个体系不同，这是可以理解的；有的则是因为他们用数学的方法解释经济问题。数学的基本概念是共同的，你不能说有资产阶级的数学和马克思主义的数学。西方的经济学家看得起、看不起我们是小事情；问题在于我们所面临的问题，必须把社会科学和自然科学结合起来才能解决，不然就解决不了。现在，搞自然科学的人关心社会科学的程度要比搞社会科学的人关心自然科学的程度大。这个问题应该引起我们搞社会科学的人的充分注意。钱学森同志是搞自然科学的，他现在经常讲社会科学的问题。

我们搞社会科学的，过去每个人研究的只是一个学科。当然，对本学科应该精通，不然怎么能是这一学科的专家呢？但是，要把问题研究得好，仅仅靠一个学科，甚至一个学科中某个方面的知识是不行的。比如研究历史的人，只研究政治史，不研究思想史、哲学史、经济史，那根本不行。科学的发展包括社会科学的发展，是向专业化的方面发展，同时越向专业化的方面发展越需要综合的东西，所以跨学科的新的学科就应运而生了。专门化和综合化是统一的。我们真正要把一个问题研究清楚，有一个更高的水平、更深的程度，恐怕仅靠单科去搞，成绩不会很大。这里面就有个学科本身与其他相关学科，相互结合起来研究的问题。

一个学者本身的学问也应该不断地吸收新的东西。推而广之，我们一个研究室、一个所、一个院的智力结构也要吸收一些新的学科、一些新的人才，注入点新的血液，这样才能开创社会科学研究的新局面。

四　规划、计划要从两个文明建设的实际需要出发

过去，我们社会科学部门做计划也好，做规划也好，就只是几本书的题目。书当然要，一个学术机关不出书还叫什么学术机关？但是，只有书目还不行。计划、规划还是要以课题为主。过去，也有课题，课题就是书。而课题又是由个人根据自己的爱好提出来，列入研究计划和规划的。这些书有的同社会主义现代化物质文明和精神文明建设没有联系，也有相当多的不是没有用处，而是用处不那么大。这是因为：首先，书是课题研究的结果，我们不能只在规划、计划中列出结果，而不在计划、规划中规定，为得出这一结果，必须进行哪些工作。事实上，只有把注意力放在课

题研究上，写出高质量的著作才是有保证的。其次，专著只是专题研究成果的一种表现形式，而不是唯一的表现形式。我们的物质文明和精神文明建设需要社会科学研究各种课题，它们的研究成果的表现形式也会因课题的性质不同而各异。如果只承认专著这一种形式，就会使国家需要我们研究的许多课题排不上队，列不进规划和计划。加之过去有些列进计划、规划的书目是由个人根据自己的爱好提出来，甚至是临时"拍脑袋"拍出来的，把这些题目汇总成为计划、规划，就更失去了指导研究工作的意义，成果的质量也完全没有保证。中国社会科学院这次整党时，认为这种情况要加以改变。列入计划、规划的必须是课题；选定课题又必须是由上而下和由下而上相结合。国家的课题是根据国家的需要提出来的。

同时，也鼓励个人提出课题。但是课题必须有课题设计书，说明本课题的研究对于两个文明建设和学科发展的意义，目前已经达到的水平，拟在哪些方面做出新的突破，达到新的水平，等等。没有这种课题设计书，无论课题是研究室的、研究所的还是院里的，都不能列入本单位的研究计划和规划。还有过去是否列入计划和规划，往往是以个人的名望如何来定的，某某人有名，要出什么书，不给他列入计划和规划不行。现在，进行体制改革，要实行一种新制度。在编制计划时，要由评议会或学术委员会加以审查，如果认为有研究价值，才可以列入计划。

课题确定列入计划后，如何分配任务，也应采取新方法。比如，是否可以实行类似经济单位招标那样的"出榜招贤"办法，我们可以把课题分发到各个有研究能力的单位，一个课题很可能有几个单位的几个人"投标"，都搞出课题研究设计书，按照前面所说的办法进行评定选择，然后把课题交给他，并拨给一定的科研经费。不看他的名望多高，他搞出来的不行就是不行；一个年轻人搞出来的东西有独到的见解，尽管他没有名望，也应该给予肯定。这样才能发现人才，调动大家的积极性。哪个人承担了课题就由他挑选人参加研究。他既可以在本单位挑选，也可以在社会上挑选。这就可以把我们当前社会科学人员不能流动"死水一潭"的问题解决了。如果吉林省社会科学院研究人员都被国家的或省的或外地其他单位的课题组挑选走了，虽然课题不在院里，这也是你们这个社会科学院的光荣。他们完成课题任务的水平、成绩也应该记载在院里。反过来说，如果我们这个院承担不了课题，也可以从外单位、外地挑选人员。长春电影制片厂正在拍摄《谭嗣同》，就是从上海电影制片厂借调达式常扮演谭嗣同的。上海电影制片厂的演员到处叫人家借走了，说明那里人才荟萃。达式常演得好、得了奖，上影当然会给他一定评价的。

既然是课题，就要根据课题的研究成果达到的水准，承认它们的学术水平。研究报告、政策规划、方案、论文、专著，都是成果。有些可能是对党和国家的建议，又不能公开，也不用写研究报告。有的研究报告可能只写了5000字，而其作用可能比二三十万字的书还高，这就是看它的社会价值了。与之相联系的是牵涉到今后学术成果的考核。考核时不能只看他出了几本书、书厚不厚。一个很有价值的研究报告或建议可能只有几千字，但很有可能得第一名的奖金，给他的奖金应不少于写了50万字一本书的稿酬。评定学术职称也应采取这样的标准。

搞经济学研究的可以搞点咨询服务，开始不一定收费，以后也可能收一点。中国社会科学院有两种情况。比如，工业经济研究所，我原先在这个所工作过，他们四年给国家上缴了160万元的税，给院上缴了45万元，自己留了60万元，主要是靠电视广播讲座出书和办杂志得来的。首都钢铁公司的改革也是他们参与帮助搞的，并没有收费；重庆综合体制改革试点方案，他们也参与了，也没有收费。但也有收费的，计量经济和技术经济研究所给某个化工厂解决了一些问题，厂子给了几万元的报酬。我们社会科学机构不是经济单位，但是也可办些咨询服务组织，不仅经济学科，其他有些学科，如法学研究所、社会学研究所，等等，也可以搞些咨询服务工作。当然，这要一步一步地搞。上海有个科学学研究所，16个人，他们承担的科研项目完全是收费的。问题是切不可为了赚钱而把我们的研究工作削弱或放弃了。我们基本的任务是搞研究工作，咨询服务也是为了把研究工作搞得更好，能更好地联系实际，更好地为社会服务，而不是以营利为目的。中国社会科学院准备鼓励一些搞应用研究的所搞些咨询服务的机构。

五　地方院所的方针和任务

许多省市社会科学院比中国社科院办得好，生气勃勃，作为地方上的参谋与助手，比我们起的作用大得多。

昨天看了你们给的《社会科学参阅资料》。在今年第 23 期上发表的《大力发展地方社会科学事业》一文中，提出了地方社会科学研究机构要有两性：地方性和应用性。说"'立足地方，重在应用'是地方社会科学事业发展的正确的方针。立足地方，就是要面向实际，实事求是，把研究和解决本地区现代化建设中提出的现实问题作为主要课题；重在应用，就是为地方的两个文明建设服务，努力当好地方党和政府的参谋"。这个提法很好。最近几年我走了全国将近一半的省市。大体上照你们提的这个办法办的取得的成效就大，而且地方党和政府也重视本地的社会科学院，给予大力的支持，加强对它的领导。因为你给人家解决了问题，人家才重视你。反过来讲，不是按照这样一个办法去做的，地方党委也不太重视，那里的工作就困难重重，同志们也很苦恼。这是很容易理解的。社会科学这条战线很长，各种学科同现实联系的紧密程度不同；方式也不一样，所以我们说重点应该放在研究和解决现实问题上，并不是说一些古老的学问看来和当前社会主义建设关系似乎比较间接的问题，都不需要研究了。只要是真正有学术价值的研究项目，我们都应当支持，都应当根据其任务的大小配备力量。

每个地方的社会科学院应该办出当地的特色来。邓小平同志讲，要建设有中国特色的社会主义。中国有中国的特色，同样，每个地方也应有每个地方的特色。比如"长白山的开发和利用"，只有吉林省才具有最有利的研究条件，其他省市是无法同你们比拟的。

立足本区，并不是说就不能够出具有全国水平、全国意义的著作，以至世界性水平的著作。我看，地方的社会科学院立足本区才更有利于拿出具有全国水平的著作。如果你偏要搞全国性的项目，而优势又不在你这里，那么你就很难搞好。要"扬长避短"。我们对本区的情况了解得最多，资料掌握得最多，研究的条件最好，就应该扬这个长处。避什么"短"呢？避我们条件不具备的，不要搞我们力所不及的那些项目。

这并不是说要我们只把眼光放在吉林省。我们应该放眼全国、放眼世界。能和外面协作的尽量协作，能和外面交流的尽量交流。这样才能提高"立足地方"的水平。当然，"立足地方"，也不能理解成只准研究地方性的课题。没有疑问，各地根据自己的条件、自己的力量，发挥自己的优势，在承担地方科研任务的同时，也还可以承担一些全国性的甚至是国际性的科研项目、解决一些全局性的重大问题。

我看，首先东北三省就应当进一步密切协作，也不限于东北三省，也可以和关内有关省份协作，也可以和国外有关方面协作。比如，拿边疆史的研究来说，中国社会科学院承担了边疆史的写作任务，主要是近代史所、历史所和民族所承担的，但光靠中国社会科学院是写不好的。我曾说过好几次，如果不和黑龙江、吉林、辽宁三省合起来研究，怎么能把同苏联等的边疆问题研究清楚呢？

中国社会科学院有苏联东欧研究所，吉林省有苏联研究室，黑龙江省有西伯利亚研究所，重点在哪儿？这就有个分工、适当配备力量的问题。不然就会像工业建设那样，搞了很多厂子，仅是低水平的重复，造成人力、物力上很大的浪费。研究人员本来就少，结果大家都出不了高水平的成果。

"立足地方"并不是说要把自己封闭起来，我们应当是开放式的，不仅要向东北三省开放，向关内开放，还要向国外开放。向国外开放，我觉得有几件事情可以研究一下。

采取图书交换的方法，可以从国外得到很多很多的资料。你们的《社会科学战线》，我到国外访问时，在很多大的研究所都见到过。中国社会科学院情报研究所的外文报刊多是靠外汇订的，而外汇是有限的。有多少外汇订多少报刊，订什么也不是自愿的，而是由中国图书进口公司分配的。这样面就窄了，得到的资料就少了。我觉得比较经济的，既不用外汇又能得到更多的资料的办法，就是资料交换。拿你的《社会科学战线》同世界上大的图书馆、大的研究机构交换，它们是愿意交换的。像美国、日本这些发达国家对中国最感兴趣的是社会科学。我们现在出去的多是搞自然科学的，而它们来的多是搞社会科学的。

在这方面，我们要把眼光放得宽些远些，办法搞得多点活点。比较切实可行的是采取这种办法。当然，也应该创造些条件，找机会到国外一些地方去搞点调查研究。

我提出这些看法，希望得到同志们的指正。

（文中标题系原编者所加）

立足"四化"建设　改进社会科学研究

一

科学，既是反映客观规律的知识体系，又是人们改造自然、改造社会的强大武器，它对社会进步具有巨大的作用。马克思把科学首先看成是人类历史发展的有力的杠杆，看成是最高意义上的革命力量。

科学，可以区分为自然科学（包括技术科学）和社会科学。科学技术的进步是社会经济发展的一个直接的基本因素，也是社会科学发展的一个重要条件。18 世纪发生于英国、后来接连发生于世界各"文明"国家的产业革命，从科学技术上的原因来说，正是由于牛顿力学和热学的推广、蒸汽机等一系列机械装备的发明引起的。19 世纪电磁学的创立和发电机的产生，使人们进入了电气化的时代。社会生产力的每一次飞跃都是科学技术促进的结果。而且，科学技术的发展影响和改变着人类的思考方式，对传统的宗教、哲学、道德、艺术、政治法律乃至审美观点都给予不断的冲击，开拓着社会科学的新的源泉和领域。例如，在近代史上，继哥白尼、伽利略的天体运行对宗教神学的冲击之后，牛顿力学体系深刻地影响了 18 世纪的机械唯物论，直接引起了英、法两国的启蒙运动；达尔文

* 本文原载《中州学刊》（双月刊）1984 年第 4 期。

的进化论在英国社会引起了轩然大波,对人类学、社会学等新的社会科学领域的出现创造了有利条件。

社会科学的进步受到自然科学和技术科学进步很大的影响,并产生于一定的社会经济基础之上,但社会科学的状况如何对科学技术的进步、经济的发展也具有极为重要的作用。众所周知,科学技术是由于社会需要产生的,其应用服从于特定的社会目的,因此,科学技术从本质上来说,是一种社会现象。科学技术的各个发明和发现、社会的每一项经济活动都是通过人们的实践来进行的,而人们的活动受其主观思想动机的支配,打着时代精神的烙印,被当时当地的政策、法令所制约和影响。科研的组织、生产的进行也都依存于一定的社会条件,不能孤立地存在。所以,在考察任何科技、生产活动时,都必须注意该时期、该地区的社会环境、社会思想等因素的作用。18 世纪法国资产阶级思想家提出的对当时社会种种弊端的分析和改革的方案,为法国 1789 年大革命提供了理论武器,进而解放了生产力;斯密、李嘉图的古典经济学的建立,促进了英国资本主义经济的发展和成熟;19 世纪德国古典哲学的完成,对自然科学和社会思想起了相互促进的积极作用;尔后世界各国兴起的共产主义运动以及社会主义国家的革命和建设的伟大成就,都是在马克思主义指导下取得的。在特定的条件下,一定时期的社会制度、社会科学的发展甚至是该时期社会经济技术状况的决定性因素。西方学者认为,社会科学成为独立的科学仅有二百多年左右的历史,其中经历了两个大的发展阶段:在 18 世纪至 19 世纪这个阶段中,社会科学才开始成为独立的科学;到 20 世纪这个阶段中,社会科学已发展成为经济学、社会学、心理学、人类学、历史学等基础社会科学和政治学、经营学、教育学等应用社会科学一系列学科,形成了日益发展的社会科学体系。大力促进社会科学研究事业,是历史发展的必然要求。

目前,世界上正兴起着一场新的技术革命的热潮,主要表现为信息技术(包括微电子技术、电子计算机和光纤通信等)、生物技术(包括基因工程、细胞工程、酶工程和发酵工程等)、宇航技术的出现和推广,新型材料和新的能源等新技术的开发和应用。和以往的技术革命与产业革命一样，它将给人类社会带来巨大的变革。这对于我国的四化建设来说，既是一个机会，也是一场挑战。60 年代，许多国家利用科学技术的进步发展起来了，我们却在搞"文化大革命"，错过了一个良好的发展机会。近几年我国经济发展较快，但由于我们是一个发展中国家，生产力和科学技术水平较低，同西方发达国家差距很大。因此，面对新的技术革命，"我们应该抓住时机，有选择地应用新的科技成果，加快我国现代化建设的进程，缩小同发达国家在经济、技术上的差距"（六届人大二次会议上的《政府工作报告》）。

在这种形势下，加快我国社会主义现代化建设的进程，必然会给予社会科学的发展以很大的影响。新的科学技术的采用，将使我国社会科学的研究内容、研究方式、方法和利用的工具有重大的改进。比如，由个人的单科研究到采取跨学科的集体攻关；计算机、微处理机、缩微胶卷、复印机等新的技术成果，正为社会科学的研究提供着许多便利。而且，科学技术革命对社会的影响主要是通过产业革命来实现的，这样，新的技术革命推动了产业革命，同时又引起社会的一系列变革。"四个现代化"建设对我国现阶段和未来的社会影响，涉及劳动、就业、教育、文化、艺术、阶级关系、政治经济体制和国际关系等各个方面，进而使得社会科学研究的对象、结构、目标、规划、组织等发生深刻变化。举例来说，新的科学技术改变着经济活动及劳动产品的形式，改变着人类衣、食、住、行等物质生活内容和生活方式，随之而来的在社会科学研究方面出现了科学学、未来学、决策学、信息论、控制论、系统论等新的学科群。传统的学科本身也发生了变化，经济预测学就是经济学和新兴的预测学相结合的产物。研究社会的课题越来越深入、范围越来越广泛，将推动社会科学研究事业蓬蓬勃勃地向前发展。

随着经济的发展，社会科学在"四个现代化"建设中的地位和作用也在不断地加强。社会科学的不断进步及其成果在社会实践中的应用，它与其他科学例如自然科学、技术科学等之间联系的日益密切，极大地提高了它的进展程度。列宁在 1914 年曾指出过，配第时代和马克思时代，存在着从自然科学流向社会科学的强大知识流，20 世纪初又得到进一步加强。今天，这两大学科相互交流、相互渗透的趋势，更为突出。比如，自然科学、技术科学的社会化和经济学化，就是一例。在迎接新的技术革命的挑战、进行"四化"建设中，我们党和政府的任何一项重大决策都离不开自然科学，同时也都离不开社会科学。实际上，我们党的机关也好，政府机关也好，所进行的工作，其科学依据就是自然科学和社会科学。在一定意义上说，我们的党政工作人员都是搞社会科学的。我们要实现社会主义现代化这一宏伟目标，既需要自然科学理论的指导，也需要社会科学理论的指导。而自然科学、工程技术（如国土治理、生态平衡、南水北调、运载火箭等）这方面的最终决策，也就是说，就自然科学来说，在技术上是可行的、是符合自然科学规律的，但在社会实践中能否取得效益，还需要应用社会科学来研究其是否可行。可以说，社会主义"四化"建设中的任何一项重大的决策都需要社会科学的论证。

新的"技术革命"的出现和发展，使得发达的资本主义国家的生产和经济出现了新情况、新特点，西方资产阶级学者形形色色的社会科学也应运而生，这就需要我们用马克思主义的立场、观点和方法，对其进行认真的剖析、去伪存真，才能正确地认识它的实质、吸收其合乎科学的东西、批判其反对科学的东西，从而促进社会主义物质文明和精神文明的建设。无疑，在新的历史条件下，社会科学研究者的任务是非常繁重而艰巨的。

二

党的十一届三中全会以来，我国的社会科学事业发展很快，但还远远不能适应实现党的十二大提出的全面开创社会主义现代化建设新局面的伟大历史任务和世界新的技术革命发展的要求：科研队伍小，思想、理论素质需要尽快提高；许多新的领域尚未有人研究或很少研究；不少同志的研究方向不能面向实际，和"四化"建设联系不够紧；研究的方式、方法，存在着许多缺陷；科研的组织、规划、管理方面也不完善、合理，如此等等。所以，我们必须从社会主义现代化建设的需要出发，改进我国的社会科学研究工作。以下我谈一些粗浅的看法：

（一）关于科研的选题、规划和组织

搞科研最重要的是选好课题，因为这是关系科研方向的大事。正如进行生产必须首先保证其产品符合社会需要那样，搞社会科学研究也必须与社会需要相吻合，才能被社会所承认、所接受。当前我国的社会需要集中地表现为社会主义现代化建设的需要，因此，社会科学研究要面向社会主义现代化，这也是邓小平同志反复指出的。所以，社会科学研究的课题必须体现为社会主义现代化服务的方向。过去我们选题，多数是根据个人的兴趣和特长进行的，有些能满足国家的、社会的需要，但有相当大的部分难以与国家的、社会的需要相适应。由于科研工作者个人，有时不甚了解国家科研项目的重点和社会的迫切需要。因而，研究的课题的选择和确定，必须采取由上而下和由下而上相结合的方法来解决。科研领导单位的一个重要任务就是出好研究课题。

制定科研规划很重要，它要求必须立足于社会主义现代化需要的基础之上。规划要分层次地搞，分国家的项目、省的项目、院和所的项目。搞科研规划，如果借用经济术语来讲，也应以"计划经济为主，市场调节为辅"。就是说，社会科学研究要以国家和社会需要的课题为主。如何体现这个为主呢？那就是在科研项目的比例上，国家的、省的、院的、所的项目应占科研规划的大多数，不能尽搞个人有兴趣而社会并不需要的课题。当然，科研领导单位在制定规划的时候，应当充分发挥每个科研工作者的专长和积极性、创造性。要加强应用研究，也要重视基础研究。基础理论的研究要尽可能地考虑为应用服务。特别是地方的社会科学研究规划，要从地方政府领导"四化"建设的需要出发，重点解决本地区"四化"建设中的重大理论问题和实际问题。

科研规划制定出来了，为了保证实施，就必须进行组织、协调。社会科学研究的协调是一个连续不断的过程，组织的方式、方法也要适时改进。跨学科的综合性研究是当前科研的一个显著特点。按照科研课题建立跨学科的研究小组，通过动员和组织各有关学科的社会科学家、自然科学家、工程技术人员一起攻关，这样才能对综合性的重大课题有新的突破。

这种做法在国际上已很普遍。我们要研究社会主义物质文明和精神文明建设的大题目，就不是一个人、一个学科所能承担得了的。大题目涉及相当多的学科，应组织有关学科的人集体攻关。组织科研活动也是一门科学，需要在实践中认真地加以总结、掌握它的规律，以提高科研工作的管理水平。

现在社会科学研究的力量不足，解决这个问题的办法之一，是聘请退休老干部中有丰富经验、有理论修养，又有兴趣从事科研工作的老同志为特邀研究人员。历史上有些有学术价值的著作，曾经是当过官的人在退休之后总结自己的经历而写的，如贾思勰的《齐民要术》、沈括的《梦溪笔谈》、王祯的《农书》、徐光启的《农政全书》，等等。我们的老同志也应当尽可能把自己的经验整理出来，写出有价值的著作，这将是对社会主义现代化建设事业的重大贡献。

（二）关于科研方法和知识更新

社会科学的研究方法是一个有待探讨的新课题。采用先进的、正确的方法是提高科研效率的重要途径。广义上讲，社会科学研究的科学方法包括研究对象（即课题）的正确选择、科研工作的合理组织、研究方式的适当采纳（比方说，是抽象法还是历史法，是归纳法还是演绎法，以及其他方法，或者几种相结合等，这是狭义意义上的研究方法）、先进科研工具（例如电子计算机）的应用，等等。

值得注意的是，使用数学方法对社会科学问题进行定量研究应当引起我们高度的重视，它已成为任何一门社会科学的研究精确化的象征。在我们现实生活中，客观上存在着大量的数据，它反映着社会现象之间的数量关系和复杂结构。而数学正是人们用以描述客观世界运动形式及其数量关系的一门学问。因此，在定性研究的同时，掌握数学方法并运用它对社会中的大量数据加以定量分析，才可能使我们对复杂的社会现象进行深入而广泛的研究并对定性的分析得出正确的结论。根据美国社会学家贝尔的看法，20 世纪以来在社会科学方面的 62 项重大成果中，定量的研究（或者兼有）占 2/3，而这些定量研究中的 5/6 又是在 1930 年以后做出的，主要是数学和统计方法的革新，或者是由定量分析推导出来的理论。[①] 这种说法不一定很准确，但是，它表现了当代社会科学不仅要重视定性研究，而且有向定量化研究发展的趋势。目前对任何一项重大的经济活动，只有定性分析而无定量分析，就无法进行正确的决策。而现在我国相当部分的社会科学理论工作者，一般地说都是缺乏数学和统计知识的。这种情况迫切需要改变。当然，我们强调定量分析，并不是说定性分析不重要。在马克思主义的社会科学中，定性分析是带有决定意义的，定量分析要在定性分析的指导下进行。否则，社会现象的本质还弄不清楚，就热衷于定量分析，一定会走到邪路上去。

　　社会科学不能单单依靠自身而发展，它与自然科学、技术科学的发展密切相关，带有综合性。事实上，人类对客观世界的认识历来存在着两种趋向：一种表现为知识的整体化、综合过程；另一种表现为知识的专门化、分化过程。整体化过程表现为当代科学发展的主要趋向，因此使得科学发展中综合性在第二次世界大战后的社会科学研究里的趋势明显增长。而且，目前科学的整体化的特点是在高度专门化基础上的高度整体化，知识的分化表现为在传统的学科的基础上出现了大量的分支学科及与其他学科结合形成的新学科。例如经济学这门传统的学科现在繁衍成众多的分支：政治经济学、经济史学、工业经济学、农业经济学、流通经济学等，同时经济学与统计科学结合形成经济统计学，与数学结合形成计量经济学等边缘学科。前一种分化表明科学由单线走向多分支，后一种分化表明科学由隔离分立走向跨学科研究。跨学科综合性研究打破了科学研究中对象的单一性与孤立性，使以往学科间彼此封闭的状态变成多值的关系与多维的关系。这反映了社会科学各学科之间、社会科学与自然科学等学科之间都是相互渗透、相互联系、相互依赖的。所以，我们要大力提倡进行综合性研究；要充分重视社会科学本身各学科研究之间的互相配合，社会科学研究要同自然科学紧密地结合起来；每个社会科学研究工作者的知识要广博，不仅要精通本学科的社会科学，而且要懂得相关的学科的社会科学与

---

① 参见美国 D. 贝尔《第二次世界大战以来的社会科学》第 4 页表一。

自然科学的知识；在研究中不要局限于单一的学科上，要善于利用其他学科的研究成果和研究方法来说明本学科的问题，善于同其他学科的研究工作者共同探讨现实中的重大社会经济问题；要注意选择边缘学科、新兴学科来进行研究，因为它们往往反映了社会研究的新需要，而这些目前在我国还是一个薄弱的方面。

社会发展的综合研究的趋势及新兴学科的不断涌现，要求我们必须经常地进行知识更新。人的一生是短暂的，而知识的积累则是无限的。随着科学技术的发展，知识积累的速度在逐步加快，为了获得最佳、最适用的科学信息，就需要相应地学习新的知识，改变自己的知识结构。只有用新的认识代替旧的认识，用新的知识充实几千年来积累的有用的知识，我们的知识才能不断地丰富和提高，对客观世界的认识才能一步步地升华，才能选择新的科研领域使之适应时代的需要。最近陈云同志讲管理人员要知识更新，这也是我们社会科学研究者面临的一项极为重要的任务。

（三）关于科研成果的鉴定与学术职称的评定

从事任何活动都有利益关系。人，有了动力，有了积极性，才能做好工作。搞社会科学研究也是如此。现在进行生产，提倡企业的经营效果好坏同生产者所获得的物质利益多寡联系起来，搞科研怎样才能把研究单位的成就大小与研究人员的积极性结合起来，值得认真地研究。这里，搞好科研成果的鉴定与学术职称的评定，是调动科研人员的科研积极性的关键所在。科研成果的鉴定标准和学术职称的评定形式与科研人员的研究方向及成效的大小密切相关，也可以说，这是如何把科研人员的研究同社会主义"四化"建设的需要联结好的一个枢纽点，必须给予高度重视。

鉴定研究成果的标准是什么？过去往往以是否出书为标准，这不免有些片面。当然，大部头的书出来了，的确是项成果，但这本书的学术价值怎样、对社会主义物质文明和精神文明的建设的效果怎样，需要认真加以考虑。社会科学研究学术价值的大小主要应以社会效果即主要以它对社会主义物质文明和精神文明建设的作用大小、作用好坏作为鉴定研究成果的标准，不要管它是什么形式、什么体裁，要不拘一格。现在，河南省社会科学院进行的经济与社会发展战略的研究，是给省委的决策提供建议的，就不一定要写大部头的书，写几千字或万把字的研究报告也许就可以了。这种报告如果写得好，它的价值并不一定次于大部头的书。研究人员当然要努力写出有学术价值的大部头书，但是，研究报告只要是真有学术价值的，照样可以作为评定研究员、副研究员的学术成果的依据。而且这种报告照样也可以写成书。

在评定职称时，考核的标准同样不能只看论文的多少或书的部头的大小，而主要是看其研究的东西具有什么价值。有价值的东西不一定是大部头。调查报告中提出的建议被党、政机关采纳了而且是行之有效的，我们就要承认它的价值。有的编了资料，如果它收集了前人从来没有收集到的资料，有新的发现，有新的见解，也同样应该肯定它的价值，给予一定的学术地位。验证社会科学研究成果正确与否和价值高低需要有个过程，这一点与自然科学有很大的不同。自然科学的科研成果经过实验室的检验能较快地得出结论，而社会科学则不同，它需要较长的社会实践才能有正确的结论。一定时期的社会科学研究成果能否被承认与当时当地的政治形势息息相关，每项科研成果都受到特定环境的影响。但是，社会实践已经证明是正确的，其学术价值就要给予肯定。

还需要指出的是，过去评定职称往往侧重资历，资历的深浅在一定意义上固然可以说明知识掌握、经验积累的程度，但不能完全确认其研究能力的大小。历史上不少水平很高的社会科学成果是年轻的科研人员创造的。马克思、恩格斯在不到30岁的时候就写出了《共产党宣言》这样千古不朽的社会科学著作。至于三十几岁，甚至二十几岁就当了研究员、教授的事例那就更多了。我们一定要打破论资排辈的旧习，使职称的评定有利于培养人才、发现人才，有利于社会主义现代化建设。

（四）关于突出本地特色和借鉴外国经验

这里，主要谈一谈省级社会科学院、所社会科学研究的特点问题。目前我国各省、市、区都建立了社会科学院，发展也很快。在为社会主义"四化"服务的大前提下，省、市、区社会科学院、所研究的主要注意力到底要放在哪里呢？依我看来，主要应该放在解决本省、本市、本区社会主义现代化建设的重大理论问题和实际问题上。这并不是说对国家的、外省的、外市的、外区的以至外国的科研活动可以置若罔闻、漠不关心。毫无疑问,这些都应关心,都应搞好。但是,重点应当放在本省、本市、本区,要具有当地的特色。这样做,才能有创造性。以河南省来说,本省素有"中州"之称,是中华民族文化的摇篮,在史学研究方面具有得天独厚的条件,商、东周、魏、晋、宋等朝代的古都都在河南,考古方面尤其占优势,看来河南加强考古研究工作大有必要。中国社会科学院考古研究所就在河南设有两个点。再则,历史上著名的思想家如子产、老子、贾谊、程颐、程颢等都是中州人物,思想史的研究同样是很有前途的。河南既有矿产资源丰富的山区,又有富饶广阔无垠的平原,经济发展的潜力很大,搞经济研究的同志一定要结合本省的具体条件,当好省委、省政府的参谋,为开发河南、建设河南献计献策。总之,省级院、所要为本省服务,搞研究要具有本地的特色,又要为全国的社会主义"四化"建设贡献力量;能够创造性地解决本省社会主义现代化建设的重大理论问题和实际问题,那就具有了全国的水平,甚至还可以进入世界水平的行列。

近些年来,国外学者对我国的社会科学各方面的研究都很关注。我到国外去考察,外国对河南的考古就很感兴趣。而且,他们对中国的研究也十分广泛,如日本,对我国的历史、文学的研究是比较深的。同国外一些相关的学术单位建立必要的联系,有助于促进我国社会科学研究事业的发展。了解和掌握国际间的学术动态和新的成果,对社会科学来说,也很重要。为了社会主义"四化"建设,要研究外国的文化、历史、社会状况及经济建设的经验教训,不进行交流是不行的。这几年我国对国外经济体制改革和经济管理进行了较多的研究,汲取其经验教训,结合我国的具体情况,对我国的经济体制和经济管理进行了多方面的探索和改革,使我国经济形势出现了可喜的局面。所以,一定要注意借鉴外国社会科学方面的成果和经验。中国社会科学院最近就准备组织自己的情报所和有关的研究所,对国外流行的社会科学方面的思潮、有代表性的畅销书做些介绍和评价,这样可以使大家的眼界更开阔一些,思想更活跃一些。但是,我们还要注意另一种倾向。不久之前,有一个单位的研究生对我讲,马克思主义已经过时了,托夫勒的《第三次浪潮》的思想是最正确的思想。这说明我们在介绍西方的社会思潮时，一定要做出正确的评价，使人们有鉴别地了解这些东西。现在西方的一些理论观点如存在主义、结构主义、"西方马克思主义"，等等，对我们的部分同志特别是一些青年同志有一定影响。如果我们的理论工作者对此进行深入的研究，拿出能令人心服的评论文章，就能使这些人摆脱西方资产阶级思潮的影响，坚信马克思主义真理。当然，马克思主义的形成是集人类智慧之大成，包括资产阶级学者的好东西。马克思逝世一百多年了，马克思主义要发展是毫无疑问的，这就需要我们把当代人类社会实践的新经验，以及各种思想理论加以分析综合，对其中合乎历史发展规律的东西加以消化，形成自己的东西。然而，马克思主义要发展并不是指它的基本的立场、观点和方法已经不适用了。我们应用的是马克思主义认识世界、改造世界的立场、观点和方法，而不是它对某个具体问题的结论。马克思当然不可能对我们目前所面临的各种社会科学问题给予现成的答案，我们应该用他的立场、观点和方法对新的事物进行研究，得出新的正确的结论来，这也就是对马克思主义新的发展。坚持和发展马克思主义，是历史赋予我们从事社会科学研究者的光荣而伟大的使命。

在社会科学研究方面，需要改革的方面很多。现在一些科研单位搞体制改革，取得了很好的效果。我们应当学习这些单位的先进经验，结合社会科学研究的具体特点，加速改革工作的进行，开创社会科学研究的新局面。

对河北经济发展战略的考虑[*]

一

　　发展战略是发展目标及实现这个目标的政策、措施、步骤的高度概括。战略所研究的是具有全局性、长远性和规律性的东西。毛主席在《战争与战略》中就讲到这个问题。研究战略最主要的意义就在于谋求全局的主动，谋求全局的主动才能开创社会主义建设的新局面。首先是现在要主动，近期就要搞突破，有所起色，有所转机。所以我们不仅要有长远的考虑，还要有求实的精神，就是要使当前的主动和未来的主动很好地衔接起来。如果说，我们当前的主动影响了未来的主动，那当然不是很好的战略。相反，如果光考虑未来的主动而改变不了当前的局面，那么未来的主动也会落空，这同样也不是一个好的战略。古人云，千里之行，始于足下。我们要在尽可能比较短的时间内，使干部和人民看到实效，得到实惠，这是我们战略思想正确与否的一个界限，也是鼓舞干部和群众奋勇前进的一个领导艺术。

　　战略固然是研究长远性、全局性和规律性的，但是不能尽是一些遥远

---

　　*　本文原载《河北学刊》（双月刊）1984 年第 5 期。

的设想，必有现实的可行的步骤。以这样的精神来考虑，应如何来评价我们的发展战略呢？有这么几点需要考虑：第一，我们这个发展战略究竟会给全省的科技进步，现有的产业和企业的技术改造带来一些什么新的生机；第二，我们的战略对于农业、交通、能源、科学技术的发展和人民的教育水平的提高究竟会有一些什么新的促进；第三，我们的战略将会给人民未来的新生活带来什么前景；第四，我们的战略对管理水平的提高和人才的培养，有什么推动；第五，我们的战略对经济效益的提高，资金的积累会有什么保证；第六，我们的战略对节约能源，节约资源，节约资金会有什么突破；第七，我们的战略对经济体制的改革会增加什么新的活力；第八，我们的战略是否有效地发挥了我们省里的不断增强的实力；第九，我们的战略对经济结构或其他结构的合理化，以及对物质文明和精神文明的建设有什么意义；第十，我们的战略是否有助于我们省在全国的经济地位有所提高。总之，我们要讨论和决定的战略，是不是符合党的十二大提出的全面开创社会主义建设的新局面、实现本世纪末的战略目标以及与两个文明建设的要求相符合。在考虑我们的战略时，首先要考虑这样一些问题。

二

要从我们省的实际情况出发，研究本省的发展战略。决定一个省的发展战略，要放在发展变化中的世界和中国来研究，因为中国在发展变化，世界也在发展变化，也就是说，我们这个发展战略要体现时代精神。世界新的技术革命，就是一种时代趋势。我们要有一种紧迫感，要以挑战来对付这场挑战，取得主动权。为了做到这一点，确确实实地需要加快改革的步伐，来解决我们省发展战略中的战略性、规律性、长期性的大问题。我们最好研究这么一种战略，就是能够适合我们河北省的经济科技社会特点、战略地位的发展要求的战略。这个战略：（1）要能够对十二大提出的全面开创社会主义建设的新局面，实现本世纪末所要达到的战略目标给予最好的保证；（2）能够对全国的经济、技术和社会发展以及两个文明的建设作出最大的贡献；（3）能够使我们本省的人民得到较大的实惠这样一种发展战略。因此，我们的发展战略，绝不是照抄哪一个省或市的战略，也不是我们过去那一套"外国有的我们要有，外国没有的我们也要有"全面赶超战略，也不是"外省有的我们要有，外省没有的我们也要有"的自成体系，"万事不求人"的战略，而应当是一个完全创新的战略。确定这样一个战略，要有一个战略目标，目标要从本省的实际出发，扬长避短，尽可能发挥我们的优势，尽可能避开我们的劣势，科学地预见我们的未来。这个战略，我想最好是有几种方案，以便进行比较，择优选择。需要研究哪些是我们现有的优势，哪些经过开发以后才能成为我们的优势。对于劣势也是一样，哪些现在是劣势，哪些经过努力改造就不是劣势，甚至还可以变成优势。在这方面，我想河北省不妨与一些相似的省份作一些比较，比如说，我们就可以和江苏省比较，不要和青海省或我的老家山西省比较，要和一些在经济的发展上走在前面的省比较。

我为什么要提与江苏省作比较呢？河北与江苏有不同的地方，但也有一些相同的地方。江苏省临近一个上海，临长江，它有两条铁路，我们河北临近北京、天津，有纵横多条铁路，京广路、津浦路、石太路、沧石路、京大路、北宁路。当然它们上有天堂，下有苏杭，物产丰富，商品经济素来发达，但我们河北省的某些长处江苏是没有的，比如煤，江苏一吨议价煤甚至高达150元，我们可能只要四五十元一吨吧，我的老家山西才8元钱一吨，还卖不出去。但是，江苏工农业总产值800多亿元，我们河北400多亿元。它们有长江，有水，河北缺水，它那里雨量多，我们河北雨量少，但它也有不利的一方面，去年江苏雨水多，不少稻子烂掉了。有利条件和不利条件是相互转化的。对发达的地区进行研究是有好处的，这样更能看清楚自己的优势和劣势，更宜于采取正确对策。陈云同志经常告诉我们，要用比较的方法，它们为什么产值800多亿元，为什么我们只有400多亿元，当然它们有些优势我们没有，但我们有些优势它们也不具备，要取长补短。

战略目标的确定，不仅要有定性的要求，而且要有定量的要求，要有一套合理化的目标体系和系统的分析方法。统计局的一位同志讲，我们的速度都是翻两番，这是不符合实际的。实际不只是这样，有的地方，有的部门可能翻两番或者翻得更多，有的就不一定能翻两番。最近我到郑州去了几个地方都是翻两番，国民经济总产值和上缴税利都翻两番，这个同步增长我是赞成的。经济工作做好了，经济效益应当与产值同步增长，甚至高于产值的增长速度。我们省工业产值增长是 7.2%，农业产值增长速度也是 7.2%，农业产值内是否包括社队工副业？如果剔除工副业收入部分，农业增长就不一定是 7.2%。统计局这位同志还说到农业结构，三个优势，一个是棉花，一个是花生，一个是干鲜果，他说最重要的是粮食，另外畜牧业没有强调，这是个意见，是值得探讨的。

三

关于经济结构有关的几个问题：第一个是要综合研究经济、技术、社会协调发展的一个体系。不能只考虑经济，或只考虑科技，对社会发展不做考虑，比如我们的经济发展工作，多少是靠技术进步？国务院领导同志讲过，今后国民经济的发展，翻两番任务的实现有一半要靠科学技术进步。那么具体到河北省，一是要靠老企业技术改造和技术进步，二是要靠新的建设投资。还要考虑社会结构的变化，比如城乡人口的比例怎么变化，农村中应有多少人变为城镇人口，这些问题都要进行研究。还有劳动力，目前全国农村有 3.5 亿劳力，其中搞农业的 3 亿，河北省现在和将来是个什么情况呢？第二个是经济结构要向哪一方向发展，对整个经济的发展影响很大，对新技术的采用、投入产出的关系影响也很大。如工业、农业、交通运输业以及服务业，这个结构怎么变化，农业内部农林牧副渔怎么变化，工业内部各个工业部门怎么变化，服务业内部怎么变化，这些问题都需要研究，究竟我们把投资投到哪一方面，少投入多产出，我们就尽可能向这方面投资。当然有些基础设施不是短期就能有盈利的，为了长远的利益也要做必要的投资。关于经济结构是一个整个的体系，它包括产业结构、技术结构、投资结构、发展速度的结构、人才的结构、社会的结构、消费的结构，还有所有制的结构，等等。我们的国家，全民所有制、集体所有制、个体所有制，还有国家资本主义所有制，这些问题很值得研究。比如秦皇岛市开放以后，既有国营企业，又有外国资本家投资经营的企业，这就是在社会主义土地上有资本主义，这在一定意义上带有国家资本主义的性质。第三个是消费结构要很好地研究，我们发展经济最根本的目的是要满足人民物质文化生活的需要。现在人民的消费，吃占50%，穿占20%—30%，用占多少，其他占多少？从世界发达国家看，吃的比重逐渐下降，而文化生活等消费不断增加，这个问题告诉我们，我们发展生产，生产什么东西。胡耀邦同志早就让我们研究消费对生产力的影响，这个问题是很重要的。斯大林说，社会主义就是最大限度地满足人民的物质文化生活需要，人民随着生产的发展，生活水平的提高就会有更新的要求。第四个是科学和技术结构的研究，特别是发挥河北省占优势的技术，带头的行业和支柱的部门。究竟河北省支柱的部门是哪些，带头的行业是哪些，最有优势的是哪个部门，这些问题要弄清楚、突出出来，把这些行业不仅办成河北的优势产业，还要办成全国的优势产业。建材是河北的优势，我看河北的建材很有希望，这个选择是对的。美国经济的发展有三大支柱，其中一个支柱就是建筑业。我们要从不合理的结构过渡到比较合理的结构，就要想过渡的办法。比如到1990年，我们达到什么情况，1995年是什么情况，2000年又是什么情况，要有过渡的措施。

四

要真正开创新局面，就要真正做出一个规划来。要使这个规划有个良好的开端，能够比较快地见效，关键要有改革的精神，要制定必要的适合河北情况的一些正确的政策。农村的发展基本上探索出了一条具有中国特色的社会主义道路，当然还有一些新的问题，比如专业户的问题、农村专业化、现代化以及新型的经济合作、互助、联合等问题，还要进一步探索。关于城市的改革：

第一是秦皇岛市已经确定为开放城市，要发挥它开放城市的作用，考虑河北省和秦皇岛市的特点，研究秦皇岛这个地方发展的方向和规划。秦皇岛有两个竞争对手，一个是天津，一个是大连。而我们是个新的，当然，我们可以借鉴它们的经验。我们也有它们所不具备的优点，港口水深可以进大船，又是煤炭的出口地，而运煤的空船一定要带货来，这些都是天津、大连所没有的。要根据秦皇岛市的特点，研究出一个开发的规划来。秦皇岛市能不能成为河北省引进新的技术，引进先进的管理方法，引进外资的枢纽，在那里应设立世界先进技术的橱窗，使它成为竞争的一个战场，成为出技术、出人才、出产品、出财富的场所。秦皇岛市一定要成为开放的 14 个城市里边具有它自己特点的举足轻重的谁也代替不了的一个新港口，把秦皇岛办成河北的一个门户。秦皇岛与上海港、天津港、大连港相比，还缺乏经验和信誉。信誉不是我们的名誉不好，而是世界上不大知道这个地方，比如出口的鸭梨、板栗，都是河北的产品，但都叫天津鸭梨和天津板栗，这些商品都是以港口命名的。日本知道秦皇岛，但西欧一些国家就不大知道秦皇岛。在这样的情况下，怎样开创新局面、打开新局面，是不是考虑联合的开发战术，协同作战，是否考虑和天津、上海、大连协作联系，是否还可考虑与外商联合开发。天津与神户联合，请神户的港商做新港的顾问。一句话，建设秦皇岛不仅要用别人已有的经验，而且还要创造自己新的东西。

第二是关于政策方面的问题，是不是可以在内地设一个类似秦皇岛市的开放城市与秦皇岛市对应，例如，石家庄，给它以类似秦皇岛那样的自主权，它也可以直接对外，直接与外商联系，搞一些国外新商品的橱窗，进行对照，也可以兼营北京、天津、上海等地的名牌产品，作为橱窗来对照，这样对全省经济发展会很有推动作用的。我们有秦皇岛这样一个对外开放的城市，又有一个类似秦皇岛的内陆开放城市，就可以带动我们全省的经济发展。

第三是充分利用外省市的力量，特别是利用靠近京津的这样一个地理上的优势，发展我们的经济。要制定一个鼓励京津的专家到河北省来兼职或进行研究的办法，以及吸收退休的专家技术人员、技术工人来工作的办法。这不仅使河北的人才不外流，而且还会使京津的人才向河北省流。郑州市郊区有一个农村叫下波杨，这个村有 100 多户，每户 4 间楼房，我看比省的厅局长的房子还要高级。它们为什么能做到这一点呢？它们办了个暖气片厂，每年产值160多万元，这个暖气片厂从河北省邢台的劳改厂请了几个能人去办，这几个人中有劳改犯，一个是唐山解放前交大毕业，铁道部的一个高级工程师，60多岁了；一个是毕业于西北联大曾任首都钢铁厂的工程师；还有另外三个人。这个大队的支部书记很能干，大胆地使用了他们。他们已经退休了，一年在那里住三个月，五个月，而且每年还带上老伴和儿孙在那里住几个月，作诗呀，写字呀。我很佩服那个支书，他能把这些人团结住，使用好。为什么江苏社队工业发展那么快，重要的原因之一就是利用了上海退休的老工人和科技人员搞起来的。我们河北靠近天津、靠近北京，京津的好些人是河北人，这个潜力是很大的。现在发展经济、发展科学技术，人才问题是个很重要的问题。没有人才，没有技术是发展不起来的。我们要培养管理人才、教育人才、师资，我们应从北京、天津聘请一些教授到河北来兼课。新中国成立以前，北京的大学教授到天津讲课、到保定讲课的很多，现在到石家庄只4个小时，到保定就更近了，这是很好的条件，我们还可以制定一些对外国到河北投资的优惠办法。

　　第四是是否考虑建一些新型的联合企业。比如，城乡联合企业，农村粗加工，城市精加工，农村搞劳动密集的，城市搞知识密集的。这样既有利于利用农村日益增多的劳动力和资金，又有利于利用城市的技术和经验，而且还会使城乡之间，大、中、小城市之间合理分工，使城乡经济比较合理地发展。还可搞些新技术的供、产、销和服务性的联合企业，鼓励集体、个人搞新技术的生产，新技术的销售，新技术的服务。特别是搞软件的生产，这个方面我们国家是有很大优势的，在贷款上给予优惠，鼓励中小企业的技术进步和发展。再有，我们是否搞一些在省内跨地区、跨市的一些企业组织专业化协作，打破地区间的界限，这个市和那个市，这个地区的这个县和那个地区的那个县进行联合。还可以考虑跨省的一些联合企业，我们和北京、天津、河南、山西搞联合。浙江和山西就搞了联合。

　　第五是采取一些措施吸引外资企业、中外合营企业、外省市资金办的企业到河北省来。河北省可以采取土地入股，利用河北的资源和劳动力来合资经营。江苏向山西投资开煤矿，现在又向河南投资开煤矿，采取一些办法。另外，各个不同所有制的企业间，也可以联合，比如国营和集体的联合，集体和个人的联合，个人和个人的联合，也可以采取股票的办法。

第六是不是可以考虑创办一些新型的中心，开发省内的资源，建立各种类型的开发中心，搞些咨询类型的中心，为发展新技术服务，也可以考虑搞人才开发中心。除此以外，还可考虑建立技术贸易中心，也可以搞物资贸易中心，也可以建立资金流通中心，也可以搞人才交流中心。这几个中心实际上是一种技术的市场、物资的市场、投资的市场。

第七是不是对优势的行业建立联合开发的体系。比如建材行业，建立一个联合开发的体系，包括它的纯原料开采、新技术的研制，产品的系列、配套的供应、流通的周转、设计、建筑施工，以及建成后的各种服务。我们有玻璃、有水泥、有建筑陶瓷，还有其他各种新型材料。我们生产棉花那么多，如把棉花秆搞成一种新型建筑材料，恐怕也是一种很好的出路。将来城市的房屋可以出售，在农村里万元户不少，也买得起房子。这种房子应有全套的设备，洗脸池、大便池、澡盆，成套卖出去，可以有五千元一套的，一万元一套的，两三万元一套的，有四五万元一套的，如此等等，建筑业和建筑材料业就会很快发展起来，这方面河北确实有很好的条件。可以先占领河北省的市场，继而占领天津的市场，然后再向全国推销，还可以争取出口。当然，也不能一下子搞得太多，先搞一下试点，逐步推开。

第八是河北省对知识界，对下一代有没有吸引力，因素是多方面的，关键在于有没有良好的受教育的机会。现在人们面向未来，十分关注下一代的成长，那么在河北生活和成长的下一代，究竟是文化落后的下一代，还是比前人更有文化的下一代，这是对于河北省人民很有吸引力的问题。教育和人才培养，这是关系到我们发展经济、发展科学技术、发展精神文明，以及我们这个社会主义社会能不能够更好发展的一个很大的问题。

五

　　我们的发展战略和体现这种战略的长远规划，首先应该成为河北省人民实现党的十二大确定的战略目标的伟大实践，我们省的发展战略和长远规划的实现，为我国社会主义现代化建设作了哪些贡献。第二，要考虑到河北省经济的发展在全国省市排列的次序，究竟前进了多少个位次。第三，河北省有哪些产品和技术有可能在全国占优势，并且能够继续保持领先的地位。第四，我们要向人民展示出一个未来生活前景的图像，不能够只讲小康的水平，这小康水平要具体化，是个什么样式、什么图像，农村是个什么图像，城市是个什么图像，当然不能给老百姓开空头支票。但是我们如能保证提前实现，像第六个五年计划三年就实现了一样，大家就会把这个具体图像跟自己从事的生产和工作，跟自己的生活紧密联系起来了。第五，我们要考虑对未来的发展增添了什么新的东西，对人民有什么新的吸引力。我们这个经济、技术和社会发展规划要能够使人民耳目为之一新，精神有所振奋，各阶层的人民都能够自觉地、积极地行动起来，朝着党所指引的方向和目标奋勇前进，为振兴中华、振兴河北，为社会主义现代化的物质文明和精神文明建设，作出自己最大的贡献。

社会主义制度下的商品经济[*]

党的十一届三中全会以来，我们实行对内搞活经济、对外开放的方针，并在经济体制方面，有步骤地进行着改革。在农村，全面推行了以家庭为经营单位的联产承包责任制，积极发展专业户和各种形式的经济联合体，支持农民大力发展商品生产。在城市，实行多种经济形式和多种经营方式，对全民所有制企业，扩大了自主权，实行利改税，不仅集体经济和个体经济已经在实行独立核算、自负盈亏的制度，而且国营企业也已经成为或正在成为相对独立的经济实体，成为自负盈亏的社会主义的商品生产者和经营者。同时，积极发展对外经济技术交流，吸收和利用外资，引进先进技术，开辟经济特区，进一步开放一批沿海城市。采取这些方针政策，大大促进了商品生产和商品流通的发展。五年多来的实践证明，党中央的这些方针政策是完全正确的，是卓有成效的，得到了全国人民的衷心拥护和国外朋友的普遍赞赏。我们正在按照邓小平同志所说的建设有中国特色的社会主义，进行着非常有意义的探索。

当前，摆在社会科学理论工作者面前的迫切课题是：制定这些政策和进行经济体制改革的理论基础是什么？为什么这样做能促进生产力的更快

---

　* 本文是作者 1984 年 11 月 16 日在中共中央宣传部组织的形势报告会上所作的报告，原稿完成于 1984 年 7 月，曾以《关于社会主义制度下我国商品经济的再探索》为题，在《经济研究》1984 年第 12 期发表。1985 年 11 月经补充修改，定名为《社会主义制度下的商品经济》，由上海人民出版社出单行本。本文集收入的是单行本。

发展和使人民得到更多的实惠，不这样做就会得到相反的结果？这样做，是前进了呢，还是后退了呢？是更符合社会主义的原则呢，还是背离了社会主义原则呢？这样一些问题，在我们国内，引起了有些人的疑虑。他们担心，提倡一部分人先富起来会产生资产阶级，担心发展沿海城市会加大内地与沿海的差距，担心改革会造成物价上涨和通货膨胀，等等。在国外，西方某些资产阶级学者，妄想上述政策会使我们走向类似资本主义国家那样的市场经济，也有人攻击我们是在搞修正主义。对这样一些问题，都是需要给予马克思主义的回答的。党的十二届三中全会对这样一些重大的理论和实际问题，做出了科学的、系统的回答。

　　党的十二届三中全会做出的《中共中央关于经济体制改革的决定》（以下简称《决定》）是符合我国国情的，是对我国社会主义经济的性质有了更全面、更深刻的认识的结果。这里，很重要的一点，就是抛弃认为社会主义计划经济同商品经济不相容的观点，承认商品经济是社会主义经济的内在属性。《决定》明确指出：社会主义经济"是在公有制基础上的有计划的商品经济。商品经济的充分发展，是社会主义经济发展的不可逾越的阶段，是实现我国经济现代化的必要条件"。这不仅是我们制定对内搞活经济，对外实行开放的政策的理论基础，而且是我们进行经济体制改革的理论基础。无论在理论上和实践上，都具有重大的意义。

　　但是，我们的理论工作者、实际工作者，对于我国现阶段社会主义经济的性质，特别是对大力发展商品经济的必要性和重要意义，认识并不完全一致，所以进一步研究这个问题，对正确贯彻执行中央对内搞活经济、对外开放的方针，大力推进经济体制改革都是很有必要的。下面，我想根据近几年执行党的十一届三中全会方针的实践，对商品经济的发展历史，以及人们关于商品经济在社会主义历史阶段的作用和命运的认识的发展，做一些分析；并对这几年提出的不同意社会主义经济是在公有制基础上的有计划的商品经济的观点，谈些不成熟的意见。

一　对商品经济在社会主义阶段作用的认识的变化

社会主义经济之所以是大力发展商品生产和商品交换的计划经济，这是因为社会主义经济内部具有商品经济的属性。这一认识，是对传统社会主义经济理论的一个重大突破。过去，有的同志对此有不同的看法，是不足为怪的。但是，只要我们依据实践是检验真理的唯一标准的原则，深入研究和总结国内外社会主义建设的经验与教训，我们的认识是可以逐步接近并进而符合客观实际的。

商品交换产生于原始公社末期，商品生产在奴隶社会和封建社会曾经替奴隶制度和封建制度服务过；在资本主义社会，商品生产占据了统治地位，连劳动力也成了商品。那么，商品生产、商品交换或商品经济到社会主义社会是不是就要退出历史舞台呢？社会主义计划经济能不能和发展商品经济并存？商品经济是不是排斥有计划的经济发展？一百多年来，马克思主义者对这些问题的看法，一直在发展着、变化着。

马克思在《资本论》中分析资本主义商品生产时，曾经预言，在公有制的条件下，像鲁滨逊在孤岛上进行的那种为满足自己各种需要而进行的产品生产，将在社会的范围内重演，因而商品关系及商品拜物教将会消亡。后来，1875 年，他在《哥达纲领批判》中明确表示：在未来的共产主义社会的初级阶段（即社会主义社会）里，"生产者并不交换自己的产品；耗费在产品生产上的劳动，在这里也不表现为这些产品的价值"①。虽然马克思和恩格斯都一再申明，他们只能从对他们所处的时代的资本主义经济的分析中推论未来共产主义社会的情景，他们从这种分析中所能得出的唯一结论是生产资料的公有制必将代替资本主义的私有制，至于新社会组织方面的细节，要留待当时的实践去解决，他们不能提出什么"现成方案"或"最终规律"去束缚后世革命家的手脚（恩格斯在《反杜林论》中就讲过这个意思）。但是，在马、恩逝世以后的数十年中，由于还

---

① 《马克思恩格斯选集》第三卷，人民出版社 1972 年版，第 10 页。

没有建设社会主义的具体实践，科学社会主义的理论家在论述社会主义社会的基本特征时，通常都把它看做是一个没有商品生产和商品交换的社会，也就是不存在商品经济的社会。

正是在这样的思想基础上，列宁在十月革命前所写的《国家与革命》这部著名的著作中，提出了在社会主义条件下整个社会成为"一个辛迪卡"，所有的社会成员都是这个"辛迪卡的雇员"的设想。既然全社会是一个辛迪卡式的大公司，商品关系当然也就不再存在。列宁在革命前的这种设想，反映了当时社会主义者的共同认识。

十月革命胜利后，俄国共产党人开始也是按照这种没有商品关系的社会主义模式建设社会主义的。1919 年俄共在党纲里把迅速消除商品货币关系规定为自己的目标。但是列宁很快就发现，这样做是行不通的。所以，1920 年起，列宁转而采取新经济政策，发展工农业之间的商品交换，给小农恢复贸易自由，"从国家资本主义转到国家调节商业和货币流通"①，把国营企业也改为实行经济核算、独立会计和自负盈亏，要求它们在市场环境中活动。这个政策很成功，促进了社会主义经济的迅速恢复和发展。

虽然新经济政策在实际生活中取得了很大的成功，但是社会主义经济是否商品经济的问题在理论上并没有得到解决。早在新经济政策时期，"左"派（托派）理论家就已经提出，在多种新经济形式存在的条件下，只有在资本主义商品经济存在的范围内，价值规律才起调节作用，商品货币关系和价值规律作用的任何增强都意味着资本主义力量的增强，而社会主义改造的深入，意味着另外一条经济规律——社会主义原始积累规律——作用的加强。以后，随着斯大林在 1928 年转而采取"左"的经济政策，经济活动重新强调实物指标。虽然斯大林在实现农业集体化以后曾指出，有两种公有制即全民所有制和集体所有制并存，就存在工人和农民两个阶级，就需要有交换。但是当时苏联实际上采取的是剥夺农民的政策，因此也不可能明确回答两种公有制之间的交换是不是商品交换，价值

---

① 《在莫斯科省第七次党代表会议上的报告》，《列宁全集》第 33 卷，第 73 页。

规律起不起作用的问题。至于国营企业，当时所采取的"经济核算制"，已经不是列宁讲的那种自负盈亏的经济核算制，价值、价格、成本等在斯大林时期的经济核算制中，只看做是计算工具。直到斯大林的晚年，即1952年，他才在《苏联社会主义经济问题》一书中，承认两种公有制之间存在着商品生产和商品交换关系，认为必须利用价值规律。与此同时，他又认为这种商品交换只限于生活资料的范围，而不包括生产资料。在苏联，全部重要的生产资料都掌握在全民所有制经济的手里，全民所有制内部实行实物调拨，不实行商品交换，生产资料保持商品的外壳，但不是商品，生产资料的生产也不是商品生产。他根据这个理论，认为集体农庄所需要的拖拉机和其他农业机械，国家不能出售给集体农庄，而是必须控制在国家和各个地方政府建立的拖拉机站手里。这样一来，斯大林就把统一的社会主义生产分割成两大块：一块是生活资料的生产，这是商品生产，实行商品交换；另一块是生产资料的生产，这不是商品生产，它只能实行产品的调拨。对于属于商品生产的生活资料生产这一块，又分为两大过程：一个是生产过程，这个过程价值规律不起调节作用，而只有影响作用；另一个是流通过程，价值规律在这里才起调节作用。所以，从斯大林的论点来看，一方面他承认社会主义社会还是存在商品生产和商品交换的，就这方面来说，对马克思、恩格斯和列宁的理论，有所发展；但是，同时我们也可以看到斯大林在《苏联社会主义经济问题》这本书里，并没有认为社会主义经济是要大力发展社会主义商品生产和商品交换的这样一种计划经济。尽管他在主观上可能是要建设像马克思、恩格斯所预言的那种产品经济（马克思的原话叫"自由交换"经济），或者至少是半产品经济，但在实际上只能是自然经济或半自然经济。基于这种原因，斯大林时代所设计和实行的那种经济体制，就不是按照有计划地发展商品生产和商品交换的要求，而是基本上按照半产品经济的要求设计的，在实践上搞成了半自然经济；不是把产品当做商品，实行等价交换，而是实行单一的指令性计划，排除了市场调节，并采用高度集中的、以行政手段为主的经济管理体制。这种体制，对于集中力量发展重工业，准备和支持卫国战争，以及在战后医治战争创伤，是起了积极作用的。但是，在经济进入新的发展阶段以后，特别是在战争的创伤恢复以后，这种体制的弊病就一天比一天明显了。虽然在赫鲁晓夫时代进行了一些改变，以后勃列日涅夫也进行了一些改变，但是这种模式变化不是很大的。结果，苏联的经济搞得较死，发展速度缓慢，技术进步不快，经济效益也不好，虽然国家实力有所增强，但是人民得到的实惠并不是很多。

我们对社会主义经济的认识，也经历了一个曲折的过程。

开始，我们信奉斯大林的理论，并且基本上按他所设计的社会主义模式和体制行事。1956 年，在全党总结第一个五年计划的过程中，我们开始认识到苏联那种决策权过分集中的体制的弊病。这种认识，反映在党的第八次全国代表大会的决议中，也反映在毛泽东同志的重要著作《论十大关系》中和陈云同志当时的有关著作中，特别是他在八大的发言中。可惜这些正确的主张没有得到很好的贯彻，相反，从 1957 年毛泽东同志批评"反冒进"以后，"左"的错误思想日益盛行。

1957 年以后，毛泽东同志对这个问题的观点有过很多变化。一方面，他对在我国发展商品生产和商品交换提出过一些很好的意见。例如，他在1959 年读斯大林的《苏联社会主义经济问题》时，就批评了斯大林关于生产资料不是商品、农业机器不能卖给农民的观点，指出：我国是商品生产落后的国家，不如巴西、印度；商品生产要大发展；商品不限于个人消费品，有些生产资料也是商品；即使是完全社会主义全民所有制了，某些地方仍要通过商品来交换。1959 年 3 月，他又针对农村搞"一平二调"、刮"共产风"的错误，明确指出：价值规律"是一个伟大的学校，只有利用它，才有可能教会我们的几千万干部和几万万人民，才有可能建设我们的社会主义和共产主义。否则一切都不可能"。另一方面，毛泽东同志晚年却提出了社会主义社会商品生产和货币交换跟旧社会没有多少差别，只能在无产阶级专政下加以限制的说法。

在我国理论界中，孙冶方同志最早批评了苏联的经济模式和体制的弊端，指出它是在自然经济论影响下的产物。他还尖锐地批评了斯大林和苏联经济学界长期以来把价值和价值规律看成社会主义经济的异物的错误观点。但是，孙冶方同志也是不赞成说社会主义经济是商品经济的。他的理由是：生产资料不是商品，消费资料也不都是商品，只是同农民交换的那部分才是商品。

现在，通过研究和总结国内外社会主义建设的经验教训，通过我们五年多实行对内搞活经济、对外开放方针取得成功的实践，我们对于社会主义经济的性质，对于发展社会主义商品经济的重要性和意义的认识，比以前无疑有了较大的提高，因而有条件对我国社会主义经济的性质和特征提出新的论断了。这就是党的十二届三中全会《决定》中关于社会主义商品经济的一系列论述。

二　社会主义经济是在公有制基础上的有计划的商品经济

社会主义经济的一个特征是计划经济，这是必须肯定的。但是，肯定这一点，并不一定就要否定社会主义经济，同时也具有商品经济的属性。商品经济的对立物不是计划经济而是自然经济。否定社会主义经济是商品经济的那种看法，实际上是把计划经济同商品经济对立起来，或者是把商品经济看成是社会主义经济中异己的力量。这几年我国经济体制改革的实践，已经证明上述看法是不切实际的。经济体制改革的重要内容之一，就是要求我们在坚持计划经济原则的同时，按照商品经济的要求来组织整个社会的经济活动，力求把大的方面管住、管好，小的方面放开、放活，在保证宏观经济协调发展的前提下，活跃城乡各方面的经济生活。这就要求我们在理论上承认计划经济的属性同商品经济的属性在社会主义经济中是可以统一起来的，在实践中是能够找到它们之间的结合形式和结合点的，而不是回到过去那种二者择一、非此即彼的老路上去。

为什么社会主义经济还具有商品经济的属性呢？

这是由于在社会主义仍然存在商品经济产生和发展的重要基础与条件——社会分工。列宁曾经指出，"社会分工是商品经济的基础。加工工业与采掘工业分离开来，它们各自再分为一些细小的部门，各个部门生产商品形式的特种产品，并同其他一切生产部门进行交换。这样，商品经济的发展使各个独立的工业部门的数量增加了"①。列宁在另一篇文章中，还进一步强调，商品经济随着社会分工的发展而发展②。

当然，社会分工只是商品生产存在的一般前提。如果仅仅存在社会分工而不存在具有独立经济利益的不同经济实体，不存在社会劳动同局部劳动的矛盾，就只会有统一经济实体内部的交换，而不会有不同的商品生产者之间的商品交换。那么，在社会主义经济中是否存在具有独立经济利益的不同经济实体呢？答案是肯定的。

首先，社会主义条件下存在着全民所有制和集体所有制两种公有制形式。对于集体企业来说，它们无疑应当是独立的商品生产者，不论它们与国家之间，还是它们相互之间，在经济关系上，都应当是以等价交换为基础的商品经济关系。不承认这种商品经济关系，就会在实践中采取种种损害农民经济利益的政策，从而受到严厉惩罚。无论在国际共产主义运动中还是在我国，这方面的教训都是很多的。

其次，还应当看到，商品交换不仅存在于两种所有制形式之间，同时也存在于各种所有制形式内的不同企业之间。所以，如果单以两种所有制的存在来论证商品经济的存在，那就把复杂的经济现象简单化了。商品经济的存在还有更深刻的原因。在社会主义这个历史阶段，由于生产力还没有发展到产品极大丰富的程度，就是说还没有达到产品按需分配的程度。这也就是马克思在《哥达纲领批判》所说的：在随着个人的全面发展，生产力也增长起来，而集体财富的一切源泉都充分涌流后，只有那时才可以由按劳分配转为按需分配。在社会主义这个阶段，劳动仍然是主要的谋生手段，劳动能力是劳动者的"天然特权"。因此，即使在全民所有制的国营企业之间，以及每个企业内部劳动者之间仍然存在着根本利益一致前提下的物质利益的差别，这种利益上的差别，必须由等量劳动相交换的原则来调节，这是马克思早已讲过的。实践证明，在由生产社会化过程所决定的分工体系中，由于单个劳动者只能完成一种产品的一道或几道工序，

---

① 《俄国资本主义的发展》，《列宁选集》第一卷，人民出版社1972年版，第161页。
② 《评经济浪漫主义》，《列宁全集》第2卷，第191页。

而不能独立地提供整个产品，产品是由劳动者们组织成的企业生产出来的，因而劳动者之间的等量劳动相交换的关系，首先必须通过国营企业之间产品的等价交换近似地表现出来，这就决定了每个国营企业，存在着不同于别个国营企业的相对独立的经济利益，而且，由于在社会主义条件下，生产资料所有权同经营权是可以适当分开的，所以国营企业在相互关系上，不能不以相对独立的商品生产者来相互对待。它们之间的关系，不能不遵守等价补偿和等价交换的原则，即商品经济的原则。也就是说，只能采取以等价交换为基本特征的商品货币关系，来调节企业之间在经济利益上的矛盾。这样，社会主义仍然存在着广泛的商品关系，也就不足为奇了。《决定》所以强调价格体系、价格管理体制的改革是关键，道理也在于此。

如果说生产资料的社会公有制带来人们之间的物质利益上的根本一致，是实行计划经济的客观依据的话，那么，人们之间物质利益上的上述差别，就是社会主义经济还内在地具有商品经济属性的直接原因。

总之，把商品关系看做社会主义经济的异己的东西是不正确的。正如邓小平同志在分析我国社会主义农村经济时所指出的，"可以肯定，只要生产发展了，农村的社会分工和商品经济发展了，低水平的集体化就会发展到高水平的集体化"[①]。这里，邓小平同志把社会分工和商品经济的发展同社会主义集体化程度的发展直接联系起来，肯定社会主义社会存在商品经济，强调必须发展商品经济，这对马克思主义的社会主义经济理论，是一个重大的贡献。

有的同志不同意把社会主义经济看做商品经济，理由是：在社会主义社会，劳动力已经不是商品，土地、矿藏、河流等一般也不作为买卖对象了。是否可以根据社会主义社会劳动力不是商品，国有的土地、矿藏等不能买卖，就否定社会主义经济具有商品经济的属性呢？我认为是不可以的。劳动力是不是商品，土地、矿藏等是否可以买卖，并不是商品经济的

---

① 《关于农村政策问题》，《邓小平文选》（一九七五——一九八二年），人民出版社 1983 年版，第 275 页。

标志。在简单商品经济中，劳动力并不是商品。劳动力作为商品，只是资本主义商品经济的特征。国有的土地、矿藏等不能买卖，只说明社会主义条件下商品关系受到一定的限制，但并没有因此否定社会经济活动的绝大部分仍然是通过商品货币关系进行的。因此，社会主义经济从总体上看，仍然是一种商品经济。

有一种相当流行的观点是，只能提社会主义存在商品生产和商品交换，不能提社会主义经济也是一种商品经济，因为社会主义经济的主导部门——国营经济的生产和经营——是不受价值规律调节的。这实际上仍然是坚持斯大林《苏联社会主义经济问题》一书的观点。在那里，肯定社会主义还存在商品生产和商品交换，但是不承认社会主义经济也是一种商品经济。原因在于，斯大林否认全民所有制内部流通的生产资料也是商品，不承认国营企业是相对独立的商品生产者和经营者。既然把社会主义商品生产和商品交换只局限于两种公有制之间的经济往来，以及居民向国营商店购买个人消费品的范围内，否认国营企业是相对独立的商品生产者和经营者，自然就谈不上社会主义经济是商品经济了。所以，近两年，伴随着否认社会主义经济是商品经济的观点，再次出现了否认全民所有制内部流通的生产资料也是商品的看法，出现了否认国营企业是相对独立的商品生产者和经营者，可以而且必须实行独立核算、自负盈亏的看法。这些看法同当前经济体制改革的形势和要求是不适应的。当前，无论是农村还是城市，都要求大力发展社会主义商品生产和商品交换，缩小指令性产品生产和产品分配的范围，更多地利用经济手段和价值杠杆来实现国家计划的要求，逐步扩大市场调节的范围，打破部门分割和地区封锁，开展各种经济形式之间的和通过各种流通渠道的市场竞争，等等。这些重要的政策和措施，只能从社会主义经济也是一种商品经济得到科学的解释。

还有一种观点认为，如果把社会主义经济看成是一种商品经济，那么，国营企业就要以商品生产者和经营者的身份出现，成为一种独立的经济实体。这就意味着否定了全民所有制，否定了社会主义国家代表全体人民对生产资料行使所有权，否定了社会主义国家劳动者之间是共同占有、联合劳动的关系。这种看法也值得研究。

　　首先，应该划清社会主义商品经济同私有制基础上的商品经济的界限。的确，发展社会主义商品经济，意味着承认每个国营企业都具有相对的独立性，成为相对独立的商品生产者和经营者，但是，这种"独立"，只是相对的，只是在经营上的相对独立性，而不同于私有制经济中商品生产者的完全独立性。所有权同使用权、经营管理权是可以适当分开的。国营企业对生产资料具有使用权和经营管理权，并不改变生产资料全民所有制的性质，也不影响代表全体人民利益的社会主义国家对生产资料行使所有权。因而，从根本上说，它没有也不可能否定社会主义国家人们之间的共同占有关系，也就是说，没有改变社会主义全民所有制的性质。从这个意义上可以说，社会主义商品经济是一种特殊的商品经济。毛泽东同志在《论十大关系》中曾明确指出："各个生产单位都要有一个与统一性相联系的独立性"①。这实际上涉及了企业作为相对独立的商品生产者和经营者的地位及其权益问题。

　　这里有个问题需要弄清楚，就是所有权和经营权分开，并不是社会主义社会所特有的。封建社会里地主占有土地，农民租种地主的土地，他只要向地主缴纳地租就行了，至于他种什么东西、怎么经营可以自主。在资本主义社会里所有权同经营权有许多也是分开的，股东可以是一些人，经理是另外一些人。

　　这里还有一个问题，就是全民所有制企业成为相对独立的商品生产者和经营者之后，企业在遵照国家的法律缴纳各种税款后，留给自己支配的部分，要从中划出一定的比例，比如现在大概是50%或者更多一点，用做本身的扩大再生产，这一部分投资是属于国家所有，还是企业所有呢？关于这个问题是有不同看法的，《决定》当然对这些问题不可能都做出详尽的规定。这个问题应该怎么看呢？我是这样想的，这一部分还应该是属于国家所有，但是在一定时间之内，比如说在若干年之内，五年或者十年之内，这一部分投资所得的收益可以减免所得税，目的就是充分地调动企业自我发展的积极性。如果都等同于国家投资，不给企业以适当的利益，

_____

　　①　《论十大关系》，人民出版社1976年版，第9页。

那就会挫伤企业的积极性。但是，如果这一部分都归企业所有，这样，随着企业自我的不断发展，企业所有部分日益扩大，而原有固定资产的原值，由于逐年折旧，日益减少，这样日久天长，就会使国家所有制逐步地变成了企业所有制。这是需要进一步研究解决的问题。

当然，承认社会主义经济具有商品经济的属性，要求国营企业具有相对独立的商品生产者和经营者的职能，就意味着要改变国营企业的经营方式，即从由国家直接支配和使用生产资料的高度集中统一的行政管理体制，转变为适应发展商品经济要求的，在国家法律允许的条件下，企业独立自主地进行经济活动的经营体制，这就是《决定》中所讲的政企职责要分开。只有这样，才能增强企业的活力，企业的积极性才能充分地调动起来，整个国民经济也才能生气蓬勃地发展。过去，正是由于否定了社会主义经济的商品经济的性质，因而也就否定了国营企业是相对独立的经济实体，由国家直接支配和使用生产资料，直接组织企业经济的产供销活动，使企业变成了国家行政机关的附属物。实践证明，这样的经营和管理方式，严重地束缚了生产力的发展。

实践经验告诉我们，离开大力发展社会主义商品经济，试图在自然经济基础上进行社会主义现代化建设，是不可能的。特别是发展中的社会主义国家，要想促进社会生产力的迅速发展，就要真正消除自然经济思想的影响，促进社会主义社会经历商品经济大发展的阶段。在我国现阶段，社会主义商品经济的发展，就意味着社会生产力的发展和社会主义建设的前进。

党的十二届三中全会《决定》指出："商品经济的充分发展，是社会经济发展的不可逾越的阶段，是实现我国经济现代化的必要条件。只有充分发展商品经济，才能把经济真正搞活，促使各个企业提高效率，灵活经营，灵敏地适应复杂多变的社会需求，而这是单纯依靠行政手段和指令性计划所不能做到的。"这个论断是十分正确的。

有的同志提出，是不是社会主义越发展，商品经济也越发达，这同我们过去讲的商品经济必然要消亡，是不是有矛盾呢？关于这个问题早就有过多种回答，除了前面所引述的马克思、恩格斯及列宁的有关论点以外，斯大林在《苏联社会主义经济问题》一书中认为，在社会主义阶段集体经济向全民经济过渡中间，商品经济要逐步消亡的，就是全民经济一部分一部分地代替集体经济，而使商品经济逐步消亡。苏联有些学者，比如经济学家奥斯特罗维季扬诺夫，还有卡托夫斯基，他们写的一些文章承认社会主义存在商品经济，但是认为，社会主义阶段商品经济只有量的发展，量的发展引起质的变化，等到质的变化的时候，就到了共产主义阶段，到那个时候，商品经济就要消亡。波兰的经济学家布鲁斯认为，到了共产主义社会商品经济也不会消亡。他认为，共产主义社会分工也不会消灭，只要社会分工存在，商品经济就不会消亡。在我国，也有些学者认为，在社会主义阶段，商品生产是量的扩大、质的消亡，等等。从《决定》的精神来看，我国的社会主义经济越发展，社会主义商品经济也会越发展。这也就是说，在整个社会主义历史阶段，社会主义商品经济将会有充分的发展。只有在具备了由按劳分配转变到按需分配的条件的时候，社会主义商品经济消亡的问题，才会提到议事日程上来。至于什么时候消亡、怎么样消亡，那是要由当时的实践来回答的问题，这要有一个很长的历史时间的。

　　恩格斯在《反杜林论》中说："政治经济学不可能对一切国家和一切历史时代都是一样的。""政治经济学本质上是一门历史的科学。它所涉及的是历史性的即经常变化的材料"[1]。恩格斯曾经批评一些人，他们总想到马克思的著作中找一些现成的、不变的永远适用的定义和概念来套现实，而不是用实践去检验理论概念和定义，以多变的现实生活来丰富、补充概念和定义。他指出："不言而喻，在事物及其互相关系不是被看作固定的东西，而是被看作可变的东西的时候，它们在思想上的反映，概念，会同样发生变化和变形；我们不能把它们限定在僵硬的定义中，而是要在它们的历史的或逻辑的形成过程中来加以阐明。"[2] 马克思主义的这些历史唯物主义基本原理，应该成为我们探索社会主义经济性质的指导思想和方法论基础。

---

[1]　《马克思恩格斯选集》第三卷，人民出版社1972年版，第186页。

[2]　《〈资本论〉第三卷序言》，《马克思恩格斯全集》第25卷，第17页。

所以，根据社会主义国家建设的实践的经验，承认社会主义经济是一种商品经济，是对社会主义经济的客观发展做出实事求是的理论概括。

三　社会主义商品经济的特点

虽然社会主义经济仍然是一种商品经济，但是，它既不同于小商品经济，也不同于资本主义的商品经济，而是具有社会主义特征的商品经济。党的八届六中全会决议在谈到社会主义商品生产和商品交换时指出："这种商品生产和商品交换不同于资本主义的商品生产和商品交换，因为它们是在社会主义公有制的基础上有计划地进行的，而不是在资本主义私有制的基础上无政府状态地进行的。"这是对社会主义商品经济特征的科学表述。党的十二届三中全会的《决定》进一步明确地指出，社会主义商品经济，是建立在社会主义公有制基础上的有计划的商品经济。这种商品经济的特点表现在以下两个方面：

第一，社会主义商品经济是建立在公有制基础上的，没有资本家参加的商品经济[①]。它所体现的生产关系，是社会主义劳动者之间的互助合作和平等互利关系，而不再体现雇佣劳动制度下的剥削和被剥削的关系。由于社会主义商品经济是建立在公有制基础上的，劳动者联合起来共同占有生产资料，商品经济的范围已受到了一定的限制，劳动力已不是商品，土地、河流、矿藏等不是自由买卖的对象。社会主义商品经济的发展，不可能引向资本主义。关于这个问题，斯大林在《苏联社会主义经济问题》一书中也有过一段话，他说："有人说，商品生产不论在什么条件下都要引导到而且一定会引导到资本主义。这是不对的。并不是在任何时候，也不是在任何条件下都是如此！不能把商品生产和资本主义生产混为一谈。这是两种不同的东西。资本主义生产是商品生产的最高形式（这个问题

---

① 当然，在我国社会主义社会的现实经济生活中，由于存在多种经济形式，包括引进了部分外资，在这种非社会主义的商品经济中，还有资本家参加。但是，这种国家资本主义性质的商品经济只是社会主义商品经济的补充，在整个国民经济中所占份额不大，从事这种商品经营的资本家也是在社会主义国家的管理和监督下活动。

现在有不同的看法，有人讲社会主义商品生产是商品生产的最高形式——引者注）。只有存在着生产资料的私有制，只有劳动力作为商品出现于市场而资本家能够购买并在生产过程中加以剥削，就是说，只有国内存在着资本家剥削雇佣工人的制度，商品生产才会引导到资本主义。"斯大林的这些话是正确的。社会主义的商品经济不仅不同于资本主义商品经济，也不同于小商品经济。不过，它还具有商品经济一般的特点。因此，在社会主义商品生产中依然存在劳动的两重性（具体劳动和抽象劳动）和商品的两因素（使用价值和价值）问题。在社会主义商品经济关系中，除了基于生产资料公有制的根本利益一致，要强调生产者之间的互助合作，强调局部利益服从整体利益、目前利益服从长远利益之外，还必须在一切经济活动中考虑各方面的利益差别，贯彻等价交换的原则，体现平等互利的要求。

第二，社会主义商品经济是在全社会实行计划经济的前提下有计划地发展，而不是无政府状态的商品经济。在生产资料社会主义公有制为基础的社会主义经济中，有必要也有可能由代表全体劳动人民利益的国家对整个社会主义经济的发展进行有计划的调节。这是资本主义私有制的社会根本办不到的。正因为这样，社会主义商品经济才有可能避免资本主义商品经济那种生产和交换的无政府状态，有计划按比例地协调发展。

这样我们就可以看到，社会主义经济兼有计划经济和商品经济的性质，它是在计划指导下的商品经济，或者说，是建立在商品经济基础上的计划经济。

有的同志提出，过去我们一直在宣传计划经济为主、市场调节为辅，现在说我们的计划经济是有计划的商品经济，这两种提法有何异同？在这方面《决定》在理论上有哪些突破呢？应该看到，我们现在的提法是比以前的提法有了进一步的发展，是对我国社会主义经济特性的认识的进一步深化，在理论上确实是有新的突破的。关于这个问题，《决定》一共讲了四条：第一，就总体说，我国实行的是计划经济，即有计划的商品经济，而不是那种完全由市场调节的市场经济，就是说，不是资本主义的市场经济。第二，完全由市场调节的生产和交换，主要是部分农副产品、日用小商品和服务修理行业的劳务活动。第三，实行计划经济不等于指令性计划为主，指令性计划和指导性计划都是计划经济的具体形式，实际上将来指导性计划会越来越多，指令性计划将越来越少。第四，指导性计划主要依靠运用经济杠杆的作用来实现，指令性计划则是必须执行的，但也必须运用价值规律。这是总结了国内外社会主义建设的实践经验所得出的新的论点，最重要的是把实行计划经济和发展商品经济、运用价值规律统一起来了，同时肯定了计划经济并不是等于指令性计划为主，指令性计划和指导性计划都是计划经济的具体形式。这就突破了我们原有的经济体制的那种僵化的模式，它对于我国今后的社会主义建设，是具有重大的指导意义的。

在过去的讨论中，有的同志不赞成"有计划的商品经济"的提法。他们说："提社会主义是有计划的商品经济，落脚点仍然是商品经济，那就把计划经济抽象掉了。"其实，计划经济是指在国民经济中有计划地分配社会劳动，或者说有计划地领导、组织和调节社会经济活动的一种社会经济制度。这里"有计划地领导、组织和调节"，必须落实到千千万万生产单位和经营单位的经济活动上。问题是这种经济活动是自然经济活动，还是商品经济活动。既然不论在两种社会主义经济形式之间，还是在社会主义国营经济内部，都存在着商品生产和商品交换，社会主义企业之间的经济联系要通过商品货币关系来进行，国家对国民经济的领导和调节，就必须落实为对整个社会商品经济活动的领导和调节。我国30多年来计划经济的实践已经表明，把社会主义国民经济当做一个大的自然经济来对待，不仅会把小的方面（企业的微观经济活动）管死，大的方面（如国民经济的发展方向、主要的比例关系等）也不可能真正管住和管好。正是自然经济论的错误认识和有害实践，造成了我们某些方面技术停滞、效益降低、比例关系失调的恶果。有些同志在主观上是想实行"不需'价值'插手其间"的共产主义高级阶段在产品经济的基础上实现的计划经济，但是实践已经证明，这种把社会主义经济当做未来共产主义社会那种不存在商品货币关系的产品经济来对待的想法，是脱离我们现实生活的，在实践中，人们所企望的产品经济不可避免地要成为自然经济的某种变种。而只有落脚到商品经济活动上的计划经济，才能反映社会主义经济发展的客观要求和必然趋势。把"社会主义计划经济是在公有制基础上的有计划的商品经济"的提法，作为同"社会主义经济是存在着商品生产和商品交换条件下的计划经济"互相补充的命题提出来，不仅有助于划清社会主义商品经济与资本主义商品经济的界限，也有助于消除把我国社会主义计划经济与落后的自然经济条件下的计划经济以及未来产品经济条件下的计划经济混为一谈的误解。

在这里，有必要把社会主义的商品经济和资本主义的商品经济区分开来。商品经济的概念要比市场经济广泛得多。它可以是萌芽的、不发达的商品经济，也可以是发达的商品经济，也可以是受到限制的特种商品经济。它可以是建立在私有制基础上的商品经济，也可以是建立在公有制基础上的商品经济。

关于社会主义的商品经济与资本主义的商品经济的区别，《决定》一共讲了六点：一在于所有制不同；二在于剥削阶级是否存在；三在于劳动人民是否当家做主；四在于为什么样的生产目的服务；五在于能否在全社会的规模上自觉地运用价值规律；六在于商品关系的范围不同。这个划分是非常重要的，不搞清楚这种区别，就会迷失方向。

关于什么是商品，现在认识是越来越前进了。最近国务院常务会议讨论技术转让时，国务院负责同志讲了一个很重要的问题，他建议写到关于技术转让的文件中去。他说，在社会主义有计划的商品经济条件下，技术也应该成为商品，要把技术变成商品，就要使技术商品化，开放技术市场，技术的售价可以实行市场调节，价钱由接受技术和出卖技术的双方自由定价。这样可以解决我们一个老大难问题，打破技术和技术人员的部门所有制，活跃技术这个商品的流通，促进技术的交流和技术人才的交流，从抓科技的最终产品开始，使科研成果尽快地形成生产力，把科技人员的积极性调动起来。这是一个好办法，也是我们科技改革的一个突破口。这说明我们对商品的认识越来越深化。会上讨论时大家一致赞成这个意见，现在正在草拟的科技改革的文件，准备把这个精神写进去。这确实是个很大的问题。我国科学技术很不发达，但我们的科技人才都是属于部门所有制、单位所有制，不能够流动，一个科研成果出现后很长的时间得不到推广、运用。怎么解决这个问题呢？解决的办法就是把技术也当做商品，开放技术市场。国务院负责同志说，这样做，科学院和其他部门的科研单位把科研成果创造出来之后，哪个地方要用，就来买这个技术。那么，技术这个东西，属谁所有呢？可以有三种情况：第一种是属于国家计划安排的项目，利用国家的研究试验设备所创造的技术，它的所有权当然属于国家，但是发明创造这项技术的人员应当从出卖这项技术的所得中得到一定的分成；第二种是由技术人员提出来，得到单位支持和使用了单位的设备的，这就同前一种有所不同，在出卖此项技术所得到的收入中，就应该以更多的分成给予这个发明创造者；第三种是业余搞的，技术的所有权就应属于个人，出卖技术所得也归个人，当然个人所得，应照章缴纳所得税。

有的同志提出，社会主义商品经济同资本主义商品经济（即完全由市场调节的市场经济）的本质区别究竟在哪儿？社会主义商品经济的广泛发展必然产生盲目性，那么，又怎么做到有计划发展呢？理解这个问题的关键在于认识社会主义市场的可调节性质。在资本主义市场经济中，市场是至高无上的。不论是宏观的决策，还是微观的决策，都是由市场机制和市场原则来支配的。国家虽然可以利用税率和利率等某些因素来影响经济发展，但是整个来说，资产阶级国家的经济决策，是由垄断资本集团来制定和施行的，垄断资本集团为了各自的利益，反对国家干预，使国家的经济政策软弱无力，特别是不能体现劳动人民的利益和要求。承认社会主义经济的商品经济性质，当然也意味着发挥市场机制对于企业微观决策的调节作用。但是，社会主义商品经济中的市场同资本主义经济中的市场有着根本的不同。由于社会主义国家是社会主义所有者——全体劳动人民的代表，是国营经济的主人，它拥有多种法律的、行政的和经济的手段（包括工资、利息、税收、价格等经济杠杆），能够对市场进行有效的调节。这样，就创造了实际的可能性，使市场机制受制于国家的宏观调节，从而把企业的微观决策同国家的宏观决策联系起来，使企业的微观经济活动在国民经济计划划定的范围内进行。因此，在社会主义制度下，即使商品经济的充分发展，企业之间竞争的广泛展开，也有条件避免资本主义市场竞争的那种盲目性。但正如《决定》所说，社会主义商品经济的广泛发展，也会产生某些盲目性，也可能出现某些消极的现象和违法的行动，所以必须有计划地指导和调节，必须加强行政管理。这些都是我们在社会主义条件下能做到的。这就是说，社会主义国家完全有可能自觉地利用价值规律来达到计划经济的目的。

划清以上两种界限，即计划经济同自然经济的界限，社会主义商品经济同资本主义商品经济的界限，一方面，将有利于我国经济和计划体制彻底摆脱自然经济论的影响，有利于推进商品生产和商品交换发展的经济体制改革；另一方面，有利于加强我国社会主义商品经济的计划性，防止商品经济发展中可能出现的无政府状态，真正把社会主义商品经济引导到有计划发展的轨道上来。

四 承认社会主义经济是有计划的商品经济，是进行经济体制改革，实行对内搞活经济、对外开放方针的理论依据

长期以来，我国社会主义经济活动，是在决策权高度集中于行政机关、按行政区划和行政层次组织起来、主要采用行政命令调节方法的经济体制中运行的。这种体制的特点是：在计划上大包大揽；在流通中统购统销；在劳动上统包统配；在财政上统收统支。"统"字是这种体制的一个基本特点。正如《决定》所说，这是一种同社会生产力发展要求不相适应的僵化的模式。这种体制把整个国民经济管得很死，窒息了企业活力和劳动者的积极性，不可避免地阻碍了技术的进步、生产的发展和经济效益的提高。

但是，为什么长期以来不能改变这种不合理的体制呢？这是与我们在理论上长期未能摆脱自然经济的影响，不承认社会主义经济的商品经济性质有直接关系。不承认社会主义经济是有计划的商品经济，就只能按行政原则组织国民经济，用行政命令把企业的手脚捆得死死的，从而带来上述弊端。这就是为什么30多年来，每当我们发现某种产品短缺，而加强计划控制的时候，这种产品就越控越死，越死越少；也就是说，我们越是强

调加强所谓计划管理，严格限制商品经济发展的时候，计划经济碰到的困难就越多；而每当我们放宽对发展商品经济的限制的时候，计划经济的发展反而会顺利一些，发展就快一些，经济效益就高一些。只有彻底克服自然经济的影响，肯定社会主义经济的商品性，明确提出要大力发展社会主义商品经济，才能在国民经济计划的指导下，更好地利用市场机制，搞活经济，推动社会生产力生气蓬勃地向前发展。

为什么要把承认社会主义经济是有计划的商品经济作为经济体制改革、搞活经济、推动社会生产力迅速发展的基础和前提呢？这是因为：

第一，只有承认社会主义经济具有商品经济的属性，才能完满地实现中央关于经济改革的各项决策，完善社会主义的经济体制。

近年来，我们国家在农村经济改革取得巨大成功，城市经济改革试点取得丰富经验的基础上，采取了一系列措施推进城市特别是城市国营工商业的经济改革。采取这些措施所要达到的目的，是要逐步建立一个"大的方面管住、管好，小的方面放开、放活"的经济管理体制，换句话说，也就是实现由过去那种在自然经济论影响下形成的按行政区域、行政层次、行政原则组织，主要采取行政命令方式调节的经济模式，向有计划的商品经济模式的转化。为了提高执行中央《决定》的自觉性，必须把目前局部性的改革措施同改革的总体规划联系起来，从经济改革目标模式的高度来认识各项具体措施的内容和意义。否则，就会对这些措施产生片面的认识，甚至用在传统模式下形成的旧观念来理解和解释新的口号，结果这些新的口号和新的措施在执行中就会走样和变形，不但达不到预期的目的，还会产生新的混乱。

例如，"简政放权"的口号，本来是在承认企业是相对独立的商品生产者和经营者的前提下提出来的。作为相对独立的商品生产者和经营者，应当有经营上的自主权，即有权根据市场情况和国家的有关法令和规定，作出微观经济决策。如果不是这样来理解，在执行"简政放权"的决定时，就可能出现两种情况：一种是把某些次要的权力下放给企业，而把主要的微观决策权（企业的日常生产经营决策权，如生产什么品种和规格的产品，生产多少，从哪里取得原材料，产品卖给谁，以及企业上缴国家税费后，它的所得如何支配，等等）紧紧抓在行政领导机关手里。由于各种权力是互相制约的，一环紧扣一环，主要的生产经营权不在企业手里，那些次要的、从属的权力也不可能真正放下去。

这里可以举一个例子来说明城市经济体制改革的必要性和迫切性。上海是全国经营管理搞得比较好、经济效益最高的一个城市，它的工业产值占全国的1/9，财政收入占全国的1/6，对全国有很大贡献。但它在体制上仍有许多不能适应今天新情况的需要改革的方面。主要的问题是：企业没有多少权力，权力大部分集中在管理局特别是行政性的公司手中。在上海，新中国成立初期为了对私营企业改造，我们采用割断私营企业同市场联系的办法，在当时这样做是必要的。通过加工订货、统购包销来控制为数众多的私营工商业，使之纳入社会主义经济的轨道。到了全行业公私合营以后，上海就把2.6万多户的工业企业，分别纳入目前的80多个专业公司里面，逐步地进行了产业调整，由公司统一调配企业的资金、技术力量和厂房设备，决定企业的产供销。在这一套管理体制下，上海工业在增加产量、降低成本、开发重点产业方面取得了很大的成效，但是也存在不少的问题。上面所说的工业历史的演变以及与之相适应的产品历史演变所形成的工商管理体制的主要弊病是什么呢？一是管理层次太多，一般是五级管理：市、委（办）、局、公司（其中也有分为总公司和分公司两层的）、企业，至少是五级，有的是六级。二是企业处于层层的行政管理的严格管束之下，它的活力受到严重的压抑。根据调查研究的资料，几乎所有企业都反映：目前除国家计委下达的指令性计划以外，凡紧俏的商品，中央商业部都是统一调拨分配的；市、局、公司还要企业另加一部分作为对外协作的筹码，如永久牌、凤凰牌自行车，蝴蝶牌缝纫机都是如此，结果层层加码，到了企业就不知道哪些是指令性计划，哪些是指导性计划，凡是上级下达的都算指令性计划，都得完成。企业本来可以自行采购的产品，仍然由它的上级专业公司来给它安排。例如，永久牌、凤凰牌自行车是全国有名的自行车，自行车的鞍座，厂里如果向公司以外的企业采购，每个价格可以便宜1元钱，但公司不允许，规定只能向公司所属的企业采购，这样，每年这两个厂就要多付出500多万元。缝纫机厂也是这样。蝴蝶牌缝纫机厂的木头台板，如果向公司以外的企业采购，可以每年少花500万元，但公司不同意这样搞，管得非常死，更严重的是利润留成有一半以上集中在公司。上海市1978年恢复企业基金制度，1979年在若干企业里实行了利润留成，财政部门和试点企业直接结算，当时确实调动了企业积极性。1980年以后全面推行，改成了以局为单位的全额留成，再由局和公司核定到企业，先进企业留成就很低了。比如化工局留利率为9.2%，分到公司成了7.8%，到了企业更少了，如经营好、利润水平高的天原化工厂留利水平只有2.83%；上海牙膏厂留利水平只有2.63%，其中奖励基金只有0.65%，即每增长1万元利润，奖励资金只能得到65元，平均每一个职工分到5分钱。1983年，上海市预算内的地方国营工业企业留利一共有13.77亿元，留利率14.68%，但局一级就占4.88%，公司一级又占了2.05%，企业只剩下7.75%，将近一半被上边扣掉了。企业反映，别的地方是两个"大锅饭"，即市一级、企业一级，上海是三个"大锅饭"，一层一层把企业应得的利润拿走了，企业感到很不好办。所以，简政放权，究竟这个权放给谁？《决定》规定政府和企业的职能要分开，政府原则上不再管企业了，要求把权力放下去。这个权力放给谁？有各种不同的意见。局里说这个权应该放给局，公司说这个权应该放给公司，企业说这个权应该放给企业。按照《决定》的精神，当然权力应该放给企业，但这个问题解决起来相当棘手。因为上海有80多个公司，这些公司绝大多数实际上不是企业，还是行政性的公司，等于一个专业局的分局。比如纺织局、化工局下面的公司，等于纺织局、化工局的分局。这是上海的情况，这个问题在其他城市同样存在。

同上述问题相联系的，还有不少问题。比如，《决定》规定，今后政府原则上不管企业了，那么，企业怎么办？企业一方面怕婆婆多，婆婆多很不好办事情；另一方面又怕没有婆婆，没人管。其一，这么多国营企业，国家计划能否直接下达给企业？其二，按指令性计划生产的产品是按指令性指标分配的，这部分产品实行计划价格，是便宜的，比如钢材，国家分配的价格是600—700元一吨，现在市场上钢材价格浮动到1200元、1400元一吨，这部分按指令性指标分配的产品经过什么渠道才能拿到？

其三，企业的厂长、经理等谁来任命？这些都要通过实践来解决。一机部把企业都下放了，下放给谁？下放到中心城市，如果不是按照《决定》的精神办，那还是下放到管理局，下放到行政性的公司，就和过去部里管差不了多少，甚至像有些企业所说的过去由部里管是用很粗的绳子捆，而下放到市的局和公司管，可能用麻绳缠，捆得更紧了。总之，企业希望下放以后不要成为断了线的风筝，没人管。总还要有个单位管它，当然要管好，不能像过去那种管法。《决定》中指出，公司必须是企业，不能是行政机构。而现有的公司基本上是行政机构的变种。怎样把它改造成企业？而企业性的公司又是什么样子？这种公司怎么样产生？它和工厂的职责怎样划分？这些问题也都有待于在实践中解决。

在这方面，以第二汽车总厂为主体的东风汽车工业联营公司是一个成功的例子。它的经验主要是：其一，坚持自愿原则，实行多种形式的联合，有以下不同形式的联合层次：（1）公司的核心部分是第二汽车总厂直属 27 个专业厂，以第二汽车厂作为公司的总部，一套机构，两块牌子；（2）紧密联合的企业有 4 家，实行供产销、人财物的统一，但各厂仍保持独立法人地位；（3）半紧密联合的企业有 15 家，实行"三不变"（所有制、隶属关系、财政渠道不变）、"四统一"（产品系列、改造规划、生产计划、管理办法统一），生产经营上，由联营公司统一管理，但工厂可以承担一定的地方任务，生产一部分其他产品；（4）松散联合的企业有 83 家，它们只部分地生产"东风"的系列产品，同时还生产其他系列产品，属于"东风"系列的产品，由联营公司统一领导，其他方面，公司不干预。其二，坚持互利原则，实行不同的利益分配办法：对紧密联合的企业，实行税前 2∶8 比例分成，或税后 1.5∶8.5 比例分成，公司占 2 或 1.5，但公司并不提走，而是留给企业进行技术改造，作为公司对企业的投资；对松散联合的企业则完全采取等价交换的互利原则。其三，以"二汽"为主体，发挥了联合体的骨干和龙头作用。"二汽"不但可以给联营的工厂提供优质零部件，支援参加工厂的组装或改装，出优质的汽车产品，而且在技术上帮助工厂进行改造，克服难关，帮助工厂采用比较先进的生产和经营管理方法，培养技术和管理人才。在公司统一领导下，根据各厂的特点和优势，实行专业分工。目前有些联营工厂，已开始以"二汽"为龙头，进行联合设计，联合开发新产品，不但加快了产品更新过程，而且锻炼了参加联合的工厂的技术力量。这些经验是值得重视的。

当然，另外一种情况也应当注意，就是确实把权力放下去了，却不善于按照建立有计划的商品经济的需要运用各种立法的、行政的，特别是经济的手段，影响市场和调节企业的自主经济活动，把它们引导到有计划按比例发展的轨道上去，结果也会滋生混乱。总之，往往会出现两种情况：一种是不肯把权放下去；另一种是放下去又不知道该怎样管理，要管就是老办法。如何采用新的办法，根据有计划的商品经济体制来管理，还在摸索，要通过实践来解决。

打破条块分割，组织以大中城市为依托的网络性的经济区的问题，这也是《决定》里提出的新问题，如何理解它，也需要认真研究。我国国民经济中长期存在的"条块矛盾"，是由旧的行政集中管理体制产生的。在这种体制下，既然把整个社会看做一个大工厂、一个大公司，由国家行政机关指挥全社会的一切经济活动（包括宏观经济活动和微观经济活动），国民经济就只能按行政系统来组织，使全社会的数以十万计的国营企业分别隶属于国家的行政部门和地区行政机关，形成所谓"条条"和"块块"。而且不管是"条条"、"块块"都要自成系统，形成所谓"完整的体系"。在社会化的大生产中，企业之间供产销的横向联系千丝万缕，错综复杂。而按照行政隶属关系组织经济，却要以上下级之间的纵向联系为主，不仅相互分割，甚至相互封锁，这就人为地阻碍了企业之间的横向联系的实现，并且驱使企业搞"大而全"、"小而全"，于是"条块矛盾"就越来越严重。只要保持目前这样的行政集中管理体制不变，按行政部门组织经济，那就会割断属于不同条条的企业之间的经济联系；按地区原则组织经济，又会割断属于不同地区的企业之间的经济联系，条块矛盾怎样也不能得到解决。

以大中城市为依托，组织网络性的经济区，是以完全不同的经济体制为背景提出来的，这就是社会主义有计划的商品经济。在社会主义商品经济中，千千万万个商品生产者之间通过买卖实现横向联系，形成囊括全社会的有计划的统一市场和经济网络，这种经济网络的枢纽点，便是所谓中心城市，也就是大中城市。中心城市的影响，通过它的工商企业、交通运输、邮电企业、银行等的经济活动，辐射到大片地区，直到全国以至全世界。比如上海，它和全国其他二十几个省市都有密切的经济联系、经济来往，它的经济活动辐射到全国二十几个省市。全国只有两个地方，上海对它们是进大于出的：一个是山西，上海要用它的煤炭；一个是辽宁，上海要用它的钢材和其他生产资料。上海对其他地区都是出大于进的；同时，它和国外 140 多个国家和地区有着经济往来。本来，上海的经济越活起来，它的网络就越扩展，这样才是这个城市应该起的作用。但是，我们有些同志的观念，还是限于上海本身几百平方公里的这个范围，或者是千把平方公里的范围，即包括市属 10 个县的范围。现在国务院要搞的上海经济区，包括了上海市和江苏、浙江、安徽、江西 4 个省。上海发生经济作用的范围，确实是和全国各地发生经济联系，和世界 140 多个国家、地区发生经济联系的，是这么一个概念。应当从这个概念考虑上海的作用，考虑它的发展问题。

在社会主义社会以前，中心城市多少是自发地形成的，在社会主义有计划的商品经济中，国家却有可能自觉利用中心城市的上述作用，协调、带动和促进它辐射所及地区的经济发展。

但是，目前有的同志对依托中心城市组织经济网络的口号理解得不完全正确。他们认为，依托中心城市组织网络性的经济区，仅仅是把原来属于中央和省、自治区的企业下放给中心城市管理，把经济区范围内的县、市划入中心城市的建制，而城市则因袭以前的老办法来管理企业。这样，企业仍是城市行政机关的"附属物"或"算盘珠"。这种理解是违背了以某些大中城市为中心建立经济区的原意，如果这样做，就会形成新的块块，不但不能改善地区之间的经济联系，带动成片地区的发展，还会加剧大中城市同邻近兄弟地区的矛盾，加深各个块块自成体系、相互封锁的弊端。这确实是值得注意的问题。我们考察现实的经济生活就会看到，在上海这个城市里，全国大中城市都在那里设点，甚至江苏省的某些乡镇企业也在那里设点；反过来，上海在各大中城市中也都有点，你的手伸到我这个地方，我的手伸到你那个地方，这是经济活动的正常现象。想把这些手割断不可能，那就会把经济搞死。要把经济搞活，就要把这种横向的联系发展起来，密切起来。

第二，只有承认社会主义经济具有商品经济的属性，从而自觉地依据和运用价值规律的作用，才能把我们的经济工作真正转移到以提高经济效益为中心的轨道上来。

讲求经济效益，是社会主义经济工作的一项基本要求，也是党的十二大提出的实现我国经济发展战略目标的前提。马克思曾经指出，在未来的社会主义制度下，联合起来的生产者，将合理地调节他们与自然之间的物质变换，用最少的劳动耗费，取得最多的物质财富。然而，在我国社会主义建设实践中却常常出现经济活动效率低，浪费大，供需脱节，按总产值计算的增长速度虽然相当高，而可供消费的最终产品却增长很慢，人民得到的实惠不多，甚至有时发生国民经济比例失调，造成社会经济生活的严重动荡的被动局面。近年来党和政府一再强调把我们的经济工作转移到以提高经济效益为中心的轨道上来，然而收效还不十分显著。原因何在呢？应该说，问题的症结在于在自然经济论影响下形成的行政集中管理体制，严重阻碍了商品生产和商品交换的发展，违背了价值规律的要求。

社会主义建设的实践证明，在社会主义经济活动中，不论是提高微观经济效益，还是提高宏观经济效益，都必须承认社会主义经济具有的商品经济的属性，尊重价值规律的作用。

所谓微观经济效益，主要是指社会主义企业经济活动的效益。提高企业经济效益的关键，在于改变旧体制下企业只是上级行政机关手里的"算盘珠"，"拨一拨、动一动"的状况，使之成为既有提高经济效益的强大内在动力，又有市场竞争的强大外部压力，具有高度活力的相对独立的经营主体。而这一切只有在把企业看成相对独立的商品生产者和经营者，造成价值规律对生产和交换起调节作用的适宜环境的条件下，打破地区和行业之间的封锁，消除垄断、开展竞争，才有可能实现。

承认社会主义经济具有商品经济的属性，就不仅要承认集体所有制企业是独立的商品生产者和经营者，而且要承认全民所有制企业也是相对独立的商品生产者和经营者，也应当成为实行独立核算、自负盈亏的经济实体，在人财物、产供销等方面有自主的经济权力，使企业从行政机构的附属地位中解脱出来，根据社会需要独立做出生产和交换决策，成为责、权、利统一，在计划指导下自主经营的经济实体。

承认社会主义经济具有商品经济的属性，从而承认企业的相对独立的商品生产者和经营者的地位，就可以解决企业吃国家的"大锅饭"的问题，从而使企业的经营成果同职工的物质利益挂上钩，就可以解决职工吃企业的"大锅饭"的问题，使企业职工能从关心自身的物质利益上关心企业的经营管理。这样，企业就有了发展生产、改善经营管理的内在动力。

承认社会主义经济具有商品经济的属性，就意味着承认社会主义竞争的必要性。竞争是商品经济特有的规律。在竞争中，一方面企业必须努力掌握市场信息，尽力做到适销对路，使自己生产的产品符合社会需要；另一方面，"生产这些产品的社会必要劳动时间作为起调节作用的自然规律"，即价值规律，必然要"强制地为自己开辟道路"[1]。这就迫使每个企业都要想方设法改善经营管理、降低成本、革新技术、开发新产品，使自己的个别劳动消耗尽可能地低于社会必要劳动消耗。这样，在社会主义国家计划的指导下，开展一定的市场竞争，可以成为一种对于企业的外部强制力，推动各个企业、部门和地区努力前进，永不停步。承认企业是相对独立的商品生产者，尊重价值规律的作用，还可以促进每个企业更好地为社会需要生产，有助于产需的直接衔接，使企业在计划指导下努力根据市场的供求情况，具体确定生产哪些产品、生产多少，以便使各种产品能适销对路，符合社会需要。这正是取得宏观经济效益的基础。

第三，承认社会主义计划经济的商品经济属性，有助于大大改善我国的计划工作，加强国家对整个国民经济的计划指导，取得更大的宏观经济效益。对于这个问题，可以从两方面来看：

首先，在社会主义经济活动中，发挥"价值决定"（马克思语）的支配作用，有计划按比例地在各部门分配社会劳动，是改进国民经济计划工

---

[1]　马克思：《资本论》第一卷，人民出版社 1975 年版，第 92 页。

作，提高宏观经济效益的基本前提。我国经济发展的历史经验告诉我们，每当国民经济发生重大比例失调时，我国国民经济的宏观经济效益都会大大下降。比如"大跃进"时期、"文化大革命"时期就是这样。而要保证社会主义经济能按比例发展，以提高宏观经济效益，在制定国民经济计划时，就不仅要以国民经济有计划发展的规律为依据，而且要以价值规律为依据，把两者有机地结合起来。这是因为，有计划发展规律要求要有计划地对资金、物资和劳动力按比例分配；而"商品的价值规律决定社会在它所支配的全部劳动时间中能够用多少时间去生产每一种特殊商品"[①]。由此可见，两者并不是对立和排斥的，而是有着共同的基础，可以统一起来的。有计划规律要求人们自觉地按比例安排社会生产，价值规律则除了要求人们合理分配社会劳动外，还要求通过经济机制实现社会生产的按比例发展。例如，对于短线产品的生产者，应给予较多的利益；对于长线产品的生产者，则给予较少的利益。从而，引导企业主动地调节自己的生产，以适应社会的需要。只有把有计划发展规律和价值规律很好地结合起来，才能实现国民经济有计划按比例发展，从根本上保证宏观经济效益的不断提高。

其次，过去我们的国民经济计划不能很好地把大的方面管住，有效地调节整个国民经济的近百万个企业的活动，一个重要原因是单纯依靠行政命令、指令性指标来进行调节。企业的经济活动方面很多，事实上计划机关不可能统统用指令性指标把它们管住。例如，目前农业实行指令性计划的是 29 种产品，现在计划体制改革，准备减少到 10 种左右；工业目前实行指令性计划的是 123 种产品，准备减少到 60 种。我们国家产品有几万种甚至几十万种，只靠指令性计划怎么能控制得住呢？这样，指令性指标体系就留下了许多"空子"，在这个范围内，具有独立经济利益的企业就会根据自己的利益做出决策上的选择。而由于在行政集中管理模式上建立起来的计划机关又不善于运用适合于商品经济的调节手段（主要是价格、税收、利息、工资和奖金，等等），去调节企业同企业、企业同社会之间

---

① 　马克思：《资本论》第一卷，人民出版社 1975 年版，第 394 页。

的关系，把企业的生产经营控制在计划要求的范围内，引导到适合于社会需要的轨道上去，结果大的方面没有管住，供需脱节、比例失调经常发生；而对小的方面却管死了，使整个经济缺乏活力。

在有计划的商品经济的条件下，国家拥有雄厚的经济实力和最高的决策权，完全有能力在实行对整个国民经济的有计划领导时，不但运用立法的、行政的手段，而且运用各种经济杠杆，建立行政方法与经济手段相结合的强有力的调节体系来调节整个国民经济的各种经济活动，实现国民经济充满活力的有计划发展。

为了做到这些，我们的计划机关需要在思想上来一个大的转变，打破只有指令性计划调节的经济才是计划经济的陈旧观念，使计划工作由制定指令性计划为重点逐步转向以制定经济社会发展的战略方针，制定指导性计划以及经济政策、调节措施为重点，努力学会运用各种经济政策、经济杠杆来调节整个国民经济，保证计划目标和计划任务的实现。这应该是计划管理体制改革的一个重要内容。就是对某些指令性的指标，也必须采取这种办法，才能保证其实现，否则就会落空。而做到这一切的前提，又是要认识社会主义经济是有计划的商品经济。

第四，承认社会主义经济的商品经济属性，是我国实行对外开放方针的一个理论依据，同时也是保证我国社会主义企业能够执行这一方针，参加国际竞争的一个理论前提。

一个社会、一个国家要不要发展对外经济技术交流，利用国外的市场、资金、资源和技术，这是由它的商品经济发展程度和生产力状况决定的。在前资本主义社会，生产力水平低下，商品经济很不发达，自然经济占统治地位，在这种情况下，国际间的经济技术交往是很少的。到了资本主义社会，商品经济大大发展了，这就必然带来国际间经济技术交流的大发展。马克思、恩格斯在《共产党宣言》中谈到资产阶级开拓世界市场的经济根源时，曾经指出："不断扩大产品销路的需要，驱使资产阶级奔走于全球各地。"[①] 社会主义国家发展商品经济、开拓世界市场的目的和

[①] 《马克思恩格斯选集》第一卷，人民出版社 1972 年版，第 254 页。

性质，根本不同于资本主义国家。但是社会主义商品经济的发展，必然要挖掉民族经济的孤立性和闭塞性这一自然经济的根基，走向世界，从发达国家引进先进技术和管理方法，利用外资，并且挤进世界市场，有意识地利用世界市场，从中得到国际分工和国际商品交换的好处。这一历史趋势，是客观事物发展的必然性。对于我们这样发展中的社会主义国家来说，尤为重要。我国对外开放的方针，正是根据马克思主义的理论和我国社会主义商品经济发展的客观要求而制定的。由此可见，承认我国社会主义经济具有商品经济的属性，就必然要求实行对外开放的方针，用各种合适的形式加强对外经济技术交流，促进我国现代化事业的发展。

我们还要看到，对外开放的正确方针，并不是能够轻而易举地实现的。（1）为了建设对外开放的基地——开放城市和经济特区，我们需要投入相当数量的资金，搞基础设施、"七通一平"的建设。（2）要有对外商外资有吸引力的投资环境。（3）我们的企业要对外国资金和外国技术有消化吸收的能力。这一点应该说上海最强。所以外国资本家都愿意在上海搞合营或者投资。但是上海有个很大的困难，这些年从上海拿得比较多，国家财政收入的 1/6 取自上海，给它返回去的少，所以它的基础设施越来越不适应需要。它有这方面困难，但消化吸收能力仍是最强的。（4）我国企业运用引入的资金和技术生产的产品，在国际市场上要有竞争能力。现在我国产品在国际市场上有竞争能力的实际上是很少的。我们出口产品的构成中，制造业的产品占的比例是很低的，未经加工的农副产品还占了相当大的比例，矿产品也是初级产品，总之，经过加工出口的产品比例很低，特别是高价值的产品是很低的。比如我们的布匹出口很多，但多是坯布，人家经过加工，可以增加一倍、两倍甚至更多的价值；而且这类产品还受到国际市场的限制。如何提高产品的竞争能力，这是一个很大的问题。在旧的行政集中管理体制下，企业与国际市场的联系被割断了。企业不知道自己的产品在国际市场上占的是什么地位。我们到国外去看一看，就知道我们的很多产品是进不了高级商场的。企业并不了解这些情况，因为产品是被外贸部门收购出口的，企业和外商并无直接的联系。因而企业往往对成本高、效率低、资金积累能力很差等问题的解决，缺乏紧迫感，所以技术进步和产品更新换代很慢。同时，行政机关机构重叠，办事拖拉，效率低，合同的签订和履行都存在许多问题。这些都妨碍对外开放政策的实行和取得更大的成效。这和我们旧的不合理的经济体制是有关系的。因此，对这种笨重死板、缺乏活力的体制，必须进行改造。而这一切，正如前面所说，都是以承认社会主义经济是有计划的商品经济为前提的。

为了适应对外开放的新形势，对我们的经济工作干部来说，就有一个学会做生意，学会运用商品经济的原则，同外国资本打交道的任务。过去30多年来，由于苏联的那一套和"左"的思想影响，我们政治经济学研究的路子也是越走越窄，政治经济学的社会主义部分往往讲一些抽象的政治原则，很少给人们以社会主义经济实际运行的知识；对于如何在市场环境中经营企业，调节经济，更是很少触及。今后我们应当努力学习马克思主义经济理论，并在总结实行对内搞活经济、对外开放方针的经验的基础上，丰富、发展马克思主义政治经济学，用以武装我们干部的头脑。资产阶级经济学自上世纪末以来，对现代资本主义经济作了很多的论述。从总体来说，它是为资本主义制度辩护的，为垄断资产阶级服务的，所以从本质上说，它是庸俗的、反科学的；但是，其中也反映了商品经济的某些共同的规律，因此不能一概加以否定。为了发展社会主义经济和发展社会主义政治经济学，我们都有必要对资产阶级的经济理论认真加以研究，并且批判地利用其中对我们分析社会主义商品经济有用的那些东西。

总之，承认社会主义经济是有计划的商品经济，在国家的宏观经济决策和企业的微观经济活动中都尊重价值规律的作用，就既能促使企业竞相提高经济效益，又能保证国民经济按比例地协调发展，避免资本主义那样的经济危机和无政府状态。这样，就能使我们的经济工作彻底地摆脱各种"左"的影响，保证我国社会主义国民经济更加生气蓬勃地向前发展。

抓紧时机　迎接世界新技术革命的挑战[*]

目前，世界上出现了一个新的技术革命的热潮。在美、日、西欧一些工业发达国家，谈论这个问题的人很多。有的把它叫做第三次或第四次工业革命，或者叫做产业革命；有的叫技术革命，也有的叫第三次浪潮；还有的叫信息社会的。说法很不一样。关于这个新的技术革命究竟到来没有？说法也不一致。有的说已经到来，有的说正在到来，有的说将要到来。什么时候到来，看法也不同。不管怎样说，却有一个共同点，就是所有这些说法，都反映了一个新的情况、新的现象。就是在目前的世界上，特别是在经济发达国家，出现了新的技术群、新的产业群。这些新的技术、新的产业正在发达国家中以不同的规模和速度在运用、在发展。我们应当看到这一客观事实，了解这种信息，而不能闭目塞听。至于怎样称呼它、分析它、评价它、应用它，那是可以讨论的。

毫无疑问，目前出现的这种新情况，对于实现社会主义现代化的我国来说，是应该密切注意的。下面谈四个问题。

一　目前世界上出现的新的技术、新的产业及其特点

最近 30 年来，科学技术发展非常快，出现了一批新的技术和新的产

　＊　本文原载《科研管理》（季刊）1984 年第 4 期。

业。其中集中体现了世界科技发展最新成就的，有信息技术、生物技术、新材料技术、新能源技术、宇航技术、海洋工程技术，等等。其中最突出最活跃的，对发达国家经济社会生活影响最大的是信息技术。

信息技术主要包括微电子技术、电子计算机、光纤通信、激光通信，等等。微电子技术里，最重要的器件是集成电路。目前世界上64K的大规模的集成电路，早已商品化。现在正在研制256K和1024K的大型集成电路。在这方面我国和世界先进水平还有相当差距。生物技术最重要的是这几个方面：基因工程、细胞工程、酶工程、发酵工程（也称微生物工程），这和我们的农业、工业的发展，有密切的关系。我国发酵工程有几千年的历史，是传统的方法，和现代发酵工程有很大差距。这方面的应用，对发展农业，改良品种（不论是植物品种，还是动物品种）都有很广阔的前景；对食品工业、医药工业的发展，意义也是很大的。再就是新的材料。这里最重要的是关于信息的材料、单晶硅、光导纤维、半导体材料、光学纤维材料，等等。新能源方面的材料，包括太阳能接收材料、高密度储能材料、超导体材料，等等。还有特殊用途的结构材料和新型的功能材料，高效能的结构复合材料，如碳纤维、增强树脂、高性能的工程塑料、分离膜、新型合金，等等。增强树脂材料就比我们普通的钢材强度高三倍。还有新能源，最主要的是太阳能、生物能、核聚变，等等。最后说说海洋开发技术。海洋面积非常广阔，海洋是各种物资的巨大宝库，它可以给我们提供食物、矿物、能源等丰富的资源。如海水含铀量40亿吨，相当于陆地储量的4000倍，含金量等于陆地储量的170倍。目前海洋提供的矿物在世界经济中所占比重为：锆占100%，钛占80%，镁占60%，锡占40%，石油占25%。世界海洋经济的总产值1980年为2500亿—2800亿美元，短短的12年增长22倍。我国对海洋的开发也在开始进行，当然是初步的。

上面所说的新的技术和新的产业的发展，如果和历史上的几次技术革命相比较，究竟有些什么特点呢？这是需要我们认真研究的问题。从现在已看到的情况来说，至少有五个特点：

第一，这次新的技术、新的产业的发展是一群一群出现的，一下子就出现了许多新技术和新产业，所以现在叫新的技术群、新的产业群。不像过去产业革命时英国的纺织机、蒸汽机那样以单一的形式出现。

第二，这次虽然出现的是新的技术群、新的产业群，但在这一群中间也有带头的技术和产业，这就是信息技术和信息产业，包括电子技术、电子计算机、微电子、光纤通信、激光以及整个的信息系统。

第三，这一新的技术群和产业群的重要特征之一，是以知识和技术的密集形态出现的。如美国加州附近生产硅片的"硅谷"，过去是个果园，现在这个地方的半导体产量占全世界总产量的1/5，聚集了大量的科学技术人才。美国11家大公司在这里都有它的实验室和工厂。美国著名的斯坦福大学和加州大学贝克莱分校的大批教学人员、科研人员以及实验机构都集中在这个地方。学校的科研人员、工厂的科研人员和其他研究单位的科研人员结合在一起进行活动。这个地方从事工程技术工作的人员比从事具体生产活动的人要多得多，"白领"的人大大多于"蓝领"工人。当然，技术和知识的密集也意味着资金的密集，投资是相当集中的。

第四，这种新技术、新产业的发展比以往的技术革命要快得多。以往每一种重要的新技术的出现，都需要几十年，甚至更长的时间，而现在一个新技术接着一个新技术出现，时间大大缩短。如1942年第一个原子反应堆出现，1946年电子计算机出现，1957年人造地球卫星上天，1959年集成电路出现，1960年新的光源激光诞生，1973年实现了遗传基因的剪接和重组。就集成电路来说，集成度每年增加一倍，成本每两年降低一半。原材料、设备、工艺，每3年更新换代一次。电子计算机从诞生到现在已是第五代了。每6年电子计算机运转的速度提高10倍，存储量增加20倍，价格降低40倍。如果拿第一台电子计算机与现在同样功能的电子计算机比较，30年来它的体积缩小到三万分之一，价格降低到万分之一，运转速度增加30多万倍。同样一个产品都在日新月异地发展，更不用说增加新品种了。

第五，新技术、新产业的出现，首先引起了产业结构和社会结构的一些变化。以美国为例，钢铁、造船、纺织等传统工业这些年都不景气，在趋向衰落，他们称为"夕阳工业"。那些新产业像早晨八九点钟的太阳，蒸蒸日上，他们称为"朝阳工业"。在产业结构方面发生相当大的变化。其次是社会结构的变化。技术密集的产业多了，为它服务的产业多了，社会结构也就相应地发生了变化。美国把社会结构划分为第一产业、第二产业和第三产业，现在又开辟了第四产业，叫信息产业。一百年前，美国从业人员第一产业占50%，第二产业占36%，第三产业占14%，那时第三产业很少。到1976年，第一产业占4%，主要是农业，第二产业占29%，第三产业占67%，其中信息产业占50%。还可以从农业劳动人口看，美国农业劳动人口1790年占全国总劳动人口的90%，比我们现在还多；1973年下降到4%；到1982年下降到2.6%。这当然是指直接从事农业劳动的，产前、产后为农业服务的产业，比如种子、饲料、肥料的供给和农产品的加工都不算在内。如果拿"蓝领"和"白领"来划分的话，1950年"白领"工作人员占36%，直接在生产线上工作的所谓"蓝领"工人占41%，到1980年"白领"占50%，"蓝领"占32%。这是很大的变化。产业的变化使生产力的地区分布也发生了变化。过去发达的北部地区、东部地区，现在趋向衰落；而西部地区、南部地区则在兴盛。企业的规模也在发生变化，过去大企业多，现在中、小企业多。上述种种变化，美国表现得最突出，其他发达国家也存在类似的趋势。

对上面这种情况，我们如果不注意，不研究，不奋发努力，采取正确的办法，奋起直追，人家就会不断前进，我们就会落在后面。

关于如何迎接世界新的技术革命，胡耀邦同志曾经做过这样一些重要的指示：我们的同志当中，认真在追求新的现代化科学知识的人，并且把这些新知识同如何改变我国现状联系起来考察的人，一天一天多起来，这是非常值得庆幸的大好信息。但是我们必须注意到，现在还确有更多的领导者，首先是某些做经济工作的负责干部，对新的现代化科学知识基本上没有多少兴趣，有的人以内行自居，对世界上的新鲜事物根本不放在眼里，某些人甚至把当代人类创造出来的新成果当做异端邪说，看成是资本主义的糖衣炮弹。情况是不是这样呢？如果是，那么经济战线广大干部教育的一个主要任务，是应当向愚昧作斗争，还是主要向什么所谓"自由化"作斗争呢？政治思想上的资产阶级自由化确有，必须好好防止和克服；但经济战线情况如何，还应做恰如其分的具体分析。这是我们大家要严肃考虑的问题。我们一定要按照胡耀邦同志指示的精神，高度重视这个问题。随时询问、打听、追踪和研究这个问题，提出我们正确的行动对策。

二　西方经济学家、社会学家、未来学家对新技术、新产业发展的评价

随着新技术、新产业的出现和发展，西方形形色色的社会科学理论也就应运而生。下面介绍六种有代表性的理论和观点。

（一）长波理论

这是苏联经济学家康德拉季耶夫提出的。他在1928年出版了《大经济循环》一书，认为经济发展大体50年左右一循环。开始15年是衰退期，接着20年是大投资期，再后十年是过渡建设期，最后5年是经济混乱时期；然后又导致下一个15年的衰退期。他的理论当时没有引起世界上很大的重视。他死后，这个理论被称为"康氏波"，在西方世界非常流行。

西方世界有一个著名的经济学家，叫约瑟夫·阿洛伊·熊彼特，写了一本《经济循环论》，也叫"中波"、"短波"循环。他的循环理论是以康德拉季耶夫的大循环论为师主，当然也吸收了其他经济学家关于经济循环的理论。他认为10年一个循环周期，称做"中波"；40个月又是一个循环周期，称做"短波"。这个理论的基本意思是资本主义每一次经济衰退都意味着下一次的繁荣。资本主义制度就是在这种繁荣、萧条的反复循环中长期存在的。但是熊彼特的理论也确有可取之处，他认为，西方世界的每一次经济繁荣都是和新技术的出现、新技术的应用结合在一起的。这种观点值得我们重视。至于他把资本主义作为永世长存的制度，那我们是不能接受的。

（二）"经济成长阶段论"

这是美国经济学家华尔特·惠特曼·罗斯托提出来的。他当过美国总

统的顾问，1960 年写过一本《经济成长的阶段》。这本书认为经济发展共有六个阶段：

第一阶段是"传统社会阶段"。主要划分是以牛顿学说的出现为界线。在牛顿学说出现以前的社会叫传统社会阶段，牛顿学说产生以后进入新的社会。

第二阶段是"准备起飞阶段"。即以农业为主的社会转变为以工业为主的社会阶段。

第三阶段是"起飞阶段"。即经济由落后向先进阶段起飞，生产性投资率提高，制造部门有更快的发展。

第四阶段是"向成熟推进"的阶段。社会已把当时的现代技术有效地运用于它的大部分资源的时期，工业向多样化发展，新的主导部门代替旧的主导部门。

第五阶段是"高额群众消费阶段"。经济的主导部门转到耐用消费方面，廉价汽车对社会的期望造成"非常革命性"的影响。他认为群众高额消费，对美国成长的推动力到 1956 年已到极限。

第六阶段是"追求生活质量的阶段"。这一阶段遇到一系列问题，如自然、环境污染，交通拥塞，市政设施落后，贫民区的存在，黑人对社会的不满，高收入家庭的青年对生活方式的不满。他认为这一阶段经济的主导部门从耐用消费品转到服务与环保部门等所谓生活质量部门，它不是提供物质产品，而是提供劳务，人们追求的不是物质享受而是精神享受，等等。

他认为美国目前已处于第六阶段。他划分社会的标准有时按科技水平，有时按消费水平，有时按服务质量，而不是按生产关系。他的书副标题是"非共产党宣言"，意思是不要共产主义，由此也可看出他的政治倾向。

（三）"后工业社会"

这是美国社会学家丹尼尔·贝尔提出的。他写了一本《后工业社会》，认为美国已到了工业社会以后的社会。这也是 60 年代提出来的。他认为后工业社会是从产业劳动的社会转到了服务性的社会。工业社会是产业劳动，以产业为主，后工业社会以服务为主。他的这种理论认为，理论知识的积累和传播是变革的直接力量，他把技术对经济社会发展的推动作用加以强调，这是值得我们注意的。但他也提出很多需要讨论的问题，例如，作为人类社会生活基础的物质，已不占主要地位，而服务则占有主要地位；他承认美国工业社会的领导层是企业主，但到了后工业社会，企业主不是社会的领导层了，将由科技人员来领导这个社会。这些都是脱离实际的幻想，很难设想资产阶级会很乐意地放弃这种领导权。

（四）所谓"第三次浪潮"

它是阿尔温·托夫勒提出的理论。托夫勒是未来学家，1980 年出版了《第三次浪潮》。书中认为人类经历了两次革命，即两个浪潮，现在正经历着第三次浪潮。第一次浪潮是农业革命，由原始渔猎业社会变成了农业社会。第二次浪潮是工业革命，把农业社会变成了工业社会。第三次浪潮是信息革命，把工业社会变为信息社会。他认为现在处于信息革命和知识革命的浪潮中间，社会的发展将是多样化、个人化、小型化的。他列举了科学技术，特别是信息技术革命给人类社会生产和生活带来的巨大影响，这是有参考价值的。但是，在他看来社会的发展与生产关系和社会制度没有什么关系。这是忽视或反对历史唯物主义关于社会发展规律的论点的。

（五）所谓"大趋势"

这是美国经济学家、社会学家奈斯贝克提出的。他是美国《趋势报告》季刊的发行人，曾在白宫任职。他在 1982 年写过一本《大趋势》，讲了十个趋势，其中最重要的趋势是工业社会要变成信息社会。美国现在正由工业社会变成信息社会，在信息社会里起决定作用的不是资本而是信息和知识。他强调信息和知识在经济发展中的作用，这是值得我们注意研究的。但是，他说将来资本不起决定作用，而是信息起决定作用，这个观点需要讨论。他也承认信息社会里可能问题很多，信息常常被人偷走，人和人的关系将会恶化，纠纷、诉讼会更多。

（六）"信息经济"论

这是美国一个有名的企业家约翰·霍肯提出的，他写了一本《下一个经济》。他把下一个经济称为信息经济，在这之前的经济叫物质经济，是讲物质的，以后的经济是讲信息的。他说"物质经济"是工业化时期的经济，是以大规模地使用和消耗原料、资源和能源为基础的，其特征是机械化；而信息经济则是减少产品和劳动中的物质消耗，提高其中智能和信息比重的经济。这些是值得注意的。但是物质生产是人类社会生活的基础，人类是否只靠信息不要物质就能生活呢？

对于上述种种理论，我们应当以马克思主义的立场、观点、方法，对它们进行剖析。对于合乎科学的东西，我们当然要加以吸收；对于违反科学的东西，我们就不能吸收。综观西方资产阶级学者的各种理论，不难看出一个共同的特点。就是在资本主义经济社会困难重重的情况下，资产阶级的学者们都在费尽心机，想要说明资本主义危机不是不可避免的，资本主义制度也不是注定要灭亡的。于是他们都把希望寄托在一次新的技术革命或产业革命上面，幻想这个革命一旦出现，就会迎来一个所谓"奇妙的新时代"，这样就可以使资本主义制度永世长存了。从本质来讲，这些理论都是掩饰资本主义根本矛盾的，不赞成或者反对马克思主义关于资本主义制度终将为社会主义制度所代替的理论。对于这一点，我们应当有清醒的认识，采取科学的分析批判的态度。但是对于他们关于科学技术将产生重大突破的预测，特别是对那些现在已经或将要突破的新技术应用于生产，将带来社会生产力的新发展，带来社会生活新变化的动向，却是值得我们重视的。在这方面，以下几点需要我们认真地进行研究。

第一，新兴技术的发展和应用，将带来生产力的飞跃和产业结构的变化。在本世纪末或者几十年内，现在已经突破和将要突破的新兴技术，将广泛得到应用，从而提高劳动生产率。新兴产业群将会迅速成长壮大，虽然传统产业不可能也不应当完全被取代，但是在整个国民经济中新兴产业所占比重将会有大幅度增长。

第二，知识越来越成为生产力、竞争力和经济成就的关键。工业化时期的经济是以大规模使用与消耗原材料和能源为基础的。现在可以利用更多的知识来制造更好的产品、提供更好的服务，增加产品和劳务中信息的比重，减少物质消耗的比重。在这里，信息就是体现在产品和劳务中的设计、效用、技巧上的知识，信息本身也是产品的一部分。

技术和管理的进步都依靠于知识，甚至国家的决策也只有靠掌握大量信息、运用各种决策技术，才能提高和确保它的科学性、合理性。

第三，信息技术也将大大提高人类思维劳动的效率，导致劳动方式的巨大变化。18 世纪下半叶开始的产业革命，开创了利用机械代替人类体力劳动的时代。这是劳动方式上的一次革命。现在的信息技术，开创了利用机械部分代替人类脑力劳动的时代。电子计算机的广泛应用、信息库、信息网络的发展，将有助于知识的产生和传播，促进劳动生产率的提高。

第四，管理体制的改革是促进技术与经济发展的重要条件。适应能力强的中小企业的兴起，风险投资的发展，技术密集区的形成等，推动了新兴技术的开发应用与新兴产业的迅速发展。工业企业的生产组织和各种社会事业的管理，由于系统工程与电子计算机的结合，正在不断发生变化。

第五，经济和技术的变革，将引起就业机会、利润、世界市场的激烈竞争。一些发达国家企图寻求克服结构性失业危机的途径，力争在生产率和技术创新上取得优势。不少发展中国家也在采取措施，争取缩小技术差距，应付在进出口贸易和国际经济关系中将会遇到的新的压力。

三　新技术、新产业的发展对发达国家和发展中国家经济社会的影响和它们准备采取的对策

当然，影响最大的是经济发达的美国。前面说过，新技术、新产业的发展引起它的产业结构、生产力地区分布、企业组织、社会结构等变化，这里不再重述。至于对人们工作和生活的影响，以电子技术为例，已渗透到人们活动的各个方面：从科研、生产过程的控制、工厂管理、交通运输、商业流通、医疗卫生、文化教育以至家庭生活等都离不开电子技术。

日本也发生了与美国相类似的变化。过去的造船工业、钢铁工业、化肥工业、造纸工业等，其产品又重、又厚、又长、又大；现在把产品改为又轻、又薄、又短、又小，或者向机器人这类高技术产品发展。随着产品结构的变化，它的工业布局也在变化。日本在 60 年代，工业布局是"临

海型"，在日本沿海建立起大的工业基地。现在日本已不是向临海发展，而是准备向临空发展。就是临各航空港发展轻型、小型工厂。这些工厂当然是信息工业、电子工业。它的产品和器材很轻，一架飞机就可以把好多器材和产品运走。随着工业布局的变化，交通运输也大大改变了。1965年到1972年，日本经济实际增长率为10%稍多一点，而货运量增长率则为12%，超过了经济的增长。但是从1972—1982年，经济的实际增长是4%，货运量却只增长了2‰。这也说明：器材和产品都朝轻、薄、短、小方向发展。随着产品结构的变化，出口结构也变了。1973年日本出口商品每挣回100万日元，需要出口5.6吨货物，1982年只要出口2.4吨就可以挣回同样价值的日元。他们现在搞创汇率高、体积小、重量轻的尖端技术集约型产品，即价值高的产品。这种产品的出口量是不断增加的。1976—1981年，录像机的出口增加27.6倍，集成电路出口增加38.8倍。随着产品和产业结构的变化，它的社会结构也在变化。所谓第三产业的人数已超过第一和第二产业人数，将近60%。在其他经济发达的西欧国家中，也存在着这种趋势。

　　面对这种情况，美国为了保持和发展它在科学技术方面的优势，以便称霸世界，所以优先发展电子工业、宇航工业、激光武器和战略核武器，并且与发展高技术民用产品紧密结合起来。日本是缺少资源，又缺少能源，依靠出口为生的国家。因此，它在研究新技术革命对策时，着重解决如何减少能源、资源和材料消耗，增加出口换汇率高的产品。苏联国民经济有两个大的难题：一是劳动力少，经济增长上不去；另一个是农业上不去。所以它除了注意发展国防尖端技术以外，还注意发展机器人，以解决劳动力不足问题；并且注意生物工程在农业上的应用。发展中国家和地区，最近20年来工业发展比较快的，如新加坡、韩国，以及我国的台湾省、香港等这样一些地区，多是搞加工出口工业。它有一部分是属于高技术的东西，现在它们都以相当大的力量来发展有关的新技术。无论韩国还是新加坡，都有这方面的发展计划。我们和印度比较，在经济发展速度和改善人民生活方面，我们已经大大地超过它，今后在这些方面继续胜过它是完全可能的。但是印度对新技术的发展很重视，它已有4个原子能发电站在运转。第四个原子能发电站基本上是它自己设计、制造的；第五个很快也要建起来。印度引进国外先进技术，消化很快。这些年来它从发达国家引进了 6000 多项新技术，由于有比较强的科技力量消化它，所以很快地得到应用。印度科技人员数量目前占世界第三位。在这方面我们绝不能有任何松懈，否则我们就会落在印度的后面。

总之，在世界新的技术革命中，每个国家都在根据本国的具体情况和需要，制定相应的对策。毫无疑问，我们也必须这样做。

四　我们面临的挑战和怎样对付挑战迎接新的技术革命

邓小平同志六年前在全国科技大会上指出："近三十年来，现代科学技术不只是在个别的科学理论上、个别的生产技术上获得了发展，也不只是有了一般意义上的进步和改革，而是几乎各门科学技术领域都发生了深刻的变化，出现了新的飞跃，产生了并且正在继续产生一系列新兴科学技术。""大量的历史事实已经说明：理论研究一旦获得重大突破，迟早会给生产和技术带来极其巨大的进步。"[①] 今天，我们更加体会到小平同志的讲话是多么正确。

现在距离 2000 年只剩下 16 年，根据各方面的预测，科技革命可能还有大的进展；工业发达国家在技术上可能有进一步的发展；一些发展中国家，如印度，有可能比较快的发展，甚至在技术上可能超过我国。我们经常说要有紧迫感，从科学技术上讲，从来没有像现在这样尖锐。可以肯定，到本世纪末地球上还会存在社会主义制度和资本主义制度的对立。因此，这种挑战就不仅是经济方面，而且是科技领域、是政治上的一种挑战。我们每一个革命者都应该清醒地认识到这一点，应该迅速地行动起来迎接这一场挑战。

我们的总目标，是在本世纪末在提高经济效益的基础上，实现工农业年总产值翻两番，人民生活达到小康水平。怎样才能达到这个目标呢？

----

① 《邓小平文选》（一九七五——一九八二年），人民出版社 1983 年版，第 84 页。

首先应当认真研究我们的国情。我国的基本情况一是人口多，二是底子薄；还有一个特点是经济发展很不平衡。所以迎接世界新的技术革命，一定要从国情出发。在这方面有以下几个问题需要我们认真考虑：

第一，我国已经基本上建立了比较完整的工业体系，不少产品也有较大的生产能力。然而现代社会所必需的基础设施还很薄弱，传统产业的技术水平、管理水平都比较落后，农业的手工操作仍占极大比重，农业劳动力仍然是全国劳动力的主要部分，地区的发展很不平衡。应该说，工业化的任务还远未完成。

第二，我国工农业总产值已经有一定的水平，现在大概占世界的第六七位。然而人均国民收入相当低，位于世界的第一百几十位。我们的经济建设、科研和教育投资的绝对数量同主要发达国家相比，还悬殊很大，这同我国人均国民收入水平很低有很大关系。

第三，我国在新兴技术领域的研究和开发已有一定的基础，在国防应用上也取得重大的成就。然而，我们还没有形成具有经济竞争力的新产业，在经济领域中还未得到充分的利用。原子能工业未形成强大的产业；航天技术还未在国民经济中发挥它的作用；电子工业虽然有了一定的基础，并且研制成"银河"巨型计算机，但电子计算机、微处理机的产量还很有限，质量也不高，与世界先进水平的差距还很大。

第四，在经济结构、体制、管理方面进行的调整和改革，特别是农村的改革，取得了很大的成就。然而社会主义制度的优越性还没有充分发挥，在生产关系和上层建筑方面还存在束缚生产力发展的一些环节。

第五，我国科学和教育事业有很大的发展，也有一支相当数量的、有一定水平的科技队伍。但这支科技队伍年龄老化、知识老化的程度相当严重；广大群众的科学文化水平还比较低；不少干部还缺乏现代的科学知识。

第六，我国实行了对外开放的政策，为引进技术、利用外资创造了良好的条件。但由于新兴技术关系到军事和经济的激烈竞争，在国际贸易和技术转让方面都会遇到相当大的障碍和限制。

因此，世界新的技术革命，对于我们不适应生产力发展的管理体制和经营思想，对于我们比较薄弱的经济实力和缺乏国际竞争能力，以及对于我们较低的文化教育和科学技术水平来说，都是一场严峻的挑战。

同时，新的技术革命也给我们提供了机会，使我们有可能有选择地跳跃某些技术发展阶段，采用某些新的技术成果，节约能源、原材料和资金，取得较大的经济效益；有可能利用发达国家经济结构性的调整，以及各国之间的激烈竞争，发展技术经济贸易。我们还有可能借鉴发达国家现代的经营管理方法和经验，采用新的技术手段，加快管理的改革，提高效率。电视、通信卫星、电子计算机、微处理机等新技术的应用，将有可能在师资不足和资金有限的情况下，加快我国科学普及和智力的开发。

在 50 年代，我们曾经不失时机地注意发展先进技术，促进国防现代化，那是一次成功的战略决策。现在我们抓住机会迎接挑战，从加快技术进步、促进经济振兴的战略高度，采取积极的对策，力争逐步缩小而不至于拉大同发达国家在技术经济上的差距，已是刻不容缓的事。

那么我们应该怎么做呢？

第一点是关于对策的基本思想和对要达到的目标的认识。基本思想就是怎样能够更有效地、更有经济效益地完成党的十二大提出的战略目标，怎样为实现战略目标更好地服务。这是总的要求。总的来看，到本世纪末我国的生产技术应该达到发达国家 70 年代到 80 年代初期的水平。这是就全社会来说，有些部门、有些产业、有些产品应该达到当时世界的先进水平；也可能有些还达不到 70 年代和 80 年代的水平；也有一些世界上没有的东西我们自己要创造。对这个总的发展目标，需要有一个统一的认识。

第二点是新兴产业和传统产业的关系问题。有的同志主张，我们应该像西方发达国家那样，把我们的主要注意力放到新兴产业的发展上，把传统产业的技术改造放到第二位。另外一种意见是，我们应该把注意力放到传统产业的技术改造和技术进步上，要用最新技术把我们的传统产业武装起来，求得它的进步。从这个出发并且为这个服务，需要发展什么新的技术和新的产业，我们就发展什么新技术和新产业。国务院负责同志认为，应采取后一个办法；并且要我们记住：经济的发展需要依靠科学技术的进步，科学技术要面向经济建设，不能片面地强调哪一个方面。因为我国还是个发展中的社会主义国家，我们虽然有传统产业并建立了一个比较完整的工业体系，但这个传统产业还不能说现代化了；农业的现代化也不能走资本主义国家走过的所谓"石油农业"的道路，我们应该走生物农业的道路。就工业来讲，也是相当落后的，很需要现代化，需要用现代技术改造传统工业，使之获得很大的进步。这样做，我们新技术的发展就有了更好的基础，同时也给新技术的发展提供了更大的市场和更大的需要。所以国务院负责同志讲，不能为新兴产业而搞新兴产业，为新兴技术而搞新兴技术。我们不能采用使所谓"夕阳工业"衰落下去、使所谓"朝阳工业"兴盛起来的做法。西方现在都是竞相搞新兴工业，不愿搞那些传统工业，如钢铁工业、造船工业、纺织工业等。如果我们抓住这个机会，搞这一类东西，利用西方技术，或者买它的设备来发展、建设和改造我们的传统工业，不仅可以促进我们发展，而且可能有一定的国际市场竞争能力。山西省社会科学院有一个提法，说传统产业经过高技术的改造，也可以由劳动资金密集型的传统产业转化为资金技术密集型的传统产业；有的甚至还可能成为知识技术密集型的产业。他们举了一个例子，说"如果一个煤矿完全实现了采掘自动化，也就是实现了机器人采煤、电脑程序控制，那么这个传统的煤炭产业就是技术知识密集型的产业。因此新技术革命所淘汰的并不是传统产业这个部门，而是要淘汰传统产业中的那些落后的传统技术、传统工艺、传统产品"。"使用新技术取代传统技术，用新工艺取代传统工艺，用新产品取代传统产品，这就是以新技术改造传统产业应该追求的目标。"他们这些说法总的来看很好，我很赞成。只是关于淘汰传统产品这个说法，不完全是这样，有些传统产品要淘汰，有些就不会淘汰，比如煤炭。煤炭产业是传统产业，但它将来完全有可能变成知识与技术密集型的产业。到那时一个人可能一天挖一万吨或者更多的煤。我们不要把新兴产业和传统产业对立起来。

　　第三点是关于改革和有关政策方面的一些问题。因为这场挑战不仅是对我们科技领域，更可能或者更为严重的是对我们管理体制和经营能力的一场挑战，因为新兴技术和新兴产业是代表新的生产力的。新兴产业和传统产业相比有几个特点：一是技术变化快；二是设备更新快；三是质量要求高；四是市场竞争激烈；五是投资风险大。我们现行的管理体制、决策程序、管理方法都不适应这些特点，所以管理体制问题是个很大的问题。这个问题不解决是不行的。要发展新技术、新产业，一定要有一个特殊的政策，就是不受现行管理体制、章程和条条框框的限制。就是要在经济特区和经济发达、科学技术比较发达的一些城市，采取鼓励和吸引外商投资兴办新技术、新产业的办法。对于一些关键性的新技术，特别是像电子计算机、大规模的集成电路等，政策还可以放得更宽些，使之更有吸引力。

对于少数有条件的生产单位和科研单位，为了使它们在新技术发展上尽快地有所突破，可以允许它们组成包括科学研究、试制和生产相结合的经济实体。这个实体可以以工厂为主，也可以以科研单位、学校的研究所为主组织起来，对国家进行承包；在对国家负责的原则下不受现行管理体制的限制，国家给予特殊的资助和高度的自主权，包括对外联系的权利，可以向外国人借款，直接同外国人做生意，以便利用各种渠道和方法，不失时机地引进和掌握先进技术。

应当允许私人来办小的生产新技术产品的、为搞新技术服务的（特别是搞软件的，或者是搞有关修理的）企业。要把软件产业作为我们一个重要的产业来发展。在某些城市有生产条件的，主要是有技术条件的、技术人员比较集中的地方，可以办一些像美国"硅谷"那种类型新技术发展的小区。当然不能企图所有的新技术都在一个地区内搞起来，能在某一项上有突破，那就很好了。从全国的需要来说，要求突破的只是几个重要方面：一是集成电路，大的、1000多 K 的我们可以研究，不一定马上就部署生产，我们要搞的是大量需要的东西。二是新兴材料，比如太阳能接收材料、集成电路材料、金属陶瓷、光纤材料、碳纤维，等等，其中有些又是节能材料，我们也要搞。三是微型机的利用。哪个地区、哪个单位有哪种优势就发挥这个优势。发展新兴技术、应用新的技术革命的成果，都要从我国实际情况出发，人力、物力、财力先要用在关键的地方，要讲究经济效益。我国大量的是小企业，许多小企业不用进行基本建设，只要采用微型计算机和其他必要的设备，进行技术改造，就可以提高产品质量、增加产量，取得显著的经济效益，改变企业的落后面貌。这是加速传统工业技术改造，推动传统工业技术革新，把我国工业逐步转移到新的技术基础上来的一条捷径。这需要认真研究，作出规划。

　　总之，对于这一次技术革命，我们要遵循中央所指示的方向和精神，认真把事情办好，从而推动我们在本世纪末能够更好地完成我们的战略目标。

特区建设和沿海城市开放的几个问题[*]

关于对外开放问题，要有很大的勇气和决心。现在的问题是如何放得好，放得更有成效。我读了中央文件，并到深圳、珠海、汕头等特区，以及天津、河北、河南、山西等地做了一些调查，感到有以下几个问题需要进一步深入研究，做到有关的政策规定。

一　各个特区之间、经济技术开发区与开放城市之间的关系

我国已经开辟了 4 个经济特区，它们不仅地理环境、自然条件不同，而且工业水平和经济基础相差很大，各有自己的特点和优势。深圳背靠广州，与香港只一桥之隔，彼此的人员来往和经济联系十分方便和密切，这一点为其他特区所不及。而就工业基础来说，深圳、珠海与汕头、厦门相比较，又大不相同。深圳、珠海，过去几乎没有像样的工业，汕头在辟为特区之前，拥有工业企业 375 家、工人 13 万，其中 120 家可以生产出口产品，出口的商品达 130 多种，远销 90 多个国家和地区。厦门不仅是历史上"五口通商"口岸之一，同汕头一样，也是著名的侨乡，有工业企业 771 家、工人 10 余万，产品有 2000 多种，出口额占 10%，远销 80 多个国家和地区。在建设特区过程中，必须充分考虑每一个特区的特点和优

　*　本文是作者 1984 年在深圳特区工作会议上的讲话，原载《城市规划》1985 年第 2 期。

势，使各个特区各有自己的特色，以取得最大的社会经济效益。例如，在深圳就要大力利用连接港澳的各种有利条件，加速特区建设。对于有一定工业基础的特区，要把引进外资、引进技术与改造老企业结合起来，因为这些老企业有现成的厂房设备，有熟练工人和技术力量，只要引进部分关键设备，进口部分原材料，引进新的管理方法，就能大大提高生产能力和产品质量，甚至能生产新型产品。用这种方式吸收外资，引进技术，无论是贷款、合营，或"三来一补"，都具有比建设新项目投资少、见效快的优点，对我方和外商都有利。特区的特点是一个"特"字，按照"特事特办，新事新办，立场不变，方法全新"的原则，采取各种特殊的政策。就各个特区来说，又是各有分工、各有特点、特中有特。各特区要根据自己的条件办出自己的特色，不能要引进先进技术都搞电子工业；而搞电子工业，又都搞集成电路和电子计算机。这种重复引进、重复建设的做法，效果不好。也不能千篇一律，照搬别的特区的做法和经验。各个开放城市，也应各具特点、各有侧重，扬长避短，发挥各自的优势，不能都办成一个样子。

经济技术开发区便于集中举办中外合资、合作，外商独资经营的各类企业和事业，是开放政策的一个重要内容。由于14个沿海城市的具体情况不同，每个城市是否马上开办和如何开办"开发区"，要视各城市的条件和需要而定。有条件搞的城市，可以先搞，进行试点，取得经验后，逐步推广。试点要经过批准，不能一哄而起。

开发区应该划定一个明确的地域界限，具有相对的空间的独立性，必须选择一个合适的地区。例如，福州市打算把马尾地区作为经济开发区的选址。马尾是福州的唯一港口和对外通道，交通条件优越，工业主要是造船业，也有一定的基础，而不是另辟新区，另起炉灶。所以把这个地区辟为开发区，基础设施投资少、见效快，是适宜的。

经济技术开发区尽管具有相对的独立性，但它毕竟是这个城市的有机组成部分，同原有城市保持着经济上和其他各方面的密切联系，在很大程度上依赖于城市本身的发展。这是因为：

第一，开办新开发区，需要加强基础设施建设，兴建厂房和生活福利设施，开办文教卫生事业等，这些都需要筹集大量资金。基础设施建设资金，绝大部分要靠城市自筹，而这取决于市区的经济发展状况和投资的可能性和合理性。有条件的地方，要努力引进外资，但是，应当看到，这些基础设施一般是微利甚至亏损项目，外资对它兴趣不大。

第二，兴办开发区需要一批优秀的专业技术人员、科学管理人才和熟练工人，这些人才多数要从市区选派和聘请。

第三，新开发区所需的一部分生产资料，特别是区内职工所需要的粮食、农副产品和一部分日用工业品，要由市区供应。因此，开放城市的开发区的开拓和发展，就内部条件来说，在很大程度上取决于开放城市的工农业生产发展情况，供应给开发区的生产资料和生活资料的数量、质量的能力。

当然，兴办经济技术开发区，对原有城市经济的发展，将有积极的促进作用。开发区兴办各类企业，举办各项事业，不仅便于引进先进技术，扩大资金来源，加速现有企业和城市的改造，而且扩大了就业范围，有利于解决城市的就业问题，增加居民收入，提高生活水平，从而促进和带动市区的经济繁荣和高涨。这是开放沿海城市的一项重大决策，要认真贯彻实施。

开放城市原有市区与新开发区的这种相互促进、相互影响的关系，决定了我们必须妥善地处理好两者的关系。要防止撇开开放城市现有的基础设施和其他有利条件，花很多钱，费很长时间，去搞经济技术开发区，去建设和引进新项目，而忽视对原有城市和企业的技术改造，甚至造成经济技术开发区与原有城市重复建设、重复布点，导致城市规模盲目扩大，失去控制。即使对较小的沿海开放城市，同样必须十分重视利用原有城市的经济基础和各种设施，切勿弃老城而建新城，甚至失去控制，把整个城市不自觉地演变为开发区。

适宜搞新开发区的城市，要经过周密的调查研究和反复论证，搞好远景开发规划。但具体实施起来，不宜一下子铺得太大，应该像深圳搞蛇口工业区那样，搞好一块，再搞一块。

二　特区、开放城市与各自腹地的关系

我们设置特区和开放沿海城市的根本目的，是要加速整个国民经济的发展，即以特区和沿海开放城市作为窗口和门户，吸收外资，引进技术，开拓市场，使沿海和内地经济更快地发展。因此，对外开放与对内联合是相辅相成的，服从于同一个目的。4 个经济特区和 14 个沿海开放城市有效地实行开放政策，就能更好地促进内地经济的发展；而内地经济迅速发展，则有利于沿海城市实行对外开放，使开放城市以全国特别是周围地区作为强大后盾，两者不能偏废。窗口、门户是适应房间的需要而开设的，没有房间也就没有窗口、门户。特区、开放城市作为窗口、门户，与腹地的关系，也与此类似。所以说，对外开放既是特区、沿海城市自身发展的需要，也是全国和其周围地区经济发展的需要。为此，特区和对外开放城市应该积极地、主动地搞好内联。对外开放，要给外商以优惠才有吸引力。搞好内联也是一样，只有给内地（腹地）以优惠（利益共享），才有吸引力。不能对外开放，对内封闭；对外优惠，对内刻薄，搞成"外联内挤"。所以，特区和沿海开放城市在大力搞好对外开放的同时，要积极进行内联的工作，对腹地实行平等互利的原则，把对外开放得到的好处，自觉地、有计划地让出一部分与腹地分享，这样就会消除腹地"受剥削"的疑虑。应当通过各种方式、多种途径，如与腹地加强生产合作，促进技术改造，传授管理经验，提供咨询服务，供给信息，转移技术，转移资金，培养人才，供应产品，组织销售等，为腹地经济发展服务，给腹地带来经济利益和见得到的实惠。特区、沿海城市与腹地在经济、技术上结合得越紧密，就能产生越高的社会经济效益，也更有利于同外商打交道、做生意。如果特区、沿海城市之间，特区、沿海城市与腹地之间产生矛盾与摩擦，或者不能密切协作，最终必然会给国家，当然也包括特区、沿海城市，造成政治和经济上的损失。

总之，正确认识和处理特区、沿海城市和腹地之间的关系，是一个非常重要的问题。

　　腹地是指与特区和沿海城市发生密切的经济联系的地区。这些经济联系包括联合生产、技术协作、商品流通、交通运输、信息交流等许多方面，并且是由地理环境、气候条件、资源状况、交通条件、生产布局、传统的商品流向、现代工业生产的发展要求，以及居民的特点、消费习惯等因素所形成的。沿海城市与腹地的经济联系一般要比行政区划的隶属关系更为紧密和频繁。城市腹地是一个经济概念，而不是一个行政区域概念。对一个城市的腹地很难确定一个明确的地理界限，更不能用行政的办法，规定一个腹地范围，只能根据各种经济要素的必然联系，特别是特区和沿海城市对腹地的服务态度的好坏和给予腹地的优惠的多少而定。

　　我国设置的 4 个特区和开放的 14 个沿海城市的地理环境、自然条件、工业生产、交通运输、科学教育、经济基础各不相同，甚至相差很大。因此，这些特区、城市对我国整个国民经济发展的作用，对周围地区经济社会发展所产生的影响，自然就不一样。有的城市作用大些，影响面宽一些；有的城市作用相对小一些，影响面窄一些。例如，目前广西北海市的人口（市区人口）只及上海市的 1/400，工业固定资产只及 1/294，这些因素决定了上海的经济作用要比北海市大得多，其腹地也同样比北海市广得多。但是，由于我国海岸线长达 18000 公里，每个特区和沿海城市都处于不同的地理位置，具有各自的特点，因而发挥着不同的作用，特别是对周围地区的特殊作用，这往往是其他城市所无法代替的。北海市对全国经济发展的作用，当然远不及上海或其他城市，可是北海市对开发广西壮族自治区以及西南地区的经济，沟通该地区与国外的经济联系，开展各种形式的贸易往来，却具有十分重要的地位。因此，开放北海市同样有着十分重要的意义。它的腹地会随着北海市经济实力的增强、作用的发挥、服务的改进而不断扩大。而且，沿海城市之间经济作用范围是彼此交叉、相互渗透的。地理位置比较接近的沿海城市，这种交叉和渗透则更明显。因此，腹地本身也是可以交叉和渗透的。天津市的经济作用范围主要在华北、西北、东北地区，而上海、大连、秦皇岛同样对这些地区产生经济影响，很难说"三北"地区仅仅是天津、大连或其他沿海城市的腹地。当然，在某一地区的经济发展中，某一沿海城市在某一方面起着主要作用，但这并不排斥其他城市在其他方面的作用和影响，所以不能像划分势力范围那样，机械地以沿海城市为中心来划分腹地，甚至彼此争夺地盘。如果这样，就会形成新的"块块"，不利于开放政策的实施。

三　让出必要的国内市场与适度保护民族工业的关系

我们对中外合资、合作及外商独资企业的产品，确定以外销为目标，这是完全正确的。只有这样，才能保护和发展我国的民族工业。与工业发达国家相比，我国工业生产水平低、技术落后、产品质量低、成本高，如果让一切合资、合作或外商独资企业的产品毫无限制地投放国内市场，势必将排挤国内厂家的产品，甚至完全使其失去市场，其结果必然摧残民族工业的发展，这是违背自力更生的方针的，也不利于整个经济的健康发展。在这方面，我们是有过教训的。前几年，一些单位用外汇盲目进口大批家用电器，如电视机、收录机、手表、汽车等。根据香港的统计，1980年仅仅经香港运进内地的黑白电视机就达327万台，价值16亿港元以上，这在一定程度上冲击了内地生产，使我国有关工业的发展受到影响，应引以为戒。

然而必须看到，一些外国资本家之所以要在我国投资设厂，其主要原因是为了使其产品找到销路。我国是有10亿（1984年）人口的大国，这样广阔的市场，在当今的世界上是极其难得的，对发达国家有很大的吸引力。如果合资、合作或外资独营企业的产品，只能外销不准内销，而外销又找不到足够的市场，那么对外商来说，就失去了投资的兴趣和吸引力，我们就不能由此而吸收外资，引进生产这些产品的先进设备和技术。因此，我们应该让出一部分市场给这些企业，特别对那些具有先进制造技术所生产的先进产品，我国目前还不能生产，或者虽然能够生产，但缺额很大的，可以让出一定的市场给外商。从我国市场来说，有些产品，我们自己目前还不能制造而必须由国外进口，在一定时期内，让出这些产品的市场，比我们直接进口更为经济。而且，由此可以节省我们研制这些产品的时间，加速自己制造这些产品的能力。有些产品，目前国内虽然能够生产，但供应不足，而且质次价高。对此类产品让出一部分市场，可以促进我们自己提高产品质量，降低成本，加快升级换代。问题的关键是要根据国际市场和我国实际情况，对不同的产品、不同的技术、不同的需求，采取不同的政策和措施，确定让出市场的条件、范围、时间和限度，以加强对市场的有效控制。这样做，不仅不会影响或摧残民族工业的发展，反而有利于鞭策民族工业迅速赶上先进的技术水平。

四 老企业的技术改造与新上项目的关系

首先抓好老企业的技术改进，这是根据沿海城市的实际情况而确定的重要方针，是非常正确的。我国开放的 14 个沿海城市，工业企业共有 17940 个，1983 年全年工业总产值达 1425 亿元，占全国的 23.1%，固定资产原值为 555 亿元，占全国固定资产原值的 12%，这是经过新中国成立后 30 多年来的经济建设而初步形成的工业基础。上海、天津、大连、广州等沿海城市已经建成了各具特点的、拥有一定技术力量的工业体系，它们对全国经济建设起着重要作用。要使其继续发挥更大的作用，就要充分利用现有企业的设备和技术力量。但是，必须看到，沿海城市多数是老工业城市。在老工业城市中，大部分工厂是五六十年代建设起来的，个别工厂甚至是新中国成立前建设的，厂房比较破烂，设备比较陈旧，完好率很差，劳动生产率很低，现代化的企业很少。这些城市的固定资产净值，一般仅相当于原值的 60% 左右。即使像上海这样的大城市，90% 以上的企业仍然是所谓"老企业、老厂房、老设备"。因此，加强现有企业的技术改造，是发展沿海城市的首要的任务。吸收外资、引进技术首先要用于对现有企业的改造，用西方先进的适合我们需要的技术和管理方法装备和改造现有工业，使它逐步现代化。有的工厂只要更新关键的设备和生产线就可以使产量成倍地增加，质量明显提高，成本显著下降，收到很好的经济效果。如果不注意现有的几十万个企业，不使它逐步现代化，一味地上新项目，就不可能收到良好的经济效果，整个现代化建设的任务就难以完成。因此，上新项目必须有一条明确的界限：凡是原有企业经过技术改造可以制造并能满足需要的产品，就不宜再上新项目。当然，这不是说根本不要上新项目，有需要和有条件上的新项目总是要努力争取搞上去的，特别是新开辟的特区，基本上都是要上新项目的。但是，凡是上新项目，都应有科学的可行性研究和技术经济论证，要有显著的经济效果，不宜轻率从事。只有上一个，成功一个，才能对外商投资有吸引力。

五　外商投资与侨胞投资的关系

我国是世界上侨胞最多的国家，遍布世界各国，侨资是我国吸引外资的重要来源。这几年，在利用外资额不断增长的情况下，侨资也迅速增长，特别是在广东、福建等侨胞较多的省份，增长更为明显。比如，在1979—1982年的4年中，广东省对外签订各类合同30112宗，合同规定客商投资总额45.3亿美元，正在执行的合同有1500多宗，实际使用外资10.7亿美元，引进10万多台（套）设备，价值5亿多美元。其中，侨商及与侨商有关的投资占大多数。1981年以来，吸收侨胞投资进展较快，某些方面有所突破。华侨投资6700万美元的深圳仓库群已正式签订合同，投资8000万美元的广东泛亚玻璃厂、1200万美元的汕头玻璃厂，已签订原则协议或意向书，还有一批项目正在洽谈中。在有些侨胞之乡，效果更为明显，如广东中山县有华侨几十万，他们充分利用这个有利条件，大力开展来料加工、来件加工和补偿贸易，加速了全县的经济发展。截至1983年5月，全县405个单位与800多家侨商签订协议3155宗，引进设备15000多台（件），收取加工费2722万美元。现在全县来料加工、来件加工和补偿贸易业务，已包括电子、服装、编织等30多项，产品远销东南亚、西欧和非洲一些国家和地区，大大促进了当地经济的发展。如何给侨胞投资以更优惠的待遇，在更多方面予以鼓励，是我们对外开放政策中要注意的一个大问题。重要之点，是认真贯彻执行侨务政策。当前着重要解决三个问题，即占用华侨的房子要退还；给华侨错戴的各种帽子要摘掉；侨眷的冤假错案要平反。把这些工作做好了，就会大大地提高侨胞投资的积极性。

在吸引侨胞资金方面，我国台湾省也采取了不少措施。台湾自 1965 年美国停止"经援"后，20 余年来，曾先后制定多种优惠政策和奖励条例，采取开办加工出口区和科学工业园等措施，大量吸引侨胞和外商到台湾投资。截至 1981 年年底，共吸收侨资、外资 31.14 亿美元（不包括贷款），其中外资占 67.76%、侨资占 32.24%。侨资、外资的积累和增加，大大推动和加速了台湾固定资本的积累和形成。1952 年台湾固定资本为 1.88 亿美元，1965 年增至 6.76 亿美元，1978 年进而增至 66.8 亿美元。1981 年年底，台湾固定资本形成已达 133 亿美元，相当于 1970 年的 10.8 倍、1952 年的 70 倍。

但是，给侨胞投资以更优惠的待遇是很复杂的问题，它不仅要制定具体的办法和条例，而且涉及同其他外商的关系。因此，要妥善处理，特别是注意下列三点：一是不要使外商感到对他们的歧视，因为按国际惯例，"投资法"对所有的国外投资者都是一样的，不能使外商有厚此薄彼的感觉；二是防止外商利用侨胞的名义取得优惠，这需要周密地调查与了解；三是避免引起侨胞居住国当局的注意，使其采取限制措施，给侨胞造成困境。比较稳妥的办法，是在合资协议书中根据不同的对象，对侨资给予特殊的优惠待遇。

六　外资、合资企业中的劳资关系

在外资、合资企业中的职工是工人阶级，是国家的主人，他们的利益受到国家保护；职工们创造的价值还不能全部用于社会主义扩大再生产和增进人民的生活福利，其中一部分要作为外国资本的利润被外商拿走，因此，职工又有被雇用的一面，在一定程度上受外资的剥削。这种双重身份决定了我们必须重视和正确处理在外资、合资企业中的劳资关系。劳资矛盾在外资、合资企业刚建立时，还不太明显，但随着企业的发展，这方面的矛盾将越来越突出。我们应当通过党、共青团、工会把职工组织起来，加强政治思想教育工作，特别是要把工会工作搞好，派最好的党员做工会领导工作。凡属劳资关系问题同外商打交道，都应通过工会进行。这样，他们在原则上是可以接受的。

在外资、合资企业中，工会组织的基本任务是执行党的方针政策，组织、教育职工，努力学习政治、业务、科学、技术，开展文艺、体育活动，遵守劳动纪律，帮助企业搞好生产；监督资方遵守政府的法律和法令，警惕资本家偷税漏税等不法行为；认真保护工人的合法权益。对外资及其代理人既要团结合作，又要对他们违法和压迫工人的行为进行必要的有理、有利、有节的斗争。据《深圳特区简讯》反映，蛇口工业区独资企业凯达玩具厂曾发生过不少损害工人合法权益的事情。该厂负责人不顾工人利益，经常无故处罚工人，强迫工人超量加班加点。在调查的92名工人中，就有77人一周加班6次，45人连星期日在内，天天加班加点，每天加班5小时以上。有个女工在一个月里加班达170小时。有些女工因身体支持不住而昏倒。他们还对拒绝加班的工人予以停工的处罚，等等。事情发生后，我方工会、市总工会和劳动局等单位多次与厂方负责人说理说法，迫使厂方承认了错误，并做了检讨，同意给停工的工人复工，同意不超量加班加点。我们要创造良好的投资环境，引进更多的外资，并让外资企业取得合理的利润，但外商必须严格遵守我国政府的法律和法令，确保工人的正当的权益和身心健康。如果靠损害工人的正当权益来牟取暴利，获取额外利润，那是不允许的。政府和有关部门就应该通过有效办法和正当途径同外商进行交涉，甚至进行必要的斗争，迫使他们放弃错误做法。但是斗争要讲究策略，掌握分寸，目的是要使他们遵守政府的法律和法令，达到一定目的就适可而止，而不是要把他们赶走吓跑。要防止"左"的和右的偏向。但在目前阶段，主要还是防止"左"。

现在外资、合资企业的领导体制，一般是董事会领导下的经理负责制，企业内的党、团、工会组织对经营管理不干预，而是起监督作用。新中国成立初期，我们对待资本主义企业的某些经验（如利用资本家的资金、技术和管理方法以及劳资两利等）对今天我们搞好外资、合资企业的工作，仍有重要的参考价值。但是，那时对国内资本家我们提出了"改造"的任务，而对现在来我国投资的国外资本家，当然不应当提出这样的任务。因此，那时提出的对资本主义工商业改造的政策和口号，在今天就不适用了，而应根据新的情况，研究确定新的政策，不能照搬过去的经验。

七　特区的货币关系

从原则上说，在一个国家内不应发行、流通两种或两种以上货币。因为在一定时期同一商品流通范围内，充当商品交换的一般等价物只能有一种，如果有两种以上的货币同时流通，就会在一定条件下互相排斥，并且形成两个市场、两种物价，这对经济发展和人民生活都将产生不良影响。

目前，在我国深圳特区内人民币、外汇券和港币同时流通。外汇券和人民币虽然法定价值相等，而实际上外汇券价值高于人民币价值，这就形成了港币、外汇券、人民币多种价格并存的局面。由于价值尺度的排他性，三种货币中出现了软、硬货币之分，人民币处于弱势地位，在流通中所占比重越来越小。据统计，从 1981—1983 年，在市场货币流通量中，人民币与外汇券加港币的比例从 3∶1 缩小到 1.05∶1。这种货币流通状况给特区经济建设的发展产生了不良影响。首先，不利于引进外资。由于人民币汇价的不合理，其外汇牌价高于市场价，加之人民币除牌价外，还有内部结算价、调剂价和黑市兑换价等多种汇价，外商按牌价换成人民币投资时便感到吃亏甚多，因而不愿将资金调入。其次，三种货币流通和汇价管理状况不利于企业的成本核算和财务管理。再次，当前特区人民币市场日趋狭小，许多大商店出售的款式新颖的中高档商品都只收外汇券或港币，拒收人民币，因而影响了人民币的信誉，在政治上造成不良影响。此外，当前的特区货币制度和外汇管理办法，在一定程度上还削弱了特区在国际市场上的竞争能力，阻塞了特区与国际金融市场的资金畅通。因此，改革特区货币制度，在深圳经济特区首先发行特区货币，已成为当务之急。

特区货币应由我国的国家银行统一发行，授权特区的国家银行具体管理。特区货币是经济特区的法定货币，独占特区市场，以改变目前在特区内人民币、外汇券和港币混合流通的局面。其他经济特区在条件成熟时，也可发行特区货币。各经济特区或应统一发行一种特区货币，并可互相流通。

特区货币与外币及人民币的关系，主要包括两个内容：一是特区货币与人民币、外币能否自由兑换；二是特区货币与人民币的汇价制度。特区货币与世界上任何一种可以自由兑换的货币之间均可自由兑换。人民币作为一种不能自由兑换的货币，它与特区货币就不能自由兑换，而只能在国家规定的范围内有限制地兑换。如何制定特区货币与外国货币及人民币的汇价，这是一个重要而复杂的问题。我国实行的是低工资、高补贴的政策，许多生活必需品的价格低于其价值，差额由财政补贴，在这一基础上制定出来的人民币汇价必然要高一些。因此，特区货币与人民币的汇价，只能暂时维持目前人民币与外汇券的等值关系，待物价体系调整以后，再调整人民币与特区货币的汇价。至于特区货币与外国货币的汇价问题，鉴于特区经济具有以引进外资为主、产品以外销为主的特点，资金的对外进出、物资的对外交流都比较频繁。因此，特区货币的汇价不宜长期固定不变，而应根据进出口贸易状况，以及对特区货币的供求关系变化，经常调整汇价，可采取有节制的浮动汇价。

特区货币发行后，能否保持币值稳定，是特区经济正常发展的重要条件之一，也是保持良好投资环境的重要前提。要保持特区货币的币值稳定，必须把银行的货币发行与财政收支、信贷收支分开管理，不能用货币发行来弥补财政赤字，也不能用货币发行无限制地弥补信贷差额，以防止信用膨胀。特区货币发行必须根据经济发展的需要，不能做没有物资或外汇保证的空投放。特区货币的稳定与否，是反映特区经济活动是否正常的一个重要标志。应预见到一旦实行特区货币可能出现的各种情况和问题以及相应的对策，确保币值的稳定，提高特区货币的国际信誉。深圳特区发行的货币与港币相比，应成为硬通货。

八　为我所用，还是为人所用

实行对外开放政策，外国资产阶级当然会在政治、经济、文化、生活方式等各个方面，力图影响我们。这里确实存在着阶级斗争，这是毫无疑问的。同国际资本打交道，有个能否在互利条件下为我所用的问题。这是一场严峻的斗争，搞得好，可以为我所用；搞不好就会为人所用，"赔了夫人又折兵"。这是必须警惕的。所以，我们必须以马列主义的立场、观点和方法，通晓和熟练地运用资本主义的经济原则，这样才能在同外国资本家的经济交往中取胜，在平等互利的原则下做到对我们更有利一些。为此，我们不但要懂得马克思主义的经济学、经营管理学，而且要懂得资产阶级经济学，懂得国际金融贸易知识和有关的国际法知识，懂得他们那一套经营管理的办法。要清楚地认识到，我们同外商打交道，只能按资本主义通常的经济原则办事，否则就谈不成。但是，我们对于后者的知识了解是很少的，我们要力争在尽可能短的时间里学会"两套本领"，这样才能真正做到为我所用。

上海经济发展战略的几点意见[*]

对于如何振兴上海，上海的同志们长时期来做了许多调查研究工作，8 月，市负责同志向中央作了汇报以后，根据中央负责同志的意见，又作了系统、全面的研究。市委、市政府召开的这次"上海经济发展战略战役研讨会"，更是群贤毕至，来自上海市和外省市的学者专家各抒己见，发表了许多重要的、精辟的意见。所有这些，都使我们获益匪浅。所有这些设想、建议和意见，我们都要继续和上海的同志一起进行深入的研究。这里我讲三点意见：

一 上海经济的发展已到了重要的历史转折关头

党的十一届三中全会以来，党和国家的工作重点做了重大的战略转移，实行了对内搞活经济，对外开放的方针。我国国内的经济情况和对外经济关系，已经发生和将要发生重大的变化。这种变化，上海首当其冲。这可从面临的挑战来分析。从国际看，世界经济大战中，各国相互较量竞争越来越激烈；世界正在兴起的新的技术革命，使科学技术迅猛发展，给社会和经济带来巨大的变革；亚洲环绕我们的国家发展很快，增加了我们进入世界市场的困难。从国内看，国内供应廉价原料和能源的情况已经开

　＊　本文原载《中国经济发展战略初探》，江苏人民出版社 1992 年版。

始并继续在改变；内地省市的经济有了很大的发展，许多本来只有上海生产的产品现在内地也能制造了，有的还超过了上海，全国改革洪流来势很猛，咄咄逼人。总之，上海面临着和国外的差距加大，与国内的差距缩小，在国际国内两个市场上的竞争力都在下降的严峻局面。

国内经济的发展，既表明了改革的成绩，也造成了上海必须改变战略，更上一层楼的形势。在这个关键时刻，上海必须把握时机，把这些挑战转变为振兴上海的动力，那上海就会闯出一条新路，形成新的优势，使上海成为全国伸向世界的开路先锋，并对我国的城市改革作出贡献。

上海的振兴是我国现代化事业的希望所在，所以确定如何振兴上海的正确方案，是关系全局的大事。

党的十二大绘制了振兴中华、实现四个现代化的宏伟蓝图，实现这一宏图的保证，是党的十一届三中全会以来逐步形成、目前还在发展的一套"对内搞活、对外开放"的政策。上海在贯彻执行这套政策，使中华腾飞于世界的事业中，占有举足轻重的地位。这是由上海在全国、全世界的地位决定的。上海是我国实力最雄厚的工业基地，综合技术水平居于全国的首位，有着全国最高的经营水平和经济效益。上海是全国最大的商业中心和最重要的经济技术信息中心之一，它的经济联系和影响，辐射到全国28个省、市、自治区。上海是全国最重要的国际交通枢纽，有着广泛的国际联系，它的港口吞吐量和进出口贸易总额都占全国的首位。因此，上海理应成为我国实现四个现代化的开路先锋。

目前上海在许多方面，已在全国占领先地位，今后更应在以下方面走在全国的前面：首先要加快对外开放的步伐，包括：外资的引进和利用，国外先进技术的引进、消化和推广；挤进国际市场，为我国在国际贸易大国之林中占有一定的地位。其次，大力发展高新技术产业，加快高新技术的研制、开发和产业化的发展，积极推动传统工业的结构调整和技术改造。最后，积极扶持为全国服务的第三产业，特别是信息产业的发展，等等。其中最主要的是打出去，用打出去来保证其他方面的发展，也能起到全国冲向世界的开路先锋作用。

振兴上海是关系四个现代化全局的伟大事业，它不仅是上海一市的大事，而且是全国性的大事，这也是为什么中央领导同志把振兴上海的问题提到党和国家领导机关的重要议事日程上来的道理。

既然上海的振兴关系全国四个现代化的全局，上海搞活了、上去了，全国才能搞得更活，上得更快。所以，振兴上海的工作具有伟大的历史意义。我们大家都承担着历史的重任。

实现上海的上述任务，是有相当难度的。上海面临着以下困难：装备老化、技术老化、知识老化、经营思想老化，城市基础设施严重落后，不但不能适应发挥城市多功能的需要，连保证现有经济的需要和人民日常生活的需要都有困难，人多、地少，原材料、燃料等资源短缺，财政上缺乏充裕的来源，来补还城市建设的巨额欠账和应付改造旧工业、开发新产业、发展第三产业和加强基础设施的巨大资金需要。

为了使上海能够克服这些困难，中央当然要尽力给予帮助。帮助的办法有两个：一是给钱、给物；二是给政策。第一方面，中央准备做，但在我国财政尚未根本好转，预算还有赤字，全国建设都要钱的情况下，终究是有限的。更重要的出路还在于给政策，给生财之道，使上海能够发挥优势。

上海有得天独厚的地理条件，位于长江口，濒临太平洋，是江、海、铁路运输交会之所，交流渠道四通八达；有强大的工业基础和综合配套能力，有优良的工艺传统，和吸收消化国外先进技术、翻版改进国外先进产品的能力；有广泛的国际联系，较高的国际信誉，有与外商打交道的经验，被外国人公认为中国最佳的投资场所。最重要的是有全国最丰富的智力资源，包括众多的科技人才、经营人才、国际金融和贸易人才，以及强大的人才培养基地。

二　正确确定上海今后的发展战略方针，并制定与此相适应的各项方针政策

这次发展战略研讨会的中心议题，是研讨上海的特点，它在国际国内所处的地位，上海城市的性质，从而确定上海的发展方针，以及为了对全

国实现党的十二大规定的在不断提高经济效益的条件下工农业总产值翻两番的宏伟任务，为了对全国实现四个现代化作出更大的贡献，上海所要采取的战略和策略，包括发展目标、产业结构、产品结构、技术发展、对外贸易，等等，各方面的学者专家对此发表了很多很好的意见。我们调查研究组一定要很好地研究这些意见，协助上海市委定出振兴上海的方针政策来。

与会的大多数同志都认为，上海要振兴，不能继续走过去几十年作为工业生产基地、发挥单一功能的老路，而要走一条发挥中心城市的多功能，在实现上海振兴的同时促进全国经济发展，保证整个国家的兴旺发达。这种意见是很正确的。

过去的那条单纯发挥上海作为全国最大工业基地的作用的老路子，即使在过去也并不完全适合当时的情况和需要，在现在全国各地都在按照"对外开放、对内搞活"的方针奋力搞四个现代化的情况下，就更加不能满足全国人民对上海的期望了。全国经济的发展，不能满足于上海每年为国家提供一定数量的工业品和财政收入，而要对上海提出更高的要求。上海应当真正成为中央领导同志所说的"全国四化的开路先锋"。这就是说，上海应当：

Ⅰ. 成为全国最大的商品集散地，并成为许多跨地区的和全国性的商业企业、工贸合一企业、农贸合一企业、建筑承包公司、成套供应公司总部所在地；

Ⅱ. 为全国工商业提供金融服务，逐渐形成全国最重要的金融市场之一；

Ⅲ. 研究开发新技术、新工艺、新产品，并向全国扩散；

Ⅳ. 成为引入国外技术和资本的主要门户，我国工农业产品挤入国际市场，对外劳务出口和对外投资的前沿基地；

Ⅴ. 收集、处理国内外经济技术信息，并向全国传播；

Ⅵ. 为全国培训科学技术人员、高级技工和经营管理人才，广泛提供咨询服务。

上海就是要用以上这些方面的优异工作，来为全国服务，来为全国实现党的十二大规定的宏伟目标服务。

这里有一个怎样衡量中心城市的贡献的问题。上海的同志担心着力发挥中心城市的多功能，由于它不能表现在工农业总产值的增加上，会缩小了上海的实际贡献。这首先要解决一个认识问题。中央领导同志在北戴河已经讲过："不能光看生产，产值多少，应包括非物质生产，为国内经济服务和为其他方面服务，应是多方面发挥作用。"至于如何在考核指标上体现上述意见，这次研讨会上不少同志发表了很好的意见，需要继续研究，做出适当的规定。

同由单一功能的工业基地向多功能的中心城市转化相联系，还有一个从"内向型"经济向"外向型"经济转化的问题。

上海是作为一个通商口岸发展起来的，在此基础上，由上海逐步发展为国内外贸易中心，国际金融中心和轻工业中心。新中国成立以后，由于国际环境的变化和政策上的偏差，上海丧失了对外开放门户的地位，它的多种经济功能也日渐萎缩。现在情况发生了变化，已经具备这样的必要性和可能性，恢复上海作为我国最重要的对外开放门户的地位，以此带动上海经济的发展和多功能的发挥。这是因为：

第一，过去几十年，上海挟工业技术经济上的优势，执中心城市的牛耳。现在随着各地特别是邻近地区的经济发展，上海同外地的差距正在缩小，上海的优势正在丧失。兄弟地区仰慕上海的工业品的时代已经过去了，它们寄望于上海的，是供应它们具有世界先进水平的技术和装备，并从各方面帮助它们开展国际贸易。

第二，另一方面，上海同国外先进国家的经济技术差距却正在扩大。如果上海不能积极打出去，引进来，充当内地产品的外贸集散地和转口港，成为内地工商业取得世界新技术和国际经济信息的中转站，和消化推广基地，那么它作为国内经济中心的地位也将日益削弱。

第三，虽然近20多年来作为外贸口岸的功能近乎消失。但是百足之虫，死而不僵。至今上海从事对外经济活动，在人才、经验、经营管理水平、熟悉外贸业务、拥有较多的国际联系等方面仍然具有其他城市所不可比拟的优势。而且旧的港口、城市服务等设施虽然狭小陈旧，亟须更新改造，但比从头新建能够节约投资和争取时间。

所以，看来上海在为全国服务，"外挤内联"和"外引内扩"中，要以"外向"为重点，以"外"带"内"，做好服务工作。

既然上海今后发展的总方向应当是由单一功能的工业基地转化为全国最大的多功能中心城市，成为中国开拓国际市场的开路先锋。和这种战略转变相适应，在产业结构上、工业结构上、产品结构上都要做大的调整。

1. 从以上的分析可以看到，上海要发挥作为中心城市的多功能，必须有一个强大的第三产业，而上海目前的第三产业实在太薄弱了。因此，在产业结构上，上海必须采取大力发展第三产业，特别是其中效益（投入产出比）最大、影响全国经济发展最深的信息产业（包括咨询产业）的政策。

2. 在工业发展战略上，需要妥善处理开发新兴产业和用新技术改造旧产业的关系问题。在传统产业方面，需要根据实现战略转变的要求，对现有企业排一个队，确定哪些是需要扩大的，哪些是需要改造的，哪些是需要迁走的，哪些是应当淘汰的。只有有所不为，才能有所为。否则把旧产业统统维持着，消耗了大量能源、原材料，占去了人力、场地和领导精力，就很难做到上海同志说的"调头"、"换气"，实现战略转变。在发展新技术和新兴产业方面，现在上海市的同志已经选出需要优先发展的 7 个新兴技术领域和 22 个重点发展行业。在这 7 个领域、22 个行业中，是否还有轻重缓急之分？我们如果把有限的人力、物力、财力优先投入那些对传统工业的改造影响面大并且见效快、效益大的并且有一定基础的技术领域和行业，就能较快地从投入取得收益，以业养业，使新产业的开发和旧产业的改造互相促进，以比较高的加速度前进。

3. 在新产业的发展上，也有一些政策问题需要研究。比如说，微电子工业的发展，是采取"顺向战略"，从多晶硅搞起好，还是采取"逆向战略"，从用进口元器件装配整机好？一般来说，从下游产品开始，一面生产整机，一面积累资金和掌握技术，逐步建立自己的上游产品，能够搞得比较快。但是国际市场条件能否允许我们采取这样的战略，也许要做周密的考察和论证。

4. 为了制定战略转变的规划，还有许多政策问题需要进行深入细致的研究，这里不能一一列举。这里想提一下一个总的方法论问题，这就是千里之行，始于足下。实现战略转变，"七五"是关键时期。在制定"七五"规划的时候，我们一定要把实现这一转变作为主要的目标。至于"七五"期间产值能够增长多少，必须本着实事求是的原则，在保证实现战略转变的前提下争取最大值，而不要为保证产值增长勉强去维持那些宏观效益差、没有发展前途和保存价值的企业，妨碍了战略转变的实现，结果会因小失大。

5. 只要我们能够按照中央领导同志指出的方向规定正确的方针政策，较快地实现战略转变，上海的起飞，就会是相当快的。特别是到了后十年，"后劲"将是很大的。上海比起中国香港、新加坡、中国台湾有优越得多的条件，只要我们的方针对头、政策措施得当，在本世纪末赶上和超过它们是完全有可能做到的。做到这一点，对于香港的稳定，台湾的回归都将有重大的意义。

三　进行城市综合改革，是实现上海经济发展的正确方针政策的基本保证

第一，必须加速进行上海市的城市经济改革，否则任何正确的方针政策都难以实施。

上海近30年来功能的单一化和多种功能的萎缩和消失，是旧模式按照行政层次和行政区划组织经济，条块分割，自成体系，企业间的横向联系被割断，商品经济和市场机制被排斥的必然结果。而上海作为中心城市的多功能的恢复和发挥，第三产业的发展，对外的进一步开放是以社会主义有计划的商品经济的发展为前提的。

目前正在展开的经济体制改革的实质，是从旧的苏联模式向新的有计划商品经济模式转化。如果不实现这种转化，"长袖善舞"的上海，将没有活动的舞台。因此，实现经济改革是贯彻实施前面所讲的那一套方针政策的前提。

第二，目前全国经济体制改革的形势很好，农村的改革，已经取得很大的成功；过去几年城市的局部性改革试点，正在向综合改革发展。在党的十二届三中全会的准备过程中，从城市改革的指导思想到具体步骤，都越来越明确。相信在全会以后，我国的城市经济体制改革还会有更快更健康的发展。

全国的经济体制改革为上海经济发展的战略转变和振兴，提供了良好的条件。因此，上海应当积极着手进行本地区的经济体制改革。

不仅如此，由于上海是我国最大的城市，对于管理城市经济积累了丰富的正反两方面的经验，又有大批良好素养的经济工作领导干部和企业经营管理人才，它完全有条件在城市经济体制改革中步子迈得大一些，走在全国的前面，创造出城市综合改革的完整经验。由于上海在全国城市中所处的特殊地位，由于它对兄弟城市的巨大影响，它所创造的经验，做出的示范，将对全国城市改革的顺利实现产生巨大影响。中央领导同志在北戴河讨论上海工作的时候就已指出，上海的改革搞成功了，取得的经验，沿海城市都能用。最近中央更进一步要求，上海城市改革走在全国的前面，取得突破。希望上海的同志勇敢地承担起这个光荣而艰巨的任务，为实现我国经济改革的伟大任务作出贡献。

第三，城市经济是一个错综复杂的体系，各个环节之间紧密联系，互相制约，因此，经济改革要在统一的方向上通盘考虑，使各项改革配起套来，互相协调，尽量做到同步进行。

（1）城市经济体制改革的第一个步骤，是中央主管机关"简政放权"和对企业实行"利改税"和"扩权十条"。上海的同志已经提出对条条"简政放权"的具体要求，和财政改变统收统支办法后的中央地方收入分配办法的方案，我们将同上海的同志一起来研究这些设想和方案，拟订建议呈报中央。

（2）提高企业活力是城市改革的中心环节。所以，在中央主管部门简政放权以后，还需要研究市的主管部门怎样对企业简政放权的问题。看来，需要对上海原有的市—局—公司—企业的组织形式做出改变以便真正做到政企分开，放活企业的供产销。行政机关要逐步减少对企业正常经济活动的行政干预，公司的体制，也应按照不搞行政性公司、防止垄断、在企业互有需要的条件下自愿互利的联合、一般不宜过"实"的原则加以调整。

（3）为了既能发挥企业的主动性，又能加强国家的宏观控制，需要解决三方面的问题。这就是：

第一，按照逐步缩小指令性计划，扩大指导性计划的方针，进行计划体制的改革。

第二，同计划体制改革的步调相适应，调整某些不合理的价格和比价、差价关系，改革价格。

有些消费品价格的调整，会对生活费用发生影响，为了保证群众生活水平不致下降，需要将物价指数与工资挂钩。因此，价格改革需要结合工资改革进行。

第三，搞好行业管理，并学会综合运用各种经济杠杆来进行宏观控制。

这些方面的改革错综复杂，互相牵制，难度很大。我们认为，应当授权上海先行一步，采取特殊政策，实行配套改革，以便取得经验，然后在全国推广。

发挥广州的特色和优势[*]

我看了广州的战略设想文件后认为，广州市委、市政府在这项工作中是下了一番工夫的。

制定广州的发展战略，首先应认识它的地位和作用。我们国家当前面临着一个任务，即要把我国建设成为有中国特色的社会主义现代化强国，为了实现这个目标，中央决定开放 14 个沿海城市，这 14 个城市都在根据自己不同的地位和优势，在改革开放中扮演着不同的角色，分担着不同的任务。广州是这 14 个开放城市中最重要的一个，它在这个伟大的时代中应该担当什么角色，才能对社会主义建设作出最大的贡献？这确实是个非常重要的问题。广州城市的特色，即它与其他城市的不同点，与担当什么角色有很大的关系。我认为广州最大的特点和优势在于它毗邻香港。这个条件上海、天津、大连等城市都没有。可以说，广州是社会主义和资本主义的一个直接的连接点。因此，广州怎样充分利用香港这个社会主义中国的资本主义城市，来为自身的发展及全国的发展服务，这是个既关系到广州和全国的发展利益，也关系到香港回归后的繁荣与稳定的大问题。这也是广州制定发展战略时必须树立的一个指导思想。

因为广州毗邻香港，使它在了解资本主义的优点，在了解国际市场，

---

* 本文写于 1984 年。

在取得国际投资引进先进技术等方面，都比其他城市具备更多的条件。因此，在制定发展战略中，一定要非常注意对外的问题。

广州的发展是内向还是外向？是以内向为主还是以外向为主？我认为是以外向为主。否则，广州的发展将受到许多制约，广州的作用也不能很好地发挥。以外向为主，就联系到在今后的若干年中，外资要引进多少？对外经济活动在整个经济活动中的地位与作用现在是怎样的，将来又怎样？我们与外向联系的企业现在有多少，将来又会有多少？以及广州与香港、与国外的联系将来的远景如何，等等。这些问题都应该考虑，加强研究。这个问题研究、处理好了，将会对广州的发展，香港回归后的发展奠定一个良好的基础。

另外，广州将来的发展到底以哪一种产业为主，是第一，第二，还是第三产业？这是个产业结构问题。我认为广州所提出的重点发展第三产业的意见是对的。如被称为"无烟工业"的旅游业，它的发展能带来一系列行业的繁荣。新加坡有人曾向我国领导人提出，到本世纪末，中国接待外来旅游者的数量应当翻七番，旅游收入要达到 150 亿美元。中国香港地方虽不大，但旅游业非常发达，广州能否把这些人也拉到广州来，并通过广州到全国去旅游？还要发展金融、通信、信息业，等等。对于工业的发展，广州的意见很好，以轻化工为主，发展精细化工、针织等，都很有前途。广州是不适于搞重工业的，即使是第一产业，也要搞外向型的。贸、工、农，这个贸，对于广州来说，就是外贸。

广州作为社会主义和资本主义的连接点，还应起个"过滤器"的作用。通过这个"过滤器"，把资本主义好的东西吸收进来，把不好的东西拒之门外。广州作为"东西方文明的结合部"，是好的东西的结合。在社会主义精神文明建设上，广州要对香港起一种"示范作用"。

香港在 50 年代时比广州落后许多，它的发达也只是近十几年、二十几年的事。能否设想，在 15 年后，或再稍长一点的时间内，广州城市部分的生产力和人均收入达到或超过香港的水平？能否把这作为发展战略的目标之一？为什么资本主义可以做到的事情，我们社会主义做不到？可以试试。这就要注意，广州不宜再扩大城市，不宜再增加人口。即使要进，也要进高质量的。产业也要搞"高价格"的。另外，还要注意环境保护等问题，使广州整个经济社会得到协调一致的发展。

浙江省温州市乐清县乡镇
7000 个万元户情况调查[*]

最近，我有机会调查了浙江省温州市部分乡镇，从那里看到了群众的喜悦和一定程度的富足，得到了很大的鼓舞和有益的启示，同时也发现了一些亟须抓紧研究解决的重要问题。

乐清县有 32 万人口，不足 9 万户人家，这里经济发展较快。经济生活活跃，出现了 7000 个万元户，约占全县总户数的 8%。这个县的柳市镇有 25 个村，6459 户，2.6 万人，已有镇办企业 31 个，村办企业 34 个，街道办企业 40 个，联合体 109 个，有证个体工商业 543 户，农村各种专业户 2183 户。镇区闹市街道上拥有店、铺、摊达 1146 个，日成交额在 10 万元以上。1983 年全镇农业总收入 7632 万元，其中工副业收入 5743 万元，占总收入的 75.4%；农业收入只占总收入的 24.6%。

农村经济结构的变化，促进了农村劳力的就地转移。柳市镇全镇整、半劳力 9450 人，专业户、重点户就有 5763 人，占整、半劳力的 61%，原来约有 2/3 劳力剩余，现在人人都有事做，村村无闲人。农业生产有了较多的资金，粮食年年丰收。群众的生活水平提高了，全镇 1216 户万元户（占全镇总户数的 18%）中，3 万—5 万元以下的有 296 户，5 万元以上的有 87 户。随着乡镇企业的发展，农村和小城镇的建设步伐也加快了。

---

* 本文写于 1984 年，原载《中国乡镇企业年鉴》（1978—1987），农业出版社 1989 年版。

据统计，5 年来，90% 的户数建设了新房，共建楼房 3724 间；全镇投放在农村公共设施的资金达 121.6 万元，用于修建道路桥梁，发展文教事业，还增建了 4 个农副产品交易市场。

事实证明：乡镇企业的发展，特别是家庭经营业的崛起，对增加社会产品，增加国家、集体和农民的收入，从而改变农村的经济面貌，加速新农村的建设步伐，发挥了越来越大的作用。其中，占全镇总户数 18%（占全县总户数的 8%）的万元户，所起的作用尤为显著。

一　7000 户万元户的构成

在万元户中占首位的是从事供销的人员，约占总户数的 50%。这些供销员，有的是国营或集体经营单位的职工，他们与本企业从原来的工薪关系改为承包关系后，由仅为本企业服务变为以对社会上的其他企业特别是个体经营者服务为主，为本企业服务为辅。另一些人，则是已离职或辞职的职工。其中不少人曾搞过供销工作，现在重操旧业。再有些人则是从农民中新冒出的精明能干、通晓生意的新供销人员。

"前店后厂"的家庭经营者约占万元户的 20%，他们主要的业务是经营批发，同时也进行部分产品的经营和少量的生产。

建筑包工头占万元户的 10%—15%。

从事运输业务的占万元户的 8%—10%。

开办成衣店、旅馆、饭馆等业务的约占万元户的 5%。

从以上万元户的构成情况看，除"前店后厂"户经营一些生产活动外，几乎都属于所谓"第三产业"。

这种情况告诉我们：一是在整个经济体制改革中，无论是乡镇还是农村要发展社会主义商品经济，都要大力发展第三产业；二是在社会主义商品经济发展过程中，涌现出一批经营型的经济人才，并且先富起来，可以促进当地经济的发展和农村经济结构的合理改变，这些人起了类似"催化剂"的引发作用。

二　这些万元户是如何发展起来的

万元户的发展，有它深刻的历史背景。党的十一届三中全会首先为农村经济体制的改革打开了历史遗留下来的沉重的大门，清新的春风吹到了广大乡镇，勤劳致富的号召鼓舞了千家万户，没有允许一部分农民先富起来的政策，是不可能出现这样多的万元户，出现了也不可能得到发展的。

其次，万元户的发展还有着良好的社会条件。由于政府对他们很少干预，一无条条，二无框框，而他们对政府几乎没有任何负担，因而有利于它的自生、发展、繁衍和壮大。

再次，万元户的发展还利用了我们国营经济的许多空子，特别是在发展社会主义商品经济条件下。我们现在体制有许多不相适应的方面，这是他们得以发展的用武之地。

最后，这些万元户都有较强的经营能力，这是他们的发展在主观上必备的条件之一。

事情常常是这样：一个万元户出现后，立即产生连锁反应。首先带动他们的亲朋富裕，然后就带动他周围一片地区的兴旺，发展甚快。而在这个发展过程中，又出现了新的万元户。

三　万元户的特点

这些万元户都有以下一些特点：

首先，有较强的经营能力、竞争能力。这种能力，不是每一个农民或乡镇居民都具有的，应该承认差别。万元户中能人多，没有蠢人，更没有懒人。他们信息灵通，对供求变化、价格涨落的反应颇为灵敏，都是搞商品经营的行家里手。

其次，有很强的应变能力。这些万元户小型、多样，要转产、要改变经营范围十分迅捷、便利，远不像中型企业那样一看、二慢、三通过；更不像大企业那样呆板难变。他们外出做买卖，绝不像国营、集体企业供销人员过去那样任务单一的"出差",而是一路行程,一路生意,多重推销,多重经营,为众多的厂商同时提供供销服务。往往一次外出,可以成交十几笔、几十笔买卖,其效益往往使国营和集体企业望尘莫及。

再次,有较大的影响力。这些万元户,能带动成片地区经济发展、市场繁荣的局面。乐清县的干部群众反映:过去官方靠行政手段组织什么行业发展,常常办得不好,现在专业户、万元户一牵头,很快就形成经营同一行业的、既相互帮助又相互竞争的群体。这种群体竞争效应迅速促成某种经济活动的活跃,发展起某个行业。

最后,有一定的专业能力。他们据以活动的阵地——市场,是一个专业、一个专业地发展起来,如有的是纽扣专业市场,有的是低压电器专业市场,有的是兔毛专业市场,等等。对我们过去某些人追求大而全,小而全的发展体系是一种有力的冲击。

四　万元户的作用

万元户多效益的特点,决定了他们的多重作用。

首先,促进了商品流通,对商品经济的发展起到催化作用。柳市镇个体照相户叶建华,收集拍摄了大量电器产品样品照片,汇集成册,印刷成《产品样本》、《产品目录》销售。这一方面使他这个照相个体户得到了发展,总销售额达3.7万余元,获利1万多元;另一方面,又沟通了信息,促进了柳市及其他地区机电生产和交换的发展,受到厂商欢迎,叶建华因此得名"目录大王"。

其次,促进了专业市场的形成,推动了商品经济的兴旺发展。桥头镇纽扣市场是个比较突出的例子,多年来国内从来没有一个专门从事纽扣经营的市场,纽扣这种小商品也从未受到过重视,今天却在一个交通不便的无名村镇形成了全国性的纽扣市场,经常有上千人到那里进行纽扣交易。家庭经营业的兴起,专业市场的形成,使我国乡镇经济的发展出现了新的局面。一方面,使一些偏僻的乡镇在小商品的繁荣、流通中走上了整个乡镇的富裕之路;另一方面,这些乡镇经济的振兴又为国营企业减轻了负担，分担了国营企业的压力。

再次，促进了贸—工—技、贸—工—农人才的培养。乡镇企业、家庭经营业都懂得培养人才是致富的关键。他们千方百计，聘请大量技术人才；给工人上技术课；还选拔优秀人员到外地大厂培训，等等。他们还通过带徒弟的办法，为社会培养各种技术人才，为不少待业青年解决了就业问题。

最后，促进城乡间的交流沟通，为缩小城乡差别作出了贡献。万元户们不仅把城市中信息迅捷、企业间讲究信誉等现代大生产的气息带到了村镇并推而广之，也把乡村中勤劳坚韧、朴实苦干的奋斗精神带到了城市。城市的现代生活习惯、设施、文明通过他们扩展到乡村，乡村的精打细算、开源节流之道又反过来影响了城市，等等。

总之，这些家庭经营业的万元户，是一支新兴的农村经济力量，充分发挥他们的作用并加以正确引导，必将促使我国农村经济更快地繁荣起来。

五　对万元户要正确引导，加强管理

万元户的出现，社会上褒贬不一。万元户本身也是一则以喜，一则以惧，怕政策有变，到头来挨整倒霉。也有的万元户认为，现在共产党还在发懵，要趁此机会发财，等共产党明白过来就赚不到什么钱了。群众则认为，万元户比旧社会发财还便当，政府真该管管他们了。

目前万元户情绪不够稳定，工商行政部门管理也不得力。农村放活以后，有些工商管理干部认为，以后除收收摊位费、管理费外，似乎就没事可做了。这使家庭经营者出现了自由发展的趋向。如何正确地引导、稳妥地管理，使之纳入社会主义轨道，是一个亟待研究解决的重要问题。

目前的家庭经营单位，有的在工商管理部门登记，有的还没有登记。他们的账目很不健全，多数连账目也没有，政府掌握不了他们真正获利多少，无法稽征所得税。他们中间也有人因没有缴税而所得甚多，感到惶惑。

对乡镇企业特别是对家庭经营单位的经济活动难以有效控制，于国于民都是有弊无利的。能否考虑开征个体经济所得税（个体经济所得税和个人收入所得税是有区别的，个体经济的税率低于集体经济，集体经济又低于全民经济），可先在个体经济发达的地方进行试点，个体经济不发达的地方，给予减免税的优惠。这笔税收，是乡镇财政收入的一个重要来源，中央和省不拿走，市和县少拿或不拿。

首先，要对家庭经营者（包括队伍庞大的供销员）特别是对万元户加强管理，进行登记。建议成立各种作为经营者自治组织的协会，由协会提供信息，提供服务。万元户在协会组织下进行活动，有利于加强家庭经营者的自我管理，加强他们同政府和群众的联系。

其次，建立表报制度，作为一种立法，要求家庭经营者按时如实申报业务活动情况和盈利情况，以便国家征收税款。不按时如实呈报的，要受到处罚，并拟定依法交税和偷税漏税的惩治办法。

再次，银行系统要为家庭经营业立账户，首先是把万元户手中的钱管好，同时要引导万元户将资金投向社会需要的部门。

最后，建议把县工业局、工商局合并组成经委，派往乡镇的工作人员组成乡镇经委。一则针对个体户、家庭经营业、万元户的情况，加强管理，使之符合社会主义的要求，更有利于乡镇工业、家庭经营业的发展壮大。二则可促进县机关的精兵简政。同时，通过乡镇经委把供销员等各类人才组织起来，作为乡镇经委组织生产、流通的力量。这样能促使乡镇经济更好地沿着社会主义方向前进。

上海经济发展的几个重要问题[*]

一　上海在"七五"期间的发展目标

我们来上海工作遇到的第一个问题就是如何确定上海在"七五"期间经济发展的具体目标问题。

根据国家对上海的要求、上海的有利条件和不利条件，应当把上海建设成为开放型的、多功能的、产业结构合理的、高度文明的社会主义现代化的最大中心城市，成为我国最大的贸易、金融、科技信息中心，对外开放的最重要的门户。以其对外开放为重心的多方面功能为全国实现党的十二大规定的宏伟目标作贡献。

为实现上海经济发展战略目标，必须跳出着重追求数量、偏重外延的老路，走出一条建设多功能中心城市的新路，把注意力转到用新技术改造传统工业，开发新兴工业，发展第三产业和改善城市基础设施上来，对上海的城市布局和经济结构进行一系列的调整。

由于现行的统计报表把产值摆在首位，在评比考核各地经济发展时，也把产值增长作为一项重要指标，上海经济落在后面，市委领导同志感到有压力。于是，提出到1990年翻一番的指标。但这样就产生了按产值翻

---

*　本文写于1984年。

番来部署"七五"期间工作和按新路子部署"七五"期间工作的矛盾。这一矛盾表现在以下几个方面：

第一，1990年实现产值翻番所需的财力、物力很大，困难很多。前三年上海工业产值增长不到5%，而要求到1990年翻一番，产值从1980年的588亿元增长到1200亿元，则1985—1990年的增长率必须保持每年递增8.4%。要实现这样的增长速度，不能靠新兴产业，因为过去三年产值增长的95.6%靠传统工业增长，只有4.4%是从发展新兴产业实现的。为此"七五"期间重点建设的投资需要200亿元，技术改造的投资需要220亿元，连同城市基础设施建设的投资200亿元，以及科教文卫的开支100亿元，总共需要720亿元，相当于目前上海三年半的财政收入。而投入这样多，产出只是每年财政收入递增3%，1990年工业总产值比1980年增加约600亿元，经济效益是不好的。同时，能源、原材料都将超过客观上可能提供的数量，单就能源供应就从目前的2200万吨标准煤增加到3000多万吨，这也是相当困难的。

第二，要进行传统工业的技术改造，新兴工业的发展，工业结构的布局和调整，都有一个过程，有的措施可能要到1990年后才能见效。在此之前上海工业产值的增长速度可能比目前要低。但这是"换气"、"调头"所必需的，它可为后十年的振兴奠定坚实的基础。如果只是传统工业在低水平上向外延发展，甚至为保证产值增长只能维持那些宏观效益差、没有发展前途的物质消耗高、产品性能差的企业，很难腾出手来改造传统工业和发展新兴工业，更谈不上发展第三产业和建设城市基础设施了。所以，即使实现1990年产值翻番，造成产业结构、工业结构、技术结构难以改变的后果，也是因小失大，不利于上海和全国实现党的十二大宏伟目标。

第三，上海城市现有的容量已不允许上海工业沿着低水平外延的扩展以保证数量增长的道路继续发展了。上海市区目前已处于超饱和状态。如果沿着老路走下去，则工业密集、人口密集、能源和原材料紧张、交通运输堵塞、环境恶化等矛盾会更加激化。目前上海癌症发病率和死亡率名列全国第一。近3年来，酸雨出现频率范围和强度逐年增加，每年因环境污染造成的损失近10亿元。按现在的处理水平，上海的工业总产值每增长

10%，污水排放量就要增加 3 万吨/天。如果 1990 年产值翻番，不增加环保投资比重，则水中有机污染物及大气中几种主要污染物的潜在发生量，1990 年将为 1982 年的 2.5—2.7 倍。

在上海经济发展战略战役研讨会上，来自北京和其他省市的许多专家、学者在发言中指出，上海应该着重解决经济发展战略转变，不应把注意力放在 1990 年实现产值翻番上。

调研组就此问题与上海市领导交换看法时，市委领导多次表示，他们虽然也感到把翻番当做"七五"期间目标不太妥当，而且并没有落实下去，但是话已经说出去了，也为此感到作难。我们认为，上海在"七五"期间的工作部署，还是应当本着实事求是的精神，在保证实现经济发展战略的转变、多功能中心城市建设的前提下，争取最好的经济效益和生产增长的最大值，而不以翻一番为目标。这样更有利于促进全国社会主义现代化事业，更有利于上海和全国在本世纪末工农业总产值翻两番的历史任务的实现。

在研究上海经济发展战略目标这一问题时，我们感到有些问题需要进一步加以解决：

第一，中心城市具有多种功能，以工农业产值指标作为考核重点，势必把注意力放在产值增长一个方面，有可能出现只考虑一种功能的片面性，不利于促进多种功能的全面发展。看来，有必要研究与中心城市多种功能相适应的综合考核体系。

第二，按行政区划考核的方式有很大的局限性。在政企分开以后，以中心城市为依托组织经济网络，要求鼓励各城市在外地开店设厂，发展经济联合。似应考虑采取联合企业产值、利润分别计入双方统计数字，或采用本地产值与全部产值双指标的统计方法，以利于促进内联。

二　关于给上海的特殊政策

我们遇到的第二个问题是：需要给上海哪些特殊政策和相应的行政权力。

上海作为全国最大的直辖市，但市政府的机动权力小。而且多年来财政上对上海实行统收统支办法，地方留用收入较少，资金短缺，捉襟见肘。为了改造和振兴上海，需要给上海较大的机动处置的权力和较多资金。上海的综合经济效益比全国平均水平高出很多。例如，1983 年上海全民独立核算工业企业全员劳动生产率为 28684 元/人·年，而全国平均只有 13049 元/人·年。百元投资净产值 1980 年上海为 827 元，全国为 405 元；1981 年上海为 709 元，全国为 435 元；1982 年上海为 479 元，全国为 350 元。因此，把资金投放在上海，对国家是很有利的。但是，目前国家财政情况尚未根本好转，预算尚有赤字，不可能拿出更多的钱来支持上海。在这种情况下，只能根据中央领导同志"给政策"的指示，对上海实行特殊政策、灵活措施，给予上海大于其他开放城市的权力，给予生财之道，使上海能够从发展生产、改善经营、搞活内外贸、发展第三产业中得到"活钱"，以满足各方面的资金需要。

上海的同志对于"给权"、"给钱"提出了一系列的具体要求，这些要求是否有可能给予满足，要同中央各部协商才能确定。目前先要在四方面对上海实行特殊政策。

（一）在对外经济关系方面，我们建议对上海实行比全国其他开放城市更加开放的政策

1. 有关利用外资方面的政策

对中外合资企业、合营企业、外商独资企业的企业所得税按现行税法规定的 33% 的税率，给予上海一定范围内的减税审批权。中外合资企业外商所得利润，汇出时免征汇出税。技术转让费的预提所得税，在发生双重征税情况时，给以上海减免审批权。

利用外资项目生产的产品，首先应用于出口。如果外销困难，又属国家计划进口的产品，应当控制进口，允许上海"以产顶进"，用计划进口的外汇平衡外汇缺额或偿还外资本息。

中外合资企业的期限，上海要求根据不同情况，可以不受投资法规定的 30 年限制。

2. 有关外贸方面的政策

为了使上海在来料加工、来件装配、补偿贸易和进料加工方面放开手脚，要求中央有关方面给予支持和配合。

为了充分发挥上海口岸公司的作用，允许上海外贸企业同内地省，特别是上海经济区内各级外贸企业和生产单位，在平等、自愿、互利的原则下，采取委托代理、联营、合作生产，以及派出常驻人员等多种形式，组织出口货源。

外贸体改方案规定由专业进出口总公司统一成交经营的商品，上海要求有同样的经营权。实行政企分开后，在专业进出口总公司的统一安排管理下，应当给上海口岸公司以更大的经营权。

3. 有关外汇的政策

上海要求计划内的出口收汇留成，由现在的6%左右，扩大到20%—25%，计划外出口的收汇，全部留给上海使用。由于明年外贸计划要简化，不再分计划内外，经贸部的同志倾向于全部贸易收汇按20%的比例留给上海使用。调研组还有的同志主张给上海的贸易外汇留成比例略高于广东省（13%）。非贸易外汇，包括侨汇、旅游、旅游商品和港口供应及服务的外汇收入，上海要求全部留给本地使用。我们认为可以考虑上海的意见。

以上两种留成办法，暂定到1990年为止。

（二）在国内贸易方面，我们建议进一步放宽政策，使上海真正起到贸易中心的作用

上海的经济要搞活，要更好地发挥贸易中心作用，在于发展多渠道流通，冲破条块分割对商品流通的重重限制。除特别重要的紧缺商品外，不宜再用调拨分配办法来束缚。

现在对上海生产的自行车、缝纫机、电视机等名牌产品，在生产上准备实行指导性计划，但商业部对上海的上述商品仍旧实行计划收购、统一分配。在生产方面实行指导性计划，在流通方面实行指令性计划，有不少矛盾。上海要求把名牌消费品的流通也改为指导性计划，或者至少留30%给上海。调研组有的同志认为可以定一个基数，超过部分大部分或全

部留给上海。调研组另外一些同志认为，紧俏商品如名牌自行车等之所以要计划收购，在于优质不能优价，只要把价格完全开放，解决了优质优价问题，就不必计划收购。与此同时，只要价格能够放开，阻碍商品顺畅流通的问题，就可以迎刃而解。

（三）有关金融方面，应当给予上海在一定范围内融通资金的权力，逐步形成在人民银行上海分行领导和管理下的资金市场

1. 给人民银行上海分行一定的资金机动权和调剂权

由于目前人民银行和专业银行在资金上实行差额控制办法，指标有多余，同各省分行之间不能拆放和横向融通。现在，上海资金需求量很大，建议把上海银行吸收的存款，全部贷放于上海。从今年起，以 1983 年年底本市存款余额 191 亿元为基数，每年新吸收的存款全部留给上海使用。一年可增加 22 亿元，除保证流动资金贷款增加 20 亿元以外，可用于固定资产的贷款约 2 亿元。考虑到上海作为进出口口岸和内外贸易集散地，所需周转资金亦多，加上目前一些部门向社会集资兴办各项事业增多，银行存款会受到一些影响，要求总行把 1981 年的借差 36 亿元作为上海银行向总行的透支额度，建行安排低息的开发性贷款 10 亿元。

上海市拟建立市保险公司准备积极扩办社会保险项目。建议把地方企业的财产保险改由地方保险公司办，或由中国保险公司上海分公司代理，保险费收入由地方做适当分配。

2. 扩大上海银行的资金灵活调度和允许实行差别利率

为了提高资金使用效益，建议扩大四家银行上海市分行掌握信贷分配和灵活调度资金的权责。目前中央企业和地方企业的信贷指标是由各总行分别下达分行掌握的，中央、地方各项目的资金，出上海市分行统一调度掌握。按照自主经营的原则，上海各银行可以对跨地区、跨省市的联行进行拆放。各专业银行的业务可以一业为主，多业经营，适当交叉。在条件成熟时，可考虑允许各行都可经办外汇投资。对于外资银行，在对等原则及自备资金等条件下，可以适当放宽。同时，可吸收华侨投资，合资经营等业务，以适应上海对外开放需要。

允许上海银行实行差别利率，上下差别全年统算增减幅度掌握在不低于年利率总水平5%的幅度。

3. 改变银行利润全部上缴给总行的办法

今后根据业务发展需要扩充的信贷基金，可以在当年实现的利润总额内提留30%作为补充，以30%交地方财政，其余40%上缴总行，以利于调动各方面的积极性。

4. 发展金融事业，扩大银行业务

为了解决大型项目的资金需要，可以建立投资开发公司，利用国外资金、吸收国内资金，组织银团贷款；银行要积极办理租赁、信托、票据承兑和贴现业务；银行可以直接办理投资业务，包括房地产经营；开拓各项外汇信贷业务，配合利用外资和引进技术的发展，等等。通过这些手段，进一步发挥金融经济杠杆作用，为活跃和发展上海经济服务。

1985年基本建设全部实行贷款，取消拨款以后，建议按照扩大自主权精神，对现行计划制度进行改革，应尽量减少带帽下达的贷款项目，可以给地方下达基建贷款切块指标。在切块指标范围内，由地方计委商同建设银行、主管局自行安排贷款项目，让地方可自主多办一些急需办的事情。

请中国银行总行给予上海外汇营运资金1.5亿美元（中国银行的同志表示，此事有待进一步研究）；允许中国银行上海分行向海外和内地金融市场直接进行各种外汇交易和发行债券。

（四）在财政方面，我们建议实行既保证国家收入，又支持上海广开财路，增收自养的政策

上海提出，改造和振兴上海，"七五"期间共需资金720亿元。其中，国家计划安排的重点建设项目由中央投资解决；老企业技术改造所需资金由自筹、贷款、利用外资、发行股票解决。至于地方市政建设投资200亿元（属于还欠账性质）和地方科教文卫事业发展和行政经费100亿元，需要地方财政解决。每年平均需60亿元，按现行财政体制留给上海的资金在1983年只有27亿元（分成比例为13.6%），平均每年缺33亿元。这笔资金若不适当解决，上海的城市面貌还要破旧衰败下去，投资环境也不能改善。为此，我们认为应该在客观条件允许的范围内给予支持，并且着重于促使上海发挥优势、广辟财源，自己解决自己的资金困难。上海原来实行的"定收定支、收支挂钩、总额分成、一年一定"的办法，再也不能维持下去了，必须确立新的财政体制。对此，还有着不同看法，因而有以下几种不同方案：

第一，上海同志提出，关于上海"七五"计划所需各项资金的筹措拟按下述办法：

上海市财政采用核定基数，几年不变，增收分成并划分税种的体制。

收入以 1983 年为基数，支出在 1983 年的基础上，再增加 20 亿元为基数。

要求定比，七年不变，增收分成，上海六中央四。

第二步利改税，留利水平希望从 14.6% 增加到 22%（全国地方工业企业留利平均为 25.3%）。

当国家进行物价调整，税收调整等重大政策时，上海市财政的基数亦应做相应的调整。

上海同志认为，不管基数和分成比例如何定，要使上海得到全市财政收入的 25%，平均每年约 51 亿元，比现在增加 29 亿元。或者实行"定额上缴、超收留用"办法，对上海来说后劲更大一些。

第二，调研组同志的一种意见，认为根据国家财力可能，大体只能解决所需资金 33 亿元的一半左右，即平均每年增加资金 14 亿元。具体设想是采取"基数分成加增长分成体制"，并给予专项拨款补助的办法。即以 1983 年的收支为基数确定分成比例；收入比上年增长部分，地方和中央四六开（上海财政收入每年增长约 10 亿元，上海可得 4 亿元）；城市建设还欠账的专项拨款每年 10 亿元，五年共 50 亿元（这笔资金多数属于基本建设投资，由国家计委在基建投资总额中拿 60%，由财政部拨款 40%）。

第三，调研组同志的另一种意见，认为过去的财政体制抽肥补瘦，而且上海执行中央财政政策认真，是守法户，对于上海过去造成的欠账应尽最大可能给予解决。对于具体做法，认为除按 1983 年收支基数确定分成比例和专项拨款补助 10 亿元不变外，对于增长分成四六开应改为倒四六，同时改环比为定比。这样做可以更好地调动上海的积极性，广辟财源，增加收入，上海多得，中央得的更多，后劲较大。

第四，对上海实行特殊政策，可以给上海开辟财源和增加收入。如给上海一些外汇进口零部件组装电子产品、汽车、飞机等产品赚取差价，允许上海提高房租、公用事业收费。对于这部分收入如何处理，有两种不同意见：

上海同志认为，允许提高房租、公用事业收费以及组装成品等，就是给上海以生财之道，解决改造振兴上海的资金困难。因此，应该给予免征产品税、营业税、所得税、调节税的优惠，不纳入财政分成，作为专款专用于事业发展，另列预算专项管理。如果要纳入财政预算参与分成，不如不搞。例如，提高公共交通价格或提高房租，如果要征税纳入财政分成，不如不提价。调研组的一部分同志同意上海的意见，认为只有不参与分成才能调动上海的积极性，也才符合特殊政策的特点。

调研组的另一些同志认为，实行各种特殊政策后所增加的收入，都应该按照国家规定征收各项税收，纳入财政预算中按规定的比例分成，不能另外再开口子。即总共每年解决14亿元，不能再多了。

三　关于上海市的全面体制改革问题

上海历史上是商品经济发达的地方，精明人多，会出点子，善于经营，潜力很大。然而由于旧体制，捆住了企业的手脚，不论在消化吸收先进技术、进行技术改造、产品升级换代还是发展第三产业等方面，这种潜力都远未发挥出来。

多年来，对企业一直管得比较紧。新中国成立初期，我们采用隔断私营工业企业同市场的关系的办法，通过加工订货统购包销来控制为数众多的私营工业企业；到了全行业公私合营以后，上海把26000多户工业企业纳入81个专业公司，逐步进行裁并调整，由公司统一调配企业的资金、技术力量和厂房设备，决定企业的产供销；在这一套管理体制下，上海的工业在增加产量、降低成本以及开发重点产品等方面都取得很大成效，但是也存在不少问题。在上述工业历史演变以及与之相适应的商品演变中形成的工商管理体制的主要弊病：一是管理层次多，多数是五级，即市政府、委（办）、局、行政性的公司、企业五级，有的还要加上分公司，达到六级。二是企业处于层层行政管理的管束下，活力受到严重压抑。

这几年，上海以实行利润留成、扩大企业财权为开端，搞了一些单项改革，但受到其他未改革方面的牵制，效果不明显；又因为上海地位重要，怕搞乱了影响太大，改革的步子迈得不大。目前存在的主要问题是：

第一，企业产供销无自主权。根据企业反映，目前除了国家计委下达的指令性计划外，紧俏商品中央商业部统一调拨分配，市里、局里、公司里都要掌握一些作为对外协作交换的筹码，层层加码，给企业压任务。到了企业，全都是上级任务，都得完成。分不清什么是指令性计划，什么是指导性计划。

目前企业可以采购但有些仍由专业公司强行安排。据反映，自行车鞍座如果向公司外的工厂采购，每个价格可便宜1元，现在只准在公司内部采购，由此每年要多付500多万元。缝纫机台板向公司外采购比和局属的木材公司协作，每块便宜5元，但也不准向外采购。

第二，利润留成后财权仍集中在局和行政性的公司。上海市于1978年恢复企业基金制度，1979年在若干企业试行利润留成，财政和试点企业直接结算，当时认为确实能调动企业的积极性。1980年全面推行，改为以局为单位全额留成，再由局和公司核定到企业，先进企业留成率很低，如化工局留利率为9.2%，分到公司成了7.8%，到企业则更少了，如经营好、利润水平高的天原化工厂的留利率只有2.83%。上海牙膏厂留利率只有2.63%，其中奖励基金只有0.65%，每增长1万元利润，奖励基金只有65元，每个职工平均只能得到5分钱。1983年上海市预算内地方国营工业企业留利13.77亿元，留利率14.7%。其中：局一级留用4.58亿元，占4.88%，公司一级留用1.92亿元，占2.05%；企业留用7.27亿元，占7.75%。企业反映别的地方是两个"大锅饭"，上海是三个"大锅饭"。

第三，改革的步子迈得小，效果不明显。现在的状况是，群众盼改革，基层想改革，可是领导求稳怕乱，改革的步子迈得小。例如，上海市的国营小型企业（第二步利改税后征收八级超额累进所得税的），小型商业为 1632 户，占商业户的 76%；小型工业 150 户，占 8.72%；商办工业 77 户，占 4.3%。这些企业本来多数有条件改为集体承包经营或者出租经营，市里也有此打算，但现在还只是对小企业实行按八级超额累进所得税征税，别的尚无行动。商业一级站和二级站合并，也还只停留在研究阶段。

由于经济形式、经营方式多样化和国营企业管理体制合理化这两方面的改革的步子都太小，旧体制带来的机构臃肿、手续繁杂、官僚主义严重等弊病也未能得到有效的克服。例如，上海企业对先进技术的消化吸收能力强，而且设备陈旧、技术落后，迫切需要改造。提取生产发展基金和下放折旧后，企业也有了一定的资金来源。可是要进行一项带土建的技术改造项目，要盖 40 个图章，从计划提出到审批同意，最快也得半年。这次整党各有关部门对这些图章逐一进行分析，认为一个也不能少，正说明现行体制对企业束缚的程度。类似这些问题，不进行大刀阔斧的改革，真正做到政企分开，放活企业是无法解决的。

鉴于经济体制各个环节互相牵扯，单项改革很难奏效，建议国务院责成上海，在经济体制改革方面先走一步，迅速拟订改革的通盘规划，实现全面改革，以期各项改革措施互相配套，基本同步。

经济体制全面改革包括内容很多，当前要着重解决以下几个问题：

第一，简政放权。上海现在有 20 多个专业局、216 个公司，通过局、公司两级用行政方法管理 8000 个企业，管理层次多，效率低，活力小。因此改革的中心环节是实现政企分开，实行政企分开可以采取不同的方法，先解决局一级的问题，撤局设办，然后再解决公司这一级的问题，这样会把时间拖得长，而且不利于稳定局一级机关的数千名干部做好简政放权的工作。经与上海市的领导商议，建议采取更为便捷有效的方法；在要求各局向企业放权的同时，首先集中力量解决公司一级的问题。分别不同情况，根据经济上的合理性，对现有公司分别采取保留改性（由行政性公司转为企业性公司）、调整组织、调整经营范围、撤销的方针，把日常生产经营权先下放到企业，使企业在生产安排、产品销售、物资采购、资金使用、劳动招工、干部调配、工资分配等方面真正有自主权，并由企业自行决定参加公司，组织联合；专业局主要管任免厂长和编制、下达计划，以及做好发展规划，加强宏观控制。至于行业标准制定、产品质量评比、咨询服务、医疗服务、人才培训等不属于行政权力性质的工作，可以成立各行业的企业自治组织——行业协会来办理。在此基础上逐步闯出我国企业管理体制的新路子。

第二，税收制度。第二步利改税，把国家和企业分配关系稳定下来，为企业独立经营、自负盈亏创造条件，需要在上海积极推行。新税法所规定的四种地方税，由于某些省条件尚未具备，只有暂缓开征，但上海具备条件，建议在上海先行一步。根据上海改造的需要，城市维护建设和土地使用税的税率，可以根据上海具体情况适当提高。上海试点征收固定资产使用费效果很好，也可以在上海地方大中型工交企业中先开征资金税（费）。上海企业对于调节税所采取的一户一率征收方法意见较多，认为打击先进，保护落后，不符合经济体制改革的总精神。从算大账看，如果开征四种地方税和资金税（费）大约可收 17 亿元，调节税可以从 24 亿元减为 7 亿元，冶金、机械、建材等行业都可以不再征收调节税，只有轻工、纺织、手工的企业约 1200 户还要征收，占全部工业户数的 10%，而调节税率将从 29% 降为 10%，这样可以解放一大片。腾出的这部分收入，也可以研究在适当时机采取更好的税收形式来解决。调研组有的同志认为，这样做可能有大批的企业要变成亏损户。

第三，价格改革。要充分利用价值规律促进企业技术改造发展生产和改善经营，必须改革不合理的价格体系。鉴于价格改革有不少问题需要探索，建议在上海先行一步。除少数实行指令性计划的商品必须由国家统一规定价格、统一执行外，其他商品的价格管理权都下放给上海，分别由地方或企业定价，允许某些商品价格实行自由议价或在一定幅度内上下浮动，以便贯彻优质优价、劣质低价的原则，并在适当时机，消除某些商品购销价格倒挂，变暗贴为明补，并调整房租和服务收费，这是关系到生产发展和流通顺畅的大问题，必须适时加以解决。

第四，工资改革。要把群众积极性调动起来，要把经济搞活，目前这种吃"大锅饭"的工资制度非改不可。建议工资改革上海先行一步，普遍推行新的能够体现按劳分配原则的劳动报酬制度，如企业工资总额包干与经营成果、经济效益挂钩的办法。新中国成立初期上海职工的平均工资高于全国平均水平70%，现在只高8%。上海许多企业的经济效益比全国平均水平要高得多，但职工收入水平却相差无几。群众对此颇有怨言。我们认为，在工资改革中应当允许经济效益好的企业和技术高、贡献大的职工先富起来。工资改革最好和价格改革中的取消物价补贴、变暗贴为明补结合起来进行。工资、奖金采取什么形式由企业自主决定。

以上是全面体制改革的最重要的几个方面。其他如发展多种经济形式和多种经营方式，允许发行股票、债券等筹集改造振兴上海所需要的资金，发展对内联合和协作，推行住宅商品化，改革流通体制，从按行政层次分配商品物资改变为按买卖关系的多渠道流通，改革科技和教育体制等，上海都要积极先行，闯出路子。上海的改革之路走通了，改造上海、振兴上海，也就有了巨大的活力；同时，上海的改革必然会对全国的改革有巨大的影响力和推动力，对于闯出有中国特色的体制改革之路，必将作出重大贡献。

社会主义制度与经济体制[*]

中共中央在关于经济体制改革的决定中指出："我们改革经济体制，是在坚持社会主义制度的前提下，改革生产关系和上层建筑中不适应生产力发展的一系列相互联系的环节和方面。这种改革，是在党和政府的领导下有计划、有步骤、有秩序地进行的，是社会主义制度的自我完善和发展。"《决定》的这一论述，精辟地阐明了巩固社会主义制度同进行经济体制改革之间的关系，对于我们正确认识以城市为重点的整个经济体制改革的性质和任务是非常重要的。只有深刻地领会《决定》的这一精神，才能在经济体制改革的实践过程中，牢牢把握正确的方向，做好各方面的工作。

下面就社会主义制度与经济体制这一题目谈谈个人学习的一点体会。我想讲四层意思：（1）社会主义基本经济制度和社会主义的具体经济体制是既有区别又有联系的；（2）经济体制改革是一场革命；（3）实现这场革命将使社会主义制度更加巩固；（4）这场革命是在党和国家的领导下，依靠广大群众有计划、有步骤地实现的。

---

　　* 本文是作者 1985 年 1 月 11 日在中国经济体制改革研究会、《经济管理》杂志编辑部和中央电视台联合举办的经济体制改革电视讲座中的讲话。

一　社会主义基本经济制度和社会主义的具体
经济体制是既有区别又有联系的

中央在《决定》中要求我们，在进行经济体制改革时，要"坚持社会主义制度"。那么，这里所讲的"经济体制"和"社会主义制度"两者之间有什么区别和联系呢？

为了理解这个问题，需要区别社会主义的基本经济制度和社会主义的具体经济制度。

社会主义的基本经济制度归结到一点，就是对生产资料公共占有制。像恩格斯指出的："社会主义的任务，勿宁说仅仅在于把生产资料转交给生产者公共占有。"[①] 列宁说得更为扩展一些。他把社会主义看做是"生产资料公有和按劳分配"的同义语[②]。现在的许多学者倾向于把实行计划经济和商品交换也看做是社会主义经济的基本特征。这样，社会主义的基本经济制度就包含以下内容：生产资料的公共占有制；国民经济的有计划发展，在生产资料公有制基础上的有计划的商品经济；个人消费品的按劳分配。这些都是社会主义作为一种经济制度有别于其他经济制度的具有根本性质的东西。

人类历史上的任何一种基本经济制度，在不同的国家和不同的历史条件下，总是以不同的具体形式表现出来的。马克思说过："相同的经济基础——按主要条件来说相同——可以由无数不同的经验的事实，自然条件，种族关系，各种从外部发生作用的历史影响等等，而在现象上显示出无穷无尽的变异和程度差别"[③]。在社会主义条件下，情况就是这样。社会主义的具体经济制度，指的是上述基本经济制度的具体表现形式，如：生产资料公有制是怎样组织起来的；作为社会经济细胞的企业具有哪些功能；国家政权机关同企业的关系是怎样的；社会用什么方式调节国民经济

---

① 《马克思恩格斯选集》第四卷，人民出版社 1972 年版，第 303 页。
② 《列宁选集》第三卷，人民出版社 1975 年版，第 62 页。
③ 《马克思恩格斯全集》第 25 卷，人民出版社 1974 年版，第 892 页。

以保证它有计划地发展；按劳分配的形式，等等。这些就是我们通常所说的经济体制所包含的内容。由此可见，社会主义经济制度与经济体制是密切相关的。

然而在一个很长的时期中，从思想上来说，人们却往往把社会主义的基本经济制度同具体的经济体制混为一体。正如《决定》所指出的："长期以来在对社会主义的理解上形成了若干不适合于实际情况的固定观念。"主要表现在：在所有制方面，排斥多种经济形式和经营方式，把社会主义所有制看成是越"大"越"公"越好的比较单一的经济形式；在经济组织方面，把社会主义的社会化大生产看成是一个大工厂或大公司，形成了许多地区和部门的子系统，反而加剧了经济结构的封闭化和分割化；在经济调节和机制方面，排斥商品货币关系，把社会主义计划经济看成是同商品经济不相容的、截然对立的；在经济决策方面，实行政企合一、政社合一，把社会主义国家管理经济的职能看成是以政代企、包办一切的；在分配方面，一再强调政治挂帅，一再批判奖金挂帅，把社会主义社会的平等看成是平均主义、吃"大锅饭"；等等。从实践上说，主要是把本世纪 30 年代初期苏联形成的模式，看成社会主义经济唯一可能的模式。于是，就把这种模式在公有制内部结构、决策权力分布、信息交流系统、经济激励方式、组织结构、调节体系等方面的特征，如：经济形式和经营方式的单一化；决策权力高度集中；信息传输以上下级之间的纵向为主、要求下级对上级负行政责任；企业经济活动缺乏有内在动力的经济激励结构；国家主要依靠行政手段、以指令性计划调节国民经济；等等。所有这些都看做是社会主义经济的基本特征，看做是社会主义的传统模式。凡是不符合这种模式的，都被看成是背离社会主义原则的"修正主义"或"自由化"倾向。

近二三十年来，把传统模式看做社会主义经济唯一可能的模式的迷信逐步被打破。正像中共中央《关于建国以来党的若干历史问题的决议》所指出的："社会主义生产关系的发展并不存在一套固定的模式，我们的任务是要根据我国生产力发展的要求，在每一阶段上创造出来与之相适应和便于继续前进的生产关系的具体形式。"所以，要把经济体制同社会主义的基本经济制度区别开来。经济体制改革所要解决的问题，是社会主义经济的具体制度的完善化，而不是基本经济制度的更替。这种认识就为在社会主义制度下进行经济体制的改革开辟了道路。

二　经济体制改革是一场革命

社会主义制度，是在否定资本主义制度的基础上建立起来的一种崭新的社会制度。它不是停滞不前，而是不断地变化和发展的。早在社会主义制度建立之前很久，科学社会主义的创始人就已指出过这一点。1890 年，恩格斯批评过当时社会民主党人中存在的把社会主义社会看成"稳定的，一成不变的东西"的观点，他明确地指出：我认为，所谓"社会主义社会"不是一种一成不变的东西，而应当和任何其他社会制度一样，把它看成是经常变化和改革的社会①。各国社会主义建设的实践完全证实了恩格斯这一论断的正确性。我们知道，社会制度之所以会经常发生变化和改革，是因为社会基本矛盾，即生产力同生产关系、经济基础同上层建筑之间的矛盾的存在和发展，引起了变革的必要性。社会主义制度克服了社会基本矛盾在资本主义制度下的表现形式，即生产社会化和占有私人性之间的对抗，然而，它并没有取消社会的基本矛盾。毛泽东同志针对国际共产主义运动中曾经流行一时的社会主义社会无矛盾论的错误观点，在《关于正确处理人民内部矛盾问题》的讲演中，精辟地分析了在社会主义条件下，生产力同生产关系、经济基础同上层建筑之间既相适应，又相矛盾的情况，指出："在社会主义社会中，基本的矛盾仍然是生产关系和生产力之间的矛盾，上层建筑和经济基础之间的矛盾。不过社会主义社会的这些矛盾，同旧社会的生产关系和生产力的矛盾，上层建筑和经济基础的矛盾，具有根本不同的性质和情况罢了"，"我们今后必须按照具体的情况，继续解决上述的各种矛盾"，"我们的社会主义制度还需要有一个继续建立和巩固的过程。"所以，如果我们用历史唯物主义的观点分析我们面前

---

① 《马克思恩格斯全集》第 37 卷，人民出版社 1974 年版，第 443 页。

的社会主义社会，就应当如实地承认，社会主义制度并不是天生地完美无缺的。它还存在不完善、不成熟的方面，需要有计划地加以改革，使它由不完善逐步变得比较完善，由不成熟逐步变得比较成熟。而且，旧的矛盾消除了，随着生产力的进一步发展，新的矛盾又会产生，需要不断地加以解决。这样经常改革，不断前进，就能使社会主义制度得以巩固，并逐步向高级阶段过渡。

以上讲的是社会主义制度需要经常进行改革的一般道理。也就是说，在社会主义制度下，我们需要经常改革生产关系和上层建筑中不适应生产力发展需要的环节。这个道理，适用于社会主义社会的一切发展阶段。对于我国当前的情况来说，我们所面临的，不是生产关系和上层建筑个别环节的一般调整，而是从一种社会主义经济体制到另一种社会主义经济体制的全面变革，因而是一场革命。这场革命，将在经济体制的各主要方面配套地进行，并且势必会影响到社会生活的各个方面。

为什么需要进行这样一场革命呢？基本的原因在《决定》里已经讲得很清楚，就是因为新中国成立以后，由于"左"的错误思想的影响，我们没有能够按照社会生产力发展的需要及时调整生产关系和上层建筑中不适应的部分，相反在经济体制上逐步形成了一种同生产力发展不相适应的僵化的模式，使本来应该生机盎然的社会主义经济在很大程度上失去了活力，亟须加以变革。

这种经济体制的缺点和弊端，可以列举很多，主要的是政企职责不分，决策权力过分集中于国家机关，条块分割，国家把企业统得很死，企业没有活力，存在着企业吃国家的"大锅饭"和职工吃企业的"大锅饭"的"两个平均主义"现象，等等。而所有这些缺点和弊端，都根源于我们采取了这种僵化的模式。换句话说，旧体制各个环节上的缺点和弊端，都是由这种模式派生出来的。这种模式的基本特点，是把整个国民经济当做一个集中经营、统负盈亏的大工厂，由作为总管理处的国家行政机关直接管理。由于国家只能按照行政原则、行政区划和行政层次，组织国民经济，这样就一方面把企业变成各级行政机关的缺乏进行自主经营的动力和权力的附属品；另一方面又在整个国民经济体系中，形成了条块分割，各成体系的状态。这些缺点和弊端，早在我国社会主义制度建立的初期就已经开始显露出来，并做过某些改革的尝试，但由于在"左"的思想影响下，不可能跳出原有模式的框框。虽然这种经济体制的个别方面、个别环节曾有过某些调整，但根本问题不仅长期得不到解决，相反，发展得越来越突出，这样就把经济搞得越来越死。在粉碎"四人帮"以前的长时期中，我国国民经济的发展速度较慢，技术进步迟缓，经济效益不好，人民得到的实惠不多，都来源于这种僵化模式的经济体制。

从30多年来我国经济发展的历史可以看出，要克服我国经济体制的缺点和弊病，靠零敲碎打地调整和改革是不能解决问题的。必须抛弃僵化的旧模式，创建具有我国特色的、充满生机和活力的社会主义经济新体制。这种体制实行计划经济，而这种计划经济是在生产资料公有制的基础上有计划的商品经济。因此，它承认社会主义企业作为相对独立的经济实体，作为自主经营、自负盈亏的社会主义商品生产者和经营者；承认市场调节的作用；并通过计划的综合平衡和运用各种经济杠杆的调节，把全社会数以万计的企业的自主经营活动同国民经济的宏观计划衔接起来，做到把大的方面管住管好，小的方面放开放活。

十分明显，我们的经济体制改革，既然是从旧模式到新体制的根本变革，它就不能不是一次涉及社会经济活动，乃至整个社会生活的各个领域，牵动国民经济体系的所有环节的革命。改革将在经济体制的各个主要方面，如国民经济的组织结构、计划体制、价格体系、劳动工资制度和国家机构的职能等方面全面地进行。

三　实现这场革命，将使社会主义制度更加巩固

我国的经济体制改革是一场革命，但这是一场在社会主义制度下的革命，它同私有制条件下的革命有根本的区别。私有制条件下的革命，是一种新制度代替另一种旧制度，一个阶级推翻另一个阶级的革命。通常的情况是，当社会生产力发展到一定阶段，便同现存的生产关系或所有制关系发生矛盾，于是这种所有制关系就由生产力的发展形式变成生产力的桎

桔，那时就会发生以新的所有制关系代替旧的所有制关系的要求，而新阶级推翻力求维护现存所有制关系旧统治阶级的政治革命的时代就会到来。恩格斯总结私有制条件下的革命说："迄今所发生的一切革命，都是为了保护一种所有制以反对另一种所有制的革命。它们如果不侵犯另一种所有制，便不能保护这一种所有制。"[1] 社会主义条件下的革命的性质和状况同私有制条件下的革命根本不同，是在原有的社会主义公有制的范围内进行的，并不是一种社会制度代替另一种社会制度的革命。

我们在前面已经说过，经济体制是同基本经济制度既有联系，又相区别的具体经济制度。在坚持社会主义基本经济制度的前提下，对具体经济模式可以有不同的选择。我们的经济改革所要变革的，不是社会主义的基本经济制度而是它的具体表现形式。

新中国成立 35 年来的实践已经证明，社会主义的基本制度适合我国社会生产力发展的需要，并已初步显示出它的优越性和生命力。因此，并不存在改变这些基本制度的问题。问题在于，新中国成立初期在建立社会主义经济体制时，我们对于如何实现社会主义的上述基本原则缺乏经验，因此沿袭了外国的一些不适当的管理制度和管理方法，加上长期封建、半封建传统思想的影响以及革命战争时期实行"供给制"的影响，就使这一套管理制度的缺点和弊端更加强化。正像在前面已经提到过的，我国社会主义制度的优越性没有能够充分发挥出来，问题主要出在经济体制以下的几个方面：

第一，在公有制的组织形式上，采取了国家大包大揽，直接管理和经营企业的体制，抹杀了企业相对独立的经济利益和自主做出日常经营决策的权力，使企业成为各级行政机关的附属物。与此同时，在经济形式方面，不切实际地采取了单一的公有制甚至单一的全民所有制的体制，强调越"大"越"公"越好，妨碍社会主义集体所有制经济发挥应有的作用，不允许作为公有制经济必要补充的个体经济存在。

第二，在国民经济的计划体制上，采取了单一指令性计划的体制，企

---

[1] 《马克思恩格斯选集》第四卷，人民出版社 1972 年版，第 110—111 页。

图把种种经济活动统统纳入国家的指令性计划，并且单纯依靠行政命令加以实施，忽视价值规律的作用，排斥市场机制。其结果是在微观经济活动被管得很死，企业没有活力，不注意提高经济效益的同时，宏观经济也没有能够管住和管好，供求失调，国民经济宏观比例关系遭到破坏的情况，时有发生。

第三，在按劳分配原则的贯彻上，由于奖优罚劣的原则在国家与企业的关系这个层次上不能得到实现，加上在处理企业与职工关系方面的平均主义倾向，按劳分配的原则就不可能得到很好的贯彻。

显然，在以上这些经济关系中需要加以改革的方面，都只涉及国民经济的管理体制即我国的具体经济制度，而不是社会主义的基本经济制度。

那么，在实现经济体制改革，对我国具体经济制度做出重大的变革，对于社会主义基本经济制度会发生什么样的影响呢？它将有利于社会主义基本原则的贯彻，还是不利于社会主义基本原则的贯彻，它将使社会主义的基本经济制度更加巩固，还是将要削弱社会主义的基本经济制度呢？我们的答复是前者，而不是后者。

这可以从改革的几项主要措施来分析它对社会主义基本经济制度的几个重要方面的影响：

第一，经济体制改革在放活企业的供、产、销，使企业成为相对独立的社会主义商品生产者和经营者的同时，采取国家、集体、个人一起上的方针，克服经济形式和经营方式单一化的缺点，实现经济形式和经营方式的多样化，将大大有利于国营经济主导作用的加强，社会主义经济绝对优势地位的巩固。一方面，全民所有制经济从过去的垄断地位中和层层行政管束下解脱出来，肯定将使它在竞争和联合中焕发出过去被压抑了的活力；另一方面，集体所有制经济在恢复其独立的商品生产者和经营者的性质和获得广泛的发展后，将使社会主义经济得到巩固和发展。社会主义条件下的个体经济和资本主义条件下跟私有制相联系的个体经济不同，是同社会主义公有制相联系的，它对于发展社会生产，方便人民生活，扩大劳动就业具有不可替代的作用。因此，在社会主义公有制经济占绝对优势的前提下，大力发展个体经济，将会有助于社会主义经济制度的巩固。

第二，经济体制改革改变了单纯依靠行政手段，以指令性计划为主体的计划制度之后，既可保证企业自觉改善经营管理，灵敏地适应复杂多变的社会需求，又通过行政管理和综合运用价格、税收、信贷、工资等经济杠杆的调节，克服商品经营中可能出现的某些盲目性，把企业的自主经营活动引导到符合于宏观经济计划的轨道上去，保证国民经济按比例地协调发展。这样做自然不是削弱了而是加强了我国国民经济的计划性。

第三，在过去的体制中，按劳分配原则的贯彻，受到平均主义的极大干扰。经过经济体制改革，随着国家税收的分配体制和企业留利制度的完善，以及各种形式的经济责任制的贯彻，将使企业职工的收入同企业经济效益的提高更好地挂起钩来。同时，在企业内部，职工之间的工资差别，将充分体现脑力劳动和体力劳动、复杂劳动和简单劳动、熟练劳动和非熟练劳动、繁重劳动和非繁重劳动之间的差别。这就打破了企业吃国家的"大锅饭"、职工吃企业的"大锅饭"的局面，使按劳分配的社会主义原则得到贯彻落实。

说到底，社会主义经济制度的巩固，要靠社会生产力的发展。以城市为重点的整个经济体制改革将像在农村经济体制改革中已经出现的情况那样，极大地解放社会生产力，使社会主义经济繁荣兴旺。这是社会主义经济制度得以巩固和发展的最根本的因素。

把以上所说的概括起来，可以看到：经济体制改革，将确定无疑地使我国社会主义经济的各项具体制度健全和成熟起来，并使我们的社会主义制度日益巩固和发展。

四　这场革命是在党和国家的领导下，依靠广大群众，有计划、有步骤、有秩序地实现的

前面已经讲了，经济体制改革不是一种社会制度代替另一种社会制度的革命，因而它也不表现为一个阶级推翻另一个阶级的暴烈的行动，是同私有制社会中的革命有原则区别的。这是因为在私有制下不同的阶级之间存在着根本的利害冲突，而在公有制的条件下人民的根本利益是一致的。

在私有制条件下，作为统治阶级的剥削者为了维护他们的利益，总是拼命地镇压代表新的生产关系和生产力发展要求的先进阶级的革命行动，以便维护旧的、过时的生产关系，从而维护统治阶级中一小撮人的私利不受触动。在社会主义条件下，领导者阶层同普通劳动者的根本利益是一致的，作为统治阶级的劳动人民，就总体来说不会由于经济体制改革而失去什么，恰恰相反，广大工农群众、知识分子和各级干部都能从改革中得到好处，因而社会主义的经济体制改革不会遇到如同旧社会那样的衰朽阶级的拼死反抗。相反，它是由作为无产阶级的先锋队的共产党和代表全体劳动人民利益的国家的倡导下进行的。虽然在社会主义的条件下，改革还会遇到来自因循守旧的思想和习惯，来自眼前利益受到某种影响而对改革持怀疑、观望态度的极少数人的阻碍，但是，由于改革符合全体人民的根本利益，绝大多数思想一时跟不上形势的人，都会在改革的实践中逐步提高认识水平投身于改革的洪流之中。

经济体制改革涉及政治、经济、文化等多方面的变革，牵动着整个社会生活，必须在党和政府的领导下有计划、有步骤、有秩序地进行。由于经济体制改革需要解决的问题具有极大的复杂性，目前以城市为重点的改革总的说来又还处在积累经验的过程中，所以，《决定》指出：必须采取积极而稳妥的方针；看准了的坚决改，看准一条改一条，看不准的先试点，不要企图毕其功于一役。要充分发挥群众的创造性，允许各地、各单位就改革的不同步骤、方法、形式进行探索和试验。通过这些试验，选择那些被实践证明是正确的东西加以推广，改进那些不够完善的东西，抛弃那些不正确的做法。一切涉及全局或广大范围的改革，要像《决定》规定的那样，要经国务院批准才能进行。

我国的经济体制改革，是从 1978 年冬党的十一届三中全会以后开始的，到十二届三中全会做出决定，已经整整六年了。国务院领导同志最近在回顾这六年的经济体制改革的历程时指出：我国经济体制的改革，是从农村到城市；从集体所有制经济到全民所有制经济；从小企业到大企业；从小商品到大商品；从消费资料到生产资料；从沿海到内地，沿海又是由新开辟的城市（如深圳）到原有的城市（如上海）；以及从下到上、从易到难这样有步骤地进行的。六年来，我国的经济体制改革就是沿着这样的路子走过来的。我国农村改革的成功，城市小商品、小企业放开之后所表现出的活力，证明了党的方针和实现这一方针所采取的步骤是完全正确的。

经济体制改革意味着对各方面的利益关系进行广泛的调整，这牵涉到千家万户的实际利益，必须妥善地加以处理。各项改革措施应当遵循的总原则是：使国家利益、集体利益和劳动者的个人利益得到正确的结合。一切改革措施，包括进行价格改革，实行新的收入分配办法和各种形式的责任制，都既要使劳动者的个人收入在经济效益提高的基础上不断增长，又要保证国家的收入伴随着生产发展而不断增加。在改革过程中，对于损害和破坏国家和集体利益的现象，以及用挤占国家利益和损害消费者利益的办法来增加本单位利益的错误行为，都必须坚决加以制止和纠正。更不允许在改革的名义下制造混乱，扰乱社会主义市场，破坏社会主义制度。总之，经济体制改革的进行，只能促进而不能损害社会的安定、生产的发展、人民生活的改善、国家财力的增加。一句话，只能促进而不能损害社会生产力的发展和社会主义制度的巩固和完善。

只要我们紧紧把握住经济体制改革这种社会主义制度的自我完善和自我发展的性质，又采取了正确的实施步骤，我们的改革工作就能够比较顺利地进行，从而保证改革的完全成功。

逐步实现经济结构的合理化[*]

　　建立一个现代化的、合理的经济结构是实现现代化的一项基本任务。这里主要谈谈产业结构的合理化问题。所谓产业结构,主要是指各个产业部门之间、各个行业之间、各种产品和劳务之间的互相联系、互相制约的关系。

　　产业结构不是一成不变的,它合理与否,是以时间地点条件为转移的。但是,合理的产业结构又是有客观标准的,这就是产业结构要适合国情,能够充分而有效地利用人力、物力、财力和自然资源,来不断扩大社会主义的再生产,保证国民经济各部门协调而迅速地发展,促进技术进步,提高经济效益,以满足人民的物质和文化生活日益增长的需要。

　　我国和其他国家的经验都表明,逐步实现产业结构的合理化,才能保证现代化事业健康地发展。产业结构的合理化包含着十分复杂的关系,但是,最重要的内容是农业、轻工业和重工业的关系。毛泽东同志曾把中国工业化的道路概括为主要是重工业、轻工业和农业的发展关系问题。他说:我国经济建设是以重工业为中心。这一点必须肯定。但是同时必须充分注意发展农业和轻工业。他总结了国内外的经验指出:我国现在发展重工业可以有两种办法:一种是少发展一些农业轻工业,一种是多发展一些

　　* 本文是作者 1985 年 1 月写的《中国社会主义现代化的道路与前景》的第三部分,原载《中国工业经济》1985 年第 1 期。

农业轻工业。从长远观点来看，前一种办法会使重工业发展得少些和慢些，至少基础不那么稳固。几十年后算总账是划不来的。后一种办法会使重工业发展得多些和快些，而且由于保障了人民生活的需要，会促使发展的基础更加稳固。毛泽东同志还指出：我国是一个大农业国，农村人口占全国人口的80%以上，发展工业必须和发展农业同时并举，工业才有原料和市场，才有可能为建立强大的重工业积累更多的资金。毛泽东同志的这些观点，对于我国建立合理化产业结构具有重要的意义。

邓小平同志也非常重视产业结构合理化问题，他强调要通过调整经济，使产业结构逐步合理化，给实现四个现代化打好稳固的基础。他在《坚持四项基本原则》的重要讲话中指出："过去十多年来，我们一直没有摆脱经济比例的严重失调，而没有按比例发展就不可能有稳定的、确实可靠的高速度。看来，我们的经济，我们的农业、工业、基建、交通、内外贸易、财政金融，在总的前进的过程中都还需要有一段调整的时间，才能由不同程度的不平衡走向比较平衡。"[1] 在《贯彻调整方针，保证安定团结》的讲话中，他又指出："由于过去两年执行调整方针不得力，这就造成财政大量赤字，货币发行过多，物价继续上涨。如果再不认真调整，我们就不可能顺利地进行现代化建设。"[2] 他还根据我国国情和新时期的特点，对建立合理化产业结构提出了一系列正确的方针政策。

产业结构反映着一个国家经济的发展水平。衡量一个国家与另外一个国家经济发展的差别，衡量发达国家和发展中国家的差距，一个重要内容是比较它们的产业结构。这种比较可以从质的和量的两个方面进行。在质的方面，就是看它们产业结构由哪些部门、行业和产品构成。在量的方面，就是比较它们社会总产值、国民生产总值、国民收入的部门构成、固定资本投资额的部门构成、劳动就业的部门构成，等等。因此，对于发展中国家来说，实现现代化的过程，就是从质和量的两个方面实现产业结构现代化、合理化的过程。这也就是说，产业结构的现代化、合理化，是实

---

① 《邓小平文选》（一九七五——一九八二年），人民出版社1983年版，第147页。

② 同上书，第314页。

现现代化的一个重要基础。

旧中国是一个半殖民地、半封建的社会，国民经济的产业结构极不合理，生产力长期停滞不前。新中国成立以来，我们为改造旧中国的产业结构做了大量的工作。经过 30 余年的努力，我国的产业结构发生了巨大的变化；我国的工业、建筑业、运输业和对外贸易有了很大的发展，农业和商业也有了较大的发展，已经建立了独立的、比较完整的工业体系和国民经济体系，由一个农业国变成了一个工业农业国。国民经济的技术基础也有了明显的变化，我国的技术结构已经由新中国成立前以手工劳动为主，发展成为自动化、半自动化、机械化、半机械化和手工劳动结合起来的技术结构。我国已经初步形成了包括电子工业、原子能工业、航天工业、新材料工业在内的某些高技术产业部门。

但是，应该清醒地看到：我国的国民经济发展水平还很低，我国的产业结构与发达国家的现代化产业结构相比较，还有很大的差距。这种差距首先表现在农业产值占国内总产值的比重大，农业劳动力占总劳动力的比重大。1983 年，我国社会总产值构成中，农业为 28.3%，工业为 55.1%，建筑业为 9.3%，运输业为 2.8%，商业为 4.5%。与阿根廷、智利、埃及、墨西哥相比较，我国的农业总产值的比重也高了很多，只是与印度、扎伊尔、赞比亚等国的比重比较接近。

与现代化的要求相比，我国工业也很不发达。尤其是工业中高技术部门空白较多，即使已初步形成产业部门的某些高技术，发展水平也是比较低的。例如，我国计算机工业虽然早在 1958 年就起步了，甚至比日本还要早一点。但是，现在我国的计算机工业不仅技术落后，而且没有形成规模。我国其他高技术产业部门也大都处于比较落后的状态。这是在新的技术革命面前我国产业结构面临的严重挑战。

当前我国产业结构不仅比较落后，而且仍然存在着某些比例失调现象，调整的任务还很重。主要由于"左"倾指导思想的错误，在这次调整之前，国民经济中的比例失调现象是相当严重的。由于这几年坚决贯彻调整方针，一些严重的比例失调现象已得到了克服。1979—1983 年农业和轻工业有了很大的发展，改变了过去重工业增长过快，农业和轻工业增长过慢的不协调状况。近 5 年农业平均每年增长 7.9%，轻工业平均每年增长 11.2%，重工业平均每年增长 5.1%。而 1966—1978 年的 13 年间，农业平均每年增长 4%，轻工业平均每年增长 8.3%，重工业平均每年增长 11.8%，农业、轻工业、重工业增长速度之比，已由过去 13 年间的 1∶2∶3 改变为近 5 年的 1∶1.4∶0.6。现在农、轻、重的比例关系已经基本上趋于协调，农业、轻工业、重工业内部的部门结构、行业结构、产品结构也有了改善。但是应该看到，这种协调和改善还是初步的，还有待于进一步改善。

现在产业结构中最为突出的问题是能源交通不能适应生产发展的需要。这两年能源生产由下降转为回升，但增长速度仍然比较低，特别是建设规模仍然偏小，每年只能新增采煤能力 1000 多万吨，新增发电装机容量 300 多万千瓦，难以保证"七五"工业生产增长速度高于"六五"的要求。交通运输这几年也有所加强，但仍然是个薄弱环节。特别是山西、内蒙、河南、宁夏和贵州等地的煤炭外运能力严重不足，沿海港口的吞吐能力很不适应发展国内南北交流和对外贸易的需要。邓小平同志多次指出，我们的经济发展速度应当是有后劲的。要有后劲，一个重要条件，就是必须加强能源交通等的基础建设。

由上可知，我国正面临着进一步调整产业结构的重要任务。我们要通过进一步调整产业结构，逐步地实现产业结构的合理化，建立起适合我国国情的社会主义现代化的产业结构。

为了在我国建立现代化的合理的产业结构，有许多问题要研究解决。邓小平同志说："这次对经济作进一步调整，是为了站稳脚跟，稳步前进，更有把握地实现四个现代化，更有利于达到四个现代化的目标。至于走什么样的路子，采取什么样的步骤来实现现代化，还要继续摆脱一切老的和新的框框的束缚，真正摸准、摸清我们的国情和经济活动中各种因素的相互关系，据以正确决定我们的长远规划的原则，然后着手编制切实可行的第六个五年计划。"[①] 这一精神，对当前编制第七个五年计划以至长

---

① 《邓小平文选》（一九七五——一九八二年），人民出版社 1983 年版，第 315 页。

远计划都是有指导意义的。就近几年经济调整的经验来看，认真研究解决以下几个问题，对实现我国产业结构的现代化合理化是尤为重要的。

一　确定正确的产业政策

对于任何一个国家来说，产业结构既是一种产业政策的基础，又受产业政策的引导和制约，可以说，产业结构的变动很大程度上是决定于产业政策的。许多国家产业结构的调整，例如，扶植和鼓励某些产业，限制另外一些产业，都是通过相应的产业政策对产业结构进行调整实现的。当然，对产业结构的调整，需要有一个过程，不能一蹴而就。根据我国国情制定我国的产业政策时，要注意以下几点：

首先，继续坚持农业为基础的方针，加快我国农业现代化的步伐。邓小平同志曾说："工业越发展，越要把农业放在第一位。"① 如前所述，我国产业结构落后的主要特征是农业的落后，我国有十亿人口，其中八亿是农民。一要生存，二要发展，要生存，第一位的就是吃饭问题，这是我国的基本国情。所以，实现我国农业现代化，提高农业劳动生产率，是加快我国产业结构现代化进程的关键。为此，要坚持农村现行的各种搞活经济的政策，使农民尽快地富裕起来，以便使农业扩大再生产的资金有越来越多的增加；发展农村多种经营，发展农村工业、手工业，发展农村的商品交换；要进一步调整工、农业产品的价格，促使农业生产平衡发展。今后科学技术对农业发展的影响将会越来越大。国家的产业政策中，要把充分发挥科学技术对发展农业生产的作用，放在越来越重要的地位。

其次，充分发挥工业的主导作用。邓小平同志曾说：发展工业要"确立以农业为基础、为农业服务的思想。工业支援农业，促进农业现代化，是工业的重大任务。"② 这是工业发挥主导作用的重要方面。为了保证工业沿着健康的轨道发展，要继续使轻工业保持一个较高的增长速度。

---

① 《邓小平文选》（一九七五——一九八二年），人民出版社 1983 年版，第 29 页。

② 同上书，第 28 页。

发展轻工业要把工作重点从着重抓产值、产量转到着重抓质量、品种上来；调整产品结构，截长线，补短线，扩大适销对路产品的生产；在产品结构调整中，要注意发展那些中、高档产品，耐用消费品，加强科研和教育工作，改变轻工业科研力量过于薄弱的现状。发展轻工业，给市场提供的消费品多，积累多，换汇多，容纳社会劳动力多，能源消耗少，建设周期短，收获快，这无疑有利于我国产业结构的现代化。强调轻工业绝不意味着可以忽视重工业，恰恰相反，如果没有重工业的发展，特别是能源、机械、电子工业的发展以及相应的原料材料的发展，社会主义的现代化是不可想象的。因此，必须处理好轻、重、工业的关系，建立合理的工业部门结构、行业结构和产品结构。

要集中必要的财力物力，加快能源、交通等重点建设。我们必须从国民经济的全局上，认识系统解决能源、交通建设问题的重要性。能源、交通基础设施的建设如果上不去，没有动力，没有原材料，加工工业搞得再多，也是白费。因此，必须集中资金加强重点建设。重点建设上不去，全局就活不了。在能源方面，要坚持水、火并举的能源政策，加速建设煤炭和电力的联合基地；同时要积极努力提高水电的比重，力争在本世纪内水力发电量比重达到 25％—30％；核电也要搞。同时，还要根据需要和可能，把各个原材料部门放在应有的地位上，例如要加强建材工业的建设，加快它的发展速度，满足基本建设和住宅建设的需要。从中长期看，冶金工业也要有一个较大的发展，以减少冶金工业产品的进口，提高我国冶金产品的自给率，使品种、质量和数量适应国民经济发展的需要。此外，还要开发地热、风力、潮汐、太阳能、沼气等新能源。

在交通运输方面，要发展各种运输方式，加强它们之间的协调，发挥各种运输方式的优势，达到综合利用，尤其要重视发展沿海和内河的水运，近期内投资的重点要放在加强铁路紧张地段的技术改造和港口增加泊位上。在邮电通信方面，要采取一系列措施，着力解决通信技术装备落后的局面，发展微波和卫星通信，以及光导纤维。

最近，国务院领导同志对能源、交通建设提出了一系列重要方针政策，包括能源、交通建设要大中小结合，长短兼顾；正确处理新建和改造、扩建挖潜的关系；围绕电的发展通盘考虑能源、交通建设等。这些符合我国国情的方针政策，是我国产业政策的重要内容。

再次，正确处理传统产业和高技术产业的关系，对高技术的研究和开发，采取"有限目标，突出重点"的方针。我国产业结构无疑将随着生产力的发展而不断变化。但在今后相当长的时期内，不能设想有大的变化，传统产业仍将是国民经济的主体，已确定的经济发展的战略重点尤其需要大大加强。所以，高技术开发和应用的重点，应当以传统产业为基础，使之成为改造传统产业的重要手段。考虑到当前我国资金有限、能源紧缺、劳动力充裕的情况，开发和应用高技术首先要有利于节约资金、节约能源，能给用户和社会带来较高的经济效益。今后一段时期内，高技术产业的重点应是与信息技术有关的产业。要尽快在我国形成集成电路产业、电子计算机产业，建设现代化的通信网，开发信息材料和节能材料。

最后，要加快商业和服务业的发展，加快教育事业的发展。总之，为了适应我国产业结构现代化的需要，应当有一个相应的、相互配套的产业政策体系。

二　确定正确的技术政策

为了建立现代化的合理的产业结构，不仅要有正确的产业政策，而且要有正确的技术政策。邓小平同志十分强调科学技术对四个现代化的作用。1978 年 3 月 18 日，他在全国科学大会开幕式上的讲话中指出："四个现代化，关键是科学技术的现代化。没有现代科学技术，就不可能建设现代农业、现代工业、现代国防。没有科学技术的高速度发展，也就不可能有国民经济的高速度发展。"[①] 他深刻地阐明了科学技术是生产力这个马克思主义观点，并且指出："现代科学技术的发展，使科学与生产的关系越来越密切了。科学技术作为生产力，越来越显示出巨大的作用。"社会生产力的巨大发展，劳动生产率的大幅度提高，"最主要的是靠科学的

---

① 《邓小平文选》（一九七五——一九八二年），人民出版社 1983 年版，第 83 页。

力量、技术的力量。"①

确定正确的技术政策，也要像邓小平同志所主张的那样："坚持从实际出发，实事求是。"② 从我国当前的实际情况出发。正确的技术政策的一项主要内容是加快现有企业技术改造的步伐。长期以来，我们在生产建设中偏重于建设新企业，忽视已建成企业的技术改造，导致很多企业设备老化、技术陈旧，计量测试条件差，产品落后。这是我国产业结构不合理的重要原因。因此，必须改变过去以新建企业作为扩大再生产主要手段的做法，以技术改造作为扩大再生产的主要手段，实行以外延扩大再生产为主向以内涵扩大再生产为主的战略转变。进行技术改造必须充分考虑我国的国情，积极采用那些适用于我国资源条件、科技水平和管理水平，又能带来良好经济效益的先进技术。在技术改造中，不仅要考虑本企业、本行业、本部门的效益，而且主要应当考虑国民经济全局的效益。

因此，技术改造必须全面规划，有计划、有步骤地进行。同时要在资金方面，折旧率方面，新产品试制方面，以及技术队伍培训等方面，相应地调整政策。

为了加快技术进步的步伐，要继续实行开放政策，把技术引进工作搞好。邓小平同志说："提高我国的科学技术水平，当然必须依靠我们自己努力，必须发展我们自己的创造，必须坚持独立自主、自力更生的方针。但是，独立自主不是闭关自守，自力更生不是盲目排外。科学技术是人类共同创造的财富。任何一个民族、一个国家，都需要学习别的民族、别的国家的长处，学习人家的先进科学技术。我们不仅因为今天科学技术落后，需要努力向外国学习，即使我们的科学技术赶上了世界先进水平，也还要学习人家的长处。"③ 现在技术引进政策已经成为我国技术政策的重要组成部分。根据过去的经验和当前的实际情况，技术引进应该同企业的技术改造紧密结合，同国家的行业发展规划紧密结合。企业要通过自己的技术攻关和从国外引进先进技术，积极进行技术改造，借以提高产品质

---

① 《邓小平文选》（一九七五——一九八二年），人民出版社1983年版，第84页。

② 同上书，第151页。

③ 同上书，第88页。

量，增加品种，降低消耗。引进技术既要重视引进软件，也要相应的进口硬件，但重点应逐步转到引进软件技术方面来。引进技术要选择适用的先进技术；要针对不同的具体情况和技术转让人的意愿，灵活采用不同的引进方式，例如许可证生产、合作生产，进口单机等不同的方式。要利用各种渠道，搞好技术情报的交流，并认真贯彻和实施专利法。在做好从国外引进先进技术工作的同时，还要十分重视并做好消化和国内技术转移工作。这方面也是大有可为的。

适应技术进步的要求，还必须进一步处理好科研、教育、技术、生产之间的关系，加强合力开发。在基础研究和发展研究中，要突出技术开发。不论是国内技术开发还是技术引进，都要做到与国民经济的发展方向相一致，不同时期有不同重点，不同的部门、行业有不同的重点。要鼓励技术扩散，加快实验室的成果向生产转移。还要逐渐形成科研、教育、技术开发、生产紧密结合的高技术基地，建立我国自己的科研—生产相结合的各种联合体。

邓小平同志曾指出："我们向科学技术现代化进军，要有一支浩浩荡荡的工人阶级的又红又专的科学技术大军，要有一大批世界第一流的科学家、工程技术专家。造就这样的队伍，是摆在我们面前的一个严重任务。"[①] 这也是我们制定科学技术政策时必须重视的一个课题。

三 解决资金问题

调整产业结构和实现现代化都要解决资金问题。资本主义国家是靠剥削工人农民的剩余价值和掠夺其他国家积累资金的。我们是社会主义国家，只能根据自力更生的方针，靠提高经济效益来解决资金问题。当然，我们也要注意利用外资。但是，社会主义国家还是要着眼于国内的资金积累。这里我着重谈谈积累率和财政收入占国民收入比重等两个问题。

关于积累率问题。正确确定积累率也就是正确确定积累与消费的关

① 《邓小平文选》（一九七五——一九八二年），人民出版社1983年版，第88页。

系。积累和消费的关系是社会再生产中一个根本性的比例关系，这个比例是否适当，直接与社会主义生产目的相联系，并严重影响产业结构的发展。陈云同志说：一要吃饭，二要建设；吃光用光，国家没有希望，吃了之后，还有余力搞建设，国家才有希望。这是处理我国积累和消费比例关系的指导思想。过去一段长时期内，由于"左"倾指导思想的影响，我国没有能处理好积累与消费的关系；两者的比例长期处于失调的状态；积累基金比重过大，消费基金比重过小；生产性积累比重过大，非生产性积累比重过小。在生产性的基本建设投资中，重工业投资过多，农业、轻工业投资过少，文教、卫生、科研部门和城市建设部门的投资过少。其后果是产业结构失调，人民生活水平没有得到应有的改善和提高。这次调整中，采取了一系列措施增加农民和城市职工的收入，提高了消费基金占国民收入的比重，积累率已由 1978 年的 36.5% 降低到 1982、1983 年的 29% 和 30%。在把积累率向下调整的过程中，曾经出现消费基金增长过快的现象。因此，现在明确国民收入如何分配的问题，仍是非常必要的。根据我国国情和当前的实际情况，为了加快我国产业结构合理化的进程，积累率不宜低于 25%，不宜高于 30%，一定时期内，宜稳定在 28%—29% 为好。维持这样的比率，才有可能积累必要的资金，进行重点建设和技术改造，发展某些高技术产业，加强基础设施，发展文化教育科学事业。

关于财政收入占国家收入的比重，国家的财政收入实质上是由国家集中分配使用的那部分国民收入。因此，国家财政集中多少，如何进行分配使用，对消费积累的比例关系和产业结构影响很大。我国财政收入占国民收入的比例，1952—1978 年的 26 年间，平均为 34%，最高的年份达到46.9%。薄一波同志在党的八大发言中曾指出：财政收入占国民收入的比重以 30% 左右比较适宜，这个论断是有科学根据的。过去多数年份超过了这一比例，给国民经济带来消极影响。但这几年又大大低于这个比例，1981 年是 27.7% 左右，1982 年是 26.4%。1983 年 6 月中央确定集中财力保证重点建设，尽管采取措施集中了一部分资金，财政收入占国民收入的比重预计也只回升到 26.7% 左右。由于国民收入中财政收入的比重过低，加重了国家的财政困难，对当前国民经济调整和长远发展都很不利。国务院领导同志说：我们国家大、人口多、底子薄，过分集中不利。但是，也正因为国家大、人口多、底子薄，必须保持必要的集中，才能维护国家的统一性，才能聚集必要的财力、物力，兴办一些于国于民有利的事业。适当集中财力、物力，就可以办成几件大事，这已经为过去的历史所证明。要实现二十年的战略目标，必须适当地集中财力、物力，这更是理所当然的，根据这个精神，我们要在努力发展生产和提高经济效益的基础上，把财政收入占国民收入的比重提高到 30% 左右，其中 70% 拿到中央手里。这样，才能使中央有稳定的财源，保证重点建设和其他必要的资金。

为了解决资金问题，除了积累资金外，还要合理地分配和使用资金。要使基本建设规模和国力相适应，防止和克服基本建设规模失控；要堵塞各种漏洞，克服严重的浪费现象，努力提高投资效果。邓小平同志说："中国搞四个现代化，要老老实实地艰苦创业。"① 又说："我们要经常记住，我们国家大，人口多，底子薄，只有长期奋斗才能赶上发达国家的水平。"② 这也应该是我国解决资金问题的指导思想。

四　提高企业素质

实现产业结构的现代化、合理化，首先要求有正确的宏观决策，同时也要求提高企业素质。因为，产业部门主要是由一个个企业组成的。企业素质好，有活力，才能有效地推动整个产业结构的现代化进程。所谓企业素质也就是企业的本质，它主要是指组成企业生产经营能力的各要素的素质及其组织管理水平，包括领导班子的素质、职工队伍的素质，设备工艺的素质、产品开发的素质，经营管理的素质，等等。我国目前大多数企业素质较差。在职工队伍方面，政治、文化、技术业务水平低，技术人员和经济专业人员少的状况比较突出；领导班子结构也不合理。在工艺装备方

① 《邓小平文选》（一九七五——一九八二年），人民出版社 1983 年版，第 221 页。
② 同上书，第 224 页。

面，多数企业的技术设备陈旧、性能差、工艺落后、消耗高、效率低、计量测试设备严重不足。在经营管理方面，不少企业经营管理水平低，基础工作差，经营决策能力差，不能适应由单纯生产型转向生产经营型的要求。许多产品质量低、成本高、花色品种少，不适应国内外市场的需要。经济效益是企业素质的综合反映，由于企业素质不高，经济效益就差。我国企业的盈利率是比较低的，还有相当一部分企业不盈利甚至亏损。即使一些盈利企业，如按国际市场的条件考核，盈利就变成了亏损。提高企业素质是当务之急。提高企业素质既要正确解决国家和企业的关系问题，又要解决企业内部的问题，使企业不吃国家的"大锅饭"，企业的职工也不吃企业的"大锅饭"。

邓小平同志十分重视企业素质问题。他早就提出了整顿企业的任务，目的就是要提高企业素质，把国民经济搞上去。这几年我们对企业进行全面整顿，就是以邓小平同志整顿企业的指示为依据的。他在《关于发展工业的几点意见》一文中，实际上是从一些最主要的方面规定了提高工业企业素质的任务和方针政策。现在我们整顿企业已取得了一定成效，正在通过进一步整顿和各种综合治理的措施，努力提高企业素质。可以肯定，随着我国企业素质的日益提高，整个产业结构将日益向现代化合理化的方向发展。

为了顺利实现社会主义现代化，我们还必须不断地完善社会主义生产关系。邓小平同志说："我们在发展经济方面，正在寻求一条合乎中国实际的，能够快一点、省一点的道路，其中包括扩大企业自主权和民主管理，发展专业化和协作，在计划经济指导下发挥市场调节的辅助作用，先进技术和中等技术相结合，合理地利用外国资金、外国技术等等。我们付了学费，也吃了一些亏，但是重要的是，我们正在积累本领，而且已经开始取得效果。现在需要总结经验，搞快一点、好一点，需要制订经济体制改革的原则，需要制订长远规划。"① 党和政府正在领导全国人民坚决地、有步骤地改革经济体制，建立适合于中国国情的经济体制。

---

① 《邓小平文选》（一九七五——一九八二年），人民出版社 1983 年版，第 210—211 页。

我国企业管理面临着全新的重大课题[*]

《经济管理》杂志与全国有关高等院校、科研单位、大型厂矿以及经济领导部门联合创建刊办大学，正规化地培训企业管理干部，这是一件很有意义的创举。

党的十二大制定了我国社会主义现代化建设的宏伟纲领，全国各族人民在党的领导下，正在为实现这一宏伟纲领而奋斗。实现四个现代化离不开管理。胡耀邦同志在党的十二大的报告中指出："必须加强经济科学和管理科学的研究和应用，不断提高国民经济的计划、管理水平和企业事业的经营管理水平。"这是一项重大的战略任务。

《经济管理》杂志刊办大学的一门重要课程是企业管理学。要创建我国的企业管理学，应当总结历史经验，立足现在，面向未来。我国企业管理面临着全新的重大课题，企业管理学要对这些课题做出回答。

邓小平同志在党的十二大开幕词中指出："我们的现代化建设，必须从中国的实际出发。无论是革命还是建设，都要注意学习和借鉴外国的经验。但是，照抄照搬别国经验、别国模式，从来不能得到成功。这方面我们有过不少教训。把马克思主义的普遍真理同我国的具体实际结合起来，走自己的道路，建设有中国特色的社会主义，这就是我们总结长期历史经

---

* 本文是作者 1985 年 3 月为经济管理刊授联合大学教材《工业企业管理学》一书所写的序言。原载《经济管理》1985 年第 6 期。

验得出的基本结论。"这是我们有效地进行四个现代化建设,顺利地实现宏伟目标的重要指导思想。树立了这个思想,才能打破各种旧框框、洋框框的限制,真正从实际出发,发挥群众的创造性,放开手脚全面开创社会主义现代化建设的新局面。搞革命是这样,搞建设也是这样,实现企业管理的现代化也同样如此。回顾我国社会主义企业管理几十年来走过的道路,充分证明了这个真理。

社会主义是建立在机器大工业的物质技术基础之上的。社会主义企业,特别是作为社会主义经济主体的全民所有制企业,主要是现代企业,而不是小手工业。因此,社会主义企业管理,首先是指管理社会主义的现代化的企业。

我们大规模地建设和管理现代化的社会主义企业,是在新中国成立之后。但是,管理思想的形成和实践经验的积累,则始于新中国成立之前。因此,研究我国社会主义企业管理的形成和发展,应当从新民主主义革命时期开始。在这几十年的时间里,我国的企业管理虽然有过曲折,但总的来说是在不断前进的。回顾过去走过的路,总结历史的经验,对于开创我国社会主义企业管理的新局面,具有很重要的现实意义。

一　社会主义企业管理的萌芽

我国革命的特点,是首先建立革命根据地,由农村包围城市,最后夺取全国政权。在革命根据地的建设中,我们发展了经济,建立了工业生产事业。第二次国内革命战争时期,我们在江西中央苏区就开始发展工业生产。到了抗日战争时期,从1938年起,在陕甘宁边区就开始注意公营工业的建设和发展。1942年,已有公营企业60多家,职工人数达到4000多人。当时毛泽东同志就曾指出:"这个成绩,对于我们,对于我们民族,都是值得宝贵的。这就是说,我们建立了一个新式的国家经济的模型。"这个时期工业发展的规模虽然很小,但由于这个时期工业的发展是同党领导的革命军队和革命根据地的建设和发展联系在一起的。因此,艰苦奋斗、自力更生的革命精神很强,具有优良的革命传统。虽然还不能说当时就形成了社会主义工业企业管理体系，但已经有了一些萌芽。民族的、革命的好传统，已经为建立社会主义企业管理提供了良好的思想准备。因此，这个时期形成的管理思想和积累的管理经验，是我国社会主义企业管理形成和发展的一个不可忽视的重要因素。当然，由于这个时期的工业主要是在农村环境里成长起来的手工业，小生产经营方式的影响、供给制习惯的影响比较突出，甚至有些至今还束缚着人们的思想。要实现企业管理现代化，这些影响也是不容忽视的。

二　社会主义企业管理制度的建立

新中国成立以后，没收了官僚资本企业。对这些企业，必须用社会主义原则逐步进行改造。当时，我们一方面进行民主改革和生产改革，同时着手建立社会主义的企业管理制度。由于过去的那套手工业办法已经不完全适用了，而我们又没有现成的管理社会主义现代企业的办法，这是一个矛盾。特别在进入开展大规模经济建设的第一个五年计划时期，全民所有制和集体所有制经济日益扩大，社会主义企业日益增多，更要求企业的管理工作必须紧紧跟上。为了解决这个矛盾，我们认真学习苏联的经验，建立了一套企业管理的制度与方法，在企业中普遍实行了计划管理制度、按劳分配制度、经济核算制度、生产技术经济责任制度、劳动保护制度等，同时还通过社会主义劳动竞赛和职工群众的思想政治工作，调动广大群众的积极性。这套管理办法，总的来说是符合社会主义原则、符合现代化大生产的客观要求的。但是，由于当时苏联的做法本身就不是尽善尽美的，如政企不分、管理过于集中、主要靠行政办法而忽视经济办法、规章制度过于烦琐、民主管理制度不够健全、忽视企业经济效果等；同时，还由于苏联同我国的国情不同，各方面的基础条件、传统习惯不同，有些做法在苏联是可行的，但在我们的企业里就不一定适用。因此，当时由苏联搬来的那套管理办法，存在着妨碍群众积极性发挥，不利于生产发展的问题。这就要求我们从我国的实际出发，尽快建立适合我国情况的社会主义的企业管理体系。

三　探索适合我国情况的社会主义工业企业管理

1956 年，毛泽东同志在《论十大关系》里提出了适合我国情况的多快好省地建设社会主义的思想。全党都在总结经验，探索我国经济发展的正确道路。在企业管理上，也开始摸索适合我国情况的管理办法，首先在企业领导制度上提出了实行党委领导下的厂长负责制和党委领导下的职工代表大会制。以后在"大跃进"期间，为了突破烦琐的规章制度的束缚，又改革了许多不合理的规章制度，加强了民主管理，实行了"两参一改三结合"的制度。这些都是从我国企业管理实践中总结出来的管理办法。但由于"左"倾错误的影响，在企业管理制度的改革中，只讲破除迷信，不讲尊重科学，强调破字当头、先破后立，实际上是只破不立，造成了企业生产的混乱。1960 年，中央决定对国民经济实行调整、巩固、充实、提高的方针，在企业管理方面，经过深入调查研究，系统总结经验，在此基础上制定了《国营工业企业工作条例》（草案）即"工业七十条"。这个条例总结了学习苏联以及"大跃进"时期的正反两个方面的经验，针对"大跃进"以后由于许多企业没有实行严格的责任制，不讲究经济核算，因而造成的生产秩序混乱，瞎指挥、乱操作，设备损坏严重，经济效果很差等问题，明确提出了全民所有制企业的性质和基本任务，规定了企业与国家的关系，要求建立和健全必要的责任制度和各项规章制度，强调计划管理、按劳分配、经济核算和物质鼓励与思想政治工作相结合等原则。实践证明，"工业七十条"基本上是符合中国情况的，对贯彻调整、巩固、充实、提高的八字方针，促进我国工业的恢复和发展，起到了积极的作用。贯彻"工业七十条"以后的几年间，企业的经营管理状况，有了显著的改善。

四　"文化大革命"时期企业管理受到破坏

60 年代前期的好形势不久就被"文化大革命"搞乱了。"文化大革命"的十年，正是世界科学技术突飞猛进的十年，也是管理技术和方法迅速发展的十年，而在此期间，我国的企业管理却受到了严重的破坏。"文化大革命"一开始，就错误地批判了"工业七十条"，接着又批判所谓的"管卡压"、"洋奴哲学"、"利润挂帅"、"唯生产力论"，等等，"四人帮"一伙还胡说什么"要把所有的规章制度统统冲掉"，"要搞出不用规章制度管理的企业"，结果把已经形成的一些比较科学的管理制度也破坏了。党和职工群众同"四人帮"的破坏进行了多种形式的斗争。1975年，邓小平同志主持中央工作后，立即着手对许多方面的工作进行整顿，主持制定了"工业三十条"，并且指出："过去的工业七十条基本上是好的，是修改的问题，不是要废除。"他力求使这两个条例能够成为促进我国工业发展的完整的章程。可惜的是这种努力又被随后掀起的所谓"反击右倾翻案风"所破坏。直到粉碎"四人帮"之后，特别是党的十一届三中全会以后，整顿和加强企业管理的工作才真正开展起来。企业管理工作的十年停顿甚至倒退，使我们同工业发达国家相比，差距更大了。

五　开创中国社会主义企业管理的新局面

1978 年冬召开的党的十一届三中全会以来，我们贯彻实行"调整、改革、整顿、提高"的方针，对全民所有制企业进行了扩大企业自主权的试点，推行了经济责任制，贯彻执行了《国营工厂厂长工作暂行条例》、《中国共产党工业企业基层组织工作暂行条例》、《国营工业企业职工代表大会暂行条例》以及《国营企业职工思想政治工作纲要（试行）》等规定，以提高经济效益为中心，整顿和加强企业管理。通过企业的全面整顿，搞好"三项建设"，即逐步建设起一种又有民主又有集中的领导体制，逐步建设起一支又红又专的职工队伍，逐步建设起一套科学文明的管理制度；达到"六好要求"，即通过三项建设使企业能够正确地处理国家、企业、职工个人三者的经济关系，出色地完成国家计划，达到三者兼顾好，产品质量好、经济效益好、劳动纪律好、文明生产好、政治工作好，成为"六好企业"。这样全面提高了企业素质，企业的经营管理水平普遍提高，使我国的社会主义企业管理进入一个新的阶段。

几年来，进一步清除了"文化大革命"、"左"倾错误的影响，实行对内搞活、对外开放政策，在企业管理方面，派出大量的经营管理考察团去世界各国访问，同时邀请了许多外国管理专家前来讲学，广泛介绍各国的企业管理经验，学习其中科学的组织方法、管理方法。为适应提高企业管理水平的需要，通过各种形式广泛培训管理干部，提高运用现代管理方法和管理手段的能力。目前我国企业管理中，现代管理方法正在逐步推广，我国企业广大职工正在努力开创中国社会主义企业管理的新局面。

过去我们学习过苏联的管理经验，最近几年又接触了西方各国的管理经验，我们自己也经过了长时期的反复摸索。现在，全面、系统地总结过去经验教训的时机已经成熟，迅速形成具有中国特色的、中国式的企业管理体系，已经成为十分紧迫的任务。特别是在目前的新形势下，我们的企业面临着新的挑战。过去许多企业是靠廉价的能源、原材料和较低的工资来维持的，它掩盖着企业管理的落后状况。随着农副产品价格的提高，能源和原材料价格的提高，以及职工工资支出的增加，如不迅速改变经营管理落后的面貌，企业就难以生存和发展，将严重影响我国社会主义现代化建设宏伟目标的实现。这就更加迫切需要加速企业管理的现代化，提高企业素质，增强在国内外市场的竞争能力。

开创我国社会主义企业管理的新局面，实现中国式企业管理现代化，需要研究解决的问题是很多的。从过去的经验教训中，有以下几点，需要特别注意：

（一）要以马克思主义经济理论为指导

过去有人把企业管理仅理解为单纯技术问题，把企业管理学的研究对象仅仅看做是解决生产力方面的问题；也有的人把企业管理理解为单纯政治问题，把企业管理学的研究对象主要看做是上层建筑领域里的革命。这些认识都是不对的。"四人帮"一伙甚至说，只要路线斗争抓好了，生产不用抓自然而然就上去了。这是极为荒谬的。要实现中国式的社会主义的企业管理现代化，必须以马克思主义经济理论为武器澄清对这些问题的认识。

我们知道，社会主义企业管理，是一门思想性、理论性、技术性都很强的科学，是涉及生产力、生产关系、上层建筑各个方面，内容非常广泛的一门科学，它既不是空头政治，也不是单纯技术问题。因此，要搞好企业管理，发展社会主义企业管理科学，就必须有明确的指导思想和坚实的理论基础，这就是马克思主义。在我国实行开放政策之后，我们接触了各式各样的企业管理的理论和方法，这对于打开思路是很有帮助的，但对这些理论和方法，一定要用马克思主义经济学的理论观点去衡量和判断，才能做到取其精华，去其糟粕，为我所用。

目前，资本主义国家企业管理的发展有一个明显的趋势，就是把西方管理理论发展中的技术组织学派和行为学派结合在一起，由此而形成了现代管理的基本特点。我国实现企业管理现代化，必然要涉及这些现代管理的理论与方法，对它们必须用马克思主义的立场、观点和方法进行分析，决定取舍。应当看到，资产阶级的管理理论和管理制度是为资产阶级的利益服务的。列宁曾指出，泰罗制是压榨血汗的制度，是更有效地压榨工人血汗为资产阶级赚钱服务的手段，同时又明确指出，它包含着科学管理的成分。行为科学研究人们的心理活动规律，研究行为的动机，设法引导人们的行动，从而调动人的积极性，这里有一定的科学内容，有值得借鉴的东西。但同时也要看到，在行为科学中又掺杂了许多从资本利益出发，对工人群众进行控制与剥削的理论与手段。因此要用马克思主义理论加以鉴别，有选择地吸取某些有益的东西。对资本主义企业的其他管理理论与方法同样也要采取这种态度。总之，要实现企业管理现代化，必须用马克思主义作为指导思想，以马克思主义经济理论为基础来建立中国社会主义企业管理科学。

（二）要充分发扬革命的、民族的优良传统

我国是一个文明古国，党领导的人民革命也已有半个多世纪。我们民族的、革命的优良传统是极为宝贵的。实现管理现代化，要继承和发扬这些好的传统和经验。这同现代化并不是对立的，而是一致的、相辅相成的。

当代各国有效的管理，都同自己的民族传统和习惯联系在一起。表现得最为明显的是日本。日本的企业是现代化的，它的管理也公认是比较有效的，但是我们可以清楚地看到，日本企业管理具有浓厚的民族特色。它把民族传统和习惯保留下来，并且在新的条件下，在现代化企业管理中加以运用。在西欧各国的企业管理中，也有这个明显的特色，他们叫做"传统加进步"。从各国的管理实践中我们发现，在企业管理中运用民族的传统和习惯，也已经成为现代管理的一个重要特点。

在新中国成立以前，我们的工业管理，同党领导的革命军队和革命根据地的建设和发展联系在一起，有自力更生、艰苦奋斗、党的领导、民主管理等很好的革命传统。新中国成立以后我们把革命的传统同现代工业生产的实际结合起来，使我们进一步取得了在现代工业企业中加强党的领导、实行群众路线、加强政治思想工作的经验。同时，也积累了搞好各项管理工作的丰富经验。例如：关于如何在工业企业工作中坚持计划性、经济核算、分工负责制、政治教育和物质鼓励相结合、群众路线等各项基本管理原则的经验；关于如何在工业企业中加强党的领导，贯彻执行生产行政工作中的厂长负责制，职工代表大会制等各项基本制度的经验；关于如何在工业企业中充分发挥人、财、物的作用，有效地组织供产销各个环节工作的经验；关于如何在工业企业中搞好各项管理基础工作的经验，等等。但是，由于林彪、"四人帮"一伙肆意破坏党的优良传统，使我们长期积累起来的经验和行之有效的办法受到严重破坏。因此，实现管理现代化必须从我国的实际出发，对传统的东西进行具体的分析，发扬过去的好传统，恢复过去行之有效的办法，并在新的条件下加以发挥。不能认为，在实现管理现代化的过程中，技术手段的作用突出了，人的作用就无足轻重了；也不能认为，提倡物质鼓励的原则，就可以放松思想政治教育工作。总之，不能因为注意了技术手段的掌握而放松过去行之有效的传统方法的运用。

（三）要正确对待外国企业管理经验

强调发扬民族的革命的传统，并不是盲目排外，相反，各国企业管理的好经验我们都要认真学习。问题在于，学习外国管理经验要有科学的态度。首先，学习外国经验，必须从本国实际出发，不能照抄照搬别国的办法，这是总的前提。其次，学习外国经验，必须博采众长，不能让这个或者那个国家的企业管理经验限制住我们的眼界。各个国家的企业，都有许多管理经验值得我们去研究，特别是一些新的管理技术和管理方法，我们更可以广泛研究和借鉴。最后，学习外国管理经验特别是采用现代管理技术手段和管理方法的时候，要注意研究和分析我国的基础条件，从实际出发，普及与提高相结合。为了了解世界先进的管理技术手段与管理方法，需要广泛地进行介绍和研究。而哪些东西可以在实际工作中应用，则需要对客观基础条件进行实事求是的分析。我国人力资源多，职工的文化技术水平低，管理技术装备受经济发展水平的限制，条件比较差。同时，我国各企业的发展也是不平衡的，各行各业的企业，生产技术、经济特点存在差异，基础条件也各不相同。因此，要分类指导，对不同企业采取不同的方法，提出不同的要求，充分认识这种状况，使普及与提高相结合，才能扎扎实实地向管理现代化前进。

总之，我们既要反对故步自封、不接受新鲜事物的倾向，又要反对生搬硬套外国模式的倾向。我们要用马克思主义的立场、观点、方法，从中国的实际出发，把各国的科学管理方法择其优者拿来为我所用。这样就一定能够开创中国社会主义企业管理的新局面，走出一条中国式企业管理现代化的道路。

*　　　　*　　　　*

当前，我国企业管理面临着全新的重大课题，这就是如何创造性地贯彻执行党的十二届三中全会的精神，根据社会主义经济是有计划的商品经济的原理，把我们的企业办成真正相对独立的经济实体，成为自主经营、自负盈亏的社会主义商品生产者和经营者，具有自我改造和自我发展能力，成为具有一定权利和义务的法人，成为具有中国特色的充满生机和活力的社会主义企业。这样的企业，不是自然而然能产生的，而是靠千百万具有开拓精神的出类拔萃的企业家创造出来的。这样的企业家也不是依靠什么"天赋"或"自命"的，而是靠本身勤奋的实践和孜孜不倦的学习造就出来的。我们的企业管理工作者和我们的企业管理教育工作者要共同努力，为实现我国社会主义现代化和我国企业管理的现代化而奋斗。

关于大连的经济社会发展战略和
沿海城市对外开放的几个问题*

党中央和国务院关于开放 14 个沿海城市的决定是一个非常重要的决定，是贯彻党的十二大路线、完成新时期的历史任务、建设有中国特色的社会主义的一项重要政策。14 个沿海城市各具特点，在实现总任务中担负着不同的历史责任。如何根据大连市所处的地位和具备的条件，确定它在实现总任务中所担负的历史责任，是值得我们很好研究的战略问题。

一　对大连经济社会发展战略的基本看法

要从世界的角度看大连，从全国的角度看大连，明确认识大连不仅是大连人民的大连，也是辽宁的大连、东北的大连、全国的大连。大连的发展不能只考虑本市，一定要以服务辽宁、服务东北、服务全国为出发点，并且把这个问题作为衡量是否执行中央关于对外开放政策的重要标志。既然这样，我们看大连的优势，看大连担负的历史责任，也不能只从大连本身来看，而要从全国来看，从大连的腹地，也就是从东北三省和内蒙东部来看。国务院领导同志视察辽宁时说，要把大连和沈阳联系起来，一个是腹地，一个是前沿，密切协作，就可以把辽南城乡这一块带动起来。根据

---

*　本文原载《财经问题研究》1985 年第 2 期。

这一指示，至少要把大连和沈阳附近，也就是辽南地区这样一个全国最重要的工业地带联系起来加以考虑，才能够得出正确的结论。

大连工业的优势到底在哪里？门类比较齐全，是不是大连的一个优势？从封闭的观点来看，这当然是个优势。但是如果从开放式的观点来看，工业门类齐全不一定就是优势。如果我们各个城市都是工业门类齐全，那么国家将成为什么样子？一个城市要有它的特点，应当根据这个特点建立它的工业体系，不能每个城市都有一个门类齐全的完整的工业体系。从开放式的观点来看，工业门类齐全甚至还是一个缺点。在建设新的开发区时，一定不能过分强调工业门类齐全。

过去我们从自我循环出发，每一个地区、每一个城市都要自成体系，自给自足，门类越齐全越好。这样的结果就造成很多重复建设、盲目建设，造成很大的浪费。如果我们不是只从大连来看，而是把大连同沈阳、鞍山、抚顺、本溪、锦州联系起来，即把辽南经济区联系起来看，每一个城市都搞门类齐全是不可能的。现在各个地方开讨论会只讨论各地自己的事情，别的地方的事不去联系起来考虑，结果还是"闭关自守"，搞"大而全"、"小而全"。这是我们体制上一个很大的问题。

辽南地区，是我们国家的国宝，在世界上是著名的工业基地之一，也是实现我国四个现代化的一个重要的物质基础的生产基地。辽宁有四大产业，第一是机械制造业，这是我们的基本生产手段的制造部门，每年有120多亿元产值，在全国占第 1 位；第二是钢铁工业，每年 110 亿元产值，钢产量约占全国的 1/5；第三是石油化工，年产值在 100 亿元以上；第四是建筑材料，产值将近 30 亿元。这个地区的经济在我国的国民经济中的作用还没有别的什么地方可以代替。不能让这个地方停滞不前，无以为继，而应当创造条件，使之在改造过程中得以振兴。

改造、振兴这个老基地有一个窗口，通过窗口吸收先进技术和先进的管理方法。这个窗口就是大连。把这个窗口搞好就能使辽南这个重工业基地为全国实现四个现代化提供更多的现代化的价廉物美的生产资料。这就是大连实行开放政策，服务辽宁、服务东北、服务全国的历史责任。这一点，应该是我们制定大连经济社会发展战略的一个出发点。

"内向型"、"外向型"的提法值得推敲。林凌同志在讲话中提到"封闭式"和"开放式",我觉得这个提法更好。我们对"外向型"的解释主要是以产品出口为标准。大连现在的国营工业产值中只有20%出口,要达到50%—90%出口,不是一件容易的事情,涉及的问题很复杂。国际市场千变万化,不是谁想出口就能出得去。由内向转为外向,难道内部就没有联系了吗?如果我们整个城市是外向型的,对外是开放的,而对内是封锁的,内地和我们没关系,这也不行。所谓封闭,在一定意义上(为自成体系)是对内外都封闭,同样开放,也必须对内外都开放。

东北是重工业基地,轻工业不太发达。发展轻工业也是必要的。但是比例不能像全国现在那样一律都是50%对50%。每一个地区都要发挥自己的优势,把本地区经济效益最好的产业搞上去。辽宁既然是全国的重工业基地,硬要改变这个结构是不必要的。以前我也提出过逐步改变这个结构的主张。但能不能改变得了?改变起来究竟经济不经济?是不是符合国家经济建设的需要?这都需要认真研究和论证。大连也是如此。

二　大连在开放过程中需要解决的几个问题

(一)大连和它的腹地的关系

开放的沿海城市有一个共同的目的,就是为加快整个国民经济的发展,实现党的十二大提出的宏伟战略目标提供窗口、当好门户。因此,吸引外资、引进技术、开拓国际市场,是沿海开放城市最突出的经济职能,正因为这个职能的作用,它才能够促进内地经济更快地发展。对外开放和对内联合是相辅相成的,它们服务于同一个目的。4个特区、1个海南岛以及14个沿海开放城市有效地实行开放,就能更好地促进内地经济的发展。内地经济的发展,更有利于沿海城市实行对外开放,使开放城市能以全国,特别是它的周围地区作为强大的后盾。这两个方面是不能偏废的。所以说,对外开放既是特区、沿海城市自身发展的需要,也是它的周围地区以及全国经济发展的需要。

现在内地的同志有很多担心。河北省的秦皇岛市实行对外开放,但河南等省没有口岸，他们很着急，认为沿海城市开放后实行优惠政策，很多外国人都跑到那里去了，谁还到内地来？其实，沿海城市的开放，也是内地的需要，也要给内地以经济实惠。为了做到这一点，特区和对外开放的城市就应积极主动地搞好内联。对外开放，要给外商以优惠，才有吸引力，搞好内联也是一样，只有给内地，给腹地以优惠，做到利益共享，也才有吸引力。如果我们对外国人很宽厚，对自己人却很刻薄，内联就是一句空话。大连已和内地搞了180多个洽谈项目，这是很好的。

通化的人造毛皮厂，由于产品新颖，质地优良，已经挤进国内一个很著名的城市。这个城市说，这样一个小小地方就能占领了我们的市场，我们得赶快搞一个厂子，把它的技术弄过来，和它竞争。我看这样做就不符合"外挤内联"的原则，实际是相反，变成了"内挤外联"，在这种思想状态下是搞不好内联的。特区和沿海开放城市要积极做好内联工作，对腹地实行平等互利的原则，把对外开放得到的好处，自觉地有计划地让出一部分与腹地分享，这样就会消除腹地的种种疑虑。许多内地的同志都感受到了沿海城市，特别是经济较发达的城市对他们的不公正待遇，这需要很好地解决。

外国的许多城市是请别人到它那里去，我们却采取非常冷淡的态度，那你这个中心城市还能有什么吸引力？希望开放城市的同志能认识到这一点，在这方面，深圳做得比较好，他们有具体行动和具体措施，两者关系处理得很得当。应该通过各种方式、多种途径，比如，与腹地加强生产合作，促进技术改造；传授管理经验，提供咨询服务，传递信息；转移技术，转移资金；培养人才；供给产品，组织销售，等等，为腹地经济发展服务，给腹地带来经济利益和看得见的实惠。这样，特区、沿海城市同腹地在经济、技术上结合得越紧密，就能够产生越高的社会效益，也更有利于同外商打交道、做生意。如果特区和沿海城市之间，特区、沿海城市和腹地之间产生矛盾和摩擦，或者不能密切协作，共同对外，那就难以避免地给外商提供可乘之机，最终必然会给我们的国家造成政治上和经济上的损失。这方面的教训是很多的。所以正确地处理特区、沿海城市和腹地之间的关系，是一个非常重要的问题。

我们所说的大连同辽宁、同东北地区的关系，就是沿海城市和腹地的关系。这个关系应处理好。同时，大连是辽宁的省辖市，吉林、黑龙江、内蒙古会担心大连亲辽宁，疏其他省、市。这个问题更要注意处理好。

腹地是指和沿海城市发生密切联系的地区。这些经济联系包括生产、技术协作、商品交流、交通运输、信息交流等许多方面，而且是由地理环境、气候条件、资源状况、交通条件、生产布局、传统的商品流向、现代工业生产的发展要求，以及居民的特点、消费习惯等因素形成的。沿海城市与腹地的经济联系一般要比行政区划的隶属关系更为紧密和频繁，不要把腹地的经济区域和行政区域等同起来。城市的腹地是一个经济概念，而不是行政概念。对于一个城市的腹地很难确定一个明确的地理界限，更不能用行政的办法规定一个腹地的范围，只能根据各种经济要素间的必然联系，特别是特区和沿海城市对腹地服务的好坏和给予腹地的优惠的情况来定，不能主观地决定。你对腹地服务得好，对它有利，它就和你来往；否则，它就走掉了，不和你来往。

沿海城市之间经济作用的范围也是彼此交叉、相互渗透的。地理位置比较接近的沿海城市，这种交叉和渗透更为明显。腹地本身也是可以交叉和渗透的。天津市的经济作用范围主要在华北、西北和东北的一部分地区，而上海、大连同样对这些地区产生经济影响，因此很难说这"三北"地区就仅是天津、大连的腹地。天津服务得好，它就会跑到天津去；大连服务得好，它又可能跑到大连来。当然，在某一地区的经济发展中，某一沿海城市可能会在某一方面起着主要作用，但这不排斥其他城市在另一些方面的作用和影响。所以不能像划分势力范围那样，机械地以沿海城市为中心来划分腹地，甚至彼此争夺地盘。如果这样，就会形成新的块块，不利于开放政策的实施。

（二）沿海城市和新开发区的关系

中央十三号文件决定在开放城市中逐步兴办经济技术开发区。开发区便于集中兴办中外合资、合作以及由外商独资经营的各类企业和事业，这是开放政策的一项重要内容。由于 14 个沿海城市的具体情况不同，每个城市是否马上开办开发区，要视各个城市的条件需要而定。有条件搞的城市，可以先搞，进行试点，取得经验，逐步推广。但是，试点要经过批准，不能一哄而起。

开发区应该划定一个明确的地域界限，具有空间的相对独立性。必须选择一个合适的地区。例如，福州市打算把马尾地区作为经济开发区的选址。马尾是福州的唯一港口和对外通道，交通条件优越，工业主要是造船业，也有一定的基础，不用另起炉灶，另建新区。把这个地区辟为开发区，基础设施投资少，见效快，是适宜的。大连划定的开发区，靠大窑湾新港近，靠大连和金州也近，水陆交通都比较方便，而且靠近正在建设的和尚岛港口电站，碧流河引水工程又从附近穿过，水源和能源都比较充足和便利，是一个理想的地点。

开发区尽管具有相对的独立性，但它毕竟是这个城市的有机组成部分，同原有城市保持着经济上和其他各方面的密切联系，在很大程度上依赖于城市本身的发展，因此，必须处理好开发区同老市区的关系。为此，应做到以下几点：

第一，兴办新开发区，需要搞好"七通一平"，加强基础设施建设，兴建厂房和生活福利设施，开办文教卫生事业等，这些都需要筹集大量的资金。这些资金，绝大部分要靠城市自筹。国务院讨论了多次，已经确定了这项原则。开发区怎么办，办多么大，如何规划，这就取决于市区的经济发展状况和投资的可能性与合理性。有条件的地区要努力引进外资。但是应当看到，这些基础设施的投资一般都是微利的甚至是亏本的项目，外资对它没有多大兴趣。开发区的基础设施，主要还是靠我们自己花钱来搞。这就要看我们自己有没有这个财力，使用资金是不是合理。

第二，兴办开发区需要一批优秀的专业技术人才、科学管理人才和熟练工人，这些人才多数要从市区选派和聘请。当然，沿海开放城市的吸引力是很大的，但是多数人才恐怕不能依靠外地来解决。

第三，新开发区所需要的一部分生产资料，特别是一部分生活资料要由市区供应。因此，开发区的开拓和发展，就内部条件来说，在很大程度上取决于开放城市的工农业生产发展状况，为开发区提供生产资料和生活资料的能力。

　　当然，兴办经济技术开发区对原有城市的经济发展将起积极的推动作用。开发区不仅便于引进先进技术，扩大资金来源，加速现行企业的技术改造，而且可以扩大就业范围，有利于解决城市的就业问题，增加居民收入，提高生活水平，从而促进市区经济的繁荣和稳定。

　　开放城市原有市区与新开发区之间是相互促进、相互影响的，这就决定了我们必须妥善地处理好两者的关系。要防止撇开开放城市现有的基础设施和其他有利条件，花很多钱、费很长时间去搞开发区，去建设和引进新项目，而忽视对原有城市和企业的技术改造，甚至造成经济技术开发区与原有城市之间的重复建设、重复布点，从而导致城市规模盲目扩大，失去控制。即使较小的沿海开放城市，同样必须十分重视利用原有城市的经济基础和有利条件，切勿弃老城而建新城，甚至失去控制，把整个城市不自觉地都演变为开发区。这是一个很大问题。

　　有两位日本朋友考察大连后对我说，他们对我们搞这个新开发区有点怀疑，对大连老区的投资兴趣更大，对老企业的改造兴趣更大，而对上新的项目兴趣不大。我对他说，大连港的技术改造，日方能不能投资？他说大连港的改造可以投资，而你要开个大窑湾新港，就不会去投资。这个问题，不久前日本的大来先生和我谈过，他在深圳特区和谷牧同志也谈过。报纸上也报道了日本人对我们的反映。这确实需要引起我们的注意，要慎重地考虑。

　　我们只有那么一点钱，是拿钱把现有城市的问题解决好，还是拿钱来搞新的开发区？这有个经济效果问题。当然并不是不要搞开发区，究竟怎么去搞，需要很好地做各种各样的论证和比较，然后再来确定，这样做会更好些。否则，上马之后就不好办了。

　　在搞新开发区方面，原来我们设想对外商实行优惠，以吸引外资。但是，新开发区投资环境没有老城市好，如果我们对老城市也实行类似新开发区那样的政策，那他就不一定到新开发区去了。现在中央已决定老市区某些特定合作项目的税收由33%减到15%，那么，新开发区的吸引力就更不大了。如何吸引外资，建设和开发新的经济技术开发区，涉及很多政策问题。需要认真研究。

即使是新开发区，外商投资也要有条件，必须是我们需要的项目，不能一哄而起，什么都进来。如果像汕头新开发区搞的那个装配性的玩具厂，就没有大的意义。因此，在新开发区里安排的项目和企业，必须是对我们国家真正有用的东西，而不是一般的企业，一般的技术。当然，宦乡同志在发言中也提到，更高级技术和人才他不会给我们，这是很清楚的。

（三）新上项目与改造现有企业的关系

中央文件强调，要首先抓好老企业的技术改造。这是根据沿海城市的实际情况而确定的重要方针，是非常正确的。我们开放的 14 个沿海城市，工业企业共有 17940 个，1983 年全年工业总产值达 1425 亿元，占全国的 23.1%，固定资产原值为 555 亿元，占全国的 12%。这是经过新中国成立 30 年来的经济建设而初步形成的工业基础。上海、天津、大连、广州等沿海城市已建成了各具特点的、有一定力量的工业体系，对全国经济建设起着重要的作用。要使它们发挥更大的作用，就要充分利用现有企业的设备和技术力量。但是还必须看到，沿海城市多数是老工业城市，大部分工厂是五六十年代建设起来的，技术落后、设备陈旧的现象比较严重，因此，加强现有企业的技术改造，是发展沿海城市的首要任务。吸收外资、引进技术首先要用于对现有企业的改造，使之逐步现代化。

大连的情况也是如此，企业现有的设备，60 年代以前的占 55%，这些设备差不多也有 1/4 世纪的役龄，确实太老了，需要改造了。有的工厂，只要更新关键的设备和生产线，就可以使产量成倍增加，质量明显提高，成本显著下降，收到很好的经济效果。我们现在把引进先进技术和先进管理方法的重点放在老企业，就是要解决这个问题。如果全国几十万个老企业都通过引进技术得到改造，逐步达到现代化，那么投资少，见效快，收益大就不是一句空话。如果不注意这些企业的改造，一味地上新项目，就不可能收到良好的经济效果，整个现代化建设的任务就难以完成。

其实，放弃现有企业的技术改造，再搞一套新的，也是很不经济的。要把老企业的改造同上新项目结合起来综合考虑。上新项目必须有一条明确的原则：凡是原有企业经过技术改造可以制造、并能满足需要的产品，就不宜再上新的项目。但是，需要和有条件上的新项目总是要努力争取搞上去的，特别是新开发区，基本上都要上新项目。凡是上新项目，都应有科学的可行性研究和技术经济论证，要有显著的经济效果，不宜轻率从事。上一个成功一个，才能对外商有吸引力。

（四）保护民族工业同让出必要的国内市场的关系

我们对中外合资、合作及外商独资企业的产品，确定以外销为目标，这是完全正确的，只有这样才能保护和发展我国的民族工业。

与工业发达国家相比，我国工业生产水平低，技术落后，产品质量差，成本高。如果让所有的合资、合作或外商独资企业的产品毫无限制地投放国内市场，势必排挤国内厂家的产品，甚至完全失去市场，其结果必然使民族工业受到严重打击。在这方面，我们是有过教训的。前几年，一些单位用外汇盲目进口大批家用电器，如电视机、录音机、手表、汽车等，据中国香港的统计，1980年仅经中国香港进口黑白电视机就达327万台，价值16亿港元以上，在一定程度上冲击了国内生产，使我国有关工业的发展受到影响，应引以为戒。

必须看到，一些外国资本家之所以要在我国投资建厂或进行合营，主要原因是为了使其产品找到销路。我国是一个10亿人口的大国，这样广阔的市场，在当今的世界上是极其难得的，对发达国家有很大吸引力。如果合资、合作和外资独营企业的产品，只能外销，不准内销，而外销又找不到足够的市场，那么对外商来说就失去了投资的兴趣和吸引力，从而也会影响我们吸引外资，引进先进设备和技术。看来，不让出一定的国内市场，是不现实的。因此，哪些允许内销，允许内销多少，需要进行认真的分析研究。

依我看，对那些利用先进技术生产出的先进产品，而我国目前还不能生产、或者能生产但缺额很大的，可以让出一定的市场给外商。从我国市场来说，在一定时期内让出这种我们自己目前还不能制造、而必须由国外进口的产品市场，比我们直接进口更为经济。而且，由此可以节约我们试制这种产品的时间，提高制造这类产品的能力。有些产品，虽然我国能生产，但质次价高，供不应求，对这类产品也可以让出一部分市场，这样能够促进我们提高产品质量，降低成本，加快升级换代。

总之，在处理这方面关系上，一定要根据国际市场和我国实际情况，对不同的产品、不同的技术、不同的需求，采取不同的政策和措施，确定让出市场的条件、范围、时间和限度，以加强对市场的有效控制。只要我们对这些方面处理得好，不仅不会影响或打击民族工业的发展，反而有利于鞭策民族工业迅速赶上世界先进水平。

（五）在开放过程中需要分清界限的问题

在开放过程中，外国资产阶级不论在政治上、经济上、文化上、生活方式上都要影响我们，在这方面确实存在着阶级斗争。同国际资本家打交道，有一个在互利原则下为我所用的问题。究竟是为我所用，还是为人所用？这是严重的阶级斗争。应当为我所用，但搞得不好就会为人所用，这就是有的同志讲的"赔了夫人又折兵"。所以我们同外商打交道的干部，必须像邓小平同志、陈云同志多次指示的那样，要有坚定的无产阶级立场、坚强的党性，要深入学习、熟练地掌握运用资本主义经济原则，这样才能在同外国资本家进行经济交往时取胜，在平等互利的原则下，做到对我们更有利一些。为了做到这一点，我们不但要懂得马列主义的政治经济学、经营管理学，而且要懂得资产阶级经济学，懂得国际贸易的知识和有关国际法的知识。应当看到，我们对资本主义的一套办法知之甚少。因此，应当力争尽快地学会两套本领，这样才能更好地做到为我所用。

（六）关于体制改革问题

中央决定对大连实行经济体制综合改革，部、省企业将下放到大连。大连如何组织和管理经济活动，需要认真研究，制订具体的改革办法。城市综合改革的关键是打破封闭、打破分割，使城市成为具有强大的吸引力、辐射力和综合服务能力的、开放型的经济中心。中心城市组织管理经济活动，既不是条条管理，也不要形成新的块块。

政企分开，是城市改革的方向。怎样分开？分开以后，城市管理什么？政府和企业是什么关系？这都是城市经济体制综合改革需要解决的问题。过去主要是纵向联系，现在要以城市为中心加强横向联系。这个横向联系不是行政的联系，而是企业和企业之间的经济联系，过去，企业间的联系被条条、块块割断了，如果新的城市经济体制变成块块管，那么，仍然是分割的而不是联系的，改革的目的就达不到。加强企业之间的横向联系，这个问题目前还没有真正解决。现在，企业之间的联系，都是经过行政系统、条条系统或者块块系统来进行，企业之间的联系是不畅通的。政企分开之后，政府不直接管企业，企业之间就可以打破各种界限而自由往来，企业也就搞活了。

另一个问题是，政府不直接管企业后，企业怎样组织起来？能够按专业化协作的要求组织起来才叫真本事。本事有两种：一种是自觉的，根据经济需要自愿结合起来，而且对他不利时可以分离出去。这个结合不是高度紧密的，有的是比较松散的。另一种是变相的行政联系，就是把这个或那个局变成这个或那个公司，有的干脆就是一个机构两个牌子。他要搞行政管理时，就是主管局；他要向人家要钱时就是经济公司。这种管理体制效果不好，不仅没有变成真正的经济组织，反而增加了管理层次，其实质仍然是行政组织。这样的体制要彻底改革。如果还没有成立这种公司，就不要把行政组织演变成公司。

公司最好有个母体，下面有几个十几个或较多的工厂，作为它的子系统，同它发生经济联系。它们是在自愿互利的原则下组织起来的。要搞跨地区、跨行业的联合。这样才能打破条条块块的制约，真正形成新的独立的体系。是否先在几个试点城市里进行试验。比如，总公司设在大连，其子厂可能在长春、哈尔滨、北京、天津、上海、沈阳、广州等地；反过来讲，大连子厂的总公司也可能设在其他城市。今后，企业之间就应该是这样的关系。如若不然，新的经济中心很有可能会形成新的块块，而这种新的块块和原来的块块在实质上并没有多大差别，我们的体制改革也就不可能取得预期的效果。

我国社会科学研究应形成开放体系[*]

在世界新的科学技术革命强大潮流的影响下，当代社会科学出现了一些值得重视的发展趋势和特点，例如，综合化、数学化、精密化的趋势，面向未来研究和对国际同类问题的共同研究的趋势，以及基础研究与应用研究之间的联系日趋加强，等等。我国经济体制改革本身，就是社会科学面临的一个最重要的多学科的综合性研究课题。我们还面临着科学技术、经济和社会的协调发展，科学技术、经济和社会发展的预测，重大工程项目的论证，各项法律的制定，城市和乡村的建设，环境、能源、交通和人口等一系列现代化建设中的重要课题。总之，我们要在建设有中国特色的社会主义的实践中，坚持和发展马克思主义。这都要求社会科学研究提供新的理论、新的研究方法，并与自然科学工作者密切合作；要求我国社会科学研究形成这样一个开放体系，即面向实际、面向自然科学技术、面向各个学派、面向现代化、面向世界、面向未来的开放体系。马克思主义集人类先进思想之大成，社会科学只有成为这样的开放体系，才有利于马克思主义的发展。

我国现在的社会科学研究体制的弊端之一，就是自我封闭。这表现在社会科学研究与社会实践的发展、与自然科学技术的发展缺乏密切结合，

---

　　* 本文是作者 1985 年 4 月在"全国首届交叉科学讨论会"的发言摘要，原载《光明日报》1985 年 5 月 4 日。

社会科学与自然科学、社会科学各学科之间缺乏应有的合作与联系，研究课题狭窄，以及对国外情况缺乏系统深入的研究等方面。这种封闭也造成了社会科学研究人员知识面窄、研究课题陈旧、理论上缺乏创新、研究手段和方法落后等状况。因此，在社会科学研究体制的改革中，要集中力量解决好研究课题和手段现代化、人才培养现代化和组织管理现代化的问题。

社会科学研究课题的现代化，是科学研究的水平、质量和效率的集中体现，应当花大气力去解决，抓好学科和重大课题的规划。在这方面，首先，要抓好具有中国特色、善于吸收当代科学技术革命成果的社会主义现代化建设提出的重大综合性课题的研究。其次，应积极开展新学科的研究。新学科的建设，应根据我国现代化建设的需要，考虑到研究队伍的可能，有计划、有步骤地进行。在国内招收研究生和派出国留学生、进修生方面，也应优先考虑新兴学科人才的培养。

我们要采取切实措施加强社会科学与自然科学、技术科学的联系和合作：合作研究有关综合性、边缘性的课题，邀请有关学科专家参加课题组；社会科学院的研究所应与有关自然科学、技术科学的研究单位建立研究上的联系制度；中国社会科学院研究生院与中国科学院研究生院合作培养综合性研究的人才，并考虑设立双学位制，以鼓励学自然科学、技术科学的大学生报考社会科学的研究生，社会科学各专业的学生选修自然科学课程。另外，还可以成立一些跨学科研究的学会，创办跨学科的综合性学术刊物，吸引各学科的人员共同参加跨学科的学术活动。

新技术革命和我们的对策[*]

目前，世界上出现了新的技术革命高潮。在美国、日本和西欧的一些工业发达国家，谈论这个的也是越来越多，在苏联和东欧国家，也日益引起人们的注意。当然，他们的观点也各式各样，对新的技术革命的叫法也各不相同。有叫第三、第四次工业革命的，也有叫产业革命的，还有叫技术革命的。此外，还有"后工业"、"第三次浪潮"、"信息社会"、"信息经济"等提法。对于这类"革命"是否已经到来，认识也不一致，有的说已经到来，有的说正在到来，也有的说即将到来，还有的说过一个时期才能到来。经过多少时间到来，其说法也不一。有的说 20 世纪末可能到来，有的说 21 世纪才能到来。尽管如此，但是有一个共同点，那就是所有这些议论都反映一个新的情况、新的现象。就是说，在经济发达的国家，出现了新的技术群，包括信息技术、生物技术、新材料技术、新能源技术、海洋开发技术，等等。这些新技术正在发达国家中不同程度地得到应用和发展。

毫无疑问，目前出现的这种新情况，对于正在建设社会主义现代化的我国来说，是应当密切加以注意的。

在世界新的技术革命中，每个国家和地区都在根据自己的具体情况和

---

[*] 本文是作者 1985 年 4 月在"新技术革命和我们的对策研讨会"上的讲话，原载《理论月刊》1985 年第 4 期。

需要，制定相应的对策。我们当然也要做这方面的工作。

首先，我们回顾一下 6 年前邓小平同志在全国科学大会开幕式上的一个重要讲话。他说："现代科学技术正在经历着一场伟大的革命。近三十年来，现代科学技术不只是在个别的科学理论上、个别的生产技术上获得了发展，也不只是有了一般意义上的进步和改革，而是几乎各门科学技术领域都发生了深刻的变化，出现了新的飞跃，产生了并且正在继续产生一系列新兴科学技术。现代科学为生产技术的进步开辟道路，决定它的发展方向。许多新的生产工具，新的工艺，首先在科学实验室里被创造出来。一系列新兴的工业，如高分子合成工业、原子能工业、电子计算机工业、半导体工业、宇航工业、激光工业等，都是建立在新兴科学基础上的。当然，不论是现在或者今后，还会有许多理论研究，暂时人们还看不到它的应用前景。但是，大量的历史事实已经说明：理论研究一旦获得重大突破，迟早会给生产和技术带来极其巨大的进步。当代的自然科学正以空前的规模和速度，应用于生产，使社会物质生产的各个领域面貌一新。特别是由于电子计算机、控制论和自动化技术的发展，正在迅速提高生产自动化的程度。同样数量的劳动力，在同样的劳动时间里，可以生产出比过去多几十倍几百倍的产品。社会生产力有这样巨大的发展，劳动生产率有这样大幅度的提高，靠的是什么？最主要的是靠科学的力量、技术的力量。"[①] 事实已经证明，邓小平同志的讲话，十分正确。

1978 年到现在，6 年过去了。距离 2000 年只剩下 16 个年头了。根据各方面的预测，在这为期不长的 16 年间，战后持续了 30 多年的科技革命，可能有很大的发展。在这个过程中，工业发达国家，在技术上将有可能有进一步的发展；一些发展中国家，例如亚洲的印度很可能会较快地发展起来，甚至在科学技术上超过我国，我们常说的"紧迫感"，在科学技术方面，从来没有像现在这样尖锐。我们应该清醒地认识到这一点，迅速行动起来。

我们究竟怎样迎接这个新的技术革命呢？在世界新技术、新产业的兴

---

① 《邓小平文选》第二卷，人民出版社 1993 年版，第 87 页。

起和发展面前，我们的同志可能会有这样几种不同的态度：

一种态度认为，那些新技术、新产业离我们很遥远，因而对此漠不关心、闭目塞听，不了解也不想了解这方面的新情况。这种态度当然是错误的。

另一种态度是急于求成，认为我们可以很快地完成这个技术革命，为此，恨不得一下子采用所有最新的技术，发展所有的最新产业，在很短的时间里，全面赶上和超过经济技术发达的国家。这种想法显然是脱离实际的。

第三种态度是要实事求是，这就是：根据我国的国情，按照需要和可能，对新兴技术的研究开发和新兴产业的建设，采取"有限目标，突出重点"的方针，以便尽可能地利用新兴技术，来促进我国的社会主义现代化建设。

面对世界新的技术革命的发展，我们既不能像西方经济发达国家那样，把主要注意力放在发展所谓"朝阳产业"即"新兴产业"上，而使传统的产业，也就是他们所说的"夕阳产业"日趋衰落下去；我们也不能像那些靠加工出口发展起来的韩国、新加坡那样，以主要力量去搞那些加工出口的新产业。我们应当从我们的国情出发，以实现党的十二大提出的战略目标为宗旨，从这样的高度上去考虑采取哪种对策，要能对实现战略目标的战略重点建设起最大的促进作用，要能对我国城市现有的 40 万个工业交通企业和 100 多万个乡镇工业交通企业的技术进步带来最大的生机；要能对节约能源、节约原材料、节约资金带来最新的突破；要能对提高经济效益、增加资金积累提供最好的保证，要能对加速人才培养、提高管理水平给予最大的推动，要能对增强国力、改善人民生活发挥最大的作用，总之，要对各个重要方面进行周密的调查研究，分析对比，才能正确地制定我们的对策。

我们总的目标，是在 20 世纪末在提高经济效益的基础上实现工农业的年总产值翻两番，人民生活达到小康的水平。为了能够更好地达到这个目标，应该采取什么办法？

首先，应该认真研究我国的国情。当前，我们国家的国情是什么？一个是人口多。10 亿人口，有 8 亿是农民，4.5 亿劳动力中，有 3.5 亿在农村。另一个是底子薄。毛主席过去把这叫做"一穷二白"。现在"穷"比过去好了一点，"白"也比过去好了一点，但还不能说我们国家已经根本改变了一穷二白的面貌，底子还是很薄的。除此之外，我国经济的发展也是很不平衡的。

为了迎接新的技术革命，对我国国情的下述几个重要情况，应当认真考虑：

第一，我国已经建立了相当规模的工业基础，不少产品拥有较大的生产能力，但是现代化社会所必需的基础设施还很薄弱，传统产业的技术水平、管理水平都比较落后，农业的手工操作仍占极大的比重，农业劳动力仍然是全国劳动力的主要部分，地区的发展极不平衡。应当说，社会主义工业化的任务还未完成。

第二，我国工农业总产值已具有一定的规模；然而在相当长时期内，人均产值仍然很低，约占世界的第一百几十位。经济建设、科研和教育投资的绝对数量同主要的经济发达国家相比悬殊。

第三，我国在新兴技术领域的研究与开发方面已经有了一定的基础，在国防应用方面也取得了重大的成就。我国早已成功地进行了原子弹、氢弹的爆炸，能够把人造地球卫星送上天去，也能收回来，最近又发射了同步定点卫星，在通过卫星传递信息方面取得了重大的进展；然而这些新兴技术还没有形成具有经济竞争力的新兴产业，在经济建设中还远未能充分应用这些新技术。

第四，我国在经济结构、体制和管理方面进行的调整和改革取得了很大的成就；然而社会主义制度的优越性远未充分发挥，在生产关系和上层建筑中还存在束缚生产力发展的一些环节。

第五，我国科学和教育事业有了很大发展，拥有一支相当数量的、有一定水平的科技队伍；然而科学教育的投资比重过低，知识分子的作用尚未充分发挥。队伍年龄老化、知识老化的状况相当严重。广大群众科学文化水平比较低，不少干部缺乏现代科学技术知识和管理知识。

第六，我国实行了对外开放政策，为引进技术、利用外资创造了良好的条件；然而新兴技术的出口关系到不同国家、不同社会制度之间军事和经济的激烈竞争，因而在国际贸易和技术转让上都会遇到种种障碍和限制。

因此，新的技术革命对于我们不适应生产力发展的管理体制和经营思想，对于我们薄弱的经济实力和国际竞争能力，以及对于我们较低的文化、教育、科技水平都是一场严峻的挑战。

同时，新的技术革命也给我们提供了机会。在新的技术革命的形势下，我们有可能有选择地、恰如其分地跃过某些技术发展阶段，采用较新的技术成果，节约能源、材料与资金，取得较大的经济效益。我们有可能利用发达国家经济的结构性调整以及各国之间的激烈竞争，来发展技术、经济贸易。我们还有可能借鉴经济技术发达国家的现代经营管理方法和经验，并采用新的技术手段，加快推进管理的改革和提高效率。电视、通信卫星和电子计算机等新的信息技术的应用，将有可能在师资不足与资金有限的情况下，加快科学文化的普及和智力开发。

20世纪50年代，我们曾经不失时机地注意发展新兴技术，促进国防的现代化。经验证明，这是一次成功的战略决策。但由于后来的种种干扰，以致起步晚而进展不尽如人意。现在，抓住机会，迎接挑战，从加速技术进步、促进经济振兴的战略高度，采取积极的对策，力争逐步缩小而不至于拉大同发达国家在技术、经济方面的差距，从我们实现四个现代化的目标来看，已是刻不容缓的了。我们绝不应当闭目塞听，无视世界发展的新动向；绝不应当无所作为，坐失良机。

针对上述情况，对于我国对策的制定，有以下设想：

1. 研究制定我国的对策应当围绕着实现我国现代化的战略目标，为这个目标服务。不是为新兴工业而发展新兴工业，不是为新技术而发展新技术。当然，如果不重视新兴科技成果的应用，实现现代化的宏伟目标也不可能达到。因此，要以提高经济效益为中心，以运用新兴技术，加快传统产业的技术进步为重点，推动新兴技术产品的生产，逐步形成新兴技术产业。

从技术的发展来看。到20世纪末，总体上说，要力争达到经济发达国家20世纪70年代和80年代初的先进技术水平。不同的领域不能"一刀切"。有些方面，特别是某些新兴技术领域，应当争取达到更为先进的甚至当时的世界先进水平。有些方面还不可能达到 70 年代和 80 年代初的水平。有些方面则根据我国自己的特点，开发独创的技术。例如，在研究微型电子计算机对于汉字信息的处理方面，我们应当独创。

2. 积极应用新兴技术，促进经济建设战略重点的发展，加速传统产业的改造。从经济的发展来看，为满足人民生活的基本需求和加强国民经济的基础结构，在相当长的时期里，传统产业仍然是国民经济的主体。加快传统产业的技术进步，是振兴经济的最重要的任务。我们应当把主要注意力放在用最新技术武装传统产业，促进它的技术改造、技术进步上面。但是，必须有重点地发展新兴产业，争取在一二十年内，较大幅度地提高新兴产业在国民经济中的比重。要贯彻落实经济建设必须依靠科学技术，科学技术必须面向经济建设的根本方针，进一步制定技术与经济密切结合的规划。

在传统产业中，应当尽可能地超越一些发展阶段，应用新兴技术的成果，提高技术水平和管理水平。新兴技术不仅能应用于生产资料的生产，而且能广泛应用于消费品和文化用品的生产。尤其要看到，随着传统农业向现代农业转化，以及农村全面建设的开展，新兴技术在农村有广泛的应用前景。例如，在农业现代化方面，我们就可以越过一些资本主义国家曾经走过的以高度机械化为主要内容的"石油农业"的道路，而走以生物技术为核心的、生态的良性循环，并利用自然能源和劳力资源发展农业的"生物农业"的道路。

应用新兴技术，一般来说，要有必要的研究和试点，并且由简单的应用做起，逐步发展到复杂的系统的应用。应用新兴技术要注重效益，要创造必要的条件，不要贸然行事。

新兴产业应当通过积极开发潜力巨大的国内市场，获得不断发展的活力。为了打开应用的局面，新兴产业的生产企业必须改变不问使用的思想，把服务放在重要的地位，努力做好零配件供应、维护修理以及提供咨询、设计等服务。

3. 新兴技术的研究开发与新兴产业的建设，应当采取"有限目标，突出重点"的方针。应当吸取过去盲目追求"全面赶超"、"自成体系"

的教训，真正做到有所为有所不为，集中力量支持重点。研究与开发上，重点是尽快地掌握国际上已有的，我们在近期、中期有可能应用的成果。同时要有纵深的部署，安排必要的基础研究，走前一步。特别是对于那些同外国有一定竞争力的项目，要认真抓紧进行。对于需要很长时间，又要较大投资的探索性工作，只能量力而为。生产上，重点是确保高质量、低成本和高效益，不要单纯追求产量。产业建设上，重点是要充分利用已有的基础，打破部门和地方的局限，力求尽快形成一批具有竞争能力的企业。市场开发上，重点是向国内，要在质量、成本、服务等方面具有与进口产品竞争的必要能力。

4. 军民结合，军品优先，充分发挥国防系统的力量，促进新兴技术、新兴产业的发展。增加国防力量，推动国防现代化，从来就是发展新兴技术和新兴产业的重要目的之一。国防的需要是发展新兴技术的一个重要动力。在发展新兴技术和新兴产业方面，国防科技和国防工业应当继续发挥带头作用。国防科技、国防工业担负着国防建设和经济建设的双重任务。要进一步贯彻"军民结合、平战结合、军品优先、以民养军"的方针，在加强国防建设的同时，充分利用国防系统的科技力量和生产能力，开发信息产业，发展航天技术、核技术和航空技术等在国民经济中的应用，为振兴国民经济作出新的贡献。

5. 各地要根据自己的经济和技术条件，发扬优势，对发展新兴技术、新兴产业做出具体部署。各地首先应当支持全国的重点项目，同时要发挥积极性，从实际出发，部署有需要有可能进行的推广应用工作。有些地方还可以适当安排必要的研究开发和生产。经济特区和沿海经济、科技比较发达的城市，要更多地承担引进与消化吸收国外技术的任务，并且积极向内地转移技术。要大力提倡跨省市、跨部门的技术协作与经济联合。

6. 多途径、多方式加快引进技术，认真加以消化吸收，并对国内研究与生产实行适当的保护政策。在传统产业方面，要利用发达国家调整产业结构的机会，更多地引进先进技术。特别是注意引进花钱少、见效快的中小型项目所需的技术。在新兴技术和新兴产业方面，为争取时效、缩短差距、加快应用，引进技术尤为必要。但是，又必须看到国际竞争十分激烈，技术进步十分迅速，因此引进先进技术的难度很大。应当灵活地采取各种各样的方式。对引进的先进技术，要有选择地组织力量消化吸收，加快国产化的步伐。

引进技术，同国内的研究、开发与生产即使尽量加以协调，仍难以完全避免某种冲突。对此，应实行有限度的适当的保护措施，以扶植和促进国内的研究工作和工业生产。

7. 加快新兴产业经营管理体制的改革，作为全国经济体制改革的一个突破口。发展新兴产业，技术进步固然重要，但同样重要的是，要有能够促进技术进步，能够吸收新的成果并把它用于生产的管理体制和政策环境。为了尽可能保证决策的合理性，需要充分的比较和论证，但是决策程序必须改革，应力求减少牵制环节，提高决策效率。为了有重点地使用有限的人力、物力、财力，当然要加强集中统一规划，但是又必须使企业有高度的自主权。由于新兴企业的技术、工艺、产品和装备变化迅速，企业规模一般以中小型为宜，有的可以由小到大逐步发展。新兴产业也可以说是高质量产业，必须从一开始就严格实行全面质量管理制度。

8. 加快教育改革的步伐，广开学路，加强智力开发。新兴产业是知识密集的产业，未来的社会将是知识密集的社会。可以肯定地说，今后无论在国内建设中，或是在激烈的国际经济竞争中，我们每前进一步都将取决于智力开发的程度。要大力发展科学研究事业，把它作为经济发展战略的一个重要方面来抓，并根据需要和可能，尽量增加智力开发的投资，确定智力投资在整个国家建设投资中的合理比例。随着大批科技人员走上领导岗位，干部知识结构的改变为造就更多的优秀企业家提供了条件。要鼓励并创造环境，使他们开阔眼界，懂得经济，熟悉管理，勇于创新。必须加快教育改革的步伐，大力加强高等教育对科技人才和经营管理人才的培养。要打破单一的教育结构与办学形式，改变高等教育的布局，改革教学方法，多途径、多层次地培养人才，大力发展职业教育和技术培训。要围绕新兴技术和新兴产业发展的需要，统一调度和集中使用科技力量。要坚决落实党对知识分子的政策，改善知识分子的生活条件和工作条件，以利于充分发挥知识分子的潜力和积极性。

9. 搞活思想，才能搞活经济，才能促进管理的改革和科学技术的创新。迎接新的技术革命、"新的产业革命"的挑战，我们面临着艰巨复杂的改革课题，需要进行探索、试验、实践。不断革新，不断前进，是社会主义制度优越性的体现。党的十一届三中全会以来的事实说明，思想解放是推动经济前进的巨大动力。但是，思想停滞，不研究新情况、新问题的状况仍然严重存在，不合时宜、阻碍革新的旧体制、旧规章、旧观念仍然有待继续破除，我们应当学习马克思的态度和方法，重视研究和吸收当代人类创造的自然科学和社会科学的丰富成果。探索和改革，难免会有不完善和失败；研究和学习外国，难免带来某些消极的东西。但是切不可因噎废食，应当认真总结经验，改进工作，继续前进。

10. 加强领导，发动群众，一切从实际出发。新的技术革命既然是一场革命，无疑需要坚强的领导和广大群众的参与，不能把它看成只是少数人的事，只是发展几项新兴技术、建立若干新兴产业。要使广大干部和群众充分认识到迎接挑战的紧迫性和艰巨性，认识到这个挑战归根到底是对我们掌握、应用和创新知识的能力的挑战。号召大家同愚昧作斗争，刻苦钻研现代科学技术。各个经济部门、生产企业和广大职工，要从各自实际出发，有效地促进技术进步，改善经营管理，提高产品质量和服务质量，减少消耗，降低成本，向生产现代化、管理现代化前进。这些都是迎接新的技术革命和"新的产业革命"的实际行动。不要不问实际条件，不讲效益，一哄而起，盲目追求新兴技术。

总之，新兴技术的研究开发与新兴产业的建设，应当采取"有限目标、突出重点"的方针。钱要用在关键地方，主攻方向、突破口要选准，要讲究经济效益。我国有大量的小企业，技术改造任务很重。许多小企业不用进行基本建设，只需要采用微型计算机及其他必要的技术进行改造，就可提高产品质量，增加产量，取得显著的经济效益，改变企业的落后面貌。应用微型计算机改造企业，是加速传统产业改造，推动传统工艺革新，把我国工业逐步转移到新的技术基础上来的一条捷径，要认真研究，做出规划。与此相关，在电子计算机和大规模集成电路领域里，目前处于国际竞争十分激烈、技术进步非常迅速的情况下，我们在科研上要向前看，在生产上则不宜亦步亦趋，而应采取适合我国情况的正确政策、措施和步骤。

新的技术革命的挑战，对我们来说不仅是科技领域里的挑战，而且也是经营管理领域里的一场严重挑战。和传统产业相比，新兴技术和新兴产业的特点：一是技术变化快；二是设备更新快；三是质量要求高；四是市场竞争激烈；五是投资风险大。而我们现行的经济管理体制、决策程序和管理方法，都是和这些特点不相适应的。所以，为了发展新技术，发展新产业，就需要采取一些不受现行经营管理体制和办法的框框限制的特殊政策和措施。例如，在经济特区和沿海经济、科技比较发达的城市，要鼓励和吸引外商投资兴办新兴技术产业，从政策上明确保护其技术专利，给予包括适当减免税收、让出部分国内市场等优惠待遇。在一些关键性的新技术（特别是像电子计算机和大规模集成电路）领域，还可以放得更宽些，使之更有吸引力。又如，对少数有条件的科研单位或企业，为了使它们在技术发展上尽快有所突破，可以让其组成科研、试制、生产相结合的经济实体，在对国家负责的原则下，不受现行的经济管理体制的限制，由国家给予特殊的资助和高度的自主权，包括对外联系的权力，以便于利用各种渠道和方法，不失时机地迅速引进和掌握先进技术。与此同时，对于这样的经济实体，还可以采取在国家计划上单立户头，由国家直接拨款，以及实行必要的人才流动等有力措施，使之在发展新技术方面早出和多出成果。再如，为了促进新兴技术、新兴产业的发展，在技术条件较好、技术人员比较集中的地区，可以办一些像美国硅谷那种类型的新技术发展小区，可以允许出现一些专门为新兴技术服务、生产新产品、制造新材料或搞有关的修理服务的"专业户"，调动各方面的力量，发挥各种优势，为新兴技术、新兴产业的发展开辟道路。

提出对策，既要从现实出发，又要看到远景。所以我们要有一个远近结合、纵横结合的全面的规划。规划可以考虑分为三个层次：一个层次是近期的规划，这是当前行动的一个重要步骤。这主要是把发展的重点和突破口列到"七五"计划里面去。这里面要包括发展目标、科研项目、引进项目、改造项目、新扩建项目，包括中间试验的工厂，等等，还要包括相应的人才培养、设备材料供应、资金预算，等等。如果不把这些列入国家计划，那么，再好的规划也难落实。第二个层次是中期的规划，要考虑到 20 世纪末，我国科学技术的发展是个什么样子。这件事情，有个研究"2000 年的中国"的专题小组在进行研究。这个研究将来要出研究报告。这主要是围绕十二大提出的战略目标，提出新兴技术和相关的新兴产业发展的目标。到 2000 年，我国的信息产业，估计会有一个比较大的发展。核技术和航天技术在民用方面将有一个很大的进步。许多新材料将走出中间试验工厂，进到工业化的生产阶段。生物技术，特别是在农业方面的生物技术，将会得到较为广泛的利用。第三个层次是考虑搞一个远景的规划。远景规划应当考虑到 2030 年。估计到 2030 年，我们国家将由现在的发展中的社会主义国家逐步成为发达的社会主义国家。什么叫发达的社会主义国家，这也是有不同看法的。例如，苏联在赫鲁晓夫当政的时候，不是早就宣布他们正向共产主义迈进吗？后来到了勃列日涅夫时代，不讲向共产主义迈进了，而讲建成发达的社会主义国家了。安德罗波夫上台时又讲，他们离发达的社会主义国家还差得远。我们则是老老实实地讲，我们现在是发展中的社会主义国家，什么时候才能成为发达的社会主义国家，还需要进一步研究。科学技术革命不仅会使经济发生很大变化，而且一定会对整个社会生活发生深刻的影响。那么，到了 2030 年，中国究竟是个什么样的国家，我们要有个科学的预见。人无远虑，必有近忧。可以设想，到那个时候，我们将从发展中的社会主义国家逐步发展成为发达的社会主义国家。那时，我国的生产力将有很大的发展，我国的科技水平将有很大的提高，我国人民的物质、文化生活将有很大的改善，我们国家将有高度的社会主义物质文明和精神文明，我们不再为人口过多、日子难过而发愁。那时，我们国家的产业结构、就业结构和社会结构将会有很大的变化，劳动密集、资金密集、知识和技术密集的产业将会发展得比较合理，高技术的产业群一定会形成并发展起来，经济发展的不平衡性也会有很大的变化。究竟 2030 年或者新中国成立 100 周年时会是什么样子，我们的自然科学家和社会科学家及各个方面的负责同志应该关心这个问题、研究这个问题，对我们发展的远景有一个科学的预见。

中国经济社会发展战略问题[*]

为了加速具有中国特色的社会主义现代化建设，我国经济学界近年来广泛开展了经济发展战略问题的研究。

一 我国经济发展战略的转变

新中国成立以后，在社会主义经济建设中，我们从第一个五年计划开始就注意了从战略全局和发展远景来考虑经济问题，并取得了相当大的成就。但是，由于当时我们还缺乏社会主义建设的经验，模仿了苏联的一些做法，并且由于后来指导思想上的"左"倾错误，在经济发展战略目标的选择以及实现目标的方法和道路上，都曾经有过重大的失误。

1978 年年底举行的中国共产党第十一届三中全会，决定把党和国家的工作重点转移到社会主义经济建设上来。与此同时，我国经济发展战略也开始了新的转变。

首先是指导思想的转变。

第一，我国是一个人口多、底子薄的社会主义大国，经济发展又很不平衡，需要从中国的实际出发，充分动员内部资源来进行社会主义现代化建设，这当然不是说可以不去注意学习和借鉴外国经验，但是，照抄照搬

* 本文是作者 1985 年 5 月提交"中日经济学术讨论会"的论文，原载《红旗》杂志 1985 年第 10 期。

别国经验、别国模式，从来不能得到成功。必须坚持实事求是的原则，把马克思主义普遍真理同我国的具体实际结合起来，走自己的路，建设有中国特色的社会主义。

第二，长期以来，我们在经济工作指导思想上的"左"倾错误，集中表现为不量力而行，求成过急。特别是在1958年提出"大跃进"的口号以后，夸大了主观能动作用，采取了盲目冒进的战略，造成了国民经济的大起大落，结果想快反而慢，吃了很多苦头。实践证明，只有量力而行、积极奋斗、循序渐进，才能加快四个现代化建设。

其次，随着指导思想的转变，我国经济发展战略目标的选择和实现目标的道路方法，也相应地发生了转变。

第一，战略目标由比较单一向比较全面发展。过去我们在考虑发展战略的时候，往往比较单一地考虑经济发展。这种做法容易使我们忽视社会生活多方面因素之间的相互作用。我国从第六个五年计划开始，已把国民经济发展计划改为社会经济发展计划，同时强调物质文明建设同社会主义精神文明建设要一起抓，使全国人民思想境界日益提高，做到有理想、有道德、有文化、有纪律。只有这样，才能建设起具有中国特色的社会主义社会。

第二，由单纯追求经济增长速度向提高经济效益，使人民得到实惠的方向转变。社会主义经济建设，要以不断满足人民物质和文化的需要为根本目的。党的十二大提出的到本世纪末工农业年总产值翻两番的目标，就是以提高经济效益为前提的，以便使人民的物质文化生活达到小康水平。这就充分体现了效益和速度的统一，发展生产和改善生活的统一。这就使我们能够走出一条速度比较实在、经济效益比较好、人民可以得到更多实惠的发展我国社会主义经济的新路子。

第三，由孤立地突出重点，向抓重点促平衡，使国民经济向协调发展的轨道上转变。过去我们在很长的一个时期里，片面地强调优先发展重工业，片面强调"以钢为纲"，结果挤了农业和轻工业，也挤了其他重工业产品，造成国民经济重大比例的严重失调。中共十二大对整个国民经济做了全面的分析，提出了把农业、能源、交通、教育和科学作为经济发展的战略重点，同时要在综合平衡的基础上建立合理的经济结构，使社会经济各个部门、各个方面能够协调发展。

第四，扩大再生产由外延发展的方式向内含发展的方式转变。30多年来，我们新建了不少企业，为了实现我国的工业化，这是非常必要的。但是，长期以来，我国发展生产主要依靠新建企业，忽视对现有企业的技术改造，这样做的结果，基本建设摊子越铺越大，工期越拖越长，已建成的企业也由于忽视技术改造，多数已变得设备陈旧、工艺落后、效率很差。现在我们已经决定，第七个五年计划期间，建设重点将以技术改造和改建扩建现有企业为主。

第五，人口的无计划发展向计划生育、优生优育、加强智力开发转变。人口问题在中国社会经济发展中处于十分重要的地位。人是生产力中最重要的因素，然而对于像我国这样的发展中的社会主义国家来说，人口过多又是一种压力。要尽快使我国人口逐步由压力转化为动力，就必须有计划地生育，同时提高人口的素质。人的素质对于现代化建设起着决定性的作用，而人的素质又决定于智力的开发。因此，我们把教育和科学作为发展的战略重点，经济体制改革的《决定》又把尊重知识、尊重人才作为最重要的一点提出来。

第六，由闭关锁国向在独立自主、自力更生的基础上积极开展对外经济合作和技术交流转变。中国现代化事业应当而且只能放在自己力量的基点上。但是，过去把自力更生片面地理解为自给自足、闭关自守，结果限制了自己的发展。中共十一届三中全会以后，我国把对外开放作为长期的基本国策，这就使我们能够取各国之长，补自己之短，引进外资、引进技术、引进先进的管理方法，更有利于四个现代化目标的实现。

第七，最重要的是经济体制的改革，由封闭和僵化的经济模式向开放的充满生机和活力的经济模式转变。

上述指导思想，目标选择和实现目标的方法、道路的转变，将使我国社会主义经济建设走上具有中国特色的全新的道路。

二　本世纪末中国经济社会发展的战略目标

中国共产党第十二次全国代表大会提出了到本世纪末的宏伟目标。这样，关于"2000 年的中国"经济、科技、社会发展战略的研究，就成为我们极为关注的一个课题。这里不妨就我和其他有关同志的研究所得，谈谈对本世纪末中国现代化情景的一些轮廓性的展望。

第一，在提高经济效益的前提下，工农业年总产值比 1980 年翻两番，可望提前实现。按照翻两番的要求，从 1981 年到本世纪末，我国工农业总产值平均每年递增 7.2%。从"六五"计划执行情况看，平均速度预计可以超过 8%。"七五"计划也不会低于 8%。后十年我国将进入一个新的经济振兴时期。国民经济可能会持续、稳定、协调地向前发展。总的来说，本世纪末工农业年总产值翻两番的奋斗目标是有把握实现的。

过去我国国民生产总值和国民收入的增长速度明显地慢于工农业年总产值的增长速度。今后，随着我国经济发展战略的转变，经济结构的合理调整，特别是第三产业较快地发展，基础设施的改善，加上技术进步使生产中的物质消耗下降，特别是经济体制改革的完成，将会使经济效益全面提高。这些因素都会加速国民生产总值和国民收入的增长。因此，到本世纪末，我国的国民收入可能与工农业总产值同步增长，至于国民生产总值，将会比工农业总产值增长更快。

第二，产业结构日趋合理，各部门比例逐步协调发展。从中国的国情出发，我们把农业、基础设施和各种服务业即"第三产业"作为经济发展的重点。在本世纪内，我国农业还不可能完成由传统农业向现代化农业转变的过程。但农业发展的速度将会比过去 30 年快。而且目前以家庭为单位的承包经营方式将逐步向协作化、联合化、合作化方向发展。在工业内部，由于今后面临着手工劳动机械化和传统产业技术改造的任务，重工业增长速度可能稍快于轻工业，但差距不会过大。我国产业的发展，在本世纪内要采取传统产业和新兴产业并重，以传统产业的新技术改造为主的方针，形成一大批高技术与传统技术相结合的"技术复合体"。现在新兴产业在工农业总产值中占的比重将有较大幅度的增加。至于三次产业发展的比例，第三产业的发展速度，将明显地快于第一、第二产业。这是我国社会主义经济现代化，社会化和效益提高的一个标志。

第三，国民生产总值和主要工农业产品的产量将居于世界前列。我国的国民生产总值，1980年大体为2833亿美元，位于美国、苏联、日本、联邦德国、法国、英国和意大利之后，居世界第八位。在研究了世界发达国家的各种发展预测之后，到本世纪末，如果我国实现了工农业年总产值翻两番的目标，估计国民生产总值将超过11400亿美元，有可能居世界第五位。但是，由于我国人口众多，按人口平均的国民生产总值，在世界上的位次可能从现在的第151位左右，上升到第75位左右。这个位次说明到那时我们还是一个发展中的社会主义国家，但是整个国家的经济实力，却大大加强了。

第四，普遍采用经济发达国家在70年代或80年代得到普及的先进技术，一些尖端技术可能达到世界先进水平。到本世纪末我国国民经济各部门要普遍采用经济发达国家在70年代或80年代已经普及了的适用于我国的先进技术，并形成具有中国特色的技术体系。我国的技术结构仍将是先进技术、中间技术和传统手工技术等多种技术并存的多元型结构。

第五，人口的增长将逐步得到控制。我们希望能在本世纪末把全国人口控制在12亿以内，但很有可能突破这个数字。为了力争把人口控制在12亿以内，我们要继续贯彻计划生育的基本国策，在本世纪内，提倡一对夫妇生育一个孩子，并采取优生优育政策。

第六，资源、能源的利用率和加工深度显著提高。我国经济、技术落后的主要表现之一是资源、能源利用率低，加工深度低。到本世纪末，资源利用率将有明显提高，能源的效率将从现在的30%左右，提高到40%左右，同时加工深度也将显著提高。

第七，人民的文化教育水平将显著提高。到2000年时，我国文化教育状况将有很大改变。估计文盲、半文盲将全部扫除，农村将普及初等教育，城市将普及中等教育，全国高中和大学文化程度的人显著增加。那时我们将有1500万—2000万受过高等教育的知识分子，这是现代化建设的一支主力军。

第八，人民生活将达到小康水平。实现了本世纪的战略目标，我国城乡人民的收入将成倍增长，每人平均国民生产总值可达到 800 美元左右，人民的物质文化生活可以达到小康水平。1980 年我国居民的平均消费水平为 227 元，按最低方案初步预测，到 2000 年将达到 617 元，为 1980 年的 2.71 倍，每年平均递增 5.1%。城乡居民消费差别缩小，其消费水平将由 1980 年的 2.71∶1 缩小到 1.86∶1。到那时，全国城乡家庭平均消费水平将高于目前城市中等收入家庭的水平。

第九，生态环境将有所改善。环境问题是当前世界面临的重要问题，我们也存在这个问题。现在我们已经开始重视环境保护工作，正在采取必要的措施，保护和改善环境，在 1990 年以前，将重点控制环境污染的发展。到 2000 年时，要使我国的环境污染和生态破坏问题得到相当程度的解决，使城乡人民的生产和生活环境达到比较清洁、优美的程度，各种自然生态环境逐步恢复到良好的状态。

第十，人民的社会主义—共产主义觉悟不断提高。我们不仅重视物质文明的建设，而且重视精神文明的建设。随着以共产主义思想为核心的社会主义精神文明建设的发展，我国工人、农民、知识分子的思想觉悟将日益提高，他们将成为有理想、有道德、有文化、守纪律，体力劳动和脑力劳动相结合的劳动者，自觉地建设共同富裕的新社会。

以上是对 2000 年我国经济和社会发展的一些轮廓性的展望。实现了这个目标，就有了一个新的起点，从而达到更高程度的现代化。所谓更高程度的现代化，就是在主要方面接近和赶上发达国家当时的水平。这一历史任务，大约要在下一个世纪 30—50 年代来完成。

三　实现战略目标的步骤

为了实现本世纪末的奋斗目标，在战略部署上要分两步走：前十年主要是打好基础，理顺经济关系，积蓄力量，创造条件；这样，后十年将要进入一个新的经济振兴时期。在增长速度上，前十年可能低些，后十年可能高些。这是因为，前十年经济的增长要受许多制约因素的限制。（1）不合理的产业结构、产品结构、企业组织结构还没有完全调整过来；（2）经济关系还没有完全理顺，适应社会主义商品经济发展的、对宏观经济和微观经济的调节体系还没有很好地建立健全起来，经济体制改革还没有完成；（3）能源、交通和原材料紧张状况在短期内还不可能根本缓解；（4）重大科学技术项目的攻关，人才的成长和企业的技术改造需要相当长的时间。

有一些经济学家根据近几年来工农业总产值增长速度比较快的情况，认为前十年的速度还可以更快一些，不一定要比后十年慢。近几年经济增长速度确实比预想得要快，1981—1985 年工农业总产值，预计平均每年增长 8.9%，1984 年工农业总产值增长率提高到 14.2%。我们认为，对于这种情况应当进行客观的冷静的分析。一方面，近年来出现的高速度，在相当程度上是靠挖掘过去由于严重不合理的经济体制和严重不合理的产业结构所压抑的潜力而获得的，今后这方面的因素所发生的作用，在某种程度上将会有所减弱。另一方面，也要看到近几年的高速度发展中，也存在着一些不正常的因素。因此，不能以近几年已经达到的速度为根据来安排未来的发展计划。

从总的方面看，1981—1985 年的"六五"计划的执行情况是良好的，为"七五"计划的实行在许多方面创造了非常有利的条件。"六五"期间，国民收入预计平均每年增长 8%，接近工农业总产值增长的速度，生产、建设、居民收入都有较大幅度的增长，开始出现三者相互促进的良性循环的前景，但是，在前进过程中，也出现过一些问题，这主要是指 1984 年下半年特别是第四季度信贷投放过多，扩大再生产的资金增长过快，消费资金增长过猛。产品内部结构不合理、技术基础落后的状况，还没有根本改变。在超出正常情况的购买力和银行放宽信贷的支持下，从 1984 年 12 月开始，工业增长率提高到 20% 以上，结果使能源、交通运输等基础设施和材料供应更显得不足，所以这种发展速度是需要加以控制的。这些问题，经过采取措施，正在得到纠正。然而出现这些现象也使我们更清醒地认识到，编制发展计划，特别是中长期计划，对增长速度绝不能要求过高，满打满算，而必须留有余地，保持必要的后备，以便做到既有近期效益，又有中期和远期效益。

根据"六五"计划执行的情况和经验，并分析近期发展的趋势，展望 2000 年我们要达到的目标，对于"七五"时期我国经济社会的发展，是否可以做这样一些预测和构想：

（1）加强基础设施的建设，加快第三产业的发展，努力使产业结构、产品结构、企业组织结构合理化，保持国民经济的持续、稳定、协调发展，为后十年腾飞创造条件。

（2）把经济工作的重点切实转到提高经济效益方面来，在不断提高经济效益的前提下，预计工农业总产值每年增长 6%—7%，国民生产总值每年增长 7%—8%。这样，就能确保 1980—1990 年十年的工农业总产值和国民生产总值翻番。同时，争取财政、信贷、物资、外汇的基本平衡，适度提高人民的生活水平，实现全国财政经济状况的根本好转。

（3）用一整套手段和机制把计划和市场，微观搞活和宏观控制和谐地结合起来，理顺经济关系，按照中共十二届三中全会决定的精神，初步建立起有中国特色的、充满生机和活力的社会主义经济体制的基本框架。

同时，社会主义精神文明的建设，将会出现新的面貌。

为实现这些目标，我们面临着许多必须解决的问题。

第一，工农业产品结构必须能够适应消费结构的变化。"七五"期间的消费需求总趋势是：传统的消费模式将有所变化，由温饱型逐步向小康型过渡。国民经济的产业结构和工农业的产品结构，必须适应这种趋势，逐步实现结构合理化。

第二，必须处理好改善人民生活、加强技术改造和重点建设同经济体制改革的关系。在"七五"期间，人民收入和固定资产投资都应有所增长，但是如果增长过多、过快，超过了国家财力、物力的可能，就会引起通货膨胀，影响经济生活和社会生活的稳定。因此，"七五"计划的指标不能打得太满，特别是建设规模和消费的增长要适度，这样才能保证经济体制改革得以顺利进行。

第三，必须注意解决好劳动就业和社会保险问题。"七五"期间劳动就业面临一个新的形势。企业实行改革之后，将把一部分多余劳动力转向社会；一部分落后企业将在竞争中被淘汰，职工需要重新就业；农村多余劳动力也有一部分要转向乡镇，另谋职业，而且新成长起来的城镇劳动力每五年约有2700万人，这就需要加速城市第三产业的发展，特别是要加速发展乡镇工业、建筑业和开矿业等。此外，需要研究建立社会保险制度，加强社会保障。

第四，必须解决重点建设资金不足的问题。"七五"期间，需要适当扩大交通、能源、原材料工业建设规模，而国家掌握的资金有限，不能充分满足这些方面的需要。解决这个问题的办法，要打破国家统一包下来的政策，大家动手，集资办煤、办电、办交通、办原材料，同时还要努力扩大利用外资的规模，以保证能源、交通和原材料供应紧张的状况得到较大缓和，并引进必要的先进技术和设备，加速现代化的进程。

总之，"七五"期间是我国经济体制改革的关键时期，也是为后十年振兴打好基础的关键时期，我们要抓紧时机，努力工作，建立现代化的高度物质技术基础，同时达到相应高度的精神文明水平，使我国经济和社会的发展有一个崭新的局面。

中国经济的对外开放[*]

　　"外资在经济发展中的作用"学术讨论会今天正式开幕了。我代表全体中方代表对出席这次会议的美国和其他各国同行以及他们的夫人表示热烈的欢迎。中外学者欢聚一堂，讨论外资在经济发展中的作用是一次很有意义的学术交流活动，我相信，双方将会从这次讨论会上吸取许多有益的东西。

　　外国资金和技术在经济发展中的作用，已经越来越成为一个热烈讨论的题目，各国的学者和企业界人士不仅从理论上进行了有益的探讨，而且积累了不少实际经验。外资问题所以会引起大家的普遍关心，这是因为它反映了战后世界经济发展的趋势。

　　众所周知，战后以来，无论是社会主义国家，还是发展中国家，或者发达资本主义国家，它们的经济都有了很大的发展，同时，科学技术革命又大大地推动生产社会化向国际范围扩展，使生产国际化有了长足的进步。这就扩大了各国之间的经济、贸易、资金和技术的交流，增强了国际经济联系和合作，从而又促进了世界经济的发展。从 1913—1938 年，世界工业生产量年平均增长 2.2%，而 1950—1973 年，世界工业生产量的年平均增长率为 5.4%，比本世纪其他任何同一时间跨度的时期都快。世

　　* 本文是作者 1985 年 5 月在杭州"外资在经济发展中的作用国际学术讨论会"上致的开幕词，原载《世界经济》1985 年第 5 期。

界贸易额的扩大则比世界工业生产的增长还要快得多，1950—1973 年的年平均增长率为 7.2%。

上述事实说明，随着生产力的不断发展和科学技术的不断进步，国际之间的经济联系正在日益密切地发展着。人们已经看到，战后以来，世界上绝大多数国家和地区都在利用这种国际经济联系发展自己的经济。它们通过对外开放，发展国际经济往来，以促进和加强本国的经济建设，这已经成为当代世界经济发展的潮流。只要仔细分析一下战后国际经济联系的发展过程，人们就会发现两个明显的趋势：第一，越是经济发达的国家，其国际经济联系就越为广泛。北美、西欧和日本等发达国家在世界贸易、技术转让、对外投资的规模之大就说明了这一点。不仅这些国家相互之间，而且它们同发展中国家的经济联系都十分密切。第二，越是经济发展快的国家，在吸收外资、引进技术、发展对外贸易方面迈的步子就越大。亚洲和拉丁美洲一些国家和地区的例子可以说明这一点。上述两个趋势清楚地显示，当代的世界是开放的世界。任何一个国家，即使是地域辽阔、资源丰富的大国，都不可能置身于国际交往的密切联系之外，关起门来搞经济建设。各国都需要博采众人之长，补己之短，在充分利用本国的资源、资金、人才和技术的前提下，积极利用外资和外国先进技术来加速本国的经济发展。

另一方面，当我们强调战后生产国际化的进展和国际经济联系加强的同时，不应当忘记，还有许多因素阻碍世界经济的发展，旧的国际经济秩序妨碍国际经济联系的加强。比如从 70 年代中期到 80 年代初，世界经济的增长速度已经大大减缓。发达资本主义国家被战后两次最严重的经济危机所困扰，"滞胀"问题严重。广大发展中国家的处境则更加困难。由于发达国家竭力转嫁经济危机，加强贸易保护主义，压低初级原料产品的价格，提高贷款利率，致使许多发展中国家经济发展停滞，贸易条件恶化，出口收入减少，进口能力削弱，债务急剧增加，还本付息困难。一些发展中国家的人均收入连续几年下降，形势十分严峻。当前，虽然多数国家的经济正在回升，但是，一些不利于世界经济发展的因素，如高利率、贸易保护主义、债务问题等仍未解决，南北谈判陷于僵局。全世界都应该认识到，如果不是根据平等互利的原则发展南北合作，逐步改变旧的国际经济秩序，那么，不仅发展中国家还将面临更多的经济困难，而且西方国家面临的市场问题、经济发展问题也将难以解决。发展中国家的人口占世界总人口的3/4，由于历史造成的原因，这些地区还远远没有形成与它们的人口和资源相适应的重要市场。要把它们变为现实的市场，就需要有资金和技术去开发，正因为如此，我们强烈呼吁发达国家采取实际步骤改善南北关系，开展平等互利的南北合作。发展中国家的经济发展了，人民的生活水平提高了，它们对世界经济的发展就会作出更多的贡献。我们始终认为，帮助是相互的，贡献是双方的。

中华人民共和国成立之初，由于种种原因，我国人民加强对外经济交流的愿望并没有得到充分的响应。一方面，50年代和60年代，有些发达国家对我国采取封锁、禁运、歧视和排斥的政策；另一方面，囿于当时的国际环境，我们在理论上和政策上也有过一些失误，在某种程度上陷入了闭关自守的状态。70年代后期，我们总结了历史经验，认识到闭关自守是封建主义时代的特征，其结果是停滞和落后。经验证明，关起门来搞建设是不可能成功的，中国的发展离不开世界，世界的发展也需要中国的协力。根据这种认识，同时也根据国际环境的变化，我们制定了对外开放的基本国策。这种开放是向所有愿意在平等互利的基础上与我国发展经济关系的国家开放。中国同广大第三世界国家同属发展中国家，显然具有相互合作的广阔前景。我们同样愿意同所有经济发达国家，不论其社会经济制度如何，发展平等互利的经济关系。这种平等互利的关系，不仅将有利于我国的社会主义现代化建设，而且将有利于整个世界经济的发展。

我国对外开放的政策不是一种短期的、权宜的政策，而是长期的基本国策。我们要在本世纪末实现工农业年总产值翻两番，达到"小康水平"，然后在这个新的起点上，再经过30—50年的努力，接近和赶上世界发达国家的水平。在实现这个宏伟的奋斗目标的过程中，当然首先要进一步调动我国广大人民群众的积极性和创造力，坚持自力更生的方针。但是，自力更生绝不意味着关门搞建设。我们应当抓住时机，大力开展对外经济技术合作和交流，积极引进资金、引进技术、引进信息、引进人才，拓展对外贸易，加速我国的经济发展。另一方面，我国的长期开放又是顺应世界经济发展的总潮流。我们将竭尽全力抓住世界新技术革命向我们提供的机会，利用世界上的科技新成就来促进我国经济结构的改造，这将是一个长期的任务。今后我们将更加广泛地同世界各国在平等互利的基础上开展合作。只要存在这种互利合作的基础，我们就将永远敞开合作的大门，而且使双方受益。

几年来，我国对外开放的地区越来越大。自从 1980 年我国开办 4 个经济特区以来，1984 年 4 月进一步开放了沿海 14 个城市和海南岛，今年年初又在长江、珠江三角洲和闽南三角地区开辟了几个沿海经济开发区。这样，通过经济特区—沿海开放城市—经济开发区，把沿海的发展和内地的开发更加紧密地结合起来，逐步地、更加有效地解决我国东部和西部的关系问题，进一步促进全国的经济振兴和人民的富裕。

1984 年 10 月，中共十二届三中全会通过了《中共中央关于经济体制改革的决定》，这是在中国历史上具有划时代意义的文件，是我国进行经济体制改革的纲领性文件。我认为，有充分的理由相信，我国的经济体制改革将会使我们在对外经济关系方面变得更加开放。

第一，对外开放本身就是经济体制改革的一个重要内容。《决定》的第八条专门谈了对外开放，指出："我们一定要充分利用国内和国外两种资源，开拓国内和国外两个市场，学会组织国内建设和发展对外经济关系两套本领。"体制改革和对外开放可以互相促进。比如，对我国现行的价格体制、外贸体制、外贸管理体制等进行改革，使立法制度更加完善，就必定能够更好地适应对外开放的需要。毫无疑问，随着我国经济体制改革的深入发展，我国对外经济技术交流将会有一个很大的发展。

第二，改革的一个重要任务是大力发展商品生产和商品交换，这将有利于扩大对外经济技术交流。我国过去长期受"自然经济论"的影响，把计划经济和商品经济对立起来，没有很好地运用价值规律去促进商品经济的发展，使我国的不少企业长期处于高消耗、低效益的状态。这次的《决定》明确规定今后要大力发展商品生产，这将促使我国的企业竭力去提高经济效益，重视市场的需要，重视经济信息，尊重人才，关心世界市场。这样，一方面加速我国的经济发展；另一方面有利于改善投资环境，为利用外资创造更好的条件。我国将会对外商具有更大的吸引力。

第三，经济体制改革将会大大增强中国的经济实力，从而有利于世界和平和世界经济的发展。我们实行对外开放，吸收外国的资金和技术，可以说这是外国企业家对中国的帮助。反过来，帮助中国的发展，对世界也有利。因为中国的经济发展了，可以出口和进口更多的商品，具有更强大的物质基础去同别的国家进行多方面的经济合作与交流。那么，世界市场也就扩大了，发展了。而且，在中国这样的巨大市场上树立起平等互利合作的范例，无疑将有助于建立一个更为合理的国际经济秩序。

为了引进外国资金和先进技术，中国政府正在采取各种措施改善投资环境，抓紧基础设施的建设，健全和完善各种涉外的经济立法，加紧人才培训等方面的工作。我们欢迎各国的公司，厂商做出明智的决断，根据平等互利的原则来我国进行各种形式的投资和合作。

认为举办这样的学术讨论会很及时。虽然我们在对外开放方面取得了一定的成绩，但是，毕竟时间还短，在利用外资和引进先进技术方面还缺乏经验。有许多问题值得进一步研究和探讨。我们希望在座的中外学者和企业界人士，把自己渊博的学识和丰富的经验，把其他国家利用外资的经验和教训，把我们在实行开放政策中出现的缺点和问题无保留地坦率地发表出来，以便帮助我们克服缺点，使问题得到正确的解决。

走向 2000 年的中国[*]

2000 年的中国是一个激动人心的题目。

中国共产党和中国政府提出到本世纪末我国工农业年总产值翻两番，人民生活达到小康水平，建设具有中国特色的社会主义现代化强国的宏伟目标之后，举世都在瞩目：中国的发展前景将会怎样，到本世纪末，中国大地上将呈现怎样一幅景象？占世界 1/5 多的人口将怎样生活？

经过总结过去、立足现在、面向未来的研究，对 2000 年中国的基本图像有如下的预测：（1）我国人口可以控制在 12 亿或稍多一点；（2）人民生活可达到多层次的小康水平；（3）经济实力将跃居世界第六位或第五位（目前为第八位）；（4）工农业均有较大发展，其中工业生产相当于美国 80 年代初的水平；农业将适应经济发展和人民生活的需要；（5）整个国民经济成为有活力的对外开放型的经济，具有中国特色的社会主义经济体制基本形成；（6）文教、卫生、体育事业均有较大发展，但科技水平距世界先进水平仍相差 10 年，有的到 20 年；（7）传统观念将有较大变化，社会主义精神文明大为加强。预计到本世纪末，我国将成为一个政治稳定、经济繁荣、国力殷实、人民康乐的社会主义强国，我们将向全世界展现出一个比较完善的、富有创造性和生命力的、具有中国特色的社会

* 本文是作者 1985 年 5 月在日本召开的"中国经济知识交流会"提供的论文，原载《中国工业经济学报》（季刊）1985 年第 3 期。

主义模式。

研究认为，在实现 2000 年的宏伟目标的过程中，我们遇到的主要困难将有：人口净增 2 亿多，就业压力十分沉重；交通、通信比能源更为严重地钳制国民经济发展；教育和科技远远不能适应经济发展的要求；地面资源严重短缺，生态环境有可能恶化；资金不足对国民经济发展和经济体制改革是一个重要的制约因素。

为了克服上述困难，达到预期目标，研究中着重探讨了我国经济、科技、社会发展的总体战略和相应的政策问题。这里，我想就实现 2000 年目标的有关战略和政策的设想，谈一些个人看法，希望得到各位的指教。

一 认清国情

认清国情是制定战略的基础。我国基本的国情是：地域辽阔，但经济发展很不平衡；人口众多，人力资源丰富，但文化、技术素质低；资源总量丰富，但人均资源少；地下资源西富东贫，智力资源西贫东富。同时，基础设施特别是交通、通信尤为落后，能源紧张，资金短缺，经济体制的弊端和经济的封闭性有巨大惯性，"十年动乱"的破坏严重。另一方面，十年苦难也给我们民族带来新的觉醒，立志改革的中国人民正在实践中探索具有中国特色的社会主义道路。

对国情的认识和对经济目标的确定是拟订各项政策的依据。对经济关系和经济杠杆作用机制的认识，对经济杠杆应用条件的把握，又成为各项政策相互配合的重要条件。良好的政策配合又使得改革易于成功，这会改善经济制约条件，进而提出更经济的目标。因此，我们在设想总体战略与政策建议时，首先致力于认清国情，分析有利因素和制约因素，进而确定目标，从而充分发挥优势，尽量克服劣势来设计如何能够达到充分发挥国力、实现国民经济良性循环的政策手段。这样才有可能摆脱长期以来不利于我国经济发展的旧模式，吸取发达国家和发展中国家发展过程中的经验教训，确定符合我国国情、行之有效的发展战略。

社会主义社会生产目的，就是要最大程度地满足人民群众日益增长的物质文化需要。这一点既是发展战略和政策研究的出发点，又是研究的归宿。研究表明，对应同样的消费水平，可以有不同的消费结构。客观存在的生产要素和资源条件，决定了一组最适宜的消费结构，以这组消费结构作为远景目标，引导经济最大限度地利用各种生产要素，从而可能实现更高的消费水平，使人民得到更多的实惠。因此，在一定意义上，远景消费结构是战略制定与政策调节的航标。

二　持续、稳定、协调的发展战略

基于对目标和国情的认识，经过预测和比较，我们摒弃了重型结构方案和超高速发展方案，选择了国民经济持续、稳定、协调发展的方案。这个方案的主要精神是把发展速度、经济效益和人民实惠三者有机地协调起来。要点如下：（1）从不断满足人民日益增长的物质文化需要出发，首先安排好消费品生产，进而按照消费品生产发展的要求，安排好生产资料的生产；（2）加快包括交通、邮电、商业、外贸、金融、保险、咨询、技术服务和其他社会服务的第三产业的发展，提高它在整个国民经济中的比重；（3）运用新技术改造传统产业，并适当发展知识密集型和资金密集型的新兴产业，使整个传统技术体系中渗透高技术的因素，形成大批高技术与传统技术相结合的"技术复合体"；（4）根据我国经济发展不平衡的特点，正确处理我国东部、中部和西部三个经济地带的关系，立足东部，充分发挥各地相对的经济优势，改善经济梯度结构，使我国地区经济发展的战略布局逐步合理化；（5）建立以大城市为中心的、不同层次、规模不等、各有特色的经济网络，充分发挥大中城市作为经济中心在社会主义商品经济中的多功能作用；（6）适应国际市场的变化，发展我国的优势产业，通过国际贸易，引进外资和引进技术，增强我国的自力更生能力和加快现代化的进程。这种方案与重型结构方案或超高速发展方案相比，有显而易见的优势。

三　人口控制

为确保实现小康生活水平，一定要坚定不移地执行计划生育的政策。这项政策是我们的基本国策之一，几年来已取得显著成效，今后还需大力抓紧抓好，以做到在本世纪末把人口控制在 12.5 亿以内。同时，实行政府安排就业与劳动者自己创业相结合的就业方针，建立起城乡一体、灵活开放的劳动就业体制，以便能在 15 年之内，安置大约 2.5 亿这样一个庞大数字的人口就业。

四　消费结构

按照我国国情，消费结构发展的趋势将是农产品消费比重的相对下降和住房消费比重的相对上升这样一个特点。消费结构的变化过程是以住宅建设、衣着改善、耐用消费品增加、社会服务业发展，以及膳食质量的提高，来替代现时的过高的膳食消费比重。目前，我国的粮食已基本自给，人民的营养得到了基本保证。由于我国人均耕地草场面积少，饲料生产、畜牧业的发展受到耕地、草场面积的限制，在食品构成中，不应追求发达国家的标准，过分提倡提高动物性食品的比重，而应根据我国膳食传统及营养学观点，避免膳食的高热量、高脂肪。动物性食品热量由 1980 年占食物总热量的 7.7% 提高到 2000 年的 12% 左右似较恰当，否则粮食生产将不能支持粮食转化的需要。我国今后需要大量居民住房。初步估计，1984—2000 年城镇需新建住房约 28 亿平方米，是现在面积 12.65 亿平方米的 2 倍多，农村还需新建约 100 亿平方米。今后的消费政策，应引导人们向商品化住房、耐用消费品和家务劳务社会化方向发展。

五　产业结构

消费结构的方式确定以后，须以相应的产业结构予以支持。我国产业结构变化趋势是，在各种产业普遍增长的同时，农业，一次性能源比重相对下降，交通、邮电、建材、建筑、电子机械特别是服务业比重相对上升。这与国际上产业结构现代化的发展趋势大体一致。

农业结构的调整，要继续大力发展农业，采取"贸工农"格局，加强商品粮的生产，加速农村的商品流通。由单一发展农作物向大农业方向演进，促进农、林、牧、副、渔和农、工、商、运的综合发展，特别是在矿产资源丰富的地方，大力发展矿业（如采煤、采金等）。发展农产品、矿产品就地深加工产业，尤其是食品加工和饲料加工业。大力发展农村公路运输业，改善农村的运输、储存和加工系统，加强农村科技网建设，走与生产责任制相吻合的农业机械化道路，加强专业化协作和专业化联合。

调整工业结构，要加强微电子、光导通信、新型材料等带头的新兴工业。要重点发展建材业和建筑业。具有出口竞争能力的机械工业和轻纺食品工业应该加强。特别要注意扩大工业消费品生产领域，把耐用消费品工业、食品工业、服装工业作为消费品生产的主要产业。要大力发展房屋建筑业，使它成为发展国民经济的重要支柱之一。对制约国民经济发展的交通、通信、建材、能源等产业应予以特别的重视，为 90 年代的经济腾飞奠定基础。

在协调发展第一、第二产业的同时，应重视发展第三产业，特别注意发展教育、信息、咨询、金融、社会保险、社会服务业，提供更多的就业渠道，要重视促进生产和社会生活的现代化，提高经济效益，增加国民生产总值。要通过调整产业结构，逐步减轻交通运输的压力，降低能源和其他资源的消耗，使产业向劳动、智力密集型产业转化。

六　技术结构

在世界新技术革命的影响下，我们要有计划地采用新技术改造传统产业，改造设备，培养技术力量，提高工艺水平。

传统技术与高技术并重，在相当时期以发展传统技术为主，在高技术发展中以电子信息技术作为带头技术，以对传统产业与传统技术的改造为第一市场；改变传统技术的旧有形态，形成一大批高技术与传统技术相结合的"技术复合体"。采用这种"技术复合体"战略，要求在整个传统技术的发展中渗透高技术因素。

七　科学技术

科学技术是巨大的生产力。我国人均资源短缺，能源紧张，交通落后，资金不足。最好的出路是提高科技水平，向科学技术要材料、要能源、要效率、要资源。要依靠科学技术开发利用新能源和可再生能源。依靠科学技术合理利用已有材料，创造新型材料，以变废为宝，劣材优用，节约代用，循环使用，综合利用，缓和资源不足的紧张状态。要使技术商品化，科研成果很快转化为商品，使科学技术机构具有自我发展的能力和自动为经济建设服务的活力。改变过多的研究机构与企业分离，研究、设计、教育、生产相脱节和条块分割的状况，大力加强技术的引进、消化、吸收和创新的能力，逐步形成一个支撑整个经济健康发展的科技体系。加强技术成果转化为生产力的中间环节，促进研究机构、设计机构、高等学校、企业之间的协作和联合，加快人才的合理流动和纵深配置，营造出人才辈出、人尽其才的良好环境。

八　教育

教育要面向现代化，面向世界，面向未来。目前在大、中、小学学习的学生，都是跨越世纪的青壮年，将成为开创 21 世纪的生力军。世界经济的竞赛说到底是智力的竞赛。因此，面对 21 世纪，必须首先抓好中小学基础教育，打好百年大业的根基。合格的教师队伍是保证教育质量的关键。要严格把握各级学校教师来源的学历标准，下决心对现有教师队伍，特别是中、小学教师队伍，进行调整和培训。高等教育的发展则走以老校扩建挖潜为主的路子，要改革传统的教育观念，更新教学内容，改革教学方法，按经济、社会发展的需要合理配置专业，扩大学生的知识领域，提高他们的开拓能力和创造精神，培养立志改革、门类齐全、一专多能的创造型人才。广开财源，鼓励社会各方面办学的积极性；广开学路，建立全民的终身教育体系。

九　经济梯度结构

我国地域广阔，经济资源分布很不均匀，生产发展很不平衡。根据经济发达的程度，我国可分成几个经济发展梯度，形成合理的结构，发挥相对经济优势。沿海和经济发达地区，宜多发展资金与技术密集的产业，充分利用优势，联合内地，对外开放，重点发展精加工工业，外贸产业与金融服务业，特别是像类似上海这样有优越条件的地区，应着重发展成为出口产品的基地。对不具备矿藏资源优势的、经济不甚发达的内地地区，可发展劳动较密集、资金与技术不甚密集的专业化加工工业，如机械、化工、轻纺、能源等产业。对经济不发达的原料产地及边远地区，可发展劳动较为密集的采矿业、采伐业和与当地资源优势相应的粗加工工业，或进行公路建设和劳务输出。

在上述梯度结构下，各地区都有自己的技术水平高或劳动力成本低等相对优势，从而可以在现有条件下获得某些方面的优先发展。为适应这种经济梯度结构，促进其向更高梯度发展，应打破贸易封锁、垄断和对就业的统包。要发挥地区相对的优势，组织专业化生产，实行合理的地区分工，同时按照经济规律组织地区间的专业化协作，把各地的优势结合起来，取长补短，合理组织生产力，使各种自然、技术、经济因素在当地实现最优的结合，并使规模经济得到最大的效益。

十　投资结构

改变投资方向，调整投资结构，是促进产业结构、技术结构、人才结构、地区经济结构合理演变的直接手段。我国现行投资体制是以财政预算无偿拨款为主的，目前正逐步改革为以银行信贷为主。要扩大企业的投资决策权，以加强企业投资的责任，对于技术改造及其他内涵发展的投资决策，由于企业更关心和熟悉收益与成本的关系，更宜由企业自主决策，但应在银行的监督和国家相关部门的指导下进行。可以实行更新改造投资与基建投资统一管理，以提高经济效益为准则，适当灵活使用。应建立项目投资的咨询机构，做到宏观控制和微观的指导。努力做到信贷项目的申请、评价、审批、实施的科学化、合理化、法制化。

十一　开放与利用市场机制

现代化的经济是开放型的经济，这包括对内开放和对外开放。对内开放，就是要扩大企业的自主权，使企业充满经济活力，利用一切手段搞好流通环节，建立以商品市场为主，以一定范围的技术、金融、劳务和智力等相配合的市场体系。对外必须实现最优的外贸结构和外贸体制，用国际市场价格进行评价，优先发展换汇率高的产业，努力提高出口产品的质量，改变出口结构，提高竞争能力和出口换汇能力，增加外汇收入。要下放部分外贸权力，让从事出口贸易的企业，更直接地了解国际市场的动态与国际经营方式，部委管理机构要展望全局性国际技术经济动态，研究发挥本国的比较优势，组织好产品开发和进口资源与设备的工作。完善关税、补贴、汇率、许可证等经济杠杆的控制工作，做好引进外资的工作。在引进外资时，特别要注意引进技术，先进的管理方法，重视技术的吸收和创新。积极扩大对外经济技术交流与合作的规模。

十二　经济体制改革

上述各项设想都要通过经济体制改革来实现。经济体制改革的本质是调整生产关系，使之适应和促进生产力的发展。要坚持以公有制为主，发展各种经济形式和多种经营方式。当前要注意为城乡集体经济和个体经济的发展创造条件，可考虑将长期亏损、不宜国家经营的企业变为集体经营或承包给个人经营，建立具有我国特色的社会主义生产资料公有制。逐步实行国营企业职工参股，加强职工与企业的经济联系，提高职工的主人翁责任感，这样既可以筹集资金，又可以把企业建成国家、集体、个人的命运共同体，有利于调动职工改善企业经营的积极性和主动性。

对国有企业既需增强其活力，也需有一定的指导。否则，就会出现过分强调职工福利忽视国家利益的倾向。有些企业，可考虑成立有代表国家利益、企业利益和参股利益的代表组成的董事会，负责企业的战略决策和厂长（经理）的任免。

在劳动报酬分配上，坚决改变平均主义倾向，采取更加灵活的浮动的工资制度，真正体现多劳多得、按劳分配，共同富裕的原则。

十三　政策体系

实现我们的经济、社会发展目标，需要一套比较科学的、相互协调的、能够促进社会主义商品经济发展的政策体系。政策是国家对经济、科技、社会发展进行宏观指导、控制和调节的重要手段，是妥善处理国家、集体、个人关系的杠杆，是把大的方面管住管好，小的方面放开放活的枢纽。它应有最大的覆盖率，足以囊括整个国家经济活动，特别是在社会主义有计划的商品经济的条件下，更需要一整套有效地调节经济活动的政策。

整个社会，整个国民经济是一个非常复杂的庞大系统。经济领域的各个环节彼此联系，互相依存。在调整它们机制运行的过程中，既需要战略性的政策，又需要策略性的政策；既需要解决宏观问题的政策，又需要解决微观问题的政策。从经济活动来看，驾驭生产、流通、消费、内贸、外贸等都各需相应的政策，这些政策应形成一个有机整体，具有合理的层次，科学的内涵，清晰的外延。总之，需要一个完整的政策体系。

前面所谈的，就是探讨对 2000 年的中国发展战略和相关政策问题的一些思路。对我们国家来说，未来的 15 年，是我国经济发展模式和运行体制由旧模式转变为新模式的承前启后、继往开来的 15 年，是花费巨大力气夺取巨大成就的 15 年。它对于建设具有中国特色的社会主义现代化中国，具有极为重要的意义。

加强投资科学的研究，大力
提高投资的经济效益*

首先，让我代表国务院经济技术社会发展研究中心对中国投资学会的成立表示热烈地祝贺。这样一个重要学会的成立，对于我国社会主义四个现代化建设事业，是有重大意义的。

成立这个学会，首先要弄清楚它干些什么，这个学会究竟担负着一个什么样的任务。在这方面，我提几点很不成熟的意见，供同志们参考。

第一，根据党在新的历史时期的总任务，我们应当把投资学摆到经济学科的重要位置上来。投资学会责无旁贷地要研究投资学的问题。那么什么是投资学？可不可以这样说，投资学是研究怎样运用马克思主义的经济理论，特别是马克思主义的再生产理论，最经济地用财之道的科学。用财之道内容很广泛，投资是用财中最重要的一个方面，投资学就是研究这方面的科学。投资有固定资产投资，有流动资金投资。我们今天在座的同志主要是研究固定资产投资的。投资合理与否，不仅决定我国当前经济社会的发展，更重要的是，决定着我们的未来，这个道理，我想不需要多做解释。

我们不是要建立一个合理的经济结构、产业结构、产品结构、消费结构吗？怎样才能合理地建立这些结构，归根到底还是取决于我们有一个正

---

* 本文是作者 1985 年 7 月 15 日在"中国投资学会成立大会"上的讲话。

确的产业政策和合理的投资结构。要建立上述那些合理的结构，都要由合理的投资结构来支撑，没有合理的投资结构，上面那些东西都是空的。

从我们国家的情况来讲，1984 年列入国家计划的固定资产投资是1185 亿元，在国家计划以外的，这当然带有很大估计性，大概是 700 多亿元，加起来将近 2000 亿元。这只是固定资产投资，还没包括流动资金，如果加上流动资金，那更是一个相当大的数字。根据国家统计局统计，去年我们国民收入里面，积累部分大概占 31%。这样一个比例究竟合适不合适？这是我们要研究的问题。

目前，我们的国民收入是超分配的。国民收入的使用，分为两部分，一部分是积累，一部分是消费。积累与消费两部分总和是否超过国民收入的总量，宏观控制就是要控制这个，从而使国民收入在积累与分配之间能基本平衡。

第二，新的历史时期对投资学这个学科提出的新课题，我想讲三点：

（1）世界新技术革命对我们的挑战。也就是说，我们投资的运用怎么才能够迎接世界新技术革命的挑战。是把投资用于非常落后的技术，还是搞先进的技术，这值得我们很好地研究。要研究技术进步在我们整个经济社会发展中的地位、作用，我们的投资怎样能够适应这样一个潮流，而不是背离这个潮流，这是从世界范围来考虑所面临的课题。

（2）我们的国家、我们的经济体制正在从一个旧的模式向新的模式过渡，要研究从固定资产投资角度怎样来适应这个过渡。

刚才在休息室，吕克白同志讲了很好的意见，我觉得这个问题值得我们注意。比如，我们旧的模式在固定资产投资使用上究竟是个什么模式，我们能不能简要地概括一下，克白同志讲，我们过去所了解的投资就是拨款，拨款就是吃"大锅饭"。当然这是不是把我们的模式勾画出来了，这就有待研究。我看大体上、漫画式地描画出了过去我们固定资产投资使用上的特点和弱点。

的确，我们过去所谓投资都是无偿的，投资是拨款。拨款是按吃"大锅饭"的方式给钱，不够就给予补充，花多花少一回事，对经济社会效果注意得很不够。而且所形成的固定资产常常与我们的投资不一致，有好多东西都被"吃"掉了，形成不了固定资产，特别是今天上马，明天下马，工期任意拖延，好多投资被浪费了。钱是花出去了，固定资产并没有形成，或者形成的比例很低，又缺乏经济效果，这是个很大的问题。我们怎样由这样一个不合理的模式，改变为一个新的合理的模式，而新的模式又是一个什么样的模式，这值得我们很好地研究。我们国家整个经济体制要由一个旧的模式、僵化的模式而改变为一个新的有生机、有活力的模式，从固定资产投资来讲，新的模式是什么，旧模式的弊病在哪里，这是我们面临的需要研究解决的另一个课题。

（3）这次党中央和国务院在编制第七个五年计划的建议中提到，我们现在正在由指令性计划为主的直接控制向指导性计划为主的间接控制过渡，整个"七五"计划时期都将是这样。

过去，我们的拨款都是指令性计划，要由指令性计划为主的直接控制向指导性计划为主的间接控制过渡，那么计划就不应是老样子的计划，基本建设程序、基本建设管理制度肯定要有很大变化。这些都要在价格、财政、金融，特别是在投资方面进行重大的变动。究竟怎样变动，需要我们研究。怎样在宏观上控制住，微观上搞活，是摆在我们面前需要研究解决的又一个重要课题。

第三，投资学是最经济的用财之道科学的主要内容，怎样来解决最经济的用财问题呢？我认为资金一定要有偿使用，固定资产投资同样要有偿使用。

花钱不负经济责任，无偿的供给，吃"大锅饭"，这种做法达不到我们的目的，其本身就违背投资的科学性。

这个问题过去曾多次酝酿，很多同志发表过很多文章，利改税时也曾考虑过这个问题，不少同志都感到困难很大。认为资金有偿使用，很多企业要亏本或是根本没有盈利，这恰恰证明我们固定资产投资的使用效果是很差的。这不能作为固定资产投资无偿使用的理由。固定资产要收费、要收税，反正是收取利息吧。如果这样做，一些企业就亏本，那正说明根本不能投资于这样一些企业，这些企业根本没有发展前途，或者必须改变其经营方式。所以，今后凡是经营性企业的投资都必须是有偿的，非营利的事业或产业部门也必须要有个制度，不是供给制的办法。今后或是采取国家贴息的办法，或是采取其他什么办法，总之不能再用过去那套做法，那样搞基本建设，否则就不能摆脱过去的诸多弊病。

第四，讲究最经济的用财之道，要有科学的投资决策。

（1）应有科学的决策程序。我们过去也有基本建设程序，但这个程序适用于旧的模式，而不适用于新的模式；适用于以指令性计划为主的直接控制的要求，而不适用于以指导性计划为主的间接控制的要求。因此，基本建设程序方面要做研究和改革。

（2）投资可行性研究制度必须真正建立起来。可行性研究不能只是一个，至少要有两三个，用来比较。这在任何现代化国家，哪一项投资都是这样。可行性研究也不一定由建行一个单位来做，可以依靠有关的各种机构，搞出来后进行比较，择优选择，这一点在程序里面就应有所规定。可行性研究是复杂的科学性、政策性很强的工作，应集中有关各方面的专家、学者参加编制。那种没有可行性研究，就任意批项目的做法要彻底改变。

（3）可行性研究报告写出之后必须进行科学论证。过去，我们的基本建设项目多半是先决策后论证，或者不论证就决策，这本身就不科学。进行科学论证应该组织自然科学家、社会科学家、实际工作人员一道来进行。现在往往把赞成的人请来论证，反对的人就不请。我觉得这样做不好。应当把持各种意见的人都请来，尤其是那些持反对意见的人请来发表意见，反复论证，这样才能保证决策是真正科学的。论证后不是大家议论一番，不作决策，最后是要决策的。这就是领导要真正能考虑各种不同意见，采各家之长，作出科学决策。这一关很重要。

（4）项目的上马、下马要负经济责任，甚至要负法律责任。因为建立一个项目，向银行借一笔款，就是一个法人。决定上马、下马都应有人负责。现在我们的项目上马、下马都没人负责，要么呼噜呼噜上，要么"一刀切"，有很大的主观随意性。这种事情应有法律来约束，促使项目上马、下马都小心从事，不能任意决定。否则违背我们国民经济协调的、稳定的迅速增长的要求，带来很多不稳定的因素。

最后一点，我想提出一个问题，即对生产资料的价格要进行认真研究。因为，基本建设投资规模大小和生产资料价格有很大关系。

现在，人们都关心生活、消费资料的价格，国家统计局定期统计消费资料的价格指数。这当然很有必要，因为它与我们的生活有密切的关系。但对生产资料的价格指数就缺乏统计，这是应当解决的。

今年上半年，消费资料价格增长 9%，城市高点儿，农村低点儿。那么，生产资料价格涨了多少，谁也回答不上来，因为没有统计资料。根据有关方面的估计，生产资料价格增长幅度高于消费资料价格增长幅度。生产资料价格上涨意味着基本建设中投资价值的贬值。按价值量计算的 100元的投资，实物量可能只有 80 元或 85 元。基本建设产品作为一种商品，就应计算它的价值。50 年代初建设的三里河计委宿舍造价标准每平方米不到 120 元，现在建那样的宿舍要多少钱？恐怕每平方米没有 250 元是根本建不起来的。

当然，各种建筑材料涨价，是引起基本建设造价普遍提高的一个重要原因。

消费基金膨胀引起物价上升，基本建设膨胀引起基本建设投资的贬值。要使投资决策合理，不掌握各种生产资料价格、供应情况，是难以实现的。

最后，希望中国投资学会的成立，能够为提高我国投资的经济效益，作出自己的贡献！

关于经济体制改革几个问题的探讨[*]

一　改革是压倒一切的任务

最近小平同志再次强调：改革是我国的第二次革命，是关系国家前途和命运的大事，无论是实现本世纪末的战略目标，还是为下世纪前半期接近或赶上经济上发达的国家的水平，都有赖于改革的成功。没有改革，就没有今后的持续、稳定、协调的发展。我们要深刻认识改革这个大局，自觉地使自己的工作服从于这个大局。

这就要处理好发展与改革的关系。

从长远来看，改革是为发展服务的，改革为长远发展创造条件和提供保证。

从近期来看，发展又要为改革创造条件，使改革有一个比较好的社会环境（包括经济的、政治的、思想的和其他有关方面的）特别是基本建设规模和消费基金要控制，发展速度要适当。如果把各方面的弦绷得很紧，是很难进行有效的改革的，所以，发展又要为改革创造条件。

小平同志最近又指出，改革要抓三手：（1）开放搞活；（2）打击经济犯罪；（3）搞活思想政治工作，反对资产阶级自由化。放开搞活，要

---

* 本文是作者 1985 年 8 月 6 日在山西省干部会上的讲话。

搞社会主义，这绝不能回避。社会主义一是公有制为主，二是共同富裕，这必须坚持。现在，强调理想和纪律教育，是要在现代化建设中，在改革中，坚持社会主义方向，为人民服务的宗旨，坚决执行党和国家的政策，严格遵守国法和党纪。强调这些，绝不是收，绝不是不搞改革了，而是为了保证和促进改革，对于这一点，应当有一个明确的认识，使全国人民有理想、有道德、有文化、有纪律，能够自觉或比较自觉地使自己的行为和社会的目标相一致。

对于具备什么样的条件，才能进行以城市为重点的整个经济体制改革，在理论界和做经济工作的同志们中间是有些不同看法的。一种意见认为，需要创造一个买方市场（即销供过于求），才好进行改革；另一种意见，恰恰相反，认为在社会主义国家这是做不到的。正是由于求过于供，才需要进行改革，以改变这种状况。这就联系到当前我们进行的改革是控制还是抑制需求的问题，以及哪些要控制、哪些要刺激的问题。多数同志倾向于在供求基本平衡的条件下，搞改革为好。如果在宏观的全局上供求严重的不平衡（如目前基建规模这么大，消费基金增长这么快，由人为的需求刺激起来的增长速度这么大，而货币发行过多，物价上涨过高，等等），那么，无论进行哪一项改革都将是困难的。

对于怎样解决这个问题，也有不同看法，一种意见是：目前的经济环境和其他条件，不允许我们迈出大的改革步伐，为使全面改革的配套方案出台，需要花一两年时间，治理环境，准备条件，作为进行大的改革的准备期。

一种意见认为，这项工作的本身很多就属于改革工作的内容，要在改革中逐步解决这些问题，并改善改革的环境。但是在最近两三年内，把过分膨胀的基本建设总规模，控制在目前的水平上，则是完全必要的。不然，整个国民经济绷得过紧，很多要办、急办的事情，也就难以办成了。

二　改革旧的经济体制模式，创建新的模式

党的十二届三中全会决议中指出：由于种种原因，"我国经济体制上

形成了一种同生产力发展要求不相适应的僵化的模式"，并且对它的弊端做了精辟的分析。决议又指出："按照党历来要求的把马克思主义的基本原理同中国实际相结合的原则，按照正确地对待外国经验的原则，进一步解放思想，走自己的路，建立起具有中国特色的，充满生机和活力的社会主义经济体制，促进社会生产力的发展，这就是我们这次改革的基本任务。"这也就是我们需要创造的新模式。

我们现在正处在由旧模式向新模式的过渡时期或称转变时期。

我们目前是在对旧的模式进行改造，新的模式尚未成套的形成的情况下，也就是说，在两种模式并存，都在对经济的运行发生作用的情况下，进行经济活动，从事改革的，这就增加了工作的复杂性。

1978 年年底召开的党的十一届三中全会，决定进行经济体制的改革。大家都很清楚，那时的改革，是从农村开始的，重点也是在农村，城市则是进行了一些局部性的改革。这一段的改革，有以下一些特征：（1）由农村到城市；（2）由集体到全民；（3）由小企业到大企业；（4）由小产品到大产品，由消费资料到生产资料；（5）从一定意义上讲，又是从沿海到内地，如开辟特区，开放沿海城市，吸取改革的经验；等等。党的十二届三中全会总结了党的十一届三中全会以来的经验，提出了以城市为重点的整个经济体制改革的任务。

就改革的整个历史进程来说，这两个三中全会之间是一个发展阶段，正如党的十二届三中全会决议所说，是试验和探索阶段。

试验和探索是很成功的，不论农村、城市都取得了伟大成绩，在农村改革的成就，尤为显著，这是中外所公认的。

新的阶段的任务是以城市为重点的整个经济体制的改革，这就要把改革旧模式，创建新模式提到重要的议事日程上，胜利地实现由旧模式向新模式的过渡或转变。

农村经济改革成功的经验，对于城市改革无疑是有巨大作用的，同时也要看到农村与城市的不同点，采取不同的对策。

农村以自然经济为主，在集体所有制的条件下，以家庭为生产经营单位，实行联产承包责任制，吃小锅饭，一般来说，国家不直接对它的经济活动进行控制。而城市则不同，它是大生产的商品经济，生产经营以企业为单位，全民所有制企业一般缺乏自主经营、自负盈亏的条件，实际上是只负盈不负亏，吃国家大锅饭。而且有一定的指令性的指标，特别是大型企业是由国家直接控制的。这些都与农村不同，农村改革主要是解决集体经济内部的经济关系，即社员与生产队的经济关系，这样经过以家庭为基本经营单位的联产承包责任制的推行，生产力就大大解放，取得了预想不到的成功。

城市则不同，城市改革牵涉国民经济的各个方面，牵涉国家、企业（集体）与个人的经济关系，所以，城市的改革要比农村复杂得多。

实践证明，在城市如果是无重点的、单项的、不配套的改革，收效是有限的，有时甚至引起反效用，因此，必须进行有重点的、全面的、配套的改革。

三　改革要有总体规划

经济体制改革是一项大的社会系统工程，需要有一个科学的总体设计、总体规划，而这种设计、规划，应当是多方案的，以便比较，从优选择。

对于要不要，可能不可能搞出这种规划，设计方案，曾有过不同看法，或者认为即使搞出来也没有什么用。当然，搞出一个好的改革总体设计，那是十分必要的。事实上，过去也有些同志在不断研究这个问题，向中央和有关部门提出建议。现在也有一些同志，正在积极进行这方面的工作。国务院的领导同志很重视这一方面的工作。

在伟大的改革实践中，一个指导这一运动的历史性文件（即《中共中央关于经济体制改革的决定》）已经诞生将近一年了，那么，根据这一文件的精神而设计一个具体蓝图，一个好的改革总体设计，也应当是可能的，一定会很快问世的。

一个好的改革的总体规划、总体设计，对改革工作的顺利进行是很有意义的。比如，王森浩同志交给我看的山西省委今年一月制定的以增强企业活力为中心的经济体制改革实施方案，我认为就是一个突出重点，兼顾全局，主要环节同步进行，自成一体的近期改革的好方案，据说在实践中已起了很好的作用。如果没有一个好的改革的总体规划、设计，特别是长远的规划、设计，那么，正像有些同志所说："看不清彼岸，就会回头是岸"，即走老路。这种看法我认为是有道理的。我们在实践中不是经常遇到这种问题吗？当然，任何好的规划，绝不会尽善尽美，全知未来，它总是经过实践的检验而不断完善的。

要搞改革规划、设计，首先要研究改革的目标模式。

那么，什么是我们经济体制改革的目标模式呢？

党的十二届三中全会的决定，已经做了简明的概括。这就是"建立起具有中国特色的、充满生机和活力的社会主义经济体制"。而建立这种新的经济体制的理论基础，决议也讲得很清楚，就是"要明确认识社会主义计划经济，必须自觉依据和运用价值规律，是在公有制基础上的有计划的商品经济"。同时指出，社会主义经济与资本主义经济的区别在于所有制不同，在于剥削阶级是否存在，在于劳动人民是否当家做主，在于为什么样的生产目的服务，在于能否在全社会的规模上自觉地运用价值规律，还在于商品关系的范围不同。这就是说，我国未来的经济模式，绝不是资本主义市场经济那样的模式，而是社会主义的，有计划的商品经济和相应的经济运行机制；也不是苏联或者匈牙利、南斯拉夫那样的计划经济模式，而是具有中国特色的。

这里想着重讲以下几点：

（一）所有制结构

公有制为主，多种形式，多种经营方式。除全民所有制、集体所有制外，各种公有制合资的、联合股份的，以及"混合经济"等，将有大的发展。个体的、国家资本主义的（包括中外合资经营和外资独立经营），在不改变公有制为主的条件下，允许其存在发展。不同所有制的生产经营收入分配多具特点，但它们都要遵守社会主义商品经济的共同准则，遵守国家的法律和政策。

（二）经济体系

由自主经营、自负盈亏的企业所组成。企业"独立"于社会。国家、企业与个人权、责、利的划分要合理，企业不能只负盈，不负亏，不能把放开放活的好处都归企业，而将害处都归国家。在放权搞活企业的同时，要对企业提出合理的要求，强调企业的责任，不能像过去那样："慈父般的关怀"，"搞软预算"。企业税后的纯收入归企业支配，但要符合国家法律的规定（如几种基金比例要严格遵守，不能用发展基金当做奖金发放等）。要逐步给多类企业（不同所有制，大、中、小型）以公平待遇，以便在同一个起跑点上竞争，"大鸟小笼子，小鸟大笼子"的做法需要逐步改变。

给企业以相等的条件后，企业的活力应由企业自身决定。应充分发挥企业内部各级干部，各个职工的积极性、主动性。

要搞活企业，就要有一大批企业家。企业家要有竞争观念，社会要创造出一个在企业、产品、人才方面相互竞争的社会环境。

7月30日，《文汇报》第三版发表了陈志宏同志写的一篇文章，是讲企业家应具备怎样的竞争观的。我推荐同志们看一看：

他讲了七点：

（1）优势是暂时的，成就只代表过去。

（2）劣势是可以改变的，竞争给人以机会。

（3）没有淘汰就不会有进取。

（4）竞争要有实力（人才、资金、技术、管理、组织等）。

（5）讲究竞争策略，扬长避短。

（6）建立竞争寿命观念。竞争寿命的标志是产品有竞争力的时限。科技进步使产品有竞争力的时限越来越短。提高老产品的质量可延长其寿命；但更重要的是老产品的更新换代。

（7）无功就是过。

社会要创造一个在企业、产品、人才方面相互竞争的社会环境，使企业感到压力，产生动力，焕发活力。通过竞争消除官商作风，产品几十年一贯制、干部终身制、职工铁饭碗、企业不倒闭、效率低、节奏慢、关系网、裙带风等弊病。

如何创造这样的社会环境？

（1）企业要有生有灭。优胜劣汰，允许企业倒闭，国家要制定破产法。

（2）产品要推陈出新，开放全国市场，制定反垄断法；不允许条块割据，支持参加国际竞争。

（3）干部要有上有下。采用选举制、任期制、合同制、考核制，解决终身制。

（4）职工要有进有出。在政策许可的情况下，允许辞职退职、辞退、解雇。在党和国家政策的指导下，通过竞争，优选、淘汰、提高，循环发展，提高企业素质。

（三）有竞争性的社会主义市场体系

"价格体系的改革是整个经济体制改革成败的关键"，是否可以这样说，旧模式向新模式转变的主要标志，也就是看我们的价格体系还存在的扭曲而基本理顺。如果说要在今后五年或更长一些时间基本上奠定有中国特色的、充满生机活力的社会主义经济体制基础的话，那么，在这个时期就要努力完成价格体制改革的任务。这是难度很大的一项工作。

在过去的六年中，农村在推行联产承包责任制的同时，国家大幅度提高了农副产品的价格，调动了广大农民群众的积极性，这才有可能使我国农业生产出现了目前这种可喜的局面，取消了农产品的统购统销制度，大大地发展了农业的商品生产和商品市场。农村市场的这种改变，对于我国整个经济的发展具有重大意义。它进一步推动了农业的发展和以农副产品为原料的工业消费品的发展，大大丰富了城市人民的物质生活，并增加了外贸出口。

城市的消费品，过去虽然也有计划收购、计划销售的一部分，但是，随着经济的搞活和生产的增加，也逐步放开了。当前存在的主要问题是，生产资料还没有形成真正的商品市场，双轨的流通渠道和多种价格同时在发生作用，这是目前价格体系改革中必须解决的一个大问题。如何解决这个问题，目前主要有两种看法：

　　一种是根据石家庄的经验把双轨制持续一个时期，计划内外的物资，都采用同一价格（接近于市场价格）；其差价属于计划供应的部分由市物资经营单位补给使用单位，但其相应的产品则应按计划价格出售。这样，逐步缩小国家指令性计划的部分，扩大市场调节的部分，使两者的价格逐步统一。这是吸收了农产品价格改革的成功经验的做法。

　　另一种意见是，尽快地结束双轨制，采取一次调价的办法，使生产资料的价格趋于合理。

　　两者各有利弊，前者的震动小些，引起的连锁反应可以及时对付，比较稳妥，但收效可能较慢。后者如搞得好，收效可能较快，但出了乱子，不大容易收拾，可能使整个物价难于控制。但是，也要看到农产品价格的调整与生产资料价格的调整有所不同：（1）农产品价格的调整是由财政支撑的。所以，它影响其他价格较小；（2）如前所述，农产品价格只涉及国家与农民的关系，而生产资料的提价则涉及国家与企业、企业与企业、企业与职工的经济关系，并影响整个社会；（3）农产品提价品种较少，而生产资料提价品种甚多，是一大片；（4）农产品"腿短"，倒卖较少，而生产资料"腿长"，倒卖较多；等等，所有这些，在生产资料价格改革时都是要注意到的，简单搬用农村的办法也不行。

　　至于所谓第三产业的价格，一般的服务业（如洗澡、理发等）多数已做了调整。目前最大的问题是房租太低，不但使消费结构不能趋于合理，而且也无法使房屋商品化。这要从改革房屋分配制度和提高房租，实现住宅商品化来解决。现正选择一些城市试点。

　　总之，在转变时期，价格改革是一个重要任务，要形成一个社会主义市场体系。由于社会主义经济是在公有制基础上的有计划的商品经济，所以要使一切经济活动处于社会主义市场中，一切市场关系又都处于计划的调节与控制中。既不应有脱离市场的经济活动，又不应有脱离计划的经济活动。我们的社会主义市场是受到计划调节的市场，不同于资本主义国家那样的市场。这种市场体系的形成，要划分阶段的话：第一阶段的主要目标是建立一个较为完善的商品市场，首先是建立生产资料市场；第二阶段的主要目标是在完善商品市场的基础上，建立较为完善的市场体系（包括与商品市场相联系的技术市场、劳务市场、金融市场以及城市和郊区的土地在一定范围的租用，等等）。

与此相适应，我们要逐步改变过去那种以行政为枢纽的、纵向的、垄断的、封闭的产品经济运行机制，建立以市场为枢纽的、网络型的、纵横交织的、开放型的、竞争型的经济运行机制，这就牵扯到下面所说的国家的调节，控制系统问题。

（四）　国家的调节体系

国家通过法律的、行政的、经济的手段，完善对社会主义商品经济的控制、调节与管理，使企业的行为符合国家利益、长远利益的要求，并保证国家财政、信贷、物资、外汇的平衡和社会的公平分配。

国家控制对象既包括宏观也包括微观，应是二者的统一。不然宏观如何控制呢？国家的控制和管理，要适应社会主义商品经济发展的需要；要做重大的改革。作为经济体制的框架（鸟笼子）的计划体制来说，要逐步由以指令性计划为主的直接控制向以指导性为主的间接控制过渡，用经济杠杆，经济参数，引导微观经济流动，适应宏观经济发展的要求；清除价格大的扭曲，制定合理的产业政策、生产力布局政策和投资政策；使企业行为符合社会目标；社会总需求和总供应平衡，国民收入合理分配。必须保留一定的产品，实行国家强制性订货。保留对商品一定的定价权；保留对企业投资的一定决策权。这是社会主义计划经济的需要。就是那些发达的资本主义国家，为了其自身的利益，也对国家经济生活中的最重要方面采取必要的控制。

为此，需要配套地改革价格体系、财政体制、金融体制、劳动工资体制等，以形成一整套把计划和市场、微观搞活和宏观管好有机结合起来的机制和手段。有的同志提出：哪一种调节杠杆最重要？应围绕什么杠杆来配套？可否这样认识，不同杠杆起着不同的作用。一般来说，价格是最直接的，但税率、利率、汇率都很重要，而且相互都有密切联系。从控制手段来说，信贷是最重要的手段。

所有企业（包括专业户）的开业、歇业、转业、破产都要依法办理手续。计划生育、户口管理都很严，为什么对企业的管理反而那么松呢？

它们的经济活动都应有账，它必须依法履行对国家的义务，按章纳税，要建立社会簿记、会计、统计、审计制度。会计师要负法律责任。

所有调节都涉及利益的分配，纯收入在国家、企业之间如何分配，企业的纯收入在企业内部如何分配，以及企业、职工之间如何分配，都是需要很好研究的问题。个人所得与股票分红所得在税率上应有所不同，后者应高于前者。

这里还涉及企业行为、个人行为与公共目标的一致。发挥群众的积极性与发挥企业的积极性要与社会目标相一致。

（五）国家管理职能与经济管理体系

随着国家管理经济的职能范围和管理方式的变化，各级政府经济管理部门的组织机构也要进行相应的调整和改革。综合性经济管理部门要从分钱、分物等琐碎事务中解脱出来，努力提高决策的科学水平和宏观控制调节能力。为此，要充实加强统计、信息、研究、咨询等智力部门，建立和健全统筹协调和运用调节手段的机构。适当扩大地方政府运用经济杠杆调节经济的权限。监督性管理部门，要加强工商行政管理、统计、审计等工作，建立经济监察机构，加强经济立法和经济司法，建立起比较完备的经济法规体系，逐步做到使各种经济活动有法可依。专业性经济管理部门要从具体管理直属企业的生产经营转向搞好全行业管理，制定行业发展规划，研究行业内重大经济技术政策，组织信息交流、技术开发、人才培训等工作。

这里涉及以下一些问题：

（1）政企分开：企业如何独立于社会，企业的组织公司、工厂，厂长负责制与职工代表大会和工会的作用。

（2）中央与地方：部门与企业；城市与乡村，与周围经济区域；经济发达区与不发达区；社会目标与社会保障，稳定物价，工资与物价实际上如何挂钩，社会保险。

从理论与实际结合上，要解决的几个难点：

（1）公有制与自主经营、自负盈亏的关系；

（2）分配拉开差距与共同富裕的关系；

（3）个人行为与公共目标的关系；

（4）发展商品经济与反对商品拜物教、拜金主义。

四　步骤和方法

小平同志说："改革是我国的第二次革命。这次革命是以新模式代替旧模式，新经济体制代替旧体制为目的，而不是像过去那样，一个阶级推翻另一个阶级，打碎旧的国家机器，建立新的国家机器，而是社会主义制度的自我完善，是在党的领导下，自觉地有计划、有组织地进行的。因此在改革中，原有体制中不适用的，将逐步退出历史舞台，由新的东西逐步代替；原有体制中好的东西还将保留下来发扬光大；新的东西中欠缺的部分则要加以完善。所以它是以渐变而不是以突变的方式进行的，难以"毕其功于一役"。这个任务争取在"七五"计划时期或者更长一些时间内为新模式的经济体制奠定基础，至于它的完善则需要更长的时间。

因此，关于改革的步骤和方法，是一个需要探讨的问题，根据这样的经验，应当注意以下几点：

（1）分步推进。（2）前后有序。（3）每一步要为下一步改革开辟道路，而不是设置障碍。（4）每一步要突出重点，但又要兼顾全局，主要环节能同步进行，自成一体，这样才能为新体制的创立逐步奠定基础，进而完善新的体制，使它在实现党的十二大提出的战略目标中发挥越来越大的作用。我们可以满怀信心地预计：到本世纪末，我国将成为一个政治稳定、经济繁荣、国力殷实、人民康乐的社会主义强国。我们将向全世界展现出一个比较完善的，富有创造性和生命力的，具有中国特色的社会主义模式。

采用创新战略　迎接新技术革命挑战[*]

第二次世界大战后，世界科学技术发展很快，新技术、新产业大量涌现，已形成新技术群、新产业群。现在，技术和产业正酝酿着一次新的巨大变革。面对这一变革潮流，从 80 年代开始，世界上出现了一股谈论技术革命、产业革命的热潮，人们称之为"第三次产业革命"、"第三次浪潮"、"信息革命"，等等。同时，出版了一些研究这一变革潮流的著作，其中比较流行的有《第三次浪潮》、《大趋势》、《信息社会》等。这种情况表明，在本世纪末、下世纪初，或在今后几十年的时间之内，将会出现一种新的趋势，即现已突破或将要突破的新技术，运用于生产，运用于社会，会带来社会生产力的飞跃，相应地带动社会生活大的变化。这一变革引起了世人的关心，也引起了许多国家领导人的注意。当前世界上大部分国家都在制定对策，采取行动。

我国党和国家领导人，于 1983 年及时敏锐地洞察到这一变革潮流，做出了部署，要求各级领导干部，各级经济和科技人员深入研究世界的新动向、新趋势，关心世界上科学的新成就，指出：世界产业发展的新形势对我国社会主义四个现代化建设来说，"这既是一个机会，也是一个挑战"，并号召大家认真研究技术革命和产业革命问题，提出相应的对策。

此后，全国各界人士，包括自然科学界、社会科学界、教育界，掀起

　＊　本文是作者 1985 年 8 月为《新技术革命理论与对策》所作的序言，原载《经济问题》1985 年第 8 期。

了一股研究新的技术革命的热潮，发表了大量的论著，提出了相应的政策。

一

新技术革命的兴起不是偶然的，而是有其深刻的历史原因的。

在 18 世纪以前，科学不发达，技术和生产要依靠经验和技艺。例如，在 18 世纪后半叶，瓦特发明蒸汽机的时候，热力学理论尚未产生。在蒸汽机发明和使用了五六十年之后，卡诺等人在总结蒸汽机生产和使用经验的基础上，创立了热力学理论。19 世纪中叶，在电磁科学理论的基础上创造出来发电机、电动机。从此以后，科学成了生产力的重要因素，并明显地走在生产的前面。对此，马克思、恩格斯早就明确地指出：生产力中也包括科学[①]。科学是一种在历史上起推动作用的、革命的力量。生产力中增加了科学这一强有力的因素，它能以更快的速度向前发展，并改变着生产和生活的面貌。以科学为先导并占据主导地位的时代，用当代一些西方学者的说法，就是所谓的信息时代。关于信息时代的基本特征马克思早就预见到了，他指出：随着大工业的发展，现实对财富的创造较少地取决于劳动时间和已耗费的劳动量，较多地取决于在劳动时间内所运用的动因（Agentien）的力量，而这种动因自身……取决于一般的科学水平和技术进步，或者说取决于科学在生产上的应用。这表明，一般社会知识，已经在多么大的程度上变成了直接的生产力，从而社会生活过程的条件本身在多么大的程度上受到一般智力的控制并按照这种智力得到改造[②]。当代科学、技术的发展，证实了马克思的预见。

科学技术在推动生产力发展中的作用，第二次世界大战后尤为突出. 相继出现了原子能、计算机、宇航三门尖端技术。在 50—70 年代，首先在军事和科研部门应用，而后扩展到工业生产领域。到了 70 年代末至 80

[①]　《马克思恩格斯全集》第 46 卷（下），第 211 页。
[②]　同上书，第 172—219 页。

年代初，新技术的涌现和运用，已经出现和正在出现更大的突破。计算机已经历了四次大变革，出现了微型机技术，与此同时，又出现了激光、机器人、生物工程、新材料、新能源、海洋工程等新技术群。世界正酝酿着一次新的技术革命。

新技术革命对于我国来说，既是一场挑战，也是一个大好机会。

纵观世界历史，生产力和科学技术的发展总是不平衡的，后来者未必总是落后，先进者未必总是先进，后来者居上，古今中外都有，这可以说是一条规律。其原因在于，提出新的科学原理，创造发明新技术，是十分困难的，一般要经过长时间的探索和研究。而学会新的科学技术，则比较容易，时间也要短得多。例如，原子能科学从 1898 年居里夫人发现镭的放射性开始，到 1945 年造出第一颗原子弹，经过了 47 年时间。后来者造原子弹，一般有几年或十几年时间就可以了。同时，科学技术的发展还受多种因素的制约，其中采取什么方针政策有很大关系。后进国家只要政策对头，措施得力，是可以赶上甚至超过先进国家的。

现在世界上已有的新技术很多，能够为我们所掌握和利用的也很多，只要我们抓住时机采取有效对策，就能够加快我们四个现代化建设的步伐，迅速缩小我国与发达国家在技术和经济上的差距，以至于赶上和超过发达国家。

二

在我国社会主义现代化建设的过程中，我们应当密切注视并深入研究新技术革命的特点和发展趋势，制定出适合我国情况的发展战略。我国经济技术的发展，可以有如下几种选择：

第一，照抄战略。过去人家怎么走的，今天我们也怎么走，不管是西方走过的还是苏联走过的，照着走就是了。这就是照抄战略。例如，像西方所说的，在完成所谓"第三次产业革命"之后，再开始所谓"第四次产业革命"；或者说，先经过传统产业的发展阶段，再进入新兴产业的发展阶段。

第二，赶超战略。也就是要求在短时期内，在主要方面甚至一切方面，都赶上或超过发达国家的水平。这是我们曾经用过的做法。

第三，封闭战略。企求一切都立足于国内"自力更生"，一切都由自己从头做起，不仅不采用，甚至排斥国外先进技术。这种战略我们也曾经用过。

第四，创新战略。既不照抄发达国家所走过的路子，也不在一切方面都"迎头赶上"，或者一切都"自力更生"从头做起，而是根据我国国情，充分利用现在的有利时机和一切可能的条件，尽可能采用适合我国需要的新技术，来改造我国现有的产业，并以此为出发点，相应地发展若干新的产业。

根据历史经验，在以上几种发展战略中，我们应当选择创新战略。我们之所以主张选择创新战略，是以生产力发展规律和新技术革命的特点为依据的。

当今世界的新技术成群出现，举其大者有原子能、宇航、计算机、微电子、激光、机器人、生物工程、新能源、新材料、海洋工程等十多种，每一种又包括许多门类，仅新能源就包括有原子能、热核能、氢能、太阳能、潮汐能、波浪能、地热能、生物能等八九种。由于新技术的群类很多，任何国家都不可能齐头并进地发展一切新技术，而只能根据本国国情来选择自己的适用技术。我国是一个有着十亿人口的大国，农村人口的比例达80%，中小企业多，且小企业又大量分散在农村，更有必要根据我国国情制定对策，选择适合我国国情的产业结构、技术结构和就业结构，走出一条具有中国特色的新路子。

就技术结构而言，在一些领域中，我们完全有可能不经过某些传统工业技术而直接采用比较先进的科技成果，如微处理机、遗传工程、激光、光导纤维等新技术，使某些部门和某些产业的工艺和技术较快地达到世界最先进的水平。针对我国人力资源丰富的特点，在另一些领域中，我们可以选择那些虽不十分先进，但经济效益好的适用技术，从而形成多层次、多水平的技术结构。就生产力的布局而言，发达国家走过的是一条集中化、城市化的道路。根据现代技术的特点，发展工业和第三产业，没有必要走过度集中的道路，而可以走大中小城市同时并举、分散与集中相结合的道路。由此可见，所谓创新战略，就是从我国国情出发，根据世界新技术发展的趋势，进行优化的选择与创新，以便在较短的时间内实现我们的战略目标。

三

近两年来，我国对新技术革命的研究取得了很大的进展。但由于时间较短，工作的重点主要在于介绍国外情况和研究对策，系统地探讨新技术革命的专著至今仍不多见。唐昌黎同志撰写的《新技术革命理论与对策》正是这样一本系统地研究新技术革命的专著。

这本书从基础理论入手，系统地研究了新技术革命的应用理论问题，并结合我国国情，探讨了各部门、各领域应采取的对策，这本书涉及工业、农业、服务业以及科研、教育、信息咨询各个部门，涉及与新技术革命有关的各个领域、各个学科。这本书文风朴实，深入浅出，通俗易懂，不乏独到的见解，可供一切关心新技术革命的人士阅读。技术干部、管理干部、党政干部、大学文科理科师生以及自然科学、社会科学研究人员，新闻、出版、图书工作人员，都可从这本书中获得新的知识。

稳定经济，推进改革[*]

从重庆登上"巴山"轮以后，我们就进入了紧张的工作和愉快的航程中。几天来，我们同各国著名的学者和专家进行了融洽而坦率的讨论，使这次"宏观经济管理国际讨论会"获得了成功。尽管这是一次学术性会议，但是，由于我们讨论的内容是中国经济改革的重大问题，因此，它将对我国经济改革产生积极的影响。现在，我代表中国经济体制改革研究会和中国社会科学院以及参加会议的全体中方人员，向远道而来辛勤工作的各国专家表示衷心的感谢。

这次会议讨论的内容，在很多方面涉及我国经济体制改革的模式和去年第四季度以来我国国民经济中所发生的一些问题。今年以来，我国经济界曾就宏观管理问题进行过多次讨论，研究了加强宏观管理的各种办法。我国政府正在采取各种加强宏观管理的措施。这次会议的召开，使我们有机会直接向外国学者了解东西方主要国家进行宏观经济管理的理论、政策、方法和各种得失、经验教训，从而深化了我们对宏观经济管理问题的理解。

这次会议广泛地讨论了宏观经济管理政策，特别是货币政策、财政政策、收入政策，等等。这些都是目前我国经济运行机制中的薄弱环节，也是我们最近一个时期热烈讨论和亟待解决的问题。在这次讨论会上专家们

* 本文是作者 1985 年 9 月 7 日在"宏观经济管理国际讨论会"上致的闭幕词。

发表的意见使我们原来的想法更加深化，这对于我们正确解决这些问题，无疑将起重要作用。

这次会议对宏观控制的微观基础也进行了比较深入的讨论。中外学者都指出，通过财政、货币、个人收入等宏观经济政策进行有效控制的条件，在于微观方面的企业能够随时做出敏感而积极的反应。如果微观方面缺乏这种机制，宏观控制措施就难以收到预期的效果。因此，在改革过程中，需要把宏观控制方面的改革与微观机制的改革结合起来，使两者之间保持一种"同步"的关系。这种讨论对我们当前的实践也是很有益的。

为了开好这次会议，各国著名学者和专家提供了许多关于宏观控制的国际经验和精辟的见解，但是，由于会议时间有限，许多内容我们还来不及消化，有待于进一步研究和吸收。另一方面，我国的经济学者对经济改革提出的一系列需要研究的重要问题曾经进行过热烈的讨论。对于这些问题，有一些已经在这次会议上讨论到了，有些问题如投资政策、产业政策，等等，因时间关系，还没有来得及讨论，有待于今后继续交换意见。

中国目前处在巨大的历史性变革之中，中国经济正在进行从落后的农业经济和现代的非农业经济并存的"二元经济"向现代化经济的迅速转化。中国经济体制，正在从旧的封闭僵化模式向新的、社会主义的有计划商品经济模式转变，改革正在胜利前进，并取得了巨大成效。在明年开始的第七个五年计划期间或更长一点时间中，我国将建立起新经济体制的雏形，因此，"七五"将是经济体制改革的关键时期。

在这一巨大的历史性变革中，当然不可能不遇到一些矛盾，出现一些问题。经济结构的巨大变化，每年有成千上万的劳动力要转入非农业部门，使增加投资和提高劳动者收入水平的要求都十分强烈，很容易出现"过热"的倾向。中国作为一个人口众多、国土辽阔、经济发展很不平衡的国家，改革是由农村到城市、集体所有制经济到国营经济、消费资料到生产资料、小企业到大企业、沿海到内地逐步推进的。逐步推进的改革易于被社会所接受，但也由此产生了一些问题。农村改革的成功使结构变化、劳动力从农业部门转到非农业部门的势头很猛，而非农业部门改革的滞后，却使有效率地增长的要求不易实现；结构转化中需求增长的要求同仍然在非农业部门中起相当大的作用的旧体制固有的"扩张冲动"、"投资饥渴"、"消费饥渴"、"进口饥渴"等倾向结合在一起，就容易形成需求膨胀的强大压力。由逐步单项改革造成的双重体制的存在，增加了宏观控制的难度。此外，前一段时间，我们在放松直接的行政控制的同时，对于加强间接的参数控制，实施适当的宏观政策，包括财政政策、投资政策、产业政策、收入政策等，没有能够给予足够的注意。这样，在去年第四季度出现了某种程度的需求失控的现象，这就是投资和消费都增长过快，使总需求同供给之间失去平衡，因而物价上升较快，国际收支出现逆差，等等。针对以上情况，中国政府从今年年初开始，采取了一系列稳定经济的措施。这些措施已经开始见效。与目前双重体制的状况相适应，稳定经济采取了某些行政性的措施，例如，恢复了中国人民银行对各专业银行信贷规模（贷款余额总量）的控制，中央政府对各地区、各部门投资规模的控制，人民银行对国营企业工资基金的控制，以及加强物价和市场的管理，等等。当然，从根本上来说，还是要用推进改革的办法来加强宏观管理和提高企业对这种管理的敏感程度。这主要是指：（1）建立适应于有计划商品经济的财政、税务，特别是金融体系，提高国家通过这些体系进行间接控制的能力；（2）提高企业预算约束的硬度，刺激它们的活力；（3）做好保证社会主义有计划商品经济有效运行的基础条件，健全经济立法和执法，加强统计、会计、簿计、审计等各项工作。相信通过这些工作，我们是能够在短期内把经济稳定下来，同时使改革健康地向前推进的。

　　当然，要有效地实施稳定经济和推进改革，还要深入研究许多理论和政策问题，以投资规模的控制为例，目前中国社会总投资中，约有 2/3 是全民所有制单位的投资，其余 1/3 是集体经济和城乡人民个人的投资。在全民所有制单位的总投资中，又只有 1/3 是靠预算内资金来源。对于占社会总投资不到 1/4 的预算内投资，是可以用行政办法控制住的。而对其余 1/3 以上的投资，就必须通过紧缩信贷来进行控制。在信贷控制上，采取行政办法而且已经在短时期中收到效果，但是它往往有"一刀切"的弊病，不利于产业结构的改善和投资效率的提高；而为了既控制住投资规模，又提高投资效率，就不但要解决从中央银行对货币供应量的控制到贷款条件，贷款利率的一系列复杂问题，还要解决同提高生产要素的流动性和同开放金融市场有关的一系列复杂问题。

通过几天来的讨论，我们从各位学者的发言中得到了很多启发。希望在解决我们面临的各种复杂的理论和政策问题上，继续发展这种卓有成效的合作和交流。这将关系到我国未来的经济体制改革进行得更顺利。最后，希望我们之间通过这次学术讨论而建立起来的友谊，像万里长江那样，源远流长。

现在，我宣布宏观经济管理国际讨论会闭幕。谢谢大家。

加强投资政策研究[*]

我们这次"全国投资政策研讨会",是由国务院经济技术社会发展研究中心主办的。中国基本建设经济研究会参加了会议筹备组,做了大量的组织工作。出席会议的有 25 个省、市、自治区的计委、经济研究中心和技术经济研究中心的同志,以及中央有关部委的负责同志、研究人员和实际工作人员,还有一些新闻出版单位的同志。我代表国务院发展研究中心和会议筹备组,向全体与会同志表示热烈的欢迎。

前不久,中央召开了党的全国代表会议,一致通过了《中共中央关于制定国民经济和社会发展第七个五年计划的建议》。《建议》是指导今后五年以至更长一个时期内我国社会主义现代化建设和经济体制改革的一个纲领性文件。当前,全国都在认真学习中央关于"七五"计划的建议,传达贯彻党的全国代表会议精神。我们这次会议,也是一次学习和贯彻党代表会议精神的会议。大家在学习和领会党代会文件精神的基础上,围绕着《建议》中提出的我国经济和社会发展的指导思想、发展战略、改革设想和建设的安排,着重从投资政策方面进行研究,分析近一个时期,特别是当前在投资规模、投资方向、投资效益等方面存在的问题和发展趋势;研究在使微观搞活的情况下,加强投资的宏观管理和控制的对策、措

---

  * 本文是作者 1985 年 11 月 18 日在"全国投资政策研讨会"上的讲话,原载《投资研究》1986 年第 1 期。

施；提出关于改进投资管理和调控机制的一系列政策建议。

下面，我想讲三个问题：

一　召开投资政策研讨会的目的

在说明投资政策研讨会的目的之前，需要先探讨一下什么是投资政策，它包括一些什么内容。

我们知道，政策是国家或政党为实现一定历史时期的战略目标而制定的行动准则，也可以说是实现战略目标的手段和保证。邓小平、胡耀邦等中央领导同志一再阐明我国社会主义现代化建设的战略目标是：到本世纪末，即 2000 年，在不断提高经济效益的前提下，实现工农业年总产值翻两番，人民生活达到小康水平；到 2021 年，即中国共产党诞生 100 周年的时候，达到中等发达国家的水平；到 2049 年，即中华人民共和国成立 100 周年的时候，建成世界上第二流的社会主义现代化强国。作为我国整个经济政策、产业政策重要组成部分的投资政策，当然是服务于和从属于实现上述我国社会主义现代化建设的战略目标的。投资政策体系包括我国经济社会发展的投资的筹措、投资的使用、投资的方向、投资的规模、投资的控制等方面，及其相关方面的行动准则和相应的手段。我们要引导投资方向，控制投资规模，提高投资效益，在实行对外开放和微观搞活的情况下，不能只依靠行政干预的办法，还必须，而且主要是通过政策进行引导。所以，我们这次会议的目的，就是通过分析近年来，特别是当前在投资方向、投资规模、投资效益等方面存在的问题，找出形成问题的政策上的原因，研究在开放、搞活形势下宏观管理和间接控制的办法，提出关于改进投资政策及其调控措施的建议。

由于我国的经济社会是一个庞大复杂的系统，由于当代科学技术突飞猛进，这就决定了我们研究、讨论问题，必须采取辩证唯物主义的"立体思维"方法，才能求得比较正确的结论。所谓辩证唯物主义的立体思维方法，就是一方面要对所研究的问题，在一个广大的范围内，进行全局的横向分析；另一方面对所研究问题的过去、现在和未来的变化和发展，进行动态的纵向分析。这种分析方法，是一种全面的、综合的、系统的分析方法，它可以避免片面性，避免挂一漏万。我们研究讨论投资政策，也要把它作为一个体系来对待。也就是说，投资政策上除了有产业政策、整个经济发展政策之外，就它本身来说，也既有自己的总政策，也有自己的分政策，还有分政策的分政策。比方说，如果我们把国家经济社会发展的投资方向、规模、效益作为投资行为准则的话，那么，筹集投资资金、引导投资方向、控制投资规模、提高投资效益的政策，就是投资总政策中的分政策。而每一项分政策中又包括若干项具体的政策，如投资管理政策中就应包括计划管理政策、行政干预政策、经济杠杆调节政策、经济法规控制政策，等等。除此之外，投资政策体系还牵涉许多相关的其他政策，如产业政策、行业政策、地区政策、消费政策、财政金融政策、拨改贷政策、价格政策、利税政策、信贷政策、外资外汇政策，等等。因为，任何一项政策，都不是孤立地存在和起作用的，它处在一个相当的体系中，既作用和影响到相关的其他政策，也受到其他相关政策的作用和影响。它们之间，存在着相互依存、相互制约、相互促进或相互抵消（如果不协调的话）的关系。因此，投资政策体系中的任何一项政策的调整，都会"牵一发而动全身"，影响到其他相关的政策，这就需要权衡利弊得失来决定取舍，以便相互适应、相互协调。

毫无疑问，我们的投资总政策是根据党的十二大提出的总的方向、总的路线、总的任务、总的战略目标的要求，以及各种主客观条件来制定的。它对我国未来的发展方向、速度和规模，起着关键性的作用。投资政策体系中的各项具体政策都应为投资总政策服务。当然，投资政策体系合理与否，在很大程度上决定于我们的产业政策是否合理。所以，产业政策的研究，是一个非常重要的问题。

历史经验和当前的现实都证明，投资规模，尤其是固定资产投资规模的控制政策，是投资政策体系中一项带根本性的政策。我国经济技术社会的未来发展，我国社会主义现代化建设的战略目标，究竟有多大的实现的可能性，与投资的总政策，尤其是与投资规模的控制政策有密切的关系。无论是从近期来看，还是从远期来看，我们的投资规模，特别是固定资产投资规模，必须与我国的国情、国力相适应。投资规模控制政策的完善和强化，应当是我们这次会议要研究讨论的一个重点课题之一。

如前所述，投资政策是我们国家最重要的政策之一。因此，制定投资政策体系，绝非易事。因为，它既需要考虑自身体系的完善性又需要考虑相关政策及其体系的制约关系；还应看到，投资政策是我们国家总体政策中的一个组成部分，而我国正经历着体制改革的伟大变革，无论是总体政策还是投资政策，都正处在不断完善的过程中，政策的完善和体制的完善应当同步进行，否则将影响我们体制改革和现代化建设的进程。因此，我们要不失时机地抓紧研究、完善投资政策体系，使投资政策适应总体政策的要求，并使总体政策也能合理照顾到投资政策中的具体情况。

为了便于深入探讨一些问题，研究和讨论应该有所侧重。所以，这次会议研究、讨论的重点，应该是投资政策体系中的投资管理和控制政策、控制投资规模的政策，而不是全部。会议筹备组在今年7月中国投资学会第一次投资理论讨论会和8月中国基本建设经济研究会第三次年会研究的基础上，汇总有关文件整理了一个供会议参考的资料，主要讲的是投资的管理和控制问题。希望大家就这个主题深入进行讨论，争取形成一个向国务院呈递的建议。

二　研究投资政策的重要意义

首先，投资政策的研究对未来的发展具有重大意义。我国的经济、科技、社会发展体系是一个十分复杂的庞大系统。为了实现十二大提出的宏伟战略目标和各个时期、各个领域的具体奋斗目标，需要有各方面的相应政策，如经济政策、科学技术政策、教育政策、人口和就业政策，等等。而所有这些政策，都与投资政策密切相关。投资的规模、方向与效果，是一个涉及经济全局和未来发展的关键问题。因为投资政策必然要和产业政策、价格政策、财政政策、金融政策、外贸政策、外汇政策等形成相辅相成又相互制约的经济政策体系，从而影响和决定着经济体制改革的进行和四个现代化建设的发展。投资政策的正确与否，不仅会形成相应的经济后果，而且还会产生深刻的社会影响。因为要建立合理的国民经济结构、地区结构、产业结构、产品结构、消费结构，归根到底要有一个合理的投资结构，而投资结构的合理化必须依靠投资政策的科学性、连续性和稳定性。比如，我国第一个五年计划时期，全国基本建设投资是围绕着156项重点工程进行的，当时的投资政策就是要保证国家重点项目，因而建成了鞍钢、武钢、包钢、第一汽车制造厂、哈尔滨三大动力厂、富拉尔基重机厂、宝成铁路、兰新铁路、鹰厦铁路等关系我国经济命脉的骨干工程，使我国形成了初具规模的工业体系，虽然现在看来有些"偏重"和存在忽略沿海地区的倾向，但总的来说是比较成功的，为我国社会主义工业化建设奠定了初步的基础。但是后来的"大跃进"和"以钢为纲"的投资方向以及"三线"建设布局上的失误，都大量地浪费了人力、物力、财力，使我国社会主义建设遭受了巨大损失。党的十一届三中全会以前的一段，又有些只重视生产性建设，忽视非生产性建设，以致造成较长时期以来住房紧张，文教卫生事业、城乡基础设施和生活条件比较落后的状况。总之，投资政策的正确与否，不仅直接决定着当前经济社会的发展，而且影响着、决定着经济社会的未来。研究和制定出比较科学和完善的投资政策体系，不仅能够指导当前、为实现"七五"计划而发挥作用，同时也能为到本世纪末和下一个世纪的前几十年奠定一个后劲不断增强的良好基础，为我国经济体制改革和社会主义现代化建设创造良好的经济环境和社会环境。

其次，在当前，研究投资政策无疑更具有十分重要的现实意义。

第一，控制固定资产投资，特别是基本建设投资规模，已成为巩固和发展当前大好形势的关键所在，党的全国代表会议对当前的经济形势做了估计，认为我国财政经济状况根本好转的任务已经基本实现。但是这种好的形势能否长期保持下去，主要在于能否坚决控制住固定资产投资，特别是基本建设投资的规模，使社会的总需求和总供给逐步做到基本平衡。为什么这样说呢？因为目前国民经济发展中存在的问题和困难，特别是自去年第四季度以来出现的工业生产增长速度过快、信贷资金和消费基金增长过猛、部分物价上涨过多、国家外汇储备急剧下降等问题，无一不与固定资产投资规模过大、基本建设战线过长有直接的关系，而新中国成立以来我国经济发展中的几次大的折腾，其直接起因也在于此，所以中央和国务院非常重视这些问题。今年以来，已经召开了三次省长会议，一再强调历史的教训和投资规模膨胀的危害性。因为建设规模安排得是否合理、是否同国力相适应，是经济社会能否稳定和发展的一个重要因素。

大家知道，投资包括固定资产投资和流动资金投资。而固定资产投资主要用于基本建设投资和更新改造投资。一定时期内固定资产投资规模扩大的程度要取决于当时社会财力、物力的承受能力。由于投资主要来自国民收入中的积累基金，从资金来说，投资规模取决于国民收入的水平和增长速度。根据国内外经验，在正常情况下，投资增长速度应与国民收入大体同步或略快于国民收入的增长。从物力来说，它取决于社会上可供追加的生产资料和消费资料的数量及其构成状况。一般来说，固定资产投资的增长速度不能超过生产资料生产的增长速度，特别是不能超过煤、油、电、运和建筑材料的增长速度，也不能超过消费资料的增长速度，因为固定资产投资的大约 40% 要转化到消费资料需求上。这就是说，要正确处理国民收入的积累和消费的关系，在一定时期内，保持适合当前情况的积累率。而当前，固定资产投资总规模，已经大大超过了社会财力、物力所能负担的能力：1984 年，国民收入比上年增长 12%，而全民所有制单位固定资产投资增长 24.5%，超出一倍还要多；而集体所有制与个人的投资则增长得更快。1984 年，国家财政收入比上年增长 18%，而国家预算内基本建设拨款增长 25%，说明固定资产投资增长速度明显超过国家财力的增长速度；1984 年，全国钢材、木材、水泥产量分别只比上年增长 9.1%、5.1%、11.8%，都还不到固定资产投资增长速度的一半，可见固定贷产投资增长速度大大高于物力增长速度。大家知道，固定资产投资规模的扩大程度，必须与社会财力、物力的保证程度相适应，这是经过实践反复证明的社会主义经济建设的一条重要规律，也就是社会主义有计划、按比例的发展规律。遵循这个规律办事，就能取得成就；违反了这个规律，就要吃苦头。

第二，控制固定资产投资，也是关系到"七五"计划能否顺利实现的重大关键问题。中央在"七五"计划的建议中指出，整个"七五"期间，大体可分为两个阶段，即前两年要着重控制社会总需求，解决增长速度过快，固定资产投资规模过大和消费基金增长过猛的问题，并且明确提出，要在保持 1985 年固定资产投资总规模的前提下，做一些小的调整，改善投资结构，加强重点建设。"七五"后三年，再根据情况，适当增加建设投资。但对建设总规模仍需进行必要的控制。由此可见，实现"七五"计划，中央的根本着眼点主要在控制过分膨胀了的社会总需求，特别是要控制固定资产投资，使社会总需求同总供给逐步趋于平衡，使整个国民经济能够稳定、持续和健康地发展。

那么，为什么明后两年的固定资产投资总规模只能大体维持在 1985 年的水平，而不能再增加？主要是由于 1984、1985 两年间全民所有制单位固定资产投资猛增了 500 多亿元；集体所有制和个人投资增长的幅度更大，1984 年比 1983 年增加 228 亿元，1985 年估计又比 1984 年增加 250 亿元左右，合起来两年增长额接近 480 亿元。这就使得基本建设的战线拉得过长，"摊子"铺得过大，形成了"全面大上，遍地开花"的局面，特别是一般建设项目和加工工业项目上得太多，乡镇工业也迅猛地发展起来。各个地方、各个部门的积极性很高，都想多搞一些建设，多上一些项目，这种心情和愿望是可以理解的。但是我们的国力是有限的。本来，"六五"计划提的是"保四争五"的速度，但是在实行过程中，很多地区、部门都存在着片面地不切实际地追求高得多的发展速度的现象，互相攀比，层层加码。"六五"期间全国固定资产投资总额计划为 3600 亿元，而预计"六五"期间实际完成的固定资产投资将超过"六五"计划的 1/3。问题还在于，今年以来，虽然中央和国务院一再三令五申，对控制基建规模抓得很紧，但是固定资产投资规模过大的情况并没有完全扭转过来，"台上讲控制，台下铺摊子"的做法，还未彻底改变。今年，预计全年全民所有制单位固定资产投资很有可能超过 1500 亿元，比上年增加 300 多亿元，仍增长 30% 左右，大大地超过同年按现价计算的国民收入增长 18% 左右的速度。这样，社会总供给与社会总需求就难以取得平衡，使社会主义市场不能处于一种比较宽松的环境中。这种状况既不利于经济体制改革的进行，又不利于现代化建设的发展。安排固定资产投资规模，不能只从当年着眼，而且要看几年；不仅要控制当年的规模，更重要的是控制在建规模，这是一个非常重要的问题。因为一年安排不当，就会后患无穷，给以后几年造成莫大的困难。过去基本建设投资的几次大起大落，都与此有关。所以，"七五"前期固定资产投资基数要安排适当，才便于整个"七五"时期的固定资产投资规模与我国财政、物资、信贷等逐步取得平衡。如果按照"六五"后两年的基数和速度去测算"七五"固定资产投资规模，财政、物资、信贷、外汇都将难以平衡。当然，如果把增长速度降低幅度太大，把投资总额压得太多，造成大起大落，会引起较大的震动，使"六五"和"七五"计划难以衔接，也不利于为以后的全面振兴创造条件。所以采取固定资产投资两年踏步的方针是完全正确的。这样既控制了固定资产投资的规模，不采取一刀切的办法，又避免了大起大落造成的损失。

第三，从国内外的经验教训来看，投资规模膨胀所引起的恶果，必须引起高度重视。

在国外，实行计划经济的社会主义国家也普遍存在投资膨胀的问题。匈牙利经济学家科尔内在他的《短缺经济学》中说，在社会主义国家有一种通病，叫"投资饥饿症"，主要是指投资的需求得不到有效控制，带来的后果便是投资膨胀，规模过大，特别是经济管理体制改革过程中放了权，而宏观控制的有效手段，尚未形成和跟上，这种情况会更加严重。例如，波兰进入 70 年代以后投资规模急剧扩大，积累率从 60 年代平均的 25% 左右猛增到 30% 以上，1974 年达到 37.3%，结果导致国民经济恶性循环，发生通货膨胀，物价上涨，财政赤字大量增加，国际收支逆差大量扩大，也成为波兰 70 年代末 80 年代初局势动荡的重要原因之一。南斯拉夫从 1970—1982 年，固定资产总投资增长 4 倍，新增基本建设项目多，战线长，也造成了财政经济方面的困难，今年的通货膨胀率可能达到 70%。苏联和东欧其他一些国家也都不同程度地受到了投资膨胀问题的困扰。

从我国来看，新中国成立以来几次经济上的大起大落，都是同固定资产投资规模的过度膨胀分不开的。这主要是由于指导思想上的错误造成的，比如，"大跃进"时期，从1958—1960年，平均每年固定资产投资增长40.2%，积累率由1957年的24.9%上升到1960年的39.0%；"文化大革命"时期，1970年一年内投资总额增长49%，其后几年的积累率基本在32%—34%的较高水平上；再就是1978年，投资总额一年增长22%，积累率达到30.5%。目前，各方面的条件虽然不同了，但我们要以国内外的经验教训为鉴，高度重视已出现的苗头。例如，从1982—1985年的4年间，固定资产投资平均每年增长22%，已大大超过同期国民收入和财政收入的增长速度，积累率也逐年上升，由1981年的28.5%上升到1985年的32%左右。因此，中央和国务院非常重视投资规模的问题，下决心用明后两年的时间把投资总规模控制住。这是完全正确的，也是十分必要的。

诚然，要控制投资总规模，不仅需要研究、制定和完善投资的管理和控制政策，还需要有价格政策、财政金融政策、信贷政策、税收政策等其他经济政策的密切配合；不仅要充分利用利率、税率、汇率等经济杠杆，还要抓紧制定有关经济法规，建立和加强经济监督、经济信息系统，加强审计、统计、工商管理、质量检验和社会公证等部门的职能，切实加强宏观管理和完善间接控制体系，使我国投资规模的控制、投资方向的引导和投资效益的提高更有成效。

三　会议研究讨论的主要内容和会议的开法

与会的同志大都是学者、专家，对投资的理论与实践问题都有研究。这次会议着重研究讨论投资的管理和控制政策，尤其是投资规模的控制政策问题。所以，我们是否围绕这些问题讨论以下三方面的内容：

（一）分析现状，弄清情况

为了更好地研究、制定投资政策，首先，必须摸清我国当前投资中的情况和问题，比如：

（1）在投资构成中，固定资产投资与流动资金的投放的增长情况如何；在固定资产投资中，基本建设投资和更新改造资金的分配和使用情况如何；在基建投资中，全民所有制单位和集体所有制以及个人的投资和增长情况如何；预算内和预算外、计划内和计划外的投资增长情况如何；国家拨款、信贷、利用外资、自筹及其他资金增长情况如何；生产性投资与非生产性投资，以及交通运输、能源工业、材料工业、邮电通信等重点产业部门的投资增长情况如何；等等。

（2）当前投资决策、可行性研究和项目评价工作情况与存在问题如何；企业、事业单位的投资行为和资金利用情况如何；企业放开搞活后的投资情况及投资行为与宏观经济控制的衔接情况如何；等等。

（3）目前对投资进行监督的方式、机构及运行情况如何。

（4）目前对投资进行宏观调控的主要方式、手段、机构及运行情况如何。

（5）当前投资管理的现状如何，其中包括投资的计划管理、资金管理、信贷管理、利用外资和外汇管理、基本建设项目管理等方面的情况。

（6）地方投资增加的情况和存在的问题如何。

其次，在分析现状的基础上，深入探讨当前固定资产投资膨胀的原因有哪些，根源在哪里？是否着重从投资管理控制政策、宏观调控系统、间接控制和指导措施、检查监督以及调节手段等方面进行探讨。

（二）为控制投资规模献计献策

固定资产投资总规模不仅包括全民所有制投资，也包括集体所有制和乡镇企业的投资，以及个体经济的投资；不仅包括基本建设投资，也包括更新改造投资。固定资产投资宏观控制的关键是要坚持建设规模同国力相适应的原则，既要控制预算内的、计划内的投资，也要控制预算外的、计划外的投资；既要控制国内投资的规模，也要控制引进外资投资的规模；既要控制年度规模，也要控制在建项目的规模。因此，固定资产投资规模的宏观控制是一项十分艰巨而又复杂的任务。

当前，投资规模偏大，投资结构不够合理，投资效果比较差，这些问题已经尖锐地摆在我们面前。为了解决这些问题，需要我们为完善投资管理控制政策献计献策，提出一些切实可行的政策建议，比如：

（1）投资决策要科学。投资决策的重要任务，就是科学地确定投资方向、结构、布局、规模、项目选择和资金的有效使用。为了管好固定资产投资，投资决策权是否有必要适当集中管理，怎样集中？怎样做才有利于使投资与财政、信贷、物资、外汇搞好综合平衡和提高投资效益？

（2）调控手段要配套。一方面，要实行全方位的经济控制，既要控制投资规模的外部条件，包括实物量的控制和价值量的控制，又要控制其内部结构，即投资方向、结构和效益。在这里，实行指令性计划和指导性计划相结合的计划控制是完全必要的。这是不可缺少的行政手段。必须同时综合地运用各种经济杠杆，使各种经济杠杆的作用形成一个合力，以有效地保证投资总政策和计划指标的实现。

另一方面，要把行政控制手段和经济调节手段结合起来，两者不可偏废；并且要完善有关的经济法规，如尽快制定固定资产投资法、银行投资法、企业集资法，等等。

（3）管理机制要完善。投资管理机制不完善是造成投资规模失控的重要原因之一。要研究建立多层次、多方面的投资管理与实施经济责任制，以进行有效的管理、检查、指导和调节，并做好投资的统一计划和分级管理。

此外，还要研究如何完善投资信息系统和调控系统，使之与配套的政策和措施密切结合，以便更好地为投资的宏观控制服务。

请大家敞开思想，从理论和实践的结合上，认真商讨，踊跃献计献策。

（三）使投资政策体系化

投资政策的研究具有十分重要而深远的意义。我们的目的是要探索出一套崭新的、适合我国国情的投资政策体系，通过宏观管理制度和微观自我调节机制的有机结合，走出一条新路来，以便真正实现宏观上管住管好，微观上放开放活的新局面。

正确的投资政策，主要取决于正确的产业政策。要对我国的产业进行系统的调查，并在这个基础上制定出适合我国情况的产业政策。我们要实现四化，赶超世界先进水平，我们的产业政策实际上就是赶超政策。

这种政策必须从我国的实际出发，而又能高瞻远瞩，使之同对宏观经济发展速度、规模进行适度的控制相结合；与有关的社会基础设施，即交通、通信、电力等的建设相结合；与地区的发展规划相结合。如果可以做个比喻的话，不同的产业政策是经线，地区发展规划就是纬线，从经纬线的交叉中找出重点来，而且要把地区的发展规划，加以分析综合，成为中央的地区规划，这是日本的经验，值得我们借鉴。

投资政策既是经济政策的重要组成部分，它本身又是独具特点、能够自成体系的。当然，它作为一种体系，需要在实践经验的基础上总结、制定出来，再到社会实践中去接受考验。因此，它需要逐步积累，不断充实、修正和完善。也只有通过不断地充实和修正，才能逐步达到体系化，达到更加完善和科学化的程度。

与会的诸位专家、学者、理论工作者和实际工作者，对投资政策问题已有许多研究，做过大量工作。希望在这次会议上，能够进一步交流和磋商，把对投资政策的研究进一步系统化。

刚才说过，为了使这次会议安排得更集中，讨论得更深入，会议筹备组邀请了城乡部基本建设经济研究所、中国建设银行投资研究所、中南财经学院等单位的十几位同志，在会前进行了认真的讨论，并在中国投资学会第一次理论讨论会和中国基本建设经济研究会第三次年会研究的基础上，整理了一个供会议讨论的资料，作为抛砖引玉，提供大家研究。

请与会同志敞开思想，畅所欲言，展开辩论与争鸣，把我们的会议开得活泼一些，更有成效一些。

预祝大会圆满成功！

在所有制改革问题座谈会上的讲话[*]

这次由国务院发展研究中心召开的生产资料所有制改革问题座谈会是一次小型座谈会，我们只邀请了部分专家学者，部分地区、部门和单位的同志参加，准备开 4 天。今后，我们将根据所有制问题的研究情况，再邀请一些同志进行进一步讨论和研究。

在过去很长的一个时期里，理论界曾流行一种观点，认为我国对生产资料私有制的社会主义改造基本完成后，公有制已经确立了统治地位，生产资料所有制问题将是长期稳定的，不会变化的，仿佛没有什么可研究的问题了，在生产关系问题的研究中主要是研究"相互关系"和"分配关系"。但是马克思主义政治经济学基本理论和社会主义建设的实践却告诉我们，在社会主义时期，随着生产力的发展，生产资料所有制无论是在同一个所有制的内部结构方面，还是在各种所有制之间的结构方面，都必然发生相应的变化，以适应并进一步促进生产力的发展。特别是党的十一届三中全会以来，由于商品经济迅速发展，经济体制改革逐步展开，更从许多方面直接或间接地触及所有制问题。因此，近些年来人们越来越注意所有制问题的研究，并取得了许多有益的成果。但总的说来，当前对所有制问题的研究现状还不适应形势发展的要求，需要进一步加强。

我们在农村实行的改革已经取得了巨大的成功。以家庭为单位的联产

---

[*] 本文写于 1985 年 11 月 19 日。

承包责任制，土地的所有制没有变，但经营方式有了改变，土地的所有权和经营权分开了。也就是说，所有制的内涵有了改变。这种变革，大大地促进了农业生产力的发展。公有制不仅坚持了下来，而且更加巩固了。有的同志说，我国农村实行以家庭为单位的联产承包责任制以后，已经由集体经济变成个体经济了。这样看是不符合实际的。第一，土地仍是公有的；第二，农田水利基本设施也是公有的；第三，大型农机具也是公有的；第四，日益发展的占农民收入相当比重的乡镇企业也是公有的。所有这些情况都说明，我国农村现在实行的是公有制基础上的以家庭为经营单位的联产承包责任制，而不是个体所有制。但是所有权与经营权确实是分开了，这就给原来的集体经济注入了新的活力，因而促进了农村生产力的迅速发展。这一经验是非常值得重视，并应在理论上加以总结的。

在城市改革中，中央已经决定把全民所有制企业的所有权与经营权分开。这也涉及全民所有制内涵的改变。

从 1978 年年底党的十一届三中全会决定进行经济体制改革以来，到 1984 年间，我国所有制从总体上来看变化是不大的。按工业总产值计算，1978 年全民所有制占 80.8%，集体所有制占 19.2%，其中包括少量的个体所有制，没有单列出来。1984 年全民所有制占 73.6%，集体所有制占 25%，多种合营（包括全民、集体、个人的合营，中外合营等）占 1.2%，个体所有制占 0.2%。这种情况说明：作为社会主义重要特征的公有制经济不仅在农村经济中而且在工业经济中仍居主体地位。但是，从整个社会来看，在经济体制改革中，我们由过去盲目追求单一的公有制转变为以公有制为主导的多种经济形式和经营方式并存，这就改变了社会范围的所有制构成，是所有制结构的重大改革。至于在公有制内部，无论是全民所有制还是集体所有制，都已经或者正在实行所有权与经营权的分开，这就使公有制的内涵，也在一定程度上发生变化，并将继续在发展变化。因此，加强对这一重要问题的研究是十分必要的。

最近召开的党的全国代表会议指出，我们在今后的改革中，必须使全民所有制的企业真正成为自主经营、自负盈亏的经济实体。究竟怎样才能做到这一点，理论工作者和实际工作者提出了许多不同的建议和意见。有的同志提出要实行全民所有，集体经营或企业经营；有的同志提出要搞股份化，对小型企业要实行租赁、出租甚至出售；有的同志还认为，必须把企业区分为特殊企业和一般企业，前者由国家实行直接管理，后者由国家实行间接管理。由国家直接管理的企业只能具有相对的独立性，由国家实行间接管理的企业则必须具有独立地位，否则难以做到自主经营、自负盈亏。此外，还有其他一些建议。所有这些改革设想和建议，都涉及所有制内涵即内部结构的改变。由于各方面意见分歧很大，需要继续进行深入的理论研究和可行性论证。

我国的集体经济比重相当大，在工业、交通和商业领域，集体经济都占20%以上，集体所有制企业目前普遍存在名不副实的问题。名为集体企业，生产资料实际上并不属于企业职工集体所有，而是属于地方政府主管部门所有；乡镇工业则是乡镇政府所有。多数集体企业都还没有真正做到自主经营、自负盈亏。这种状况对企业和职工的积极性有相当大的影响。如何创造条件使集体企业真正成为自主经营、自负盈亏的经济实体，也是一个很值得研究的问题。

近几年，我国私人企业有了一定的发展。目前社会分配的不公平问题、收入悬殊问题，同私人企业的发展有一定的关系。在发展商品生产和商品交换的条件下，从大量的个体经济中产生出少数私人企业，这是不可避免的。这件事，我们应当看一看再说。但对私人企业的现状、发展趋势和我们应当采取的对策，也必须进行研究。

更值得注意的是，近几年有一个重要的趋势，就是随着企业横向联系的发展，出现了一批混合型的经济实体，有的地方把它称做"企业群体"或"联合体"。这类企业的资金来自不同部门、不同行业、不同企业、不同地区和不同的所有制。看来，这种打破地区、部门和所有制界限，促进产业结构的合理化，提高投资效益的混合型经济，今后将可能有一个很大的发展。这是一个新问题，对这类企业的所有制内涵更需要进行研究和探讨。

党的代表会议强调，"七五"期间，是全面改革我国经济体制的关键时期，在今后五年或更长一些的时期内，要基本上奠定有中国特色的、充满生机和活力的社会主义经济体制的基础。根据这一要求，我们对所有制改革问题的讨论应当给予更多的注意，要力求在综合各种不同意见的基础上提出改革所有制的几种设想或方案，供领导机关决策时参考。

今年年初，发展研究中心把改革所有制结构问题，作为重点课题，列入了工作计划。国务院领导同志批准了我们的计划。但研究工作仍要依靠各方面去做。这次座谈会，主要请大家商量两个问题：第一，所有制改革的必要性以及在整个经济体制改革中的位置。在考虑近期的经济改革时，关于所有制的改革怎样安排为好？看来，要回避所有制问题是不行的，但这个问题目前还应当着重在内部和学术刊物上进行必要的讨论，要避免引起误解和震动。例如，对私人企业问题，各方面都很关心，政策性很强，说得不准确或不清楚，很容易引起被动局面。第二，大家对理论界提出的各种改革设想提出意见，结合各地改革中提出的新问题和试点经验，对所有制改革的理论根据和可行性进行讨论和论证。

这是一次内部的咨询研究会议。出席会议的有著名的专家学者，也有不少年轻同志，还请了个别地方党委和企业的同志参加。希望大家畅所欲言，座谈会的气氛应当活跃。会议以后，我们将把各种意见集中一下，向党中央、国务院领导同志反映。如果可能在会后逐步形成一个有关所有制问题的改革建议，征求大家意见后再上报。

参加我们会议的还有些新闻单位的同志，关于会议的报道应该掌握这样一个原则：对于一些理论性和学术性的意见可以报道，对于具体的改革意见和政策性建议务请不要公开报道，以免引起不良后果。

关于"投资体制改革和投资
政策讨论会"的报告[*]

1985 年 11 月 18—23 日，国务院发展研究中心在北京召开了投资体制改革和投资政策讨论会。通过讨论，做出了一些分析，形成了几点建议。

一 今年的投资紧缩政策已初见成效，但目前固定资产投资规模仍然偏大

去年四季度以来，发生投资规模过大的问题，由于党中央、国务院发现及时，措施比较稳健得力，已初见成效。一度增长过快的乡镇企业贷款，现已控制在全年计划之内；固定资产贷款严格按计划执行，没有突破。但是，全年的投资规模仍然偏大。全社会固定资产投资将达到 2300亿元，比上年增加 467 亿元，增长 25.5%。其中，全民所有制单位预计完成投资将达 1570 亿元，比上年增长 32.5%。

据与会同志分析，投资规模压缩不下来的主要原因是：新开工项目未控制住，今年 1—10 月全国基本建设新开工项目 3.2 万个，比去年同期增加 9700 多个；在建项目过多，已达 13.7 万多个；预算外投资仍在膨胀

---

* 本文是作者 1985 年 11 月写给国务院的报告。

（今年上半年预算内投资增长 7.6% 而预算外投资又增长 89.6%），以及不纳入计划的投资激增，等等。这说明，全社会固定资产投资规模，尤其是在建总规模必须进一步严加控制。

二 固定资产投资在经济管理体制新旧交替的时期出现了新的特点

固定资产投资规模膨胀是一个老问题，但在新的历史时期具有新的特点。

一是投资决策分权化。由于简政放权，中央与地方实行"分灶吃饭"，有些部门采取了"投入产出包干"，使投资决策权由中央集权转变为分权，地方、部门的投资决策权扩大了，预算外投资的比重大大增加。1985 年，预算外固定资产投资在全民所有制单位的投资中约占 2/3，在全社会固定资产投资中约占 3/4。从"六五"计划执行情况来看，预算外投资超过国家计划 85.2%，预算内投资仅超过国家计划 14.2%。

二是投资主体多元化。由于办企业，搞各种建设事业，实行国家、集体、个人一起上的方针，调动了各方面的投资积极性。1984 年，全社会固定资产投资总额为 1833 亿元。其中：城镇、农村集体所有制单位为 239 亿元，占 13%；城乡居民投资为 409 亿元，占 22.3%。1985 年预计，全社会固定资产投资 2300 亿元，其中，城乡集体和居民个人投资约为 800 亿元，占 34.8%。随着企业自主权的扩大，企业将会成为投资的主体。

三是投资目标复杂化。地方投资行为主要是受发展地方经济的支配，也掺有一些非经济的因素，如为了树"政绩"横向攀比，并追求超高速度，增加社会福利，缓和就业压力等。企业投资行为，由于受扭曲价格信息的影响，追求产量、产值仍比追求质量、品种的劲头大。而且，注重短期目标，缺乏长远打算。同时，搞生活性福利设施的劲头也很大。1985 年上半年，生产性投资增长 31.5%，非生产性投资增长 65.7%，且有进一步扩大的趋势。

四是投资渠道多元化。已由单一的国家拨款的渠道转变为预算内拨款、银行贷款、地方自筹、企业自筹、城乡集体企业筹款，各种方式的集资和利用外资（直接投资、贷款）等多种来源。例如，今年1—9月，全民所有制单位自筹投资达254亿元，比去年同期增加73亿元，增长41%；城乡集体和个体的固定资产投资今年预计比去年增加12.6%；而银行贷款则有164亿元，比去年同期增加87亿元，增长1.1倍；同时，自筹投资相当大的部分也来自银行贷款。此外，1979—1984年6年间，利用外资已达170亿美元。

五是投资方式多样化。自上而下的纵向投资虽尚未发生根本性的变化，但已经大量出现部门之间、地区之间特别是企业之间的横向投资。同时，也出现了一业为主，兼营别样，联合投资经营等方式。在一些地方，出现了以公有制为基础的股份经济，如全民企业之间、全民和集体企业之间以及集体企业之间、集体企业与个人之间的联合投资，还有个体与个体之间的合资经营，等等。这就突破了过去的条块分割，使投资日趋合理化，这是一个值得注意的发展趋势。

六是投资规模小型化。近两年，单位投资规模趋小的倾向比较明显。据体改委研究所1984年对23个城市3212个基建项目的调查，1000万元以上的项目仅占5.5%，50万元以下的项目占52.6%，平均规模仅为23.7万元。目前乡镇企业的平均规模只有3.5万元。投资规模小的主要原因是：企业留利水平低，无力进行较大规模的投资；乡镇企业财力有限，加之追求短期盈利；有些地区主要着眼于安排就业，因而投资具有很强的"撒胡椒面"性质。过多的小型化投资，往往造成企业先天不足，规模效益差，技术落后，自我改造和自我发展比较困难。这表明我国目前在投资总量不断增大的同时，在低水平上铺摊子，投资质量的下降是值得注意的。

以上这些特点，具有两重性：一方面，它有利于搞活经济，有利于产业结构的调整和投资效益的提高；另一方面，更容易造成投资规模的膨胀，增加了宏观经济控制的难度。我们应当因势利导，趋利避害，适应新的情况，采取新的对策，确立新的投资格局，以促进改革和建设事业的新发展。

三 有关投资体制改革的建议

这次投资失控是出现在新旧两种体制交替变换过程中，因此，完全采用老办法是难于奏效的，应当适应情况的变化，推进投资体制改革，逐步减弱和消除旧体制的影响和作用范围，建立一个配套的富有弹性的改革措施和政策体系。同时，还需要其他领域和部门体制改革的相应配合。这样，才能逐步完善投资机制，改善投资环境，根治投资膨胀。但是，这还要有一个过程。因此，还需要辅以相应的行政干预手段，特别是在近期，旧体制还有相当影响的情况下更是这样。会议对投资管理体制以及相关的财政、金融体制的改革，对近期控制固定资产投资规模的措施，提出了以下建议：

（一）改革投资管理体制，促进投资机制的转换

随着体制改革的进行，我国以政府为投资主体的传统投资管理体制已在开始改变，多种类型的投资主体已经并且越来越大地对固定资产投资的宏观格局产生影响，在考虑投资管理体制时必须以此为基点。与其用行政手段强行规定和限制不同投资主体的投资方向，不如因势利导，划分投资范围，把不同主体的投资兴趣引导到宏观要求的目标上来，建立一个投资主体与投资目标相协调的投资管理体制。这样，也便于对不同的主体采取不同的干预和约束措施。目前，我国投资活动中，企业的作用和力量仍嫌单薄，因此，已经下放给地方和部门的投资权不宜继续扩大，国家和地方对生产性的投资权，应按规模、按行业逐步转移至企业。这样中央、地方和企业的投资方向是否大致可以做如下划分：

中央投资的重点，主要是跨地区的，不盈利或很少盈利的社会基础设施，能源、交通运输、邮电通信和部分原材料，以及科技、教育、卫生等各项事业。

地方投资的重点，主要是城乡基础设施、教育、社会福利等非生产性的事业和第三产业。

国家和地方为进行这些建设所需要的资金，可以按年度在国家预算中

拨出一定比例的专用基金，使其有稳定的来源。基金的额度和使用，力求不随财政收入的变化而波动。

大量的生产性投资决策权，应逐步交给企业，企业依靠自身力量扩大生产，提高竞争能力。中央和地方原则上不再负责对一般性的生产企业的投资。

新建企业，可以由原有企业投资建设；或者由原有企业集合其他企业联合投资建设；也可以由有关方面组成新的投资集团进行建设。

总之，投资管理体制改革应该走有前提的放权和有选择的收权相结合的道路。放权的前提是相对配套的间接控制手段能随时跟踪放权措施（至少对放权可能产生的漏洞能够拾遗补缺），收权的选择是为使收权措施能够对放权的总趋势起导向作用。

（二）与上述投资体制相适应，逐步实行中央和地方"分税"的财政体制，并增强企业的投资能力

改革"分灶吃饭"的财政体制，逐步实行中央和地方直接对企业征税，实行中央和地方分税的财政体制，逐步明确划分中央税、地方税和共享税的范围，解决好中央、地方和企业的利益关系，使中央和地方承担的建设任务有可靠的收入支持。同时要逐步适当提高企业税后留利水平，使企业在逐步扩大投资决策权的同时，也获得自我改造、自我发展的投资能力和机会。为了强化企业的投资能力和实力，在保证中央财政集中数字逐年增长的条件下，"七五"计划末期企业税后留利水平可以考虑较"六五"末期增大一倍（约为30%）。为了矫正价格扭曲和短期效益、短期市场信息对企业投资的影响，可以根据国家产业政策和行业规划的需要，设置投资税以限制"长线"产品；设置市场调节税以减缓短期市场信息冲击；对"短线"产品可以用减免税收，补贴的办法予以鼓励。

（三）加速金融体制改革，强化银行对投资的调控功能

近年来，银行贷款对地方和企业投资活动的影响日益增强，加快金融体制改革步伐，已成为控制投资膨胀、改善投资效益、调整产业结构、培养企业投资能力的最重要的条件。银行要管理各种渠道来源的资金，要强化中央银行对信贷资金总量的指令控制，按照国家固定资产投资计划和流动资金计划额度控制。应实行相对稳定的货币政策和信贷政策，建立合理的利率体系。金融机构要逐步变为自主经营、自负盈亏的真正企业，各类金融机构要实行明确的业务分工，建立有力的调控制度。建立投资责任制和信贷责任制，使借方和贷方对建设项目的成败优劣负有相应的责任。要尽快提高银行管理水平，使银行能够根据产业政策、宏观经济需求安排信贷。

（四）加强投资决策的科学性，保证投资的经济效益和社会效益

建设项目设计、审批体制也需要进行改革。为了保证可行性研究和设计的客观性、科学性，设计和审批部门应当超脱一些。现属于各部门、各地方的设计院，可以考虑逐步与部门、地方脱钩，划归独立的设计和规划系统管理，由它们根据国家计划和产业政策，对建设项目的设计向有关设计院公开招标，以优取胜，形成竞争的格局。也可以考虑成立类似日本的"产业评议会"和"投资委员会"之类的政府和民间相结合的组织，协同有关的咨询公司，负责对重大投资项目进行论证、评议，切实改变目前各部门自定、自证、自审、自批的做法，以加强投资决策的科学性，杜绝把"可行性研究"变为"可批（准）性研究"，杜绝"钓鱼项目"和"点头项目"。

（五）创造适当的投资环境，引导、推动微观投资活动按宏观意愿运行

进行相关的体制改革，建立配套的政策体系，加强金融、财政、物价管理和监督、检查机构。制定相应的法规（如银行法、金融法、投资法、破产法等），改进社会保障，以逐步形成这样的环境，即增大企业责、权、利的统一程度，在微观放活的条件下，同时能够有一种引导微观活动顺应宏观需要的力量经常发生作用。这是在新的时期加强对固定资产投资宏观控制的必要条件。

改革和完善投资机制要有一个过程，因此采取的措施和政策必须有一定的时序性。会议讨论认为，在当前，为了解决固定资产规模过大的问题，可以采取以下措施：

（1）对全社会的固定资产投资规模，要进行全面的、全局的控制，不能再开什么"几不纳入"和"几不算"之类的口子。要把固定资产投资作为指令性指标，像工资基金那样，切块下达给各地区、各部门执行，由中央有关部门按照全国固定资产总规模来监督、引导和管理全民、集体和个人投资活动。

（2）不仅要控制当年投资规模，更重要的是要控制在建项目的投资总规模。注重中长期平衡，基本建设应以五年计划为主。在建项目的投资总规模大体上不能超过年度投资计划的5倍。要使基本建设投资规模落实到项目的建成上，不能只控制年度投资额，而不顾建设项目在尔后建设中因缺乏必需的资金物资而拖延工期。

（3）提高和确保更新改造资金在固定资产投资中的比重。虽然这几年中央和国务院一再强调这个问题，但实际上并没有得到很好的落实。"六五"计划期间，更新改造资金计划占36%，实际只达到27.4%，其中还有相当数量投资在更新改造名义下用于新建、扩建，真正用于企业改造的资金不过一半左右。今后应加强监督检查，把完成更新改造计划作为考核固定资产投资的一个重点。

在经济体制新旧交替的转化过程中，新情况、新问题将会不断出现。根据历史的经验和现实的情况，确定固定资产投资规模，应当坚持以下几条原则：力求社会总需求与总供给的大体平衡，不再搞国民收入超分配；正确安排积累和消费的关系，努力把积累率逐步降到30%以下；要坚持"三适应"，即投资规模的增长与国民收入的增长相适应，固定资产投资规模的增长与生产资料生产的增长相适应，以及消费基金的增长与消费资料生产的增长相适应（固定资产投资约有40%，要通过各种方式转为消费）。掌握住这几条，就不会发生固定资产投资规模膨胀的问题。

关于"所有制结构改革问题座谈会"的情况报告[*]

国务院发展研究中心在 11 月下旬就所有制结构改革问题，在北京召开了一次小型座谈会。会议历时 4 天，就"七五"计划期间改革所有制结构的必要性、改革的目标模式和基本政策以及今后如何继续对这项工作进行调查研究等问题，听取了专家学者和部分试点企业负责人的意见。薛暮桥、于光远、刘国光、孙尚清、蒋一苇、蒋学模、吴树青、谷书堂以及部分试点厂矿、企业和地区的代表共 40 多人出席会议并分别作了专题发言。会议期间，老、中、青经济学家之间，理论工作者与实际工作者之间热烈对话，生动活泼，对所有制改革问题提出了一些有启发性的新观点。

一 关于所有制改革在经济改革中的地位和作用问题

与会同志都认为，党的十一届三中全会以来，我国生产资料所有制结构在两个方面发生了重大的变化：一方面，由基本上单一的公有制发展成了以公有制为主体的多种经济形式和多种经营方式的并存；另一方面，农村普遍推行农业生产责任制，土地等重要生产资料的集体所有制没有变，但发展了家庭经营，所有制的内部结构发生了重大变化，所有权与经营权

---

*　本文是作者 1985 年 12 月 5 日写给国务院的报告。

分开了。在城市经济改革中又进一步明确了全民企业的所有权和经营权是可以分开的，为全民企业内部结构的改革指出了方向。实践证明，所有制结构的改革，尤其是公有制内部结构的改革、经营方式的改革，不仅推动了生产力的发展，而且促进了社会主义公有制本身的巩固、完善和发展，意义是很大的。所有制改革实际上正在进行，无须回避。由于生产资料所有制是生产关系的基础，工资改革、价格改革、商业流通体制改革、财政金融体制改革等都同所有制问题密切相关。所以，所有制的改革在整个经济改革中具有根本的意义，应当包括在全面的经济改革之内。有的同志提出：我们常说的配套改革，不仅应当有工资、物价等经济运行体制的配套改革，而且应当有经济运行体制改革同所有制改革的配套问题。

二 大家认为，全民所有制内部结构的改革，应当成为所有制结构改革的重点

改革的目的是要发挥公有制自身的优越性。就全民所有制大中型企业来说，当务之急是正确地处理所有权与经营权分开的问题，即在所有权不变的条件下改革管理体制，改变经营方式，扩大企业的经营自主权。

从上述要求出发，有的同志认为，目前关于企业地位的规定还过于一般，过于笼统。同样一个扩权措施，对某些企业可能失之过宽，而对另一些企业却会感到不够。根据社会主义有计划的商品经济的要求，建议按企业在国民经济中的地位和作用、企业的性质和规模，把企业分成几种类型，采取不同的体制：有些企业实行全民所有、国家经营，由国家实行直接管理，基本实行指令性计划，实行一定条件下的自负盈亏。更多的企业则可以实行全民所有、企业自主经营，由国家主要利用经济参数和经济手段，实行指导性计划，进行间接管理。还有相当一部分大中型骨干企业要采取介于上述两者之间的体制，既有间接管理，又有直接管理；既要依赖市场的横向联系，又要依赖行政权力机构的纵向关系，指令性计划指标仍起主导作用。如果对各类企业分别采取上述不同的领导体制，分别规定出不同的经营权限，就可能在国家与企业关系的改革方面取得一些新的

突破。

　　至于小型全民企业采取租赁、承包方式，由租赁、承包者自主经营、自负盈亏，多数收到了比较好的经济效果。但租赁或承包给个人的，也出现了一些弊病，在分配方面，弊病尤其突出。如沈阳汽车工业公司采取厂长承包制，一年来，工人年收入平均增加30%，即二三百元，而15名承包的厂长中，年收入最低的7000—8000元，最高的6万元。江苏的同志提出，从乡镇工业租赁、承包的实践看，把企业租赁或承包给企业的领导班子，采取集体承包或集体租赁的方式，经济效果比个人承包、个人租赁要好，合同的执行比较有保障，收入分配也比较公平。这一意见是值得重视的。

三　许多同志认为，近几年，跨越所有制界限、跨越地方和部门界限的新的经济联合体和企业群体纷纷出现，形成了不同所有制的交叉和渗透

　　据统计，1984年我国各种合营工业企业1000个，占企业总数（43万个）的0.2%，职工37万人，占职工总数（1189万）的0.3%。各种形式不同、紧密程度不同的经济联合体数量更大。据发展较快的南京、无锡、常州三市统计，目前参加各种经济联合体的企业数分别为572个、687个、344个。在上述三市工业企业总数中的比重分别为20%、23%、30%。随着商品经济的发展，这种联合经济（有人称为"合作经济"，"结合经济"或"集团经济"）今后必将进一步发展，这是一种很值得重视的发展趋势。在这种联合经济中，突破原来条条块块的限制、所有权同经营权进一步分离了。对这种特殊的经营方式的意义、管理体制和政策，都要加强研究，制定适当的对策，以促进它的健康发展。

　　会议认为，全民所有制经济在国民经济中的地位和作用，不仅取决于全民所有制企业本身所占的比重，而且取决于国家对其他经济联合体的参与和控制程度，通过对经济联合体的资金参与，如前所述的，在国有企业和国营企业之外，将会形成一种新的国家控制的企业（国控企业）。这种国控企业将会增强国家对全民所有制企业以外的其他类型企业的控制能力。

四 会议就股份公司问题展开了热烈讨论，意见分歧较大但经过议论，有几点比较接近

（1）认为股份制是商品经济发展的客观要求，可以说，股份制是一种可以跨越不同社会经济形态而存在的适合商品经济发展的经营方式，社会主义阶段仍然要大力发展商品经济，因此，股份制不失为可以试行的一种方式。

（2）在试办股份制时，不应盲目照搬资本主义股份制的模式，尤其不应当人为地去制造股票投机，不要给以权谋私者以可乘之机。

（3）试办股份企业要从集中资金的实际需要出发，要选择那些盈利水平一般，资金短缺或投资回收期较长的企业试点，集资的主要对象应当是公有制企业有富余的自有资金，个体经营者，等等。我国实行的是低薪制，职工的储蓄基本属于消费基金，这与资本主义国家是不同的，过多地动员职工把消费基金入股，会干扰宏观经济平衡，并且会助长固定资产投资的盲目扩大。也不宜选择盈利水平高的企业发行股票，防止把职工入股当成变相增发消费基金的手段来利用。

（4）可以在一定范围内，在税制、法制的一定约束下试办股份制企业，但不宜提出股份化的口号。股份化容易刮风，一刀切。

少数同志对股份制，尤其是全民企业是否可以推行股份制，仍坚持怀疑或否定的态度。他们从财政收入、社会基金的综合平衡、职工精神文明建设等方面对试行股份制问题提出了一些不同的看法，认为需要继续慎重研究，对股份制大量发展可能带来的问题要取审慎的态度。

五 我国的集体所有制目前普遍存在名实不符的问题，多数集体企业的资金本来就不属于本企业职工所有，以致利润要上缴给许多"婆婆"，负担很重，难以做到自负盈亏

乡镇企业实际上也是乡、镇政府所有制，企业自主权很小。大家认

为，集体企业本来最容易办成自负盈亏的经济实体，名实不符，主要是条件不具备。改革的方向无疑应该是创造条件，实行自主经营，自负盈亏。为此，在试点中必须给集体企业办好几件事：（1）要评估企业资产，对资金的所有者实行补偿，将企业的所有权真正归于企业，由职工集体所有；（2）坚持政企分开原则，减少企业的税外负担；（3）要使集体职工的劳保社会化；（4）对集体企业要有相应的法规，要使企业的合法权益得到保障，使企业有安全感。就一个城市来说，如果基本上具备了上述条件，就可以扩大试点，使集体企业尽快实现自主经营和自负盈亏。

有的同志认为，我国目前还有一些企业，名为集体所有而实际上说不清究竟谁是所有者（如供销社）。这类企业所有制的改革问题要在调查研究的基础上分别不同情况，从容决策，不宜匆忙地一律按企业职工集体所有制原则去解决问题。

六　关于非社会主义经济成分的对策问题

我国当前的非社会主义经济，主要是指独立经营、自负盈亏的个体劳动者和经营者，以及少数资金大、雇工多的资本主义私人企业。据统计，到今年 8 月底，全国城乡个体工商业者达 1600 多万人，其中，城镇个体工商业者为 340 万人，是 1978 年的 24 倍（私人企业数包括在内，没有分类统计）。大家认为，当前存在的非社会主义经济是在公有制经济占绝对优势的条件下活动的，这同 50 年代初的情况有根本的不同。那时社会主义与资本主义在经济领域谁战胜谁的问题还未解决。因此，目前允许少量非社会主义经济在一定范围内存在，对于社会生产力的发展具有积极意义，也不会影响我国社会主义制度的巩固和发展，但在对策问题上大家的意见不一致。

有的同志认为，有一点资本主义并不可怕，但性质要讲清楚。在理论研究上，在内部讨论中，不应当搞模糊哲学。目前报刊上老是表扬那些发了财的人如何修桥铺路、接济穷人，而不批评他们中的丑恶现象，好像中国的新的"财主"都是一些特殊材料制造的人。这种宣传，效果不好。

有的同志则认为，某些私人企业虽然属资本主义性质，但考虑到我们过去极"左"的政策影响很深，一说资本主义往往同批斗、打击联系在一起，现在把这些人打垮也很容易。因此，定性以后，会发生什么后果还难以预料。持这种看法的同志主张不要去明确私人企业的资本主义性质。

但比较一致的看法是，对私人企业已经观察了几年，现在该有一些说法了。有的私人企业发了横财，主要不是靠劳动而是靠钻了我们某些政策的空子。因此，既要允许其存在，又要加以监督、节制和引导。可以考虑的具体政策措施是：（1）对独立经营的私人企业，要健全登记注册手续，加强企业的簿记和统计，做好控制、监督和引导的基础工作。（2）对私人企业的利润分配进行调节。希望及早考虑征收所得累进税。（3）要分行业制定私人企业雇工人数的限额。对雇工超过限额的应多征税。以便鼓励私人企业把资金较多地用于购买技术设备来扩大生产规模，也可以促使某些私人企业逐步走上合作经营、合股经营的道路。

此外，对广大的个体劳动者和经营者，仍应采取积极扶持和加强监督管理的方针。

大家认为，私人企业问题为各方面所关注，比较敏感，有关的政策讨论在决策前只宜在内部进行，以免造成被动。

此外，有的同志还认为，我国多种经济成分、多种经营方式并存，将是一个长期的现象，为了制定出正确的对策，必须进行系统周密的调查研究。过去以阶级斗争为纲，什么事都搞阶级分析，那当然是错的，但近几年关于各种经济成分的具体分析和综合研究有削弱的趋势。在统计方面，按不同的所有制进行结构分析的资料也有所减少，且分类过粗。参加座谈的同志呼吁统计部门和有关方面迅速改变这种状况。考虑到我国各地的生产力水平差异很大，地区之间所有制的社会结构应有所区别，因此建议各省、市、自治区加强对本地所有制问题的系统调查和研究，为所有制的改革提供科学决策的根据。

这次会议的缺点是对"七五"计划期间的所有制改革措施和步骤，未能提出比较系统的建议和设想。我们打算在今冬明春分别组织有关方面就下列问题继续进行调查研究：（1）大中型全民企业经营方式的变革问题，特别是如何正确处理所有权和经营权分开的问题；（2）小型全民企业的租赁、承包和出售给集体的问题；（3）集体所有制、合作社社员所有制企业怎样改革才能成为真正自主经营、自负盈亏的经济实体？（4）私人企业的现状和对策；（5）乡镇工业的所有制改革问题；（6）联合企业与股份企业的管理体制、税收政策、利润、分配政策，等等。我们准备在做进一步调查研究之后，再提出改革所有制结构的具体设想和建议。

发展社会主义商品经济时期
思想政治工作面临的任务[*]

  感谢研究会给我这样一个向同志们学习的机会。这次年会，以党的代表会议提出的加强思想政治工作，加强社会主义精神文明建设，纠正不正之风，实现党风和社会风气的根本好转为主题，联系实际，深入探讨，发表了许多好的见解，提出了不少切实可行的措施。特别是力群、宝华、荫华等同志的讲话提出了许多重要意见。我个人很受教益，很受启发。会议开得很好，一定会对新时期思想政治工作的发展起到积极的推动作用。领导小组的同志一定要我讲一讲，恭敬不如从命，我同四川省社科院的林凌同志、辽宁省委的纪中同志商量了一下，想就思想政治工作面临的任务，讲点很不成熟的看法，供同志们参考。

  现在我们的国家正面临着社会主义商品经济大发展的新时期。农村由自给、半自给性经济向商品经济发展；城市则由产品经济向商品经济转化。在这种形势下，我们所进行的社会主义物质文明建设和精神文明建设，所进行的每一项工作，都与这个问题有着密切的联系。思想政治工作当然更是如此。

  从这几年的实践中，我们深深感到，社会主义商品经济的发展，不但

---

  * 本文是作者 1985 年 12 月在中国职工思想政治工作研究会第二届年会上的书面发言，原载《社会科学》（季刊）1986 年第 1 期。

引起了我国经济运行机制的重大变革，而且引起了人们思想观念的重大变革。新旧经济运行机制的转换，使经济生活经常发生矛盾和摩擦，出现不协调现象；新旧思想观念的交替，也在人们的思想上引起种种矛盾和冲突，甚至发生某些混乱。解决前者，是经济体制改革面临的重要任务；解决后者，是思想政治工作面临的重大课题。只有把这两方面的问题都解决好，才能保证我国的商品经济沿着社会主义的、有计划的方向健康发展。在这次年会上，上海市仪表电讯工业局、上海市工业党委、江西棉纺织印染厂等所写的论文中，都明显地提出，新时期的思想政治工作就是社会主义有计划的商品经济条件下的思想政治工作，我认为是很正确的。

社会主义有计划商品经济条件下的思想政治工作，涉及的问题很多。这里我着重讲以下三个方面。

第一，要对发展社会主义有计划商品经济所引起的思想观念的变化，以及新旧思想观念交替过程中，在人们思想上引起的矛盾和冲突，认真进行分析，做出正确评价，有针对性地进行思想政治工作。

我国的社会主义商品经济是在自给、半自给经济和产品经济的基础上发展的。农村家庭联产承包责任制的建立，专业户的发展，国家对农村经济宏观管理体制和手段的改革，使农户和乡镇企业成了独立的商品生产者和经营者，农村社会分工有了重要发展，价值规律在农村经济发展中，发挥着越来越大的作用。城市的工商企业和其他企业，逐步成为相对独立的经济实体，有了一定的经营管理自主权和相应的经济利益，并将随着改革的深入发展，逐步走向自主经营、自负盈亏。城市经济在广泛的范围，采取商品货币形态、市场调节，以及企业之间竞争的扩大，使价值规律在城市经济发展中的作用也在逐步增强。经济生活的这些变化，使自然经济和产品经济下形成的一些传统观念受到越来越大的冲击，价值观念、市场观念、竞争观念、时间观念、效率观念、利润观念、人才观念、信息观念等这些与社会主义商品经济相适应的新观念，逐步在人们的思想上树立和加强起来。这些新观念的形成和确立，对于解放人们的思想，改变人们的精神面貌，激励人们的锐意进取、开拓创新，对于促进我国社会生产力的发展，有着巨大的作用。对于这些新观念所带来的积极因素，我们必须有足够的估计。现在我国的社会主义商品经济，无论城乡都还处在不发达的阶段。克服自然经济、产品经济下长期形成的传统观念，树立起适应社会主义商品经济发展的新观念，仍然是我们思想政治工作的一个重要任务。

　　然而不能不看到的是，社会主义商品经济固然是生产资料公有制基础上的有计划的商品经济，但是支配它的运动规律，仍然是包括价值规律在内的商品经济通行的规律。因此，商品经济固有的盲目性、自发性等带来的消极因素仍然存在。社会主义的公有制、计划性以及商品范围的有限性，只是给克服这种盲目性和自发性等消极因素提供了可能性，而要把这种可能性变成现实，需要有科学的计划基础，强大的宏观间接控制能力，完善而灵活的调节机制，高水平的管理人才，等等。而这些在短时间内是难以完全具备的，因此，商品经济的盲目性和自发性带来的消极因素，就会在经济改革过程中反复出现，弄得不好，甚至还会泛滥起来。与此相联系，排斥国家计划的观念，片面追求企业利益，不顾国家利益甚至挖国家墙脚（如偷税漏税等）的观念，"一切向钱看"的观念，损人利己的观念，弄虚作假、损害消费者利益的观念等，也会滋长起来。近年来，我们党内和社会上出现的不正之风，许多与此有关。上述这些观念与社会主义、共产主义观念是不相容的，任其发展，就会把社会主义商品经济引向邪路。因此，用正确的社会主义商品经济观念，用共产主义的理想来克服这些不正确的观念，是我们思想政治工作的一个重要任务。

　　总之，要对社会主义商品经济有一个正确的认识，要认清社会主义商品经济与资本主义商品经济的本质区别，要认清社会主义社会制度下的商品经济与资本主义社会制度下的商品经济的本质区别。要正确认识发展社会主义有计划商品经济的利和弊的关系，首先要看到商品经济的充分发展是社会经济发展不可逾越的阶段，在历史的现阶段，只有充分发展有计划的商品经济，才是建设社会主义、实现共产主义的必由之路；同时又不能忽视其弊端，因为它终究具有商品经济的一般属性，我们应当通过加强思想政治工作，努力做到兴利除弊。

　　上海市仪表电信工业局思想政治工作研究会在《有计划商品经济条件下的思想政治工作》论文中，对如何正确认识有计划的商品经济对社会主义物质文明和精神文明建设的利弊关系，进行了具体的分析，一方面肯定了它对搞活经济，活跃思想的积极作用；另一方面也明确指出了它在经济生活中的某些盲目性和自发性，以及把商品交换原则侵入政治生活的危险性。反对了两种偏颇的利弊观，即把有计划的商品经济理想化，忽视其确实存在的弊端的观点，以及把它的弊端看得过于严重，认为它是"万恶之源"的观点。从思想政治工作的角度反对了自发论、单纯服务论等倾向。提出了思想政治工作应当总结我党成功的传统经验，加强预见性、警觉性、原则性、示范性，这也是我们在发展社会主义商品经济新时期遇到的新的挑战。为了迎接这种挑战，论文指出防止商品交换原则侵入党的政治生活是一项长期的不懈的斗争，对此估计不足是不对的，但又不能因噎废食。要使人们懂得，人总是社会的人，党也不是生活在真空中；社会的变化，不断地给每一个人，包括我们的党员，提出了各种新的要求。因此，在社会主义商品经济的发展中，在经济体制改革的变动中，每个党的干部都应首先想到自己是一个共产党员，要有加强党性锻炼的精神准备和自觉要求。这些意见都是很好的，很给人们以启发的。

第二，要特别注意由于所有制结构和分配制度的改革，在人们思想上引起的社会财富占有和分配观念上的矛盾和冲突，正确处理各种经济成分之间、各种利益集团之间、各类人员之间的经济利益关系。

经过七年的经济体制改革，我国的所有制结构发生了很大的变化：（1）单一的公有制结构变为以公有制为主体的多种所有制结构，其中包含着少量非社会主义的所有制因素；（2）所有制形式的等级阶梯已经改变，开始形成以公有制为主体的多种经济形式长期并存的格局；（3）全民、集体两种公有制形式出现了多样化的发展，全民所有制中有了企业所有和个人所有因素，集体所有制中有了个人所有制因素；（4）集体和全民所有制内部的结构，也发生了很大的变化，农村集体经济已经实现了所有权与经营权的分离，全民所有制经济内部也正在进行适当的分离；（5）产生了新的所有制形式——不同所有制联合以及中外联合的联合经济。

与所有制结构的变革相联系，分配制度也正进行改革。从全社会来说，按劳分配是分配制度的主体，但已出现了非按劳分配因素。从各种经济成分来说，分配制度则产生了明显的差异。农村由工分制改为联产计酬制，按劳分配有了较好的体现。但由于个体经济成分的发展，非按劳分配因素，富裕程度的差别呈现逐步扩大的趋势。全民所有制企业实行了企业和职工参与利润分配制和职工收入与企业经营好坏相联系的工资制，按劳分配有了新的体现，有利于调动企业和劳动者的积极性，但加剧了企业同国家之间的矛盾，也加剧了行业之间、企业之间的矛盾。个体经济的发展补充了社会主义公有制经济的不足，活跃了市场流通，但少数人的过高收入，在社会上造成一种不公平现象，引起广大人民群众的不满。承包和租赁等经营方式的推行，私人雇工经济的出现，促进了经济的发展，但也带来了承包者和租赁者与职工之间、私人企业主与职工之间分配上的过分悬殊。国家机关干部实行结构工资，有利于加强机关工作的责任制，但也引起了新老干部之间、机关干部与企业职工之间的某些矛盾。

以上这些改革，适应了我国生产力结构多层次发展和商品经济发展的需要，大大增强了人们的物质利益观念，打破了长期处于支配地位的吃大锅饭的平均主义。这无疑是一个历史的进步。但是，也正由于平均主义被打破，人们在分配和实际生活水平上，就难免会出现差距，而且随着商品经济的进一步发展，这种差距在一定时期内会不断加深。根据按劳分配原则，分配上保持一定的差距，人们是可以接受的，但如果差距过大，在社会上出现分配不公平现象，必然会在人们思想观念上引起种种矛盾，甚至会使人们对社会主义发展的趋势产生困惑和怀疑。特别不容忽视的是，经济利益的企业化、个人化，如不进行有力的调节和制约，就有可能导致片面追求企业利益和个人利益，从而造成各种所有制成分之间、各种利益集团之间、各类人员之间经济利益的矛盾和冲突，带来社会生活的不安。

分配问题是涉及全国人民切身利益最敏感的问题之一，加上物价因素，使这个问题更加复杂尖锐。这个问题的正确解决，有赖于经济体制改革，同时也有赖于思想政治工作。当前尤其应当引起我们的特别注意。

会上有的同志的发言很好。他强调要把思想政治工作与贯彻社会主义物质利益原则结合起来，使之成为推动改革的强大的精神动力和物质动力；强调要职工弄清楚四个问题：什么是社会主义条件下的富，什么是社会主义企业职工的富，什么是社会主义企业职工致富的途径，什么是职工可能达到的富的程度。强调要引导职工摆正五个关系：富国与富民的关系，个人富与集体富的关系，眼前富与长远富的关系，先富与共同富的关系，物质富与精神富的关系。同时，要划清两条界限，勤劳富与违法富的界限，只顾个人富、不顾甚至损害国家富、集体富、他人富的界限。他说这种教育是在共产主义思想体系指导下进行的一次针对性很强、很有吸引力的社会主义、集体主义和爱国主义的思想教育，也是一次当好国家和企业主人翁的教育，做得好将产生深远的影响。我认为这些意见是很好的，这样才真正是走社会主义的共同富裕之路。

第三，加快实行国家政权机关体制的改革，真正做到政企职责分开，国家政权机关不再与经济利益直接联系，以充分发挥国家政权机关管理社会主义商品经济的职能作用，防止商品经济等价交换原则侵入党和国家的政治生活。

发展社会主义商品经济，企业成了相对独立的商品生产者和经营者，有了自己独立的经济利益。要使企业在生产经营活动中始终沿着社会主义的商品经济轨道前进，实现微观目标与宏观目标的统一、企业利益与社会利益的统一，使企业活动符合国家宏观综合平衡的要求，国家就必须对企业制定行为规范，并且运用各种经济的、法律的、行政的手段，对企业进行有效的管理和监督。为此，国家管理机关就必须严格执行政企职责分开，国家一切党政机关既不能直接从事生产经营活动，也不能利用自己的职权为本单位、为个人谋取任何经济利益，否则，领导、管理和监督企业的商品经济活动就成为一句空话。

但是不容回避的是，现在不但各级管理企业的国家机关有不少在直接经营自己的供销公司或其他公司，为本单位谋取经济利益，就是其他管理机关，如税务、物价、工商行政等行政部门，有的也规定可以从查处违法案件的罚款中取得分成，作为本单位职工的额外收入。还有利用职权、索取回扣、接受贿赂，等等。可以毫不夸张地说，商品经济等价交换原则侵入党和国家政权机关的政治生活，已经是一个严峻的事实。如果我们再不重视，彻底纠正这种不正之风，实现党风和社会风气的根本好转，将是很困难的，我们的国家政权机关现存的一些腐败现象也无法彻底克服。

我们的党政机关面对着这样的情况：同样一个领导干部，一方面是共产党员，是政治家；另一方面又是企业的经营管理者或者是同企业的经济利益有直接利害关系的官员。他们在频繁的经济活动中，为了部门的、地区的、企业的利益，有的也为了自身的利益，就把商品经济的等价交换的一般原则渗透到政治生活中来。所谓上有政策、下有对策，往往就是这种情况的反映。当然，对所谓"下有对策"的对策，也要进行具体分析。除了极个别政策本身的缺陷以外，多数是属于损害国家利益、抵制国家监督的行为。所以，在社会主义商品经济条件下，监督与反监督的斗争将是长期的。这实质上也就是社会主义有计划的商品经济同资本主义自由经济的斗争。

为了顺利地进行社会主义物质文明和精神文明的建设，在加强思想政治工作的同时，必须加快国家政权机关改革的步伐，强化法制，强化监督机构。对一些经济管理机关，如税务、审计、统计等，实行高度集中的领导；制定和颁布《公务员法》，使国家机关工作人员有法可依。同时，国家行政机关所属的类似供销公司一类的经济组织，应当改为独立的企业，国家行政机关不能再同此类公司发生任何直接的经济利益联系；有关部门应当无偿地履行自己的职责，取消查处违法案件的罚款分成制度；严禁索取回扣、接受贿赂等行为，违犯者要给予严格的处理。总之，我们必须通过改革和整顿，使我们的政府真正成为社会主义廉洁奉公的政府，那我们领导和管理社会主义商品经济就更有力量了。

在发展社会主义商品经济中，一方面加强思想政治工作，既保证社会主义物质文明建设，又推进社会主义精神文明建设；另一方面，加速国家政权机关的体制改革，真正做到政企分开，以充分发挥国家政权机关对于发展社会主义商品经济的领导、管理、监督作用。这样双管齐下，我们就一定能够使我国的社会主义商品经济健康地发展起来，建设一个以公有制为主体、共同富裕、两个文明齐发展的具有中国特色的社会主义现代化国家。

研究制定我国社会主义经济发展的新战略[*]

中共十二大提出了我国各族人民现阶段的总任务。这就是："团结全国各族人民，自力更生，艰苦奋斗，逐步实现工业、农业、国防和科学技术现代化，把我国建设成为高度文明、高度民主的社会主义国家。"为了胜利地实现这个历史性的伟大任务，需要我们深入地研究我国的发展战略。毛泽东同志在谈到中国革命战争的战略问题的时候，曾经说过：战略问题是研究战争全局规律的东西。同样，我们要研究中国经济、社会、科技发展的战略，也应当研究全局的规律的东西。这就要研究经济、社会、科技综合发展的总体战略。在总结我国和世界各国经验教训的基础上，研究我国经济、社会和科学技术的各个方面的现状和发展趋势，它们的相互联系，以及与发展有关的各种有利和不利因素，对实现我国今后一段比较长时期的总目标的基本政策与策略提出建议。

一 关于研究和制定我国发展战略的指导思想

（一）要把马克思主义的普遍真理同我国的具体实际结合起来，走自己的道路

我们搞社会主义现代化建设，必须从中国的实际出发。我们对这个问

---

[*] 本文写于 1985 年。

题的重要性的认识，是在我国社会主义建设的实践过程中，不断地总结经验教训而逐渐深化的。照抄照搬别国经验、别国模式，从来就不能得到成功。这方面我们有过不少教训。把马克思主义的普遍真理同我国的具体实际结合起来，走自己的道路，建设有中国特色的社会主义，是我们总结长期历史经验得出的基本结论。

由于我国现在生产力水平比较低，所以完成社会主义现代化将是一个比较长的过程。我们国家大，人口多，底子薄，只有通过长期奋斗才能赶上发达国家的水平。过去我们在经济建设上要求过高过急，犯"速成论"的错误，就是因为忽视了这个特点。以后要避免重犯这种错误。再者，由于历史形成的我国各地区发展的不平衡，所以实现现代化，也必然有先有后。诚然，一切地方最终都将实现现代化，但是发展的不平衡性短时期内是难以完全改变的。当然，要真正弄清国情，制定正确的发展战略，仍然需要做大量的调查研究工作。

总之，我们研究和制定的总体发展战略，应当具有以下三个基本特征：一是具有中国的特色，不能照抄照搬别国的模式；二是坚持社会主义道路，不断完善社会主义制度，并充分发挥社会主义的优越性，而不能搞资本主义；三是要实现现代化，不能落后，要力争迅速发展和进步。

（二）要把经济、社会和科技的发展战略结合起来，进行综合研究

我们研究的是整体发展战略，而经济、社会和科技的发展又是互相影响、互为条件的，只注重其中一个方面或者两个方面的发展而忽视其他，必然达不到发展的目的，即使一时取得某些成功，也不能持续。

当前，如果不搞现代化，科学技术水平不提高，社会生产力不发展，国家的实力得不到加强，人民的物质文化生活得不到改善，那我们的社会主义政治制度和经济制度就不能巩固，我们国家的安全就没有保障。所以，我们必须综合研究经济、社会和科技的总体发展战略，使它们协调发展。社会主义社会的基本矛盾，仍然是生产关系和生产力、上层建筑和经济基础之间的矛盾，通过经济、社会和科技的协调发展，将有利于这个矛盾的解决。现在，对于经济和科技以及它们之间的关系的研究已经有了进展，应该继续深入进行。经济发展战略是整体发展战略的基础和主要组成部分，在这方面应该投入主要力量，这是没有疑问的。但是，各种社会因素，如历史沿革、文化渊源、民族传统、人口状况、人民素质、社会结构、管理体制等，与经济和科技发展有密切的联系，过去我们对这些因素以及它们和经济、科技发展的关系研究得不够，这是应该引起注意的。

（三）要正确处理发展速度和经济效益的关系

对于整个经济、社会和科技的发展速度和经济效益的关系，我们始终会把提高经济效益放在第一位。

研究和制定发展战略，不能只顾追求一时的高速度而损害经济效益，这一点，在我们建设的历史上已有教训。我们不能好高骛远，认为不经过艰苦奋斗，就能很快"赶超"发达国家的水平。要认识到，为了缩短和消除两三个世纪至少一个多世纪所造成的差距，我们必须下长期奋斗的决心。在相当长的一段时间里，我们必须提倡和实行艰苦创业。1979 年，邓小平同志在同一个来自西欧国家的代表团的谈话中讲到：到 20 世纪末，我国的经济水平当然达不到你们现在的水平，技术水平能达到你们现在的水平就了不得了。中央一再强调一切经济工作都要转到提高经济效益的轨道上来，这是针对我国过去甚至目前还仍然存在的经济增长速度不慢而经济效益很差的情况提出的方针。

（四）要正确处理近期利益和长远利益的关系

我们在处理速度和效益、积累和消费的关系时，在考虑经济计划、技术进步、人才培养、投资方向、资源利用、人口控制、环境保护等问题时，都要认真考虑，权衡利弊，要正确处理近期利益和长远利益的关系，绝不能只顾眼前利益，损害长远利益，尤其在开发和利用资源与保护和改善环境方面，更要注意这个问题。我们应该把防治环境污染、维护生态平衡、促进经济发展、造福子孙后代，作为我们社会主义现代化建设的一条方针。从防治环境污染和生态破坏，到珍惜每寸土地、合理利用每寸土地；从植树造林、绿化祖国，到植树种草、保持水土；从制定《中华人民共和国森林法》、《中华人民共和国环境保护法》，到把环境保护列入"六五"计划；从提出农业、林业、水利建设等方面，不仅要有 10 年、20 年规划，到考虑这些方面 50 年、100 年甚至更长远的发展，我们必须高瞻远瞩，具有崇高的责任感。960 万平方公里的土地和广阔的领海，地上地下，水上水下，这是我们国家和民族赖以生存和发展的自然环境。在发展工农业生产、提高人民生活水平的过程中，我们既要充分发挥经济比较发达地区的作用，又要积极扶持经济比较落后地区尽快发展起来；既要改造自然，又要适应自然；既要开发和利用各种资源，又要十分珍惜每种自然资源，保护生态系统，以求永续利用，健康发展，千万不能干杀鸡取卵、竭泽而渔的蠢事。

（五）要同时重视社会主义物质文明和社会主义精神文明的建设

重视社会主义物质文明和社会主义精神文明的建设，这个要求，既是总结我国社会主义建设的历史经验提出来的，又是根据发达国家虽然物质文明发达但是精神文明衰落的历史和现实提出来的。我们在建设物质文明的同时，一定要努力建设高度的社会主义精神文明。这是建设社会主义的一个战略方针问题。社会主义的历史经验和我国当前的现实情况都告诉我们，是否坚持这样的方针，将关系到社会主义的兴衰成败。而物质文明建设是社会主义精神文明建设不可缺少的基础。社会主义精神文明建设对物质文明建设不但起巨大的推动作用，而且保证它的正确的发展方向。两种文明建设，互为条件，互为目的。所以，社会主义精神文明建设，是社会主义社会区别于资本主义社会的一个重要特征，是社会主义制度优越性的一个重要表现。毫无疑问，我们研究制定的发展战略，必须包括这方面的内容。在我们的研究过程中必须十分重视这个问题。

（六）要考虑国际环境的发展变化

我国的发展要考虑国际环境的变化，这在实行对外开放政策的条件下，尤其要加以注意。前一阶段，我们研究国际能源供需情况和油价变化对我国经济的影响，研究西方发达国家经济滞胀对我国经济的影响。最近，我们研究"世界新技术革命和我们的对策"。西方国家在 20 世纪五六十年代达到高度工业化以后，现在要从工业社会转入信息社会，或叫做知识、智力社会。它们说，信息社会就是大量生产知识，"知识的生产力已成为决定生产力、竞争力、经济成就的关键因素"。这些论点，都反映了资本主义国家在工业化后经济和社会变化的一些动向。资本主义世界的经济学家、社会学家、未来学家鼓吹这些观点，有其政治上的原因。但是，不管它们讲得确切不确切，我们却可以从中得到一种信息：在 20 世纪末 21 世纪初，或者几十年之内，将会有这么一个新情况，现在已经突破和将要突破的新技术，运用于生产，运用于社会，将带来社会生产力的新的飞跃，相应地会带来社会生活新的变化。这个动向值得我们重视，需要认真加以研究，并且应当根据我们的实际情况，确定我们在 10 年、20 年的长远规划中，特别是科技规划中，应当采取的经济战略和技术政策。世界新的工业革命对我们今后向"四化"进军来说，既是一个机会，也是一个挑战。有两种可能：一种可能是时机利用得好，抓紧应用新的科技成果，发展我们自己的经济，使我们同发达国家在经济技术上的差距缩小。也有另外一种可能，如果我们处理不当，或者漠然视之，那就会使我们同发达国家、同世界先进水平的差距拉大，有可能把我们甩得更远，我们应当努力争取第一种可能，避免第二种可能。我国的经济建设、科技事业应立足于当前，努力把目前的各项工作抓好，同时应当高瞻远瞩，展望世界经济、科技发展的新趋势，想一想我们从中应借鉴些什么、注意些什么，从而使我们的社会主义现代化建设能搞得更好一些。

二　建议着重讨论的问题

这次会议既是前一阶段发展战略研究工作的继续，又是今后发展战略研究工作一个新的起点。这次的发展战略讨论会，是总体的综合发展战略讨论会，不是某一个方面的发展战略讨论会。总体的综合发展战略涉及的内容是很广泛和复杂的，需要多学科、多方面的合作研究。

因此，应邀参加我们这次会议的，有经济、社会、科技、环境、教育、文化等各方面的专家。既有自然科学工作者，也有社会科学工作者；既有实际工作者，也有理论工作者。通过会议讨论，可以起到多学科、多方面的相互交流、学习和启发的作用，有利于我们研究工作的深入。

总体发展战略所涉及的问题，应该说都是很重要的，但由于时间的限制，这次会议不可能都讨论。现对这次会议着重讨论的问题提出如下的建议。

（一）我国总体发展战略的特点

前面谈过，我们制定发展战略的指导思想是"要把马克思主义的普遍真理同我国的具体实际结合起来，走自己的道路"。具体实际就是国情。各国国情不同，如社会制度不同，人口多少和教育水准不同，国土大小不同，资源条件不同，国际环境，所处时代和国际地位不同，等等。这些都是形成各国发展战略所应考虑的具体实际。各国现有的生产力基础、科学技术状况、文化教育和经营管理水平等，也是在制定发展战略时需要考虑的因素。特别是社会制度更应当十分重视。因此，各国发展战略应根据国情制定，不能照抄照搬，否则就很难取得成功。如许多发展中国家，由于照搬了发达国家的传统战略，实践的结果并没有取得经济的迅速增长；相反，却是外债累累，通货膨胀，失业增加，社会问题严重，对发达国家依赖加深。因此，我们一方面要对国外的发展战略及有关的理论进行研究，做到"知己知彼"；另一方面要探索自己的道路。

一个国家不同的历史时期有不同的任务和相应的战略。我国已进入新的历史时期。因此，我们不能不加分析地搬用我们过去的发展战略。我国的发展战略，应该是中国式的社会主义现代化的发展战略，要由此来考虑我国发展战略的特点。

（二）目标体系与指标体系

我国新的历史时期的总任务和发展的总目标就是我们制定发展战略的总目标，即建设具有中国特色的社会主义现代化强国。这个目标是在总结新中国成立30多年来的经验，全面研究了现阶段社会发展的特点和趋势的基础上确定的，是符合社会发展规律的。

目标是由一个复杂庞大的目标体系构成的。总目标是整个目标体系的高度概括。目标体系包括经济、社会、科技、文化、环境等子目标体系，它们下面还有次一级的目标系统，形成一个多层次的结构。

我国是实行社会主义计划经济的国家，计划指标体系对国家的发展有重要作用。计划指标体系要反映出目标体系的要求，以保证目标的实现。

我们的指标体系应是体现全面发展要求的综合指标体系，既有经济增长的数量指标,又有效益和质量指标;既有经济指标,又有社会、科技、环境和人民生活质量指标;既有物质文明指标,又有精神文明指标,等等。

制定一套比较完整的指标体系是一件很细致的工作。现在国家计委和有关方面正在进行此项工作。我们可以对制定指标体系的原则和它应包括的主要内容提出建议。

(三)选择什么样的生产力发展道路

在发展战略的研究中,如何加速生产力的发展是一个重点课题。生产力的发展道路是否可以有以下几种选择:

第一,"照抄"战略。人家怎么走,我们就怎么走,不管是苏联、东欧国家走过的路,还是西方国家走过的路,照着走就是,照抄它们的战略。也就是像西方国家所说的,在完成所谓"第三次工业革命"后,再开始所谓"第四次工业革命",或者说,先经过传统工业的发展阶段,再进到新兴工业的发展阶段。

第二,"赶超"战略。这是我们曾经采用过的,即在主要方面甚至一切方面,都要于较短的时间内赶上或超过发达国家的水平。

第三,"封闭"战略。企求一切都立足于"自力更生"的战略,不积极采用或甚至排斥国外先进技术的利用。这种战略我们也采用过。

第四,"创新"战略。不走发达国家所走过的路子,也不是在一切方面都"迎头赶上",或者一切都"自力更生"。既不"照抄",也不"赶超",也不"封闭",而是"创新"。这种战略就是根据我国国情,充分利用现在的有利时机和一切可能的条件,直接采用世界上各种新的工业发展成果。也就是说,在我们目前条件下,根据可能,采用国外新的工业发展所产生的适合于我们需要的新技术。此种选择是否恰当,这就是需要我们研究的问题。

我认为,我们在选择路子的时候,要注意把外国的实际发展过程和客观规律区分开来。因为资本主义社会生产关系和生产力存在着依靠自身力量不可克服的矛盾,因而限制和阻碍了生产力的顺利发展。所以它们所走过的道路并不一定是完全符合经济发展规律的。尤其是不一定符合社会主义经济发展规律，因此我们不能照着发达国家所走过的路子去做。

（四）怎样才能实现在不断提高经济效益的前提下，力争使全国工农业的年总产值翻两番

不断提高经济效益这个前提是非常重要的。不能只求一时的高增长速度，而损害经济效益的提高，违反总的长远的战略要求。需要研究如何做到利税和工业总产值同步增长，并力争使前者超过后者。

这方面的一个突出问题是：怎样实现在能源翻一番的情况下，使工农业总产值翻两番。根据这个要求，能源弹性系数很紧，超过了当前的世界先进水平。这是需要我们认真对待的问题。应该从革新工艺、提高技术水平，提高管理水平，调整产业结构，大力节能等多方面入手。还需要某些部门、某些行业在技术上能有大的突破。

（五）力争实现 20 世纪末把人口控制在 12 亿之内的目标，培养、使用人才，提高人的素质

实行计划生育，控制人口增长必须成为而且已经成为我们经济社会发展的基本国策之一。我国 20 世纪末人口应控制在什么限度，已有几种预测和方案。经过有关方面的研究、比较，提出了 20 世纪末我国人口不超过 12 亿的要求。即使如此，在未来十几年内，我国将要新增两亿人口，这个数字接近现在一个美国或者两个日本的人口数。无论是多么富裕的国家，在这样短的时间内增加这么多人口，都是极大的问题，何况我们还要加上原有的 10 亿人口。要使 12 亿人口都能过上较高的物质文明和精神文明的小康生活，这是一个十分艰巨的任务。

人口战略是个综合性的问题，计划生育涉及许多相关方面。因此，对控制人口在 12 亿之内这个问题，要与计划生育、优生、社会、经济、就业、劳动工资、人才培养等问题综合考虑。

人口战略中的另一个重要问题是如何合理安排几亿新增的劳动力就业，加速人才培养和提高人的素质。我们要把培养和使用人才、提高人的素质以及提高全民族的科学文化水平问题进行全盘的考虑。

（六）未来小康生活水平的图像

现在对小康生活水平的未来图像，已有多种设想和预测，而且还做了一些定量分析。

对小康生活水平的方案应怎样选择？对人民消费应怎样引导？是鼓励消费，还是限制消费？如何使提倡勤俭节约和逐步提高人民生活质量结合起来，这些都是应该讨论的问题。收入水平和生活质量不是同一个概念，我们的主要目的是要提高人民的生活质量。同样的人均国民收入的国家，人民的生活质量可能有很大的差别。我们的生活质量应怎样衡量，也是需要研究的问题。

我们确定消费或资源政策时，必须考虑我国人口多的特点。无论是在生产还是生活上，都不能走西方"高消费、高浪费"的路，而应有适合我国情况的消费结构。在 20 世纪末前，主要是研究小康生活水平的消费结构。就要实行正确的消费引导，并逐步形成与消费结构相适应的生产消费品的产业结构。要注意生产能够节约资源、重复使用、再生利用、经久耐用的产品。类似的问题还很多，需要我们深入研究。

（七）经济、社会、科技协调发展问题

经济、社会、科技的协调发展是一个规律。任何国家如果违反这个规律，不仅不能获得全面的、健康的发展，而且还会出现许多严重问题。

怎样做到经济、社会、科技的协调发展，是发展战略中要考虑的主要问题之一。

当前应当注意社会因素对经济、科技发展的影响。随着生产力发展所带来的经济、社会关系的变化，必然会引起人们生活方式和社会结构的改变，从而对社会管理提出新的要求。同时，社会的发展也会带来人们价值观念的变化。研究这些变化，对社会主义精神文明建设、提高人的素质、促进经济和科技的发展，都是很有意义的。

例如，农村和城市的发展问题。我国农村的发展战略，特别是农村剩余劳动力的就业途径，关系着我国农业乃至整个国民经济的发展。这方面应找出多种方案，以供择优选取。有人计算，到 20 世纪末我国城市人口要占总人口的 25%—30%，认为这样才能适应经济发展的需要；而有人则提出目前城市人口膨胀问题已经相当严重，今后城市应该缩小，要搞新的上山下乡；还有一种方案是，随着农村劳动生产率的提高，要采取农村

工业化和农业兼营工业的做法，农村要根据经济发展的需要有计划地形成许多新的村镇、小城市，形成自己的新型经济、科技文化中心，逐步做到如恩格斯所说的兼有城乡优点的乡村城市化。此外还有什么方案，应选择哪个方案，请同志们讨论。

（八）国际环境对我国发展的影响

在制定发展战略时，必须研究世界的经济、社会、政治的发展趋势，各国的发展战略以及它们对我国可能采取的策略。这不仅关系着我国的对外贸易发展战略，而且关系着我们总的发展战略，因为在国内具备必要条件的情况下，利用国际环境的有利时机可以促进现代化的进程；反之则会阻碍现代化的进程。因此，应该利用哪些国际有利条件，应该克服哪些不利的国际影响，也是需要我们认真讨论的问题。

现在，我们的发展战略研究已进入综合研究与专题研究相结合的阶段，今后要重视定性研究与定量研究的结合，多学科、多方面研究的结合，常规方法与新方法的结合。

让我们共同努力，为建设有中国特色的社会主义现代化强国献计献策。

关于哈尔滨经济社会发展战略的思考*

这里，就哈尔滨市提出的 2000 年经济社会发展战略方案谈几点粗浅的意见。

一　关于确定经济社会发展战略的基本原则

（一）要建立具有哈尔滨市特色的经济社会发展战略

现在全国各省、市，甚至许多县都在研究各自的经济社会发展战略，怎样搞出具有本地区特色的发展战略，这确实是一件不容易的事情。邓小平同志提出建设具有中国特色的社会主义的思想具有普遍的指导意义。哈尔滨市的经济社会发展战略将不同于上海，不同于沈阳，不同于西安，不同于任何一个地方的经济社会发展战略。而要有特色，必须吃透哈尔滨的市情，认真地、仔细地、翔实地找出哈尔滨经济社会发展的优势，分析哪些是现实的优势，哪些是潜在的优势，哪些是当前的优势，哪些是未来的优势；哪些是自然的优势，哪些是社会的优势。在分析优势的同时，还要进一步分析制约经济社会发展的劣势，哪些是现实的劣势，哪些是潜在的劣势，哪些是当前的劣势，哪些是未来的劣势；哪些是容易克服的劣势，哪些是不大容易克服的劣势。

---

* 本文写于 1985 年。

在正确认识市情的优势和劣势的基础上，分析优势和劣势的相互关系，分析与这些优势、劣势相关的和派生出来的其他所有问题和因素；同时，还要分析优势与劣势转化的趋势。优势和劣势不是永远不变的，现在的优势在什么条件下会变为劣势，现在的劣势在什么条件下会转化成优势。总之，要把哈尔滨的市情看成是一个活体，是一个与国内外政治、经济、文化、社会诸多因素密切相关的动态的活体，认真地加以研究，这是正确确定经济社会发展战略的基础和前提。

（二）研究经济社会发展战略要面向未来，把经济体制改革、政治体制改革所发生的变化预测在内，使这个战略成为面向未来，适应未来，赢得未来的战略

哈尔滨市提交会议讨论的文件指出：当前哈尔滨市面临"五个挑战"，即改革形势的挑战、世界新技术革命的挑战、国际市场的挑战、国内市场的挑战、自我发展需要的挑战。这是许多城市几乎都存在的共性的东西。是不是应该进一步分析一下，究竟哈尔滨市面临的挑战有什么不同于其他城市和地区的特点，即影响哈尔滨市经济社会发展最重大的最关键的挑战是什么？这个问题应该结合市情的优势和劣势来研讨，这些挑战对于我们市情的劣势来说，可能是巨大的障碍，这些挑战对于我们市情的优势来说，又是我们取得成功的重要条件。

对于这些挑战应当怎样应战？应该把哈尔滨市的经济、政治体制改革问题再提高一步来认识，确定哪些挑战通过经济、政治体制改革可以使我们更好地应战。我们是不是把体制改革作为确定发展战略的灵魂，把改革作为解放生产力、作为使生产关系适应生产力发展的动力源泉。最近邓小平同志又一再重申，在经济体制改革的同时要进行政治体制改革，使两种改革结合起来，进行配套的全面的综合改革，真正体现"第二次革命"。我们的发展战略应该体现出一个深刻反映改革精神的战略。

（三）研究哈尔滨的经济社会发展战略，既要立足本市，又应着眼于全省、全东北地区，着眼于全国，以至着眼于世界

哈尔滨市是一个省城，是一个边城，是一个大城，它位于东北地区北部的中心地带，与吉林、辽宁、内蒙古有着密切的关系，与苏联、朝鲜、日本相邻。因此，研究哈尔滨市的发展战略必须联系黑龙江省的发展战略、东北经济协作区的发展战略、全国的发展战略，以至于世界奔向 21 世纪的发展趋势，使哈尔滨市的发展战略与全省、全东北、全国，乃至世界的发展相协调。因此，制定发展战略必须高瞻远瞩，科学地预见未来。

（四）制定发展战略不是一种模仿，而是一种创新

大家知道，我们社会主义条件下的有计划的商品经济不同于其他国家的经济模式，我们是个大国，我们有比其他国家复杂得多的国情，我们的省情和市情也带有浓厚的传统，带有我们的社会、文化背景，在我们这样的国家如何建设社会主义，马克思主义的经典著作都没有给我们提供现成的模式，所以，我们的发展战略只能由了解我们自己国情的全党全民在马克思主义指导下，来实践、来摸索、来创造。哈尔滨市也同样如此，我们制定的发展战略应该是一个充满创新精神的战略。

二　注意发展战略与发展计划的区别

所谓发展战略，是空间涉及全局，时间持续长久的宏观大势的决策。因此，发展战略不同于发展计划。对于一个城市来讲，经济发展的战略重点应该选择对实现本市发展战略目标最有决定意义的方面，加以强化，据此调整本市产业结构、产品结构、投资结构，以带动本市及其辐射力所及地区的经济的发展。

在确定经济发展战略的重点时，应以利用现有的工业基础为主。国内外经验表明，利用原有的工业设施进行技术改造，可以少投入多产出，取得事半功倍的效益。

在确定发展战略的重点时，要充分发挥本市的优势，克服或避开自己的弱点，从优势和弱点的综合分析中确定重点的位置。应当注意把潜在的资源优势化为现实的经济优势。

在确定发展战略的重点时，还应该注意这样一个问题，我们的发展战略是未来 15 年的战略，这 15 年包括"七五"、"八五"、"九五"三个时期，从分析影响哈尔滨市经济社会发展的动力、潜力、阻力各种因素考虑，应该确定发展战略重点的时间性，即发展战略的重点在时间安排上有阶段性。把影响本市经济社会发展的各种因素排排队，按照其发生作用的大小程度细致地划分轻重缓急，确定"七五"时期先上什么，"八五"时期再上什么，"九五"时期又上什么，为什么这么安排？怎样安排最合理最科学，要研究清楚。总之，应该区分发展战略的层次，突出重点，合理配置，首尾相顾，承前启后，继往开来。

三　实现战略目标的重大转变

下面，谈谈实现战略目标的转变问题。

（一）由单一的生产性功能向多功能转变

哈尔滨市是一个省城、边城、大城。正因为它是省城，是全省的政治、经济、文化的中心。它是一个边城，北接苏联，西连蒙古，东邻朝鲜，南靠关内，因此它应该充分发挥其水、陆、空的交通优势，成为内贸和外贸都十分发达的贸易中心，成为远东的国际贸易城。它是一个大城，与周围的市、县有着传统的联系，因此它应该成为生产中心、流通中心、交通运输中心、金融中心、文化中心、科技中心、信息中心，总之要发挥多功能的作用。

（二）由重型产业结构向优化协调产业结构转变

目前，哈尔滨市大量资金、人才、设备集中在重工业，而其他产业的基础比较薄弱。应当有步骤地发展多产值、低能耗、少污染、高效益的产业，使哈尔滨市的产业结构达到优化的配置。

（三）由军工军产向军民结合以民为主的方向转变

哈尔滨市的军工有高达数十亿元的固定资产，有数以万计的科技人员，这些都是尚未完全发挥效力的潜在优势，应当挖掘。哈尔滨市应把"军转民"作为一个战略问题予以高度的重视。

（四）由"外延"建设向"内涵"发展转变

哈尔滨市"一五"、"二五"期间建设的骨干企业，大多数技术装备长期没有更新，处于严重老化状态。目前固定资产净值只相当于固定资产原值的一半稍多一点，如果不抓紧"内涵"的发展，对这些企业迅速进行技术改造，而一味地追求"外延"的扩张，扩大基本建设投资规模，那么，不仅现有的发展速度难以维持，而且更谈不到十年的后劲。所以真正发展"内涵"，不追求"外延"应该是一项具有战略意义的大事。

（五）由粗放经营向集约经营转变

一般来说，在产业开发的初期，总是要经历一个粗放经营的阶段，但生产达到一定的规模就要转入集约经营，否则经济效益就难以提高。如哈尔滨市的亚麻布都是出口坯布，结果外商用我们的廉价原料制成成衣，提高几倍的售价。如果我们引进世界先进技术，制成时装成衣出口，岂不大大提高了我们的经济效益吗？

（六）由封闭型经济向开放型经济转变

哈尔滨市过去指令性经济指标的比重较大，与外间商品交流较少，乡镇企业又不发达，在体制改革之前基本上是一个封闭、半封闭型的经济模式。这种互相封闭，各自为战的模式常常导致"小而全"和"大而全"，不能组织专业化的大生产，于是质量低，成本高，社会效益差。实践证明，要繁荣社会主义经济，必然要向开放型经济转变。实行对内开放和对外开放。对哈尔滨市来讲，在条块体制尚未完全改变之前，最有效的办法首先是大力发展横向经济联合。

（七）由单一的公有制向以公有制为主的多种形式、多种经营方式转变

随着社会主义商品经济的发展，无论是公有制的内部结构方面，还是在各种所有制之间的社会结构方面，都在发生着深刻的变化。这种变化就是由单一的公有制向以公有制为主，集体所有制、个体所有制等多种所有制和各种企业集团的混合所有制的演变。经济运行的实践告诉我们，各种所有制都有其各自的不可替代的优点和缺点，通过以公有制为主的多种所有制的结合，有利于发扬优点，克服缺点，使企业的经济效益与劳动者的经济利益联系得更加紧密，因此会极大地调动经营者与劳动者的积极性。随着体制改革的进一步深入，各种形式的混合经济必将有更大的发展，国营企业所有权与经营权必将进一步分离。这种演变将会奠定具有中国特色的充满生机和活力的社会主义经济体制的基础。对于这样一个战略性的转变，应当予以高度重视。

（八）由经济的单一发展向经济、科技、社会的综合发展转变

为适应这一转变，在加速经济发展的同时，就应当把基础教育、智力开发、社会主义精神文明建设，放在重要地位。

保护古城风貌　推进现代化建设[*]

一　认识

历史文化名城是我们的祖先留给子孙后代的珍贵财富，是中华民族的瑰宝。它不仅属于历史文化名城本身，而且属于整个中华民族，同时也属于全人类。它在历史的发展过程中形成，不只属于一个时代或朝代，而且是属于从古至今，延续将来，连绵不绝的史实。对于这一点我们绝不能采取民族虚无主义和历史虚无主义态度，我们一定要珍惜历史文化遗产，这个遗产是非常宝贵的。一旦损坏，是用多大的代价都无法恢复的。

历史文化名城的古迹、文物、名胜，等等，是这些城市今后发展的特有的资源和优势。是别的城市所无法比拟的，不可替代的。例如，扬州的和鉴真和尚有关的遗址、杭州的西子湖、西安的秦始皇陵的兵马俑、安阳殷墟甲骨文遗址，等等，就是这些地方所独有的。

历史文化名城之所以成为名城，一般具有自然环境优美、风景秀丽、物质资源丰富等特色。物质资源是日常生活（包括文化生活）的基础，没有足够的物质作基础，历史文化名城是难以发展起来的。据历史记载，洛阳在唐代武则天时期，城市人口有100多万，而现在的洛阳市还不足

60万人。有人根据生产力水平的发展，怀疑当时的洛阳不会有那么多人口。直到前几年，在洛阳发现了汉代的一个可贮存4亿斤粮食的地下粮仓——含嘉仓，粮食保存得很好。再加上可能有的其他未发现的粮仓，足以证明当时洛阳能够供养那么多人口。所以，历史文化名城，物华天宝，人杰地灵。不仅人口多，文化发达，而且经济基础雄厚。

中共中央、国务院对《北京城市总体规划方案》的批复中指出：北京是我们伟大社会主义祖国的首都，又是历史文化名城，北京的规划和建设要反映出中华民族的历史文化、革命传统和社会主义国家首都的独特风貌，要体现民族文化的传统特色。我认为，这不仅是对北京的要求，而且是对所有历史文化名城的要求。因此，我们在建设和发展历史文化名城的战略上，既要维护历史文化名城风貌，又要以现代化的先进技术对名城进行修缮和合理保护，绝不能把历史文化名城看成是现代化建设中的一个包袱，也不能因保护名城而影响现代化建设。那些要现代化建设就不能保持古城风貌，要保持古城风貌就不能现代化的观点都是不对的。要用现代化的观念来保护、改造和发展历史文化名城，历史文化名城保护同现代化建设有机结合起来，相得益彰。这个问题，对我们特别重要。

历史文化是我们中华民族长期积蓄起来的文化，继承和发扬历史文化是我们的责任。我们要民族文化，又要现代文化，两者缺一不可。我们的现代化是中国式的现代化，不能照搬外国的。在学习西方现代科学、文化时，应和中国的实际情况相结合，要注意发扬中华民族的文化精华，洋为中用。保护名城的历史文化风貌，也不能盲目守旧、复古，要做到古为今用，使我们的历史文化名城建设，既有民族传统，又有时代特色。

对历史文化名城经济社会发展，应该比一般城市有更高的要求。要让历史文化名城在社会主义物质文明和精神文明建设中，起到示范作用；在社会主义新型城市建设中，起到样板作用；在日益扩大的对外关系交往中，起到"窗口"作用；在发展旅游事业中，起到先导作用。这四个作用，是历史赋予历史文化名城的光荣职责。在历史文化名城中，不仅能看到古代的中国文明，而且还能看到现代中国现代化建设的成果。

二　战略

由于时代对历史文化名城经济社会发展提出了更高的要求，因此，历史文化名城的经济社会发展战略研究比别的城市更迫切、更重要。多姿多彩的文化古迹、名胜和优美的景致是文化名城特有的优势，而每个名城各具特色。因此，在城市建设中，每个历史文化名城都应充分显示出自己的特色。前几年，某个城市搞了"明清一条街"，就有好几个城市也计划搞"明清一条街"。其实大可不必，各个名城应根据自己的特点来建设。如开封搞一条汴京街，洛阳根据武则天当政的时期搞一条街，如此等等，不是更有特色吗？最近，我到洛阳去，洛阳文物保护搞得很好。但是，它们在隋朝西苑，就是隋炀帝的花园的地方搞了个植物园。它们请书法家舒同题字，舒同同志不写植物园，题了"西苑"二字。洛阳应恢复隋代的西苑，还有金谷园也是历史上很有名的。

城市发展战略研究，最首要的是研究各个城市先天的、潜在的优势是什么？相对优势，绝对优势，现在优势，潜在优势要很好研究。同时也要研究劣势，以便扬长避短。所以，历史文化名城的经济社会发展战略应是发挥优势的战略。各个城市在发挥优势的时候，切忌孤立利用各个单独的优势。经济社会发展要求我们综合利用优势。综合利用优势，不是各个优势的简单相加，而是进行综合分析研究，确立战略目标和实现目标的步骤，从而形成新的具有最大活力的经济优势，依靠这个优势最有力地克服劣势，才能够使我们的经济社会发展取得最好的效果。

发展战略是我们的发展目标和实现目标的步骤和途径的选择，也是实现发展目标、步骤和途径的道路和体现实现这个目标的政策和措施的高度概括。这个发展战略，它是影响全局的关键性的谋划。研究发展战略的目的是为了谋求全局的主动。我们的战略不仅能将取得今天的主动，而对未来的主动也不是障碍，这样的战略是好的。相反，只考虑未来的主动，而不考虑当前的经济不能很快地起步，很快地起飞，那么未来的主动也是会落空的。应从过去、现在、将来做多方面的考虑。历史文化名城发展战略比其他城市的发展战略有更多的选择余地。比如，从城市优势发展的历史，研究整个经济社会发展战略决策。我们要通过战略的研究制定，从物质文明和精神文明的结合，探讨有利条件。要把古代文化和现代文化进行综合分析。因历史文化名城经济社会条件不同，一个战略模式也不适用。但一般历史文化名城应该经过不懈的努力，把自己建设成为一个现代化的经济、科技、文化和灿烂的古文化相结合的经济、科技、文化、信息的中心，一个对外开放的"窗口"，为社会主义物质文明和精神文明建设做出榜样。

三　规　划

战略研究做出的决策和政策，发展模式需要在规划中体现，战略研究和规划结合，发展战略研究才能落到实处。每一个城市性质的确定是需要研究的。北京的城市性质是政治中心和文化中心。这并不是说北京发展经济不重要，而是根据北京的实际情况、能源条件和水的资源做出这样的决定的。同时也并不排斥在北京开展经济活动。我们的 24 个历史文化名城，都要明确自己城市的性质。这对制定保护和发展的战略是很重要的，要在规划中体现出来。名城规划，除一般规划要求外，当前有两个突出的问题：

其一是如何正确处理城市现代化建设、旧城改造和保护古城风貌的关系，这是个很大的问题。北京前不久召开了一个关于如何发扬传统建筑艺术和保护古城风貌的会议。针对建设中不注意保护古城风貌的现象，市领导在会上要求各单位一定要保护文物古迹，保持古城风格的协调统一。这一个问题是具有普遍性的。如 4 年前，洛阳要建一个电厂，厂址选在晋代的墓地上。文物考古专家、中国社科院副院长夏鼐同志知道后，及时向中央反映了这一情况，要求有关单位改变地点。夏鼐同志的这一建议得到了采纳。解决历史文化名城资源利用和经济社会发展的具体规划，要明确规划出保护区。第一个五年计划时期，洛阳建厂时就把东周王城保护下来，建成公园，将来发掘也好办，不保护就不行。如洛阳最兴盛时期是武则天时期，武则天时的隋唐城，有名的雄伟的古建筑，被洛阳现代化的浮法玻璃厂压在地下。这个问题要解决。

其二是如何处理好发展经济、发展工业和保护历史文化名城的关系。我担心破坏文化古迹与发展工业有关系。要解决好这一问题，有必要采取措施。有的单位、企业挤占了文物保护区的要迁移出来；实在没办法迁移的，绝不允许再占。像洛阳玻璃厂就迁移不出来，但在这基础上不能扩大。同时，要认真治理现有工业污染问题，不能治理污染的要停产。今后绝不能在有文物古迹的周围发展有污染的工业。如北京天宁寺塔旁边的北京第二电厂，污染对塔很有影响，虽然没直接破坏它，但实际上破坏了，这不能不说是规划工作中的失误，其他城市在规划中就不应再出现这样的问题。在这方面我们的认识要解决，就是要认识历史文化名城的资源优势对实现四个现代化的巨大意义。既要保留历史文化名城的风貌，又要增添现代化建设的色彩，使历史文化名城能够更好地发展。

四　调整产业结构

全国各个城市都存在调整产业结构的问题。各个历史文化名城都应根据各自不同的特点与不同的结构调整的要求相适应。

历史文化名城的产业结构调整，包括生产结构、消费结构、流通结构、外资结构、就业结构、所有制结构等。这些结构都是互相联系的，所以，结构调整要配套进行，更好地发挥名城作用。

历史文化名城经济的发展，应发挥名城智力高，发展知识密集的、技术密集的、环境污染少的、附加价值比较高的产品。特别是要发展旅游系列的有关产业，以发达和比较发达的经济来支持历史名城现代化的建设。同时，要合理进行生产力布局，凡是对名胜造成破坏、布局不当的要及时搬迁。

产业结构现代化有多方面的要求。第一产业、第二产业、第三产业之间的比例要得当。历史名城的三次产业比较来看，第三产业应发展更快一些。因为，历史文化名城为第三产业发展提供了多方面的有利条件。一般说来，历史文化名城都有发展旅游业的有利条件，但也不一定每个城市都用主要精力搞旅游。旅游业是综合的经济事业，要有很多行业的支持。所以，发展旅游业要发展围绕旅游的系列产业，不能孤立地谈旅游业。与旅游业有关的一系列行业应当发展起来，如服务业、交通、文物园林以及邮政、电报等。还要有现代化的文化设施、博物馆、俱乐部、艺术馆等。历史名城要建筑一批像日内瓦那样的国际会议中心，为国际会议提供场所和优良服务。在旅游淡季可以为国内会议提供服务。既可直接提高旅游业经济效益，还可以取得宝贵的经济技术信息，从而促进当地经济发展得更快一些。

旅游不仅能促进经济、技术的发展，还能促进信息、金融、保险、咨询等企业的发展。国际旅游发展需要扩大导游、翻译和服务人员队伍，就要发展旅游、外语、驾驶、烹调、美术等各类专业学校。还需要发展游人喜闻乐见的日用品、礼品、纪念品、工艺品、具有地方特色和我国特点的旅游产品。

旅游是一门内涵极为广泛丰富的边缘科学。它涉及历史、文学、天文、地理、绘画、书法、雕塑、建筑、农业、工业、手工业、风俗习惯、礼仪制度、交通运输、商业、饮食服务、对外交往、城市建制、文物、美术、绿化、环保等方面的知识。所以旅游工作者应具备较高的文化素质。他们的管理和讲解可以使表面其貌不扬的文物、古迹重放光彩。

旅游是一项综合性的活动，因此要充分满足旅客在吃、住、行、游、购等方面的需求，每个城市尤其在饮食、文物名胜等方面发挥地方特色。外国游客反映，到中国旅游饮食往往是一个味道。我在洛阳看到，他们在宾馆门前开了个北京烤鸭店，其他城市也有。其实，中国菜肴是最为丰富多彩的。到扬州便是淮扬菜，到曲阜是孔膳，到成都有川菜，等等。比如洛阳有一种"水席"，一席有 24 个菜，热菜居多，上一道吃一道撤一道，流水一般，故名"水席"。如果到山西，每餐可以吃到不重样的面食。这些便是地方特色。

五　体制和政策

战略目标、发展规划要求通过政策来体现。发展目标体系要靠相应的政策体系来加以保证。各个城市的政策是在国家宏观政策要求下制定出来的，同时还应该有适应本市特点的具体政策。国民经济发展的制约因素，比如资金短缺是一个普遍现象，解决的办法主要靠政策；要通过政策筹集资金；通过政策提高资金效益；通过政策产生新的资金，这方面有很多文章可做。

历史文化名城情况各不相同，具体政策不可能一样，但也存在共性的政策问题。比如保护文物和现代化建设，怎么协调发展？还有文化名城应该发展哪些有关的产业？还有保护文物资源的有关政策等。通过这次会议应对共性的政策向中央有关部门提出建议，对名城发展有重要意义，纪要里要反映 24 个历史文化名城的共同要求。

发展战略研究，一定要和经济体制改革结合起来，这是现阶段发展战略研究的一个特点。第七个五年计划，是城市经济体制改革的关键时期。我们的政策和经济发展密切相关。历史文化名城的发展和经济体制改革分不开。每一个城市都需要根据经济体制改革的总体要求，制定自己改革的实施方案。

政策方面的问题是复杂的。比如，我们到国外参观一个名胜古迹，门票收得很高。国内武汉的黄鹤楼门票 1 元。洛阳牡丹花会，一天最多有 50 多万人，也有外国人来看的，拥挤不堪。办花会市里要花很多钱，门票提不高，为什么？是体制问题，要研究。洛阳龙门石窟那里人挤人，什么也看不到，不要多少年就被游览的人破坏了。国内旅游兴盛起来，都到那里如何办？这个问题要研究。保持游览点的秩序、安全、清洁卫生、环境优美等很多问题摆在我们面前，要很好地研究。

在保护和发展历史文化名城的进程中，提倡社会主义精神文明，建立高尚的道德风尚，使我们的人民成为有理想、有道德、有文化、守纪律的一代新人，这是我们实现战略目标的重要因素。

大力发展企业之间的经济联合[*]

第七个五年计划期间，将是我国经济体制进行全面改革的关键时期。以城市为重点的整个经济体制改革，是一项十分艰巨而又复杂的社会系统工程，中心环节是如何增强企业活力。而搞好企业的经济联合，是增强企业活力的一个关键问题。

一　企业经济联合是突破条条管理，块块管理的最好方式

城市经济体制改革的关键是改变封闭，改变分割的状态，使城市成为开放型的经济中心。因此，城市组织经济，既不能是条条管理，也不能是块块管理。而过去，我们组织经济活动主要是按隶属关系，以条条为主或者以块块为主的纵向联合，现在却要以城市为中心来加强横向联系。这种横向联系的基本形式是企业与企业之间的经济联系。

根据体制改革的需要，现在，许多部属、省属企业下放到所在城市，由它组织经济活动了。在这种情况下，如果不发展企业之间横向经济联系，还是搞行政联系，很可能形成新的块块、新的条条管理，形成"城自为战"，城市与城市相互分割的局面。现在，也确有一些城市把下放的企业又统统用行政手段管起来。人们把这种情况叫"户口转移"，而没有

　＊　本文原载《企业家》1986 年第 1 期。

从根本上解决问题。因为企业之间仍是分割的而不是联系的。现在，企业之间的经济联系，仍然主要是通过行政系统，通过条条系统或者块块系统来进行，这不是真正的经济联系，因而也是不畅通的。政企分开，是城市经济体制改革的方向。从当前来讲，大力推进企业之间的横向经济联系以及联合，是突破条条管理或块块管理的最好方式。

企业之间按照自愿互利的原则，进行多种形式的经济联系和联合，而不应受行业、地区、所有制和隶属关系限制，是按照经济法则进行的。经济组织形式是由生产力发展水平所决定的。我国目前生产社会化程度还不高，各地区、各部门、各企业生产经营的发展也不平衡，不能用行政手段来按地区或行业组织专业化公司，也不能一下子把所有企业都组织到人财物、产供销高度集中的专业公司或综合公司里来。我们过去组织了不少这样的公司，效果往往不好。企业下放到城市以后，也不能以一个城市为范围来组织公司。如果这样，企业的原材料供应、技术协作、产品销售等经济活动则可能因为限于一个城市范围而中断，也不利于发展企业各自的优势。我们提出的企业经济联系和联合，是自觉的按经济需要自愿组织起来，这就可以突破行业界限，突破地区界限，组织各种类型、各种形式和规模的经济联系和联合，形成一系列跨行业、跨地区、跨省城的经济联合体。例如，长春第一汽车制造厂与全国各地上百家企业组成解放汽车生产联营公司，湖北第二汽车制造厂也与全国一百多家企业组成东风汽车联营公司。这种经济联合体跨行业、跨地区，哪一个市或哪一个省都不能简单用行政手段来管理。全国的企业都按经济发展要求，自愿联合起来，原来那种条条或块块框框，才能被冲破，城市也才能成为开放型的经济中心。

二　企业经济联合是改革企业所有制经营形式的一种突破口

长期以来，我国企业按所有制性质，划分为全民所有制企业、集体所有制企业和个体经济，近年来又出现了中外合资企业和外商独资企业等。我国的大小型骨干企业基本上是全民所有制企业，其经营形式是国家经营。而国家经营，又分为中央各部门属企业和地方各级政府直属企业。

　　企业的经营形式与企业所有制性质有关。过去，我国各种所有制的企业，其经营形式是很单一的，而且，把国家经营这种形式视为高级的，也是最社会主义化的一种经营形式。结果，由国家经营的企业越来越多，这种企业又往往统得过多、过死，缺乏活力，成了国家机构的附属物。党的十一届三中全会以后，农村经济管理体制改革之所以成功，一个重要方面，就是依据我国农村生产力的发展水平，改变过去单一的经营形式，实行基本生产资料集体所有，或集体承包经营，或个体承包经营，或个体租赁经营形式，并且把这几种经营形式以合同的方式，一定几年不变。这种集体所有制经济由于经营方式的改变，极大地调动了农民的积极性，农村经济迅猛发展，生机勃勃。

　　党的十二届三中全会关于经济体制改革的《决定》中提出，实行所有权与经营权的适当分离。这就突破了全民所有制企业只能是国家机构直接经营企业的传统观念。同时，实行所有权与经营权的适当分离，一种公有制形式企业就不仅仅只有一种经营方式，而是可以有多种不同的经营方式，实行经营方式的多元化。我们在进行以城市为重点的全面经济体制改革中，如前所述，许多部属、省属企业下放到所在城市后，所以出现"户口转移"局面的原因，就是因为这些城市依然用行政手段来组织企业经济活动，一种所有制仅有一种经营方式，在企业所有制的经营形式上没有突破。

　　改革这种状况的关键在哪里？从这几年部分地方改革试点经验来看，突破行业、地区、所有制、隶属关系的限制实行和推动企业之间的横向经济联合，很可能是一个比较理想的突破口。因为，企业之间的横向联合，除了跨行业、跨地区联合外，就是不同所有制性质的企业之间进行经济联合。例如，全民所有制企业除了与全民所有制企业之间进行经济联合外，还可以与集体所有制企业进行经济联合，也可以与个体企业、中外合资企业、外商独资企业进行广泛的、多形式的经济联合。参加联合体的企业各自的所有制性质不变，但经营方式却可以是多种多样的。同时，企业进行这样的经济联合，可以突破所有制和行政隶属关系的限制，这样，企业的所有权与经营权就可以适当分开，以相对独立的商品生产者和经营者身份进行经济活动，拥有经营自主权。各种不同所有制性质的企业之间，经济联合越紧密，就越能突破原来那种单一的经营形式。当然，在经济联合体里，不是"个体"向"集体"过渡，也不是"集体"向"全民"过渡，而是以公有制为主体的多种所有制企业的混合体，它们自愿联合，互助互利，共存共荣，共同发展。每一个企业都是以商品生产者和经营者的身份，与其他企业合作。

从已经实行各种形式的经济联合的单位来看，明显地反映出很多好处：第一，它有利于各个企业充分发挥自己的优势，使本单位的资源、人力和技术得到合理的利用；第二，它能够推动企业之间在经济上、技术上达到最佳的协作和结合，从而促进生产的专业化，提高产品质量，提高劳动生产率，避免完全不必要的重复建设、盲目生产；第三，它有利于企业和地方把自己聚集起来的财力，投放到经济效益最好的产业和地区，从而有利于产业结构和地区分布的合理化。这不仅对提高企业本身的经济效益，而且对提高整个社会经济效益都具有重大的意义。

三　企业经济联合，要从实际出发，采取多种形式

由于各个企业的生产力状况不同，发展生产的需要不同，产品销售方式不同，因而对经济联合的要求也就不同。经济联合究竟采取什么形式，要从每个企业的实际需要出发，灵活地分别采取多种多样的形式，既不能搞"拉郎配"式的硬性凑合，也不能死套某种模式，更要防止盲目追求那种供产销、人财物高度集中统一的所谓高级形式的联合。

经济联合形式是很多的，从几年的实践来看，大体有这样几种类型：

从生产过程来看，有生产上的联合，即将生产同类产品的企业联合起来生产某一类或几类产品；有销售上的联合，即通过销售把有关企业联合起来，根据销售合同来组织生产；也有运输上的联合，把有关企业的原料供应和产品销售的业务，组织起来联合经营运输。

从生产要素上看，有资金上的联合，即合资经营，有"全民"与"全民"的合资，有"全民"与"集体"的合资，有"全民"与"个

体"、"集体"的合资，也有中外合资，等等；有技术上的联合，开展技术上的协作；有劳动力上的联合，如"全民"企业把某些产品或零部件，扩散到有条件的乡镇企业生产，使农村多余劳动力得到更合理的利用；有物资上的联合，如原材料、燃料等供应上的联合；也有以多种生产要素不同程度的交叉联合，比如，一方出资金，一方出劳动力；一方出设备，一方出土地；一方出技术，一方出原材料；等等。

从经营内容上看，有联合开发资源共同利用；有联合加工，统一销售；也有联营联销，如农工商联合综合体。

从经营形式上看，有母子厂、母子公司，即有一个总厂或总公司，下属若干个分布在不同地区或行业的分厂或分公司；有几个工厂和几个乡镇企业合股经营的联厂；有跨地区、跨省市的联营公司；有条件的还可以建立跨国公司。

从所有制性质上看，有"全民"与"全民"的联合，有"集体"与"集体"的联合，有"全民"与"集体"的联合，有"全民"、"集体"与"个体"的联合，有国家与外商的联合，等等。总之，经济联合形式是多种多样的，经济联合是一个不断发展的过程，应根据不同的情况与需要，采取不同形式，逐步发展。

无论进行哪一种形式的联合，都需要遵循经济联合的基本原则。这些原则有：（1）自愿原则。组织企业之间的经济联合，要从生产与经营发展的需要出发，坚持自愿原则，绝不能用行政命令。经过企业之间充分协商，由低到高，由简单到复杂，循序渐进，稳步发展，讲求实效，不能一哄而起，一刀切。每个加入经济联合体的企业，根据经济联合体的章程，有自愿加入，自愿退出的自由。（2）平等互利原则。平等互利是自愿的基础。坚持平等互利原则，才能兼顾各方的经济利益。（3）独立核算，自负盈亏。经济联合体所属的企业，不能吃大锅饭，要作为法人进行活动，实行独立核算，自负盈亏。

经济联合是一个新事物，需要我们在实践中进行探索，同时也需要得到各个部门、各个方面的支持和促进。企业之间经济联合搞好了，成为改革企业所有制经营形式的突破口，必将推动以城市为重点的各项经济体制的改革。

当代中国经济发展的一个重要理论总结[*]

　　1949 年 10 月 1 日中华人民共和国成立，揭开了当代中国新的一页。中国人民在中国共产党的领导下，经过 28 年艰苦卓绝的斗争，终于在一个备受欺凌、民不聊生的半殖民地半封建大国里，取得了革命的胜利，建立了新中国。从此中国人民站起来了，掌握了自己的命运。新中国成立后，取消了帝国主义在华的政治经济特权，肃清了帝国主义的经济势力，没收了官僚资本，进行了土地改革，废除了封建土地制度。中国的新民主主义革命，改变了帝国主义的、买办的、封建的生产关系，从而达到解放生产力的目的。1952 年年底，党中央根据毛泽东同志的建议，提出了党在过渡时期的总路线，要在一个相当长的时期内，逐步实现国家的社会主义工业化，并逐步实现国家对农业、对手工业和对资本主义工商业的社会主义改造。这条总路线反映了从新民主主义到社会主义过渡的历史必然性。到 1956 年，中国基本上完成了生产资料私有制的社会主义改造，建立了社会主义制度，开始了大规模的社会主义经济建设，初步奠定了社会主义的物质基础，完成了向社会主义社会的过渡，社会主义制度的建立和不断完善，为当代中国经济的发展开辟了无比广阔的前景，带来了勃勃生机。37 年来，中国的经济建设取得了举世瞩目的伟大成就。以国民经济全面恢复的 1952 年为基期，社会总产值 1952 年为 1015 亿元，1985 年为

---

　　[*] 本文是作者 1986 年 3 月 1 日为《当代中国经济》一书所作的序。

16242 亿元，年递增 8.4%。工农业总产值 1952 年为 810 亿元，1985 年为
13269 亿元，年递增 8.6%。其中：工业总产值从 1952 年的 349 亿元提高
到 1985 年的 8759 亿元，年递增 11%；农业总产值从 1952 年的 461 亿元
提高到 1985 年的 4510 亿元，年递增 4.6%。同期的国民收入则从 1952 年
的 589 亿元提高到 1985 年的 6765 亿元，年递增 6.6%。[①] 这样的发展速
度，在同一时期世界各国的经济发展中是罕见的。众所周知，从 50 年代
末到 70 年代，日本及世界许多国家和地区的经济，得到了很大的发展，
而我国却发生了"大跃进"、"文化大革命"等严重失误。如果不是这样，
我国经济建设的成就，肯定要比现在大得多。

　　我们依靠社会主义制度，以不到世界 7% 的土地，养活了世界 1/5 多
的人口，基本上解决了十亿多人的吃饭穿衣问题。我国农业正在由自给半
自给经济向较发达的商品经济转化，由传统农业开始向现代农业转化。从
1949—1985 年，主要农产品在世界上的位次，粮食保持第 2 位，[②] 棉花由
第 2 位上升到第 1 位，肉类由第 3 位上升到第 2 位。我们已经建立了门类
比较齐全、布局比较合理、规模比较宏大的现代工业，虽然与发达国家相
比还有相当大的差距，但是我国工业的发展是很快的。从 1949—1985 年，
主要工业产品在世界上的位次，钢由第 26 位上升到第 4 位，煤由第 9 位
上升到第 2 位，石油由（1950 年）第 27 位上升到第 6 位，发电量由第 25
位上升到第 5 位　随着工农业生产的发展，商品流通不断扩大，物价基本
稳定，市场日益繁荣。我国在坚持自力更生的基础上，扩大对外经济技术
合作，已经和世界上 180 多个国家和地区建立了经济贸易关系。随着经济
的发展，我国人民生活有了很大改善，科学教育文化事业突飞猛进，人民
的物质文化生活和精神面貌发生了巨大的变化。我们已经把贫穷落后、灾
难深重的旧中国建设成为独立自主、团结统一、经济文化初步繁荣昌盛的
社会主义国家。

　　新中国的历史已经证明，社会主义制度具有无限的生命力，比资本主

[①]　各项年递增率，根据国家统计局《关于一九八五年国民经济和社会发展统计公报》的年度增长率和
《中国统计年鉴》（1985）的有关指数计算。

[②]　1952 年我国粮食产量居世界第 1 位。

义制度优越得多。"只有社会主义能够救中国",这是中国人民经过长期革命斗争和经济建设实践所证明的一条真理。

由半殖民地半封建社会转变为新民主主义社会,从新民主主义过渡到社会主义,是中国历史上两次最伟大、最深刻的社会变革,前者标志着中国的新生,结束了极少数剥削者统治广大劳动人民的历史,结束了帝国主义、殖民主义奴役中国各族人民的历史;后者反映了中国人民消灭了剥削制度和剥削阶级,走上了社会主义的光明大道,是我国今后一切进步和发展的基础。

但是,中国经济的发展也走过曲折的道路,既有顺利发展的成就,又有摸索前进的波折;既有成功的经验,也有失误的教训。中华人民共和国成立 37 年来,总的来看,经济发展的成就是伟大的。从 1949—1957 年,我们党领导全国人民,迅速恢复了遭到长期战争破坏的国民经济,在苏联和其他友好国家的支援下,依靠我们自己的力量,胜利地完成了第一个五年计划,建成了包括冶金、汽车、机械、煤炭、石油、电力、电信、化学及军工等在内的 156 项重点工程,为我国工业化奠定了初步基础。从 1958—1960 年冬,由于建设社会主义经验不足,急于求成,夸大了主观意志的作用,没有经过认真的调查研究和试点,就轻率地发动了"大跃进"运动和农村人民公社化运动,使得以高指标、瞎指挥、浮夸风和"共产风"为主要标志的经济上的"左"倾错误严重地泛滥起来,再加上当时的自然灾害和苏联政府背信弃义地撕毁合同,我国经济从 1959—1961 年发生了严重困难。"大跃进"带来了农业生产和以后两年工业生产的大幅度下跌,经济效益的降低,人民生活水平的下降。我们党总结了经验,纠正了经济工作上的"左"的错误,认真贯彻执行"调整、巩固、充实、提高"的方针,使国民经济得到了比较顺利的恢复和发展。从 1963—1965 年,农、轻、重比例关系趋向协调,积累和消费的比例关系基本恢复正常,物价稳定,财政收支平衡,商品供应情况大有好转,人民生活有了改善。但是,正当我国社会主义经济胜利前进的时候,毛泽东同志却于 1966 年 5 月亲自发动和领导了所谓"文化大革命",打断了全面建设社会主义的进程,改变了以大力发展生产力为基本内容的社会主义建设的方向，林彪、江青反革命集团乘机破坏捣乱，使党、国家和人民遭受到新中国成立以来最严重的挫折和损失。国民经济重大比例关系失调，经济效益大幅度下降，企业亏损严重，市场商品匮乏，人民物质文化生活水平下降，整个国民经济陷入困境。1976 年 10 月，我们党粉碎了江青反革命集团，使我们国家进入了新的历史发展时期。党的十一届三中全会，端正了党的指导思想，重新确立了马克思主义的思想路线、政治路线和组织路线，确定了把全党工作着重点转移到社会主义现代化建设上来。根据邓小平同志关于建设有中国特色的社会主义的思想，实行调整、改革、整顿、提高和对外开放、对内搞活经济的方针，进行了大量的积极的探索和实践，我国经济建设实现了重大的战略转折。工农业生产持续、稳定发展，大的比例关系趋向协调，流通不断扩大，国内市场繁荣，对外经济活跃，人民生活显著改善。我国国民经济在调整、改革和整顿中稳步前进，欣欣向荣。1984 年 10 月，党的十二届三中全会作出了《关于经济体制改革的决定》，标志着经济体制改革的全面展开，我国的经济体制已经开始突破长期形成的僵化和封闭的模式，朝着有生机、有活力和开放的社会主义新体制的模式转化。

我国 30 多年经济发展的曲折过程说明，社会主义经济事业既是伟大的，又是艰巨的。特别是在像中国这样一个贫穷落后的国家建设社会主义，没有现成的经济发展模式可借鉴，我们的经验不足，也不能照搬别国现成的经验，只能依靠自己摸索前进。因此，中国经济发展的道路不可能是笔直、平坦的，发生失误是难免的。可以预期，通过实践和经验总结，我们必定能够走出一条符合我国国情的社会主义现代化道路，社会主义经济制度的优越性必将更充分地发挥出来。

我国 30 多年经济建设的经验证明，能否正确地处理计划经济与商品经济的关系，直接影响社会主义经济能否顺利发展。凡是在一定程度上承认商品经济和发挥价值规律的作用时，我们的经济发展就顺利、就迅速，经济效益就好；相反，如果把计划经济与商品经济看做是互不相容的、相互排斥的、截然对立的东西，片面理解计划经济，否认商品经济，否认价值规律的作用，我国经济发展就迟缓、停滞，经济效益就差。我国在国民经济恢复时期、第一个五年计划时期，特别是党的十一届三中全会以后的七年，面对以公有制为主体的多种经济成分并存和生产力发展不平衡的现实，实行指令性计划与指导性计划相结合，大力发展商品经济，比较重视价值规律的调节作用，市场机制得到较好的发挥，因而取得了比较好的经济成就，人民得到了实惠。60 年代经济调整时期，在理论上肯定社会主义阶段还存在商品货币关系，价值规律仍应起作用，在实践上恢复了农民的自留地、家庭副业和集市贸易，注意运用经济杠杆调节经济活动，因此就迅速恢复和发展了被"大跃进"破坏了的国民经济。而在"大跃进"时期和十年动乱时期，否认商品经济，否定价值规律和作用，否认市场机制，结果经济发展就倒退和停滞。正如党的十二届三中全会《关于经济体制改革的决定》中明确指出的：社会主义经济"是在公有制基础上的有计划的商品经济"。这个论断揭示了社会主义计划经济和商品经济的内在统一性，是一个重要的理论突破，又是中国经济发展的历史总结。

　　社会主义有计划的商品经济概念的提出，突破了把计划经济当做不具有商品货币关系的产品经济，从而把它同商品经济对立起来的传统观念。"产品经济论"，把整个社会看成一个为直接满足自身需要而生产的大工厂，基层生产单位只是这个大工厂的不具有经济独立性的车间，它们的微观经济活动由中央计划机关指挥，它们之间的产品流转实行统一调拨。在实际生活中，这种对产品经济的认识和做法，促使每个地方、部门以及每个单位追求各自的"大而全"、"小而全"。它抑制了在现代生产中不可缺少的企业活力，从而使整个经济缺乏生气。

　　社会主义有计划的商品经济和传统的社会主义产品经济模式相比，有许多不同点。一是表现在所有制结构方面，传统模式追求"一大二公"的所有制结构，限制或取消个体经济，急于实现由集体所有制向全民所有制的过渡，企求建立纯而又纯的社会主义公有制结构；有计划的商品经济则承认我国的生产力水平相对落后而经济发展又很不平衡的现实情况，强调在社会主义公有制占主导地位的前提下，发展多种经济形式。二是表现在国家与企业的关系方面，传统模式实质上否认包括生产资料在内的社会产品的商品属性，因而也就否定了社会主义企业作为相对独立的商品生产者和经营者的地位；有计划的商品经济确认，不论是生活资料还是生产资料都具有商品属性，企业，包括社会主义国营企业作为商品生产者，是相对独立的经济实体，具有自身的合法权利。三是表现在国家对经济运行的调节方面，传统模式是宏观直接调节微观，国家通过包揽一切的指令性计划实现对经济运行的调节和控制；有计划的商品经济虽然在一定程度上需要国家直接管理，但它的侧重点在于国家对社会需求和市场的管理，对各种经济杠杆或市场参数的灵活调节，以此来影响和引导企业的微观经济活动，用间接调控的方式来体现社会主义国家对商品经济的计划管理。四是表现在经济联系方式方面，在传统模式下，生产要素的流动、组合和资源配置，主要是通过国家调拨，纵向分配，横向经济联系很弱；有计划的商品经济强化了经济的横向联系，在国家计划指导下，以市场体系为中介，通过地区、部门和企业多种多样的联系方式，实现生产要素的流动和组合。五是表现在收益分配方面，传统模式把社会主义占有关系的平等视同收益平等，把平等混同为平均，结果导致平均主义泛滥，劳动效率降低；有计划的商品经济承认基于劳动贡献大小而产生的收入差别，这既体现了按劳分配的原则，也反映了商品经济的竞争法则，并允许和鼓励一部分勤于劳动、善于经营的人先富起来，而后逐步达到共同富裕。由此，可以看出，有计划的商品经济是一种充满活力而又能够实现有计划发展的新型的社会主义经济。

　　"有计划的商品经济"这个论断，既是对传统观念的重大突破，又表明社会主义商品经济与资本主义商品经济有根本的区别。社会主义有计划的商品经济赖以存在的社会经济条件与资本主义商品经济根本不同，有着明显的特点：一是体现生产关系的不同。社会主义有计划的商品经济是建立在生产资料公有制占主导地位的基础上，经营主体主要是公有制企业，这是在消灭了剥削阶级，由劳动人民当家做主的条件下的商品经济，它所体现的是社会主义各经济单位之间和人与人之间互相合作、平等互利同时又有竞争，经济利益根本上一致而又有差别性的关系，是各经济主体自主劳动而又联合劳动的关系；而资本主义商品经济是建立在生产资料私有制基础上，经营主体是资本家私有企业，它所体现的是资本家同雇佣劳动者之间剥削与被剥削以及资本家之间尔虞我诈的竞争关系。二是生产经营目的不同。在社会主义条件下，由于劳动人民当家做主，社会主义商品生产最终是为了不断满足人民日益增长的物质和文化需要。而在资本主义条件下，商品经济的发展是服从于资本主义生产的目的，即为了攫取更多的剩余价值。社会主义企业作为相对独立的商品生产者和经营者，也要考虑盈利，但这是为了给国家增加积累，使企业和职工取得相应的物质利益，其最终目的仍然是更好地满足人民的需要。三是经济调节的手段不同。社会主义商品经济是在全社会计划指导下发展的，调节社会经济活动主要依据有计划按比例发展规律和价值规律，即国家通过计划和经济的、法律的、行政的手段，调节经济运行，从而能够在全社会的规模上自觉运用价值规律。而资本主义商品经济，由于单个私有者利益的对立，只能做到单个企业（包括垄断公司）有计划的发展，一般地说不能在全社会范围自觉地运用价值规律，因此资本主义的商品生产是盲目的无政府状态的，只能让价值规律自发地起调节作用，国家的干预是有限的。四是商品范围不同。在社会主义社会，商品范围是受到一定限制的。而资本主义社会，不仅一切劳动产品都变成商品，而且连人的名誉、地位、良心、婚姻等都成为商品。严格地划清社会主义商品经济与资本主义商品经济的界限，既有利于加强我国社会主义商品经济的计划性，防止商品经济发展中可能出现的无政府状态，又有利于制定一系列政策措施，改革经济体制，大力发展社会主义商品经济。

　　社会主义有计划的商品经济，也是一种商品经济，因此它与资本主义商品经济又有其共同点，那就是作为商品经济一般的统一性：它们都是具有不同经济利益的生产者之间为了交换而进行的生产，生产的商品都是使用价值和价值的矛盾统一体；生产商品的劳动都具有具体劳动和抽象劳动二重属性；商品的价值量都由生产这种商品的社会必要劳动时间所决定；都必须遵循价值规律和利用供求规律、竞争规律、流通规律、货币规律等，只是利用程度、范围和形式、目的不同而已；商品的交换价值都是价值的表现形式，商品交换都必须实行等价交换的原则，等等。这些共同性、统一性又寓于社会主义经济和资本主义经济各自的特殊性、差别性之中。在社会主义物质资料再生产过程中，必须严格遵循上述共性寓于个性的商品经济法则。

发展有计划的商品经济，是社会经济发展的不可逾越的阶段，是实现我国经济现代化的必要条件。大力发展有计划的商品经济，才能进一步完善社会主义生产关系，才能为实现社会主义生产目的提供物质保证，是促进社会生产力发展的必由之路。

人类社会总是要从低级阶段向高级阶段发展，总是要不断前进的。根据现时我们对人类社会发展历史的认识，社会经济的发展是沿着自然经济、商品经济、产品经济这三个不同阶段顺序前进的。社会主义社会既然是共产主义社会的初级阶段，它必然要在自身发展的基础上，进一步发展到共产主义社会。与此同时，社会经济将由有计划的商品经济向产品经济过渡。这种发展的必然性，归根到底是由社会生产力的发展水平决定的。由社会主义社会到共产主义社会过渡，必须有高度的生产力，而这是需要通过多少代人的努力才能实现的。社会主义社会是个相当长的历史时期。在这个历史时期内，从经济方面来说，它不是资本主义的商品经济，而是在公有制基础上的社会主义有计划的商品经济。把这个历史过程看得太简单，想在几年或几十年的时间内就走完这一路程，这完全是一种脱离实际的主观幻想。我国社会主义经济建设中的几次大的折腾，国际共产主义运动中一些社会主义国家经济发展曾出现过的一些大的反复，都是同没有把社会主义社会看做一个相当长的历史过程，而急于求成的"速成论"有关的。这种思想，特别是领导人员中的这种思想，对经济工作所起的危害作用，实在太大了，应该作为沉痛的教训，引以为戒。

在像我国这样半殖民地、半封建社会过渡到社会主义社会的国家，生产力发展水平不高，又很不平衡，商品经济原来很不发达，自然就更需要大力发展有计划的商品经济，才能促进社会主义建设的迅速前进。

我们必须从我国的国情出发，走自己的路，建设具有中国特色的社会主义，就是要把马克思主义的普遍真理同中国社会主义现代化建设的具体实践紧密结合起来。在马克思主义基本原理的指导下，一切从实际出发，建立有利于国家繁荣富强、人民富裕幸福的社会主义经济体制和政治制度。要把政治和经济有机结合起来：政治要以经济为基础，正确地指导经济发展的方向，不能违背客观经济规律；经济要以政治为指导，以社会主义现代化建设为近期奋斗目标，以共产主义为最高理想，不能放任自流盲目发展。我们要在经济体制改革的同时，进行政治体制的改革。通过政治体制改革进一步建立高度民主、法制完备、富有效率的社会主义政治体制。党的十一届三中全会以来，经过全党和全国人民的努力，我们正在开创社会主义现代化建设的新局面，我国经济开始了一个新的振兴时期。只要我们坚决贯彻执行党中央的正确路线、方针、政策，团结一致，艰苦奋斗，锐意改革，不断探索，开拓前进，坚持经济体制改革同政治体制改革配套进行，就一定能够建立起具有中国特色的、充满生机和活力的社会主义经济体制，建设高度的社会主义物质文明和高度的社会主义精神文明，一个现代化的、高度民主的、高度文明的社会主义强国必将屹立在世界的东方！

　　最后，对于本书的结构做个简要说明。这本书以历史发展为主线，分六编二十章说明中国经济在三个大的历史时期的状况。第一编回顾了新中国成立前的旧社会的经济概貌；第二、三、四编论述的是从 1949—1980 年的 30 年间中国经济的历史性巨大变化；第五、六编阐明了从 1980 年至本世纪末 20 年间的中国经济发展战略、经济体制改革和光辉前景。为了着重分析从 1949—1980 年的中国经济，又从纵横两个方面进行了解剖。在横的方面，第二编侧重从生产关系的角度论述社会主义经济制度和经济体制的建立，第三编侧重从生产力的角度说明社会主义建设的伟大成就，证明社会主义经济制度具有极大的优越性；在纵的方面，第四编分四个历史阶段论述社会主义革命和社会主义建设经历的曲折道路，说明伟大成就来之不易。本书结构力求体现历史与逻辑的一致，但限于作者的水平，还未能达到完全的一致。

在中国投资咨询公司成立大会上的讲话[*]

首先我代表国务院经济技术社会发展研究中心对中国投资咨询公司的成立表示祝贺，同时感谢公司对我委以董事会顾问的重任。就我的能力来说，实在难以胜任，我将积极努力完成公司委托给我的任务。

中国投资咨询公司的正式成立，是与我国经济建设和改革都很有关系的大事。我想就经济发展与体制改革的需要，来谈谈建立这个公司的必要性。

新中国成立 37 年来，我国的经济建设取得了很大的成绩。这是有目共睹的事实。但是，在经济建设中也存在着不少问题，为此，我们付出了很大的代价。当然，办成任何事情不付出必要的代价是不可能的。在今后的四个现代化建设中，应该总结经验，完全可以少走一些弯路，避免一些投资决策的失误，减少一些资源和资金的浪费，使国家的经济建设效益更好，人民的生活水平稳步地有所提高。

第一个五年计划之后，我国的社会主义经济建设几次出现大的波折，归结起来都是与基本建设控制不住规模过大有关。50 年代末，60 年代前期，70 年代后期以及"六五"期间都是如此。部门、地区互争投资、争项目，"投资饥饿症"的问题始终没有能很好地解决。当基建规模超过了国力所能承担的水平时，国民经济失去平衡，就不得不进行调整。历次调

---

* 本文写于 1986 年 3 月 24 日。

整的办法就是砍基建项目，用行政手段迫使在建项目下马。基建规模压下来，国民经济紧张的局面也就得到了缓解。但是，这只是权宜之计，是治表，本质问题没有解决。一旦经济形势稍有松动，经济平稳发展几年就又酝酿着另一次基建规模的膨胀。基建规模这种大上大下恶性循环，造成了资源和资金的极大浪费。

另外一个的问题是国家宏观管理调控手段不完善，国民经济各部门缺乏经过统一协调的行业发展规划、区域经济发展规划和产业政策，造成产值大、利润高的项目一哄而上。只考虑本部门、本地区、本单位的利益，不大考虑国家利益；只注意眼前利益，缺乏长远打算。不重视基建项目的前期工作，项目审查不充分。为了争到投资，不少的是"钓鱼"项目。一旦项目上马，工程概算一再突破。一些大项目一突破就是几亿、十几亿，以致基建规模很难控制得住。"六五"期间，经济体制开始改革，投资项目管理工作有了很大改进，基建投资拨改贷，建设项目的前期工作逐渐得到了重视。但是基建的总规模还没能有效地控制住，建设项目效益差的问题也没有得到很好的解决。1984年，全社会固定资产投资达1830亿元，比上年增长了33.9%；积累率占国民收入使用额的31.2%。1985年又有所增长，基本建设投资就增长了45.6%；积累率达到33%以上，仅次于新中国成立以来"大跃进"及"洋跃进"两次投资膨胀年份的积累率。中央、国务院已经在认真解决这个问题了。

城市改革的成败取决于两点，一是物价改革对物价指数影响的大小；另一个是固定资产投资特别是基本建设投资的规模。后者是最主要的。要以有力的措施把它控制住。宁可其他让路，这对国民经济的影响是暂时的，但可以为大的改革创造条件。

固定资产投资膨胀，是一种顽症，在社会主义国家带有普遍性。这种顽症，我们在改革过程中，不是削弱，而是加剧了。

控制基本建设规模是一个重要关键，要从加强基建项目管理入手，建立起完整的系统的科学管理办法。而这套办法中重要的就是发挥投资银行的作用。基于上述考虑，经过一年半的酝酿、准备，在国务院领导同志的支持下，经中国人民银行批准，中国投资咨询公司正式成立了。

　　随着经济体制改革的深入，银行的作用越来越重要。在选择、控制、管理项目方面，银行所起的作用是任何行政部门都代替不了的。银行与综合研究机构共同协作，负责投资咨询工作，有利于贯彻国家发展战略要求，实现总体政策，加强宏观控制，正确地引导投资，完善间接控制管理的体制。

　　中国投资咨询公司是一个新型的公司。它不是以营利为目的的公司，也不是一个行政机构，而是为了适应改革的需要，为了便于广泛地开展业务以及与有关国家的银行界、咨询界建立联系，维护国家利益，对国家负责。它从国家宏观发展的要求出发为社会提供投资咨询服务。公司要和政府各部门紧密配合，积极协作，为各部门提供及时准确的市场预测和投资信息，为国家宏观控制管理服务。

　　组建这个公司是建设银行和发展研究中心共同发起的，但主要是建设银行的同志们做了大量工作，克服了许多困难。正是由于建行党组的全力支持，为公司成立创造了必要的条件，公司今天才会正式成立。

　　董事会的董事，主要聘请了一些有威望的老同志。老同志对我国社会主义经济建设有高度的责任心，有丰富的工作经验，有广泛的社会影响力。董事会各位董事出谋划策，全力支持，是公司兴旺发达的重要力量。应聘的总经济师、总法律师、总工程师都是国内知名的学者，公司能得到这些同志支持并亲自参与公司的决策活动，这是公司的光荣。我相信这些同志一定能够为公司的发展作出贡献。

　　中国投资咨询公司是经济体制改革中的一个尝试，是改革的产物。因此，要用改革的精神和办法组织好这个公司。遵纪守法，要大胆创新，要扎扎实实，要高效率，使公司具有活力和吸引力。这是一项重要的事业，开创阶段会遇到很多困难，缺少经验，更缺乏人才。只要有信心，勇于知难而进，虚心学习，团结奋斗，我们的事业是能够成功的。

　　发展研究中心要发挥自己的特点，组织好中心本身及其所联系的、多种学科的学者专家，全力支持公司的各项工作。

　　我相信，在董事会的领导下，有各方面的支持、有公司全体同志齐心协力，中国投资咨询公司一定能为我国的四个现代化事业作出贡献。

关于武汉市开展横向经济联合的调查报告[*]

近几年来，武汉市在经济体制综合改革试点过程中，坚持以"两通"（发展商品流通、发展交通）开路，加快发展商品经济，增强中心城市的经济辐射力和吸引力，开始形成多种形式的横向经济联合。据不完全统计，截至去年年底，武汉市与全国各地已签订各种联合协作项目 1916 项；建立经济联合体、协作体 648 个；引进资金 1.9 亿元；实现科技成交项目 6837 个；引进和输出人才 3600 多人；兴办中外合资企业 21 个。

一　武汉市已开展的横向经济联合主要有以下几种方式

（一）在销售和贸易方面的联合

一种是形成了多层次的跨省市、跨地区的贸易联合体。如总部设在武汉商场的"贸易联合会"（简称"贸联会"），是由全国 11 个大城市的 14 家国营大型零售商店自愿结合组成的商业集团。实行联合经销、联购分销、分购联销和联合展销等，具有商品批量大、品种多、经营范围广、效益好的特点，较好地解决了零售商店在工业企业自行采购后，名牌商品购不到，大路商品销不了的困难。同时，也帮助一些工业新产品较快地在全国范围形成较大的影响。1985 年，"贸联会"成员商店销售总额达 31.4

＊　本文写于 1986 年 3 月，原载《中国经济体制改革》1986 年第 7 期。

亿元，实现利润 2.3 亿元，经济效益普遍提高。与"贸联会"相类似的联合体，在武汉市还有中南商业大楼与全国 20 家新兴商场建立的"新兴商场联合会"（简称"新联会"）；中心百货商场与全国部分大中城市 18 家大型百货商店联合组成的"经联会"等。此外，一些国营专业公司也组成了行业性的跨地区经济协作体，如武汉市纺织品公司与全国 7 个计划单列的纺织品主要产地城市结成了经济协作组，武汉市化工公司与全国 12 个大城市的同行业建立了经济协作体，都取得了较好的联合效果。武汉市内的一些区属中型商店也组成了各种联购联销、联购分销的销售联合体，弥补了过去中型商店资金有限、市场狭窄、商品品种不丰富的弱点。

另一种是在敞开武汉三镇大门的过程中，形成了一些面向全国的小商品市场，吸引外地客商来本市经营，打破了所有制的界限，实现了个体与个体、个体与集体、个体与国营之间的多种形式的产销联合。如江苏的海安、浙江的乐清等地的成人服装、针棉童装、各式塑料凉鞋等占了本市汉正街（小商品街）三个外地分市场销售的 80%。被称为牙刷之乡的江苏扬州杭集乡，年产牙刷 2 亿多支，产品的 50% 是通过汉正街销售的。近三年来，有 20 多个省市的 40 多个县的 1000 多家工商企业参加了汉正街的展销活动，展销商品达 5000 多种，成交额 4000 多万元。随着经营活动的扩大，汉正街市场有 204 个个体户集资 7 万元开办了联营公司，从 20 多个市县联合购进各式服装、花边、凉鞋、气球等，然后由个人分销。去年一年汉正街小商品市场的销售总额已达 5 亿多元，占全市零售总额的 10% 以上。

（二）在交通运输方面的联合

一种是在平等互利的基础上，和其他省市协作，发展长途汽车客运和零担货运，既方便了旅客和货主，缩短了流通时间，又减轻了对铁路的压力。近几年内武汉市和河南、江西、安徽、湖南、江苏 5 个省的 27 个城市，联合开辟了 37 条客运线路。和北京、上海、广东、陕西、河南、安徽、江苏、浙江、湖南等 12 个省市，联合开辟了 20 条零担货物班车线路，对 3 吨以下的零担货物，实现定线、定点、定时、定车，送货上门。由于公路零担的发展，武汉铁路分局已停开了两对零担货物列车，并将

27 个零担货运站调减到 14 个。停开两对旅客列车，使全年长途干线货运列车多运货物 340 万吨，社会经济效益非常明显。

另一种是积极开展综合性的联运联营工作。1984 年 7 月，武汉和重庆、南京三市的联运服务公司共同发起，在武汉组建长江联运联营总公司，实行"一次托运、全程负责、分段计价、一票到底"的方针，方便了货主，很受社会的欢迎，目前已发展到地跨 9 省 1 市的 18 家单位。该公司在组织长江干支直达、水陆中转、江海联运等方面，发挥了一定的作用，去年共完成联运量 954.32 万吨。

还有一种是积极利用各种社会力量，联合发展交通运输业。公路运输方面，社会客车已进入客运市场，每天由市内始发的长途客运 160 个班次中，非专业车辆有 92 个班次。全市现有的 26405 辆公路货运车辆中，有 23188 辆是集体、个体、联户等非专业单位的，占总数的 87.6%，去年完成的货运量占市公路货运总量的 41.8%。水运方面，截至去年年底在武汉市登记注册的个体船舶已达 566 艘。港口在对社会开放中，仅去年就接待外地来汉船舶及个体、联户船只 3248 艘次，装卸货物 111.1 万吨。铁路方面，武汉市除武钢外，共有铁路专用线 321 条，去年以来就近向社会开放，投入共用的有 49 条，占 15.3%，装卸货物达 84 万吨，用户达 370 家。空运方面，1984 年 9 月和空军联合成立了武汉航空公司，采取包租空军飞机的方式，向全国各地空运鲜活货物和高档货物，到去年底，已飞行 201 架次，运送货物 741 吨。

（三）在生产经营方面的联合

一种是通过公开招标，组织跨部门、跨地区的生产协作。武汉市是在全国各城市中较早地实行企业生产协作招标的。1983 年，武汉洗衣机厂率先打破外购、外协作件只能在本地区、本系统配套的陈规，面向全国招标，国内有 700 多家工厂投标，中标项目 47 个，中标厂 60 多家；同中标厂家协作，当年导致单台成本下降近 10 元。1983 年，这个厂生产洗衣机 14 万多台，实现利润 122 万元，比 1982 年增长 1.7 倍，其中，由于招标而实现的收益占总利润的 40%。去年，该厂又在引进日本松下电器公司生产线的基础上，通过招标，实现了产品国产化，发展为全国骨干洗衣机制造厂之一。到目前为止，武汉市先后有 66 家企业通过招标投标，与全国 27 个省市 1300 多个企业建立了经济协作关系，获得直接经济效益 1640 万元。

另一种是组建各种形式的联合体。去年 11 月市冶金系统的 11 家钢铁企业并入武钢，在武钢统一领导、统一计划、统一纳税的前提下，独立核算、自负盈亏、自求发展。合并后几个月来，武钢派出专门班子深入 11 个厂进行调查研究，召开了 11 次综合性的业务协调会和 15 次专业会议，及时解决生产中的突出问题，积极安排了今年计划，并调整了一些企业的领导班子，初步确定了各企业的发展方向。预计今年这 11 个厂的产品产量和经济效益都将有较大提高。武钢本身也扩大了产品品种，提高了产品的加工深度。又如，以武汉汽轮发电机厂为主体的长汉机械设备成套工程公司，联合了上海、南京、江西等地的近 20 家企业，与印度、巴基斯坦等国就制造总值 1400 多万美元的 9 套水轮机谈判，5 项价格中标，金额为 400 万美元。

武汉市现有的联合形式，除以上三个方面外，还有工贸联合、农贸联合、军工和地方企业的联合、市县联合、科技联合、资金联合等多种形式。如武汉市初步形成的技术市场，已和全国 160 多个城市建立了协作关系，使武汉地区科研单位和大专院校的科技成果利用率由过去的 10% 上升到 50%。

二　主要做法

武汉市的横向经济联合之所以能较快地健康发展，主要是坚决地贯彻执行了党中央、国务院关于经济体制改革的有关决定，指导思想明确，组织措施得力。

（一）在指导思想方面

武汉市领导机关根据武汉地处承东联西、南北交流的枢纽地位，在 1984 年就确定了"两通"开路的战略思想，以后又进一步提出了"立足华中、服务全国，逐步建立以武汉为依托的五个层次的经济技术协作网络，进而把武汉建设成为开放型、多功能的经济中心"的战略构想。这五个层次分别是：联合本市所属的三个郊区四个县，加快城乡经济一体化的发展；建立江汉平原经济技术协作区网络；与沪、宁、渝等长江沿线大中城市联合开发长江流域经济；积极发展与华中以及西北、西南的联合协作，服务全国；连通港澳，吸引国外。市领导机关一方面把这种发展联合的指导思想贯彻在日常工作中，另一方面积极为企业提供发展横向经济联合的条件。如去年8月，渝、汉、宁三市负责人在南京会面之后，武汉市政府曾就联合协作的六个方面提出了十个方案。12月，沪、宁、汉、渝四市经济协调会第一次会议在重庆召开，进一步就联运联营、旅游、纺织、金融、技术市场、邮电、信息、经济联合8个方面的问题进行对口协商。今年1月，武汉市又召开了华中地区经济发展战略讨论会，为进一步开展区域性的联合与合作进行了研讨和磋商。武汉市已和河南、四川等省有关城市签订了长期经济合作协议，与黑龙江、青岛、河北、山西及北京共同签订协作项目98个，其中已落实和正在落实的有74个。

（二）以改革开路，因势利导

横向经济联合是在现有体制中发展商品经济的生长极，它的出现和发展不可避免地会和现有体制发生各种冲突，不应该限制横向经济去适应旧体制，而应该改革旧体制，去顺应横向经济联合进一步发展的需要。武汉市领导机关在近几年正是这样做的。1984年，由于指令性计划商品逐步缩小，指导性计划及市场调节的商品范围扩大，迫使各商业企业从横向方面去寻求扩大经营的出路。为了适应这种需要，当年8月武汉市政府实行商业管理体制改革，撤销造成条条隔阂的"一办两局"旧体制，成立商业管理委员会，探索统一管理、统一引导社会商业的新路子。武汉市的交通、邮电部门分属中央三部一局和地方有关部门，对发展横向联合、充分发挥现有交通设施的潜力造成较大的阻力。为了改变这种分割状况，去年1月市政府决定成立交通管理委员会，去年下半年又建立了委员制，由长航、铁路、民航、地方交通、邮电等单位的负责同志担任"交委"委员，从而为协调一致地发挥武汉中心城市的交通邮电枢纽功能创造了条件。在大型企业武钢下放给地方管理后，武汉市政府不是设法把它纳入自己原有的旧体制，而是在去年11月份取消市冶金局，把11个地方的钢铁厂交给武钢统一管理，形成了依托于大企业的联合。由于及时地采取了这些改革措施，横向经济联合的发展势头越来越好。

（三）及时总结经验和抓好试点工作

发展横向经济联合对我国的管理部门和企业来说是一件大家都不熟悉的新事物，应采取积极而又慎重的方针，避免过去曾多次出现的一哄而起而带来的后遗症，同时，及时总结经验和抓好试点工作非常重要。今年2月份，武汉市经委和商委分别召开了有关横向经济联合的会议，总结近几年的经验教训，为促进横向经济联合的进一步发展提建议。今年以来，以武汉市制冷设备工业公司的建立为试点，探索组建企业群体的做法。这个群体以市拳头产品螺杆制冷机为龙头，以武汉市冷冻机厂、湖北省化工机械厂为依托，在去年大规模的产品扩散的基础上，形成了由26个单位组成的联合公司。市体改委在今年第1期《体改简报》上归纳了组建这个制冷企业群体的五条基本做法是：以发展生产，互有需要为前提；组建时"自愿互利，平等协商"；打破条块分割，实行多层次的联合；互为伙伴，民主管理，不另设机构；各级领导机关主动为横向联合服务，创造良好的外部环境。在这次试点的基础上，市经委拟订了《组建企业群体（集团）的实施方案的编制要求》和《关于组织企业群体（集团）的若干政策措施意见（讨论稿）》，防止盲目草率的发展。

我们认为，武汉市领导机关在发展横向经济联合中的这些做法对其他中心城市是有参考价值的。

从这次调查的情况看，武汉市在进一步发展横向经济联合中，还应重视以下几个问题。

一是销售和贸易方面的联合，武汉市应该在现有基础上，进一步向批发联合发展。作为一个中心城市，要增强辐射力，就应充分利用武汉地处全国中心的有利条件，与全国各地形成各种批发联合，一方面使武汉进一步发挥商品集散地的作用，吸引外地商品到武汉来批发出去；另一方面通过工贸、农贸结合的进一步发展，帮助武汉市的工业产品、农副产品辐射到全国各省市，特别是西南、西北的各省市去。

二是交通运输方面的联合，武汉市应进一步开发长江运输，促使有条件的专业码头向社会开放，加快推进江海联运。我国的东海岸沿海是京广线以外的另一南北运输大动脉，潜力很大。武汉虽然不在海边，但能通过长江，把华中和内地与沿海联系起来。武汉现已和宁波，并正在拟议与舟山群岛等地开展联运，应进一步采取措施，促进和其他沿海港口城市的联运，使内地的商品能通过武汉，顺流而下运送到沿海各地；沿海各地的商品能通过武汉方便地运到内地。

三是工业生产方面的联合，应重视推进那种围绕龙头产品、以大中型骨干企业为依托的联合，联合的范围应继续像以前的招标那样，伸向全国各地。这种联合将有利于武汉市的现有拳头产品进一步扩大生产批量，提高产品质量，挖掘现有企业的潜力，进一步扩大武汉产品在全国市场上的占有率。

四是武汉市现有各种横向联合，大都属于松散型的联合，随着联合的进一步发展，有一部分将会逐步地转向紧密型的联合，各类企业间的资金流通还会加强，所以最终必然会导致多种形式的资金联合。现在武汉市人民银行已经在和7个计划单列城市的银行合作，每旬逢七互通资金信息，并根据需要和可能实行跨地区的横向资金融通。这是一个可喜的开始。但总的来看，武汉市在发展资金的横向联合方面，目前还没有什么大的突破，需要今后积极探索，需要金融体制改革的相应配合。

五是我国目前还正处于经济体制的转型时期，由于旧体制的惯性和传统观念的惰性存在，要促进横向经济联合的发展，需要做好各种宣传工作和组织工作。没有这种宣传和组织，仅靠市场机制的推动，横向联合的发展会过于缓慢，贻误我国的经济体制交替的大好时机。但也必须看到，这种促进工作必须以尊重企业的自主权为前提，以自愿参加、平等互利为原则。按照经济规律而非单纯按照行政指令办事。武汉市最近采取的一系列措施都是基本正确的，但也有个别部门提出了一季度组建12个企业群体，年底组织50个左右群体的指标要求，这种做法值得研究。企业群体应该是通过促进工作，在企业自愿的基础上，成熟一个建立一个。用行政措施强制形成的联合，经济效益不可能好，最后也不可能持久，前几年组建行政性公司的教训，是值得吸取的。

让历史文明与现代文明交相辉映[*]

　　不久之前，我到武汉调查了城市和企业经济的横向联合问题，回到北京之后，就接到了同志们的邀请，今天来参加这样一个学术讨论会。这样一个时机正好应了唐代伟大诗人李白的两句诗："故人西辞黄鹤楼，烟花三月下扬州。"现在正好是暮春三月，我们大家在扬州聚会，讨论历史文化名城的发展战略问题是很有意义的。我们这次会议要研究历史文化名城的经济社会发展战略，要深入探讨它的保护和发展途径，还要认真制定保护和发展的总体规划，这些工作都具有十分重要的现实意义和深远的历史意义。同时，这样一个问题也是我国国民经济和社会发展总体规划的一个重要组成部分，是我们迎接本世纪末到下世纪初社会主义物质文明和精神文明发展的重要准备工作。

　　由于我们是讨论历史文化名城的发展战略问题，所以首先我想回顾一下城市发展的历史。我们知道，在人类漫长的发展历史中，城市的出现标志着经济、社会发展的一个巨大飞跃，如果从历史漫长的跨度来看，大体可分为两个阶段。第一阶段：从公元前四千年左右到 15 世纪资本主义的兴起，这是一个很长的历史时期，我们把这个时期的城市称为古代的城市；第二阶段可以从工业革命算起到现在为止，这时的城市可以把它叫做近代的城市。我们知道，人类历史上最早的城市，出现在底格里斯河和幼

*　本文写于 1986 年 3 月。

发拉底河流域，以后在尼罗河、黄河和印度河流域也出现了古代城市。城市的出现是社会生产力发展和科学技术进步的结果。由于畜牧业、农业、手工业的发展，人类第一次社会分工出现了，这时人们生产的产品除了自我消费以外，还有了剩余的东西，这就产生了交换的需要。于是，在河流两岸、道路两旁等地方按预定的习惯来进行产品交换，开始交换的场所是临时性的，所谓"日中为市"，交换结束后人离市散。随着经济的进一步繁荣，渐渐出现了专门从事产品交换的商人，这时产品也开始成为商品，商业又从手工业、农业、畜牧业中分离出来，这就是所谓社会的第二次分工，这个时候从商的人，也就在人们聚居的地方盖起房子，坐地行商，集市才由临时性逐步固定下来。后来，由于繁荣的集市，就成为当时统治集团的兵家必争之地。因为在这里安营扎寨，有利于统治阶级的尽情享受和补充给养，于是就围市筑城，渐渐把集市与城堡合一，演变为城市。因此，古代城市有两种职能：一是商品交换的职能；二是防卫的职能。当然在某些特定条件下也会出现先有城后有集市的情况，但是，一般来说，城市是适应商品生产和交换的需要而发展起来的。我国是世界上最早出现城市的国家之一。据有关史料记载，早在龙山文化时期就出现了城池，如在山东省章丘县城附近子崖城址，发现了距今四千年历史的城市，三年以前，在洛阳附近发现比殷墟更早的商朝的最初的都城，规模宏大整齐。勤劳勇敢的中国人民在城市建设方面表现出非凡的聪明才智，早在战国时期，我国人民就因地制宜，"相其阴阳之和，尝其水泉之味，观其草木之饶"，建造了自然风貌与城市建筑浑然一体的阖闾城，即今天的苏州城。苏州今年庆祝建城两千五百周年；又如，经历了辽、金、元、明、清几个朝代的首都北京城，东拥沧海，西依太行，南襟运河，北枕燕山，内控中原，外扼塞北，不仅其战略地位非常重要，而且商品生产和商品交换，在当时来说也相当发达，所以始终是开国兴邦、雄视千古的名城。至于西安、洛阳，历史更要悠久，作为中国的一些朝代，建都时间更长，这两座名城的经济曾经是相当繁华的，就是现在开会的扬州城历史也有两千四百多年，与苏州城可以称为姐妹城。这里有唐代的石塔、宋代的四望亭、元代的古树、明代的文昌阁、清代众多的著名园林等，可以说是博览我国悠久历史文化的长廊。当然，历史上古往今来许多显赫一时的名城，也有湮没的情况，如古巴比伦，意大利的庞培城，墨西哥的玛雅王国，我国古代丝绸之路上的楼兰等。就拿扬州来讲，也有一部兴衰史，扬州曾有过三个兴盛的时期，相对的也有三个不兴盛的时期。汉代、隋唐与清代康熙、乾隆时期是扬州兴盛之时。"腰缠十万贯，骑鹤上扬州"，这话是有代表性的，说明扬州在历史上曾起过类似今天上海的作用。过去人们要拿10万贯到扬州，说明这个地方当时是相当繁华的，是人们非常向往的地方。不管是做生意还是来享受，扬州当时都是有经济条件的。鉴真和尚东渡日本就是从这个地方出海走的。历史的变化很大，考察一下城市兴衰的历史，除了火山的爆发、洪水的淹没、地震和沙化等自然原因以外，还有战争、宗教、民族迁徙等社会方面的原因。对于社会原因，其中涉及人们主观意志的原因，我想与对城市发展战略研究的优劣有着很大的关系，当然有些事情，如战争等是一个城市所不能决定的。但是，在正常情况下，城市的发展除了自然因素外，人的主观的努力也是很重要的，这就存在一个要发展这个城市，它的正确的发展战略应当是怎样的问题，当然当代人与古代人的想法不尽一样，现代人有现代人的想法。我们今天讨论的就是在我们这样一个社会主义新时代，发展和改革的时代，我国的历史文化名城，如何发展得更好，以无愧于前人。就我们扬州来讲，那就是怎样使扬州有第四次的更大的经济和文化的繁荣。这算是我的一个开场白。

由于我对城市的发展战略研究，特别是对历史文化名城发展战略研究很少，要在这个会上讲话很困难，为了出席这次会议，我在会前到洛阳市开了三次座谈会，向市里有关的同志求教，同时我还看了3月17—19日召开的首都建筑艺术委员会扩大会议上的材料，参加了首都发展战略讨论会。根据座谈会得到的知识和看了一些材料所得到的印象，我想提五个方面的问题和同志们讨论。由于过去经济发展战略讨论会进行过好多次，我也讲过一些意见，这次会议是讨论历史文化名城的发展文化战略，所以这次会议的重点，是讨论如何把保持体现历史名城的风貌和城市现代化建设最佳结合的问题，我想围绕着这个中心，提出五个问题，来同大家商榷。

一 关于认识问题

在这里我想讲四个层次：

第一，历史文化名城是祖先留给我们的一份珍贵财富，这个财富不仅属于历史文化名城本身，而且属于整个中华民族，以至属于整个人类。它也不仅仅是属于一个时代，而是属于过去、今天和未来。对于这一点我们绝不能采取民族的虚无主义和历史的虚无主义态度，我们一定要珍惜历史文化遗产，这个遗产是非常宝贵的。一旦损坏，是用多大的代价都无法恢复的。

第二，历史文化名城的古迹、文物、名胜等，是这些城市今后发展特有的一种珍贵的资源和优势，想要代替也代替不了。比如扬州的瘦西湖、鉴真和尚活动过的大明寺，别的地方就没有，如果不在扬州，在别的城市就找不到这些名胜古迹。一定要看到这是一种很有价值的特有的资源和特有的优势，要把它看成是历史文化名城的珍宝。当然，历史文化名城一般说除了古迹、文化、名胜这些优势外，它的环境一定是优美的，风景一定是秀丽的，特别是它的物质资源也是比较丰富的。可谓"物华天宝，人杰地灵"。我们不可能设想当时统治阶级选择一个穷困贫瘠的地方建设城市。过去曾有过这样一个议论，在隋唐时期，特别是在唐代武则天时期，历史记载洛阳当时就有100多万人，而现在的洛阳市还不足60万人，有人就怀疑当时洛阳的经济条件是否能养活100多万人。几年之前，洛阳发现了一个能储粮4亿斤的粮仓，据说还有没有发现的，这样看来，它养活100万人当然没有什么问题了。一个历史文化名城，如果没有经济条件的支持，自然条件也很不好，那么这个城市就不可能形成，更谈不上发展。因为物质的生产是人们包括文化生活在内的一切活动的基础，所以历史文化名城除了古迹、文物、名胜外，自然条件比较好，物质资源丰富，这是共性。

第三，党中央、国务院对北京市规划的批复中曾有过这样一个重要的论点：北京是我国的首都，又是历史文化名城，北京的规划和建设要反映出中华民族的历史文化、革命传统和社会主义国家首都的独特风貌，要体现民族文化的传统特色。我认为，这不仅是对首都的要求，也是对我们所有的历史文化名城的要求。根据这样的要求，我们就应该把既要保持体现历史文化名城的风貌又要城市的现代化作为我们的要求。我们不能把历史文化名城看做我们现代化建设的负担，碍手碍脚。或者认为要保护历史文化名城而拒绝现代化的建设。或者要进行现代化建设就毁掉历史文化名城，这两种看法都是不对的，这是违背党中央、国务院对历史文化名城的要求的。我们应该是把历史文化名城的保护和现代化城市的建设实行最优化的结合，相得益彰。这个问题对我们是特别重要的，是我们这次会上所要讨论的本质问题。没有一个城市说我只要现代化而不要古城风貌，或者说我不要现代化而只要古城风貌，问题是怎样把这两方面结合好。历史文化是我们中华民族长期蓄积起来的，继承和发扬这种文化实质上就是民族化，我们要民族化，又要现代化，两者缺一不可。我们要的是具有中国特色的社会主义现代化，所以我们新建设、新发展的东西，绝不能原封不动地照搬外国的那一种现代化，我们应该学习外国的东西，但同时一定要发扬我们中华民族的文化精华，做到洋为中用。我们要保护历史名城的历史文化风貌，但也绝不是守旧或复古，我们要继承中华民族的优良传统，同时又要创新，做到古为今用。就是说既要有民族历史文化的传统，又要有时代的特色。

第四，历史文化名城对经济社会的发展应该有更高的要求。它应该在社会主义物质文明和精神文明建设中起示范作用，在对外的交往中起窗口作用，通过我们这些城市看到古代中国和现代中国的变迁，不仅钦佩我们古代文明，而且能够钦佩我们的现代文明，我们工作做得好不好，关系很大。在旅游方面这些历史文化名城应该起先导作用，就全国范围来说我们现代化的旅游业的水平还发展得很差，所以我们更应当首先办好历史文化名城的旅游业，来带动全国的旅游业的发展。这种示范作用、窗口作用、先导作用，是历史赋予我们历史文化名城的光荣责任，要教育每个历史文化名城的居民，使他们感到做一个历史文化名城人的自豪，从而自觉地、豪迈地把这些光荣的责任担当起来。这是我要和同志们讨论的第一个问题。

二　关于发展战略问题

我们研究历史文化名城的经济发展战略，不能脱离城市经济的一般规律。同时也要研究历史文化名城的共同规律和每个城市的特点。所以，研究工作应该从三个层次来进行。第一个层次是寻找出城市经济不同于农村经济的一般规律；在此基础上，再推进到第二个层次，即深入探索历史文化名城区别于非历史文化名城即一般城市的特殊的经济发展规律；第三个层次是在探索历史文化名城经济发展共同规律的基础上，再深入地研究每个历史文化名城独特的，即其他名城所没有的特殊性和特殊规律。具体地说，可从以下两个方面来进行研究。

第一，由于时代对历史文化名城的经济社会发展提出了更高的要求，因此历史文化名城的发展战略研究比其他一般城市更加必要，更加重要。历史文化名城有丰富多彩的文物古迹和名胜等优势，而各个城市又是各具特色的，这里大有文章可做。国务院公布的第一批 24 个历史文化名城就像我们每个人一样，一个人一个面孔，我们每一个城市都有每一个独自的特色，我提议这次会议我们每一个城市都要讲出各自的特色出来，现在千篇一律的现象很多，并没有很好地考虑各自的特色。比如，现在都要搞"一条街"，而且多数要搞个"明清街"，这就不一定很合适。如开封它最繁华的是北宋时代，把开封宋代的文化遗产挖掘出来，像著名的"清明上河图"画卷上所描绘的那样，搞一条汴京街，或几条街，那不是更能够显示出开封的特色吗？连香港那么一个狭小的城市还利用一块"弹丸"之地要搞一个宋城，供旅游者欣赏，何况我们的开封呢！又如，杭州根据南宋的情景搞一条街，西安根据盛唐的情景搞一条街，洛阳根据武则天当政的时期的情况搞一条街，如此等等，不是更有特色吗？现在不少城市都在修"大观园"，上海搞了一个"大观园"，北京修一个"大观园"，还有一些地方也在搞，这种问题很值得研究，你总要有能代表你这个地方的特色的吧。

　　我们的战略研究首先要分析各个市的优势，相对的优势是什么？绝对的优势是什么？现实的优势是什么？潜在的优势是什么？同时还要分析清楚它的劣势，这样才能够扬长避短，发挥优势。所以在一定意义上讲，历史文化名城的发展战略也可以称之为发挥优势的战略。什么是真正的优势？怎么样发挥优势？我们各个城市发挥各自优势的时候，切不能孤立地、单独地利用各个优势，经济社会的发展要求我们要综合地利用优势。综合地利用优势，不是各个优势的简单相加，而是要形成新的具有更大活力和潜力的优势，依靠这种优势，更有力地克服我们的劣势，使经济社会发展取得更好的结果，这是我们制定经济社会发展战略的一个很重要的问题。

　　第二，发展战略是我们发展的目标和实现目标的步骤、途径的选择，以及实现这个目标的政策和措施的高度概括，它是影响全局的关键性问题。研究发展战略的目的，是为了争取全局的长期的主动。我们的战略如果只是能够取得近期主动而给未来的主动设置障碍，那就不是一个好的战略；相反，只考虑未来的主动，而不能使当前的局势很快地有起色，那么未来的主动也是说空话，同样不是一个好的战略。历史文化名城的发展战略比起其他城市有更多选择的余地。比如，在我们这种城市优先发展的领域是什么？影响整个经济社会发展的产业是什么？旅游当然是一个方面，但也不能把旅游作为一切，我们通过战略的研究和战略的制定，要为社会主义物质文明和精神文明的结合创造有利条件，要把古代文明与现代文明科学地结合起来。我们 24 个城市，历史经历、自然环境、经济发展、文化传统都不一样，提一种统一的方案很不容易。有的是以名城本身为主导的，它以利用、保护名城为主，带动整个经济社会的发展。有的是以经济为主导的，它以发展经济为主，利用和保护名城的工作，应受到重视，以利于城市经济和其他各项事业更好地发展。但就一般来说，历史文化名城的发展多是综合型的、多功能的。它应通过不懈的努力把自己建设成为一个现代化的经济、科技、文化和灿烂的古代文化相结合的，经济的、科技的和文化的信息的中心（有的还是政治中心），一个对外开放的窗口，为社会主义两个文明建设做出榜样。

三　关于规划问题

战略研究所确定的每一个城市的性质、发展的原则需要在规划中体现，这是战略研究与实际结合的主要形式。发展战略与规划结合起来，发展战略的研究才能落到实处。那么，每一个城市的性质怎么确定，这是一个需要研究的问题。比如，北京市确定为政治中心、文化中心；它就没有讲叫做经济中心，当然这并不是说北京就不要经济了，没有物质基础的文化、政治是不行的，经济仍然应该占一个很重要的地位。但它更突出的是政治、文化中心。现在许多城市争建工厂的劲头很大，这个问题应当加以研究。当然又是历史文化名城，又能争取到大的工厂到本市来办，力争做到不仅不破坏而且能够保持和体现历史文化名城的风貌，那是最理想的。比如，扬州搞了一个仪征化纤厂，是全国最大的，也是世界上同类最大的工厂之一，它的建设和发展并不妨碍扬州历史文化名城的保护和精华的发扬。

当前历史文化名城的规划，除了有一般的要求之外，还应该有特殊的考虑，突出的问题有两个：一是怎样处理好城市的现代化建设，特别是旧城的改造和保护古城风貌的关系。现在许多历史文化名城的建设，从总体布局上看，房子搞得又高又密，有的还破坏了名胜古迹的格调，这种现象在北京和其他城市都有。现在我们的城市建设规划，从总体上讲设计非常呆板，什么"方盒子"、"麻将牌"、"豆腐块"、"火柴匣"，千篇一律，一个面孔，毫无民族特色。像印度这个具有古老历史文化的国家，它们新建的房子就很有民族特色，不仅室外点缀着民族特色，而且室内装修的布置也具有民族特色。我们在城市建筑方面绝不能采取民族的虚无主义的态度。当然这不是要复古，要搞宫殿、庙宇"大屋顶"那一套。

在这方面我们要有一个正确解决历史文化名城的资源利用和经济社会发展关系的具体办法。在历史文化名城的规划中，应有这样一个具体的要求，即划分清楚哪些地方是名胜古迹保护区；当然这个划分也要适当，否则便难以实行。我看只要有道理，没有哪一个人愿意破坏我们珍贵的文物古迹、风景名胜的。这在我们过去的规划中有成功的经验，但总的来说做得不够。再就是要处理好发展经济特别是发展工业和保持历史文化名城的关系。当前破坏文物古迹名胜，大多和工业发展有关，这个问题需要很快解决。怎么解决好呢？一个是已经占了重要的必须恢复保护历史文化古迹遗址和名胜的单位要尽可能迁移出来；实在不能迁移的，也不能再继续扩大。同时要认真治理历史文化名城的工业污染问题，对不能治理的要迁走，今后不能在文物古迹名胜的周围发展有污染的产业。要特别注意这些城市工业建设和其他建设，能够保持同周围名胜古迹的协调。在这方面要充分认识历史文化名城的这种资源优势对实现四个现代化的重大意义，我们既要保持历史文化名城的风貌，又要增添现代化建设的色彩，使历史文化名城大放光彩。

四　关于调整产业结构问题

调整产业结构是全国各个城市都存在的问题，当然，调整的程度有所不同，各个历史文化名城同样存在这个问题。各个城市也有要求和特点。产业结构，它包括相当广泛的内容，如生产结构，与之相适应的消费结构、投资结构、外贸结构、产业结构和所有制结构，等等，这些结构之间是相互联系的，要解决结构的调整问题，应配套解决上面所说的各方面的有关问题。历史文化名城产业结构的调整要围绕着既能维护和体现历史文化名城的风貌，又要实现城市的现代化这个中心来进行，这样才能更好地发挥名城的作用，因此在历史文化名城今后的发展上应着重在这个方面。要发展知识、技术密集，环境污染较少，附加价值高的产业，特别是要发展与旅游系列产业的有关产业，以发达的或比较发达的经济来支持历史文化名城现代化建设。为此，要合理地进行生产力布局，防止对名胜古迹造成破坏，布局不当的应及时进行纠正。按照社会主义现代化的要求，第一、第二、第三产业的结构怎样调整，在我们历史文化名城这三种产业的构成如何，是一个大问题。比较而言，这些名城第三产业可能发展得要更快一点，因为历史文化名城为第三产业的发展提供多方面的有利条件。历史文化名城一般都有发展旅游的良好条件，但不一定每一城市都把旅游作为它优先发展的领域，有的可能是这样，有的就不一定是这样，不能一概而论，需要分别不同的情况，这里我想应因地制宜。说一下关于发展旅游的问题，旅游业是无烟工业、"无形的贸易"，实际上是综合性很强的经济事业，它是由提供满足旅游者的游览、饮食、居住、旅行、购买等行业组成。发展旅游业需要与其相关联的很多产业来支持，所以发展旅游事业实际上是要发展以旅游业为龙头的系列产业，不能孤立地只看成是一个旅游业。这里面，首先应是服务业，旅馆、饭店、美容店、洗衣店、音乐厅、影剧院、照相馆，等等，还有四通八达的交通业，以及畅通各方面的电话、电报邮局等。随着旅游业需求的不断扩大，还需要建立文化设施，如博物馆、俱乐部、图书馆等。同时，历史文化名城的旅游业还可以为国际性会议提供良好服务，吸引更多的国际性会议到历史文化名城来开，有条件的可以逐步形成一批像日内瓦那样的国际会议中心。尤其是在旅游的淡季，更可为国际、国内会议提供服务，充分利用各种服务设施，这样既可以直接提高旅游业的经济效益，还可以取得可观的经济技术信息，为当地经济发展作出贡献。这方面外国有许多旅游点都是这样，比如日本箱根是一个避暑的地方，冬天很多的国际会议就在那里召开，那时它的房费比游览旺季降低 30%—40%，饭费也相应降低。我们现在不少地方冬天或夏天没有人去，旅馆利用率很低。旅游业不仅能促进经济科学技术的发展，还会促进金融、保险、导游、翻译等各方面事业的发展，这就需要发展外语学校、烹饪学校、驾驶技术学校、美容学校，等等。发展旅游业如果没有一批好的导游，再好的古迹名胜风景也难以吸引人。如我有一次到凡尔赛宫参观，巴黎大学派了一位兼任经营导游职业的历史系教授陪同导游，他的讲解把历史与眼前的实物结合在一起，使人听起来很有兴味，就等于是上了一堂生动的历史课。有一次，在波士顿一位导游在同行参观的两个小时就把波士顿历史以及美国相关的历史讲得非常清楚。上个月到洛阳参加讨论会，顺访龙门，那里游客拥挤不堪，秩序混乱，纵有导游讲解也听不清楚，许多外国人一边看，一边摇头，我想要让他们再来，是不大可能的，同时他们留有这种不好的印象，还会影响很多本来想要来的人。

所以，没有一批高级服务人员，没有良好的管理，我们的旅游业是开展不好的。另外，为了满足游人的购买需要，还要发展游人喜闻乐见的日用品、礼品、纪念品，尤其是具有地方特色和我国特有的产品，这样就会促进有关产业和商业的发展。现在不少外国游客到中国旅游，而到香港买东西，而在香港买的商品有的又是从内地运去的。旅游业要做的事能赚到钱的机会是很多的，我们的工作要做很大努力。现在有些友谊商店不大讲究经营之道，我们又不研究外国人的心理，不研究他们到底需要什么东西，所以要做很大的改进。

旅游业又是一门内容极为广泛、极为综合的科学，它是一门边缘学科，涉及历史、文学、天文、地理、绘画、音乐、书法、雕塑、建筑、工业、手工业、农业、风俗习惯、礼仪制度、交通运输、民族交往、陵寝制度、城市建制等许多方面的知识；它又涉及饮食、文物、美术、绿化、环保等方面的知识。所以旅游工作者特别是做导游工作的人应具备较高的文化素质，他们的管理和讲解可以使表面其貌不扬的文物、古迹像拂去珠宝上千年的灰尘那样，使它重放光彩。这方面我们要做的事情还有很多。

还有，我们的旅游业如何发挥地方的特色，扬长避短，锐意开拓，也是一个需要很好解决的问题。外国人经常对我讲，在你们中国，我们每到一个地方吃的饭都是一个味道，外国人喜欢到一个地方吃一个地方的饭，比如到扬州来，他们就是要吃淮扬菜，淮扬菜究竟有什么特点？最近我到洛阳，他们盖了很漂亮的房子准备开一个北京烤鸭店，现在每到一个地方都有北京烤鸭店，外国人尝过一次后就不想吃了。洛阳有很好的菜，名叫"水席"，就很不错。为什么不很好地发展这种具有地方特色的菜肴，而去搞烤鸭店呢？其实就饭菜来说，每个城市都有各自的特色，应当充分发挥这种特色，才能吸引更多的游客和食客。还有，住的旅馆，我们现在也都力求同外国的一样，其实各国的建筑风格也不尽相同。不少外宾来中国旅游，希望住中国式的房子，只要求卫生条件好些。我们现在这种做法，他们并不满意。他们希望到内蒙古旅游就住蒙古包；到孔子家乡曲阜旅游，就住孔府的四合院；到延安旅游就让他们住一住窑洞，等等。这样做，他们一定非常高兴。现在我们的旅馆、饭店都是千篇一律，而且高级宾馆建得太多，普通旅馆建得太少，希望同志们重视这个问题。旅游方面所要做的事情很多。我没有研究，但从外国人的反映中间和与同志们的接触中间，感到这方面的问题不少，需加以详细地认真地研究。我们24个名城都有旅游事业，旅游事业发展得好坏对我们城市功能的发挥有极大的影响。

五　关于体制和政策问题

战略目标发展规划要通过相应的政策来保证实现，我们各个城市的政策是在国家宏观政策的要求下制定出来的，同时还应该有适应本市特点的具体政策，各地的发展都有一些制约的因素，比如资金短缺这是一个普遍现象，解决这个问题，最可靠的办法不是要求上面拨多少钱，这是不可能的，主要的是要靠采取正确的政策，通过政策筹集资金，通过政策提高资金的使用效益，并通过政策能产生新的资金，这方面是大有文章可做的。历史文化名城的情况各不相同，具体的政策不可能一样，但是总有些具有共性的问题。如保护文物和现代化建设怎样协调发展，这方面应该有些什么政策；还有在历史文化名城究竟发展哪些有关产业；保护文物资源的有关政策；还有怎样以我们的文物资源来养我们的文物资源，这些是我们24个历史文化名城共同存在的问题。通过这次发展战略研究会议，应对共性的政策向有关部门提出建议，这对我们历史文化名城的发展具有重要意义。会议《纪要》里面应该提出对我们24个历史文化名城发展共同性的问题，提出解决的办法。而解决这些问题，很多与现行的体制有关，所以说发展战略研究一定要和经济体制改革结合起来，这是现阶段发展战略研究的一个特点。第七个五年计划时期，是城市经济体制改革的关键时期，我们的政策和经济体制改革是密切相关的，历史文化名城的发展和经济体制改革也不可分割，每一个城市都要根据经济体制改革的总体要求，制定我们自己改革的实施方案，经过有关上级机关批准，加以实施。政策这方面的问题是很多的。我举一个旅游参观收门票费的例子来说，这个问题当然是比较复杂的，究竟怎么解决为好，也需要认真研究。我们到国外参观一个重要的名胜古迹，门票费收得很高，现在，武汉市的黄鹤楼一张门票收 1 元钱，人还是络绎不绝，如果是像其他城市的名胜风景点那样，只收五分钱或一毛钱的门票，参观黄鹤楼的秩序简直就无法维持，但是武汉市的人和外地的人都还是愿意拿出 1 元钱到黄鹤楼参观。参观黄鹤楼一张门票要 1 元钱，为什么参观洛阳的牡丹花会和龙门石窟就不可以多收点门票费，一则以名胜古迹养名胜古迹，二则还可以维持参观点的良好秩序，不使它遭受旅游的破坏。当然这要取得物价管理部门的同意，不能乱来。应当看到我们国内的旅游越来越兴盛，我们有 10 亿多人，要是大批游客一时拥到一个地方去怎么办，这是我们所有历史文化名城都会遇到的问题，这要研究一个正确的解决办法，怎样保持那个地方的名胜古迹不被挤坏、怎样保持那个地方的清洁、保持那个地方的秩序，这不单是收入问题，还有安全问题，很多问题都摆在我们面前，都要好好研究。

最后，我还想讲一讲有关社会主义精神文明的问题。历史文化名城本身所凝聚的古代文明中间就包括灿烂的物质文明和高度的精神文明，因为没有高度的物质文明就不可能有高度的精神文明。古代豪华的宫殿如果没有物质文明就不能建设起来，扬州如果不是有古代的物质文明就不会有那么多的名人来吟诗作画，游览撰文。举世闻名的鉴真和尚在一千二百多年前从扬州应日本僧人的邀请，立志到日本传道，六次东渡，五次失败，以致双目失明，但他毫不动摇，终于成功，他和他的弟子们，带去了中国盛唐时代的文学、艺术、医药、建筑、雕塑、绘画、书法等知识，对日本文化作出了杰出的贡献，被日本人尊为"日本文化的大恩人"。当然我们今天所说的精神文明从内容到形式与封建时代都有本质区别，但是我们古代志士仁人的道德情操，为祖国文明和人类文化事业而献身的精神，这是值得我们后人崇敬、继承和加以发扬光大的。在保护和发展历史文化名城中，提倡社会主义精神文明，建立高尚的共产主义道德风尚，使我们的人民成为有理想、有道德、有文化、守纪律的一代新人，这是达到我们发展战略目标的一个极其重要的组成部分。搞旅游每天都和国内外万千的宾客打交道，所以旅游的从业人员的精神面貌就成为城市精神文明的窗口，我们 24 个历史文化名城的每一个居民，他们的风貌，实际也是供别的城市的人、供外国人观光的窗口。中国不是有一句话嘛，叫做"主雅客来勤"，主人比较高雅，客人就来得勤了。游客游览历史文化名城，除了对自然景观和人文景观留下深刻的印象之外，对历史文化名城的人的精神状态也会久久难忘，使游客感觉到宾至如归，山美、水美，人更美，这样即使目前我们的物质文明稍差一点，高度的精神文明也会弥补我们物质文明的某些不足；反之，即使我们有头等的旅馆，头等的设备，但游客感到的是末等的服务，那也会大杀风景，来一次后再也不来了。在旅游从业人员中间，在24个历史文化名城的居民中间，我们应该大力开展建立高度的社会主义精神文明的教育，我们在接触外宾期间，接待外市人来我们这里参观期间，如果做得好，那就会起很好的作用，为我们名城争光，对外为我们的国家争光；如果做得不好，也会玷污我们历史文化名城的形象，玷污我们中华民族的形象，这是一个很重要的问题。我看我们每一个城市都应该把对我们的居民进行爱国主义教育，社会主义精神文明教育作为一个重要的方面。作为扬州人应有扬州人的自豪感，作为南京人应有南京人的自豪感，作为每个历史文化名城的人都应当有各自的自豪感。不要让人家看了以后感觉到你是一个历史上的名城而现在搞得很糟糕，这就不好了。所以做一个历史文化名城的人应该大讲特讲社会主义精神文明，让美好的心灵和美好的自然景观、人文景观在我们祖国的大地上交相辉映，大放异彩。这样不仅可以使我们的社会精神面貌大大变化，必然也会促进我们物质文明的发展。

关于二汽集团（东风汽车工业联营公司）发展横向联系的调查和建议

为了发展横向经济联合，总结经验，发现问题，探讨解决的对策，最近，我们到"二汽"对东风汽车工业联营公司进行了调查。

一　基本概况

东风联营公司是以"二汽"为中心。以生产东风牌系列汽车产品为对象，于 1981 年 4 月正式成立的。由于该公司从成立开始，就比较自觉地按照企业横向联合的客观规律办事，联合体内部关系比较协调，各联营厂对公司的内聚力较强，东风联营公司在汽车工业一度发生困难的时候成立，但在各兄弟厂同舟共济、同闯汽车滞销关的风浪中站稳了脚跟。几年来，它们坚持多层次、多形式的联合，联合的广度和深度不断有所发展。联合范围以东风牌系列产品的生产内在联系为根据，打破部门、地区、所有制的界限，东起浙江、福建，西到新疆乌鲁木齐，北起哈尔滨，南到广州、深圳和云南昆明，以南部一大片为主，在全国范围内建立了包括 21 个省、市、自治区的 127 个企业的大规模东风牌系列汽车企业集团。目前，该公司共有职工 20 万人（其中二汽 6 万人），1985 年完成工业总产

＊　本文写于 1986 年 3 月。

值近 50 亿元（其中二汽 23.8 亿元），共实现利润 10.7 亿元（其中二汽 6.2 亿元）。公司联合的形式按照经济关系的密切程度分为以下四个层次：合资企业 1 家，即二汽同南京特种汽车装配厂的联合投资企业；紧密联营企业 4 家。即改变隶属关系（由地方企业变为东风汽车联营公司直属的企业，但仍保持独立的法人地位）的云南汽车厂、柳州汽车厂、杭州汽车厂和乌鲁木齐汽车装配厂；半紧密联营企业 28 家，即隶属关系、财政渠道、所有制"三不变"，而实行产品方向、规划改造、生产计划、经营管理"四统一"的企业；松散联营企业 93 家，即固定生产东风牌系列配套件为主的企业。除参加联营公司的上述四个层次以外，还有 77 家定点厂和 17 家零件扩散厂，按照合同与东风联营公司固定协作关系。另外，东风联营公司在各省的联营厂，又作为当地的中心厂同周围许多中小企业组成了各种形式的经济联合体，如乌鲁木齐汽车装配厂又与当地汽车配件厂、大修厂组成了东风联营分公司；联营公司的南京特种汽车装配厂又与当地 12 家中小企业联合组成了南京东风专用汽车制造总厂。东风联营公司各联营厂对公司而言，是以二汽为中心的卫星厂，而在当地它们又成为一批中小企业的中心厂，形成了大联合体下面带着小联合体的格局。联营公司的联合内容近几年也有了新的发展。即从过去主要是生产配套的联合，发展为生产与设计、试制的联合，现在又由生产技术的联合发展到销售的联合，进而又发展到投资的联合。企业的联合出现了广阔的前景。

二　我国企业联合的方向

联营公司成立 5 年来，显示了巨大的生命力，发挥了联合的优越性。

第一，有力地推动了汽车产品结构的合理化。联营公司成立以后，各联营厂自愿淘汰了质次价高的杂牌汽车，改为专业生产各种总成或各种改装车，使我国南方广大省区，由生产众多的杂牌汽车产品发展为生产统一的东风牌系列产品，由单品种的载重汽车发展为拥有载重车，各种专用车、装甲车、大客车等 150 多种，其中达到省、部级优质产品的达 38 种。品种繁多的改装车有效地满足了各类用户的多种需要。

第二，用经济的力量改变了大而全、小而全，有力地推动了汽车工业组织结构的合理化。联营公司的中心厂二汽，原来基本上是按照"万事不求人"的原则设计的"大而全"工厂，其他联营厂原来也是"小而全"工厂，结果只好生产各种杂牌汽车，质次价高。联营以后，都主动放弃自己小而全的产品和改变组织结构，围绕"东风"，甘当配角，在统一规划、专业分工之后，各厂按照专业化的方向进行了技术改造，如云南汽车厂，由自制各大总成改为仅自制前后桥总成，并负责总装，联营后很快生产出高质量的东风牌系列高原车，质量指标、技术水平和企业效益大大提高。湖北麻城气门厂改造为专门生产气门的专业厂之后，气门质量由以前的全国第 27 名，1985 年跃为全国第一名，产量占全国汽门产量的 1/7。二汽通过向协作厂扩散零部件，既有利于二汽本身的技术改造，又帮助联营厂提高了扩散零部件的质量。如阀门，以前由二汽生产，由于不是二汽的主要产品，废品率常达 60%—70%；扩散给湖北麻城汽车阀门厂后，由于进行了专业生产，废品率仅 3%。

第三，联营带动了地方工业的发展，提高了整个汽车行业的管理水平。二汽同地方企业联营，并帮助确定了各厂的专业化产品，每个联营厂又在当地带动一批中小企业进行专业化生产，这样就使许多因找不到"看家产品"而濒临破产的企业兴旺发达起来。郧阳汽车容器厂就曾是一个五换产品，五易厂名，连年亏损的企业，直到加入二汽东风集团之后，该厂才充满了生机。由于二汽管理水平比许多联营厂都高，联营公司采取请进来，派出去的办法，即一方面公司在二汽定期举办各种专题的企业管理学习班，边上课、边参观，把二汽的一套科学的管理办法推广到各协作厂（仅 1984 年 4 月到 1985 年 9 月，联营公司就在二汽为各联营厂举办了全面质量管理、全面计划管理等学习班 14 个，参加学习的有 95 个厂的532 人次，学员回厂又当教员，使二汽的科学管理经验在各厂开花结果）；另一方面，公司组织二汽有经验的、退居二线的干部和离退休的技术人员到各联营厂对口帮助、指导企业整顿、健全管理制度和改进管理方法，大大提高了各联营厂的管理水平。

第四，联营带动了东风牌系列汽车产量的发展和经济效益的提高。初联营时的 1981 年汽车产量是 4.02 万辆，1985 年东风牌汽车发展到 9.5 万辆，4 年内增长 136%；东风牌系列改装车，1981 年生产 5600 辆，1985 年发展到 1.5 万多辆，4 年内增长近 2 倍；总产值（按可比价格计算）1981 年完成 11.1 亿元，1985 年完成 49.8 亿元，增长了 3.5 倍；实现利润总额 1981 年为 1.29 亿元，1985 年实现 10.7 亿元，增加了 7 倍多。1981 年联营时，许多成员厂亏损严重，走投无路，联营后两三年，亏损企业全部扭亏为盈，并找到了稳定可靠的生产方向。如南京特种汽车装配厂一年增加利润 4 倍，衡山汽车制配厂一年增利 5 倍。公司的中心厂二汽的效益也同样大幅度提高，汽车产量由联营时 1981 年的 3.9 万辆，发展到 1985 年的 9.15 万辆；产值由 1981 年的 10 亿元，发展到 1985 年的 23.7 亿元；实现利润由 1981 年的 1.26 亿元，发展到 1985 年的 6.2 亿元。总之，东风联营公司成立以后，带动了我国一大片汽车工业向着高速度、高质量、高效益的方向发展。二汽东风企业集团所显示的旺盛的生命力，与当前许多陷入困境的行政性公司形成了鲜明对比。

二汽集团（东风联营公司）为什么有这样旺盛的生命力呢？和那些不景气的行政性公司相比，主要有以下三个特点：

第一，联营公司是根据产品由各联营厂在生产技术上的内在联系组建的（而不是像行政性公司那样按行业"装口袋"组建的），其内部形成一个特殊的单中心、多层次的圆形联合结构：从各企业关系来看，只有二汽是一个规模大、实力强、拥有名牌产品的主导企业，成为这一企业集团的"中心厂"，其他企业都是围绕在二汽周围，充当配角的中小企业，成为二汽的"卫星厂"；从产品关系来看，各"卫星厂"都是围绕"中心厂"分工协作生产一种或几种东风牌系列产品；从工艺关系来看，各卫星厂之间不一定有联系，但它们都同"中心厂"二汽有着密不可分的配套、协作关系，而且这一关系可以按照紧密程度又分为若干层圈。在这种特殊的组织结构中，不存在"二雄并立"，不存在"多元结构"，本身就必然产生较强的内聚力，再辅之以利益协调，"一损俱损，一荣俱荣"，联合体就会相当稳固。

第二，联营公司自觉按照社会主义商品经济规律办事。尊重参加联营公司的各企业作为商品生产者、经营者的必要权力和独立利益，让各企业的产品经受市场竞争的考验；在联合中坚持互惠互利、自愿联合的原则，自愿选择联合形式；允许公司内部货比三家，择优选购；联合体内部保护竞争，不保护落后。这就使各联营厂通过联合都得到好处，并刺激各企业奋发向上，公司又积极帮助它们整顿改进，不断提高产品的竞争能力。

第三，注意按照联营公司的特征选择组织机构。像东风联营公司这类企业集团公司，在管理机构上，一般有两种形式：一是中心厂机构同公司机构完全分开，在中心厂之上再设一个公司管理机构，既领导中心厂，又领导卫星厂；二是中心厂的职能管理机构基本上就是公司的职能机构，仅设立联营办公室等少数职能部门负责公司业务的协调。中心厂的领导班子同公司的领导班子有区别，但业务上有交叉。实践证明，对于单核心、多层次的企业集团，第一种组织机构容易导致公司同中心厂"两张皮"，公司与联营企业协调的任务，往往难于落实，造成"尾大不掉"，而且容易变成行政性公司。二汽采用的是第二种，即"一个机构，两块牌子"，它既使公司与二汽一体化，又维护了各卫星厂的权益。实践证明，东风联营公司的这种组织方法是好的、有效的。

看来，二汽集团（东风联营公司），是发展横向经济联合的一种可资借鉴的好形式，它对于由过去的产品生产向商品生产过渡，对于建立符合有计划的商品经济规律的新的经济管理体制，对于完善产业结构、产品结构和投资结构具有重大的现实意义。

三　发展中碰到的困难

目前二汽集团（东风联营公司）发展中碰到的困难，有思想认识问题、有政策问题，但更主要的是体制问题，即新的组织形式同传统管理体制的矛盾。这种矛盾，实质上就是纵向的、条块分割的、封闭的产品经济条件下形成的管理体制同发展社会主义商品经济，要求扩大横向联系的矛盾。这些矛盾在东风联营公司主要表现为：

第一，传统的计划体制同联营公司管理的矛盾。联营公司的 4 个紧密联营厂隶属关系都归联营公司，但国家却不把联营公司作为一级计划单位，而按照纵向切块的办法把紧密联营厂的计划指标和原材料指标下达给中汽公司或联营厂所在省，再由条块去分。这样，一则联营公司的计划被肢解，不能统一进行计划管理；二则紧密联营厂从本省拿到的材料指标难于保证。半紧密联营厂的计划是由所在省自行安排，更不利于联营公司计划的统一性。

第二，联营公司内部的资金融通问题。随着公司的发展和横向联系的深入，企业间必然出现越来越多的资金横向流动和资金联合，如现在二汽已经决定同南京特种汽车装配厂联合投资生产专用汽车底盘，就是资金联合。此外，二汽向各联营厂转让技术，调拨设备，联合试制和联营厂之间的利润返回等各种利益协调都要发生很多资金流动；各联营厂的自有资金也需要相互融通，调剂使用，这样既可保证建设重点，又可提高自有资金的利用率，这就需要联营公司内部资金融通，但现行的信贷体制是指标下给各省，按块块分割，阻碍了联合体的融通。他们希望能够批准东风联营公司成立投资信托公司，作为向集团内部或外部进行横向资金融通的专门机构。

第三，联营公司的领导组织问题。联营公司的几个紧密联营厂，开始都是自愿划归联营公司直接领导的，中汽公司成立后，由于渠道未通，把这几个联营厂收归为中汽公司的直属厂，计划由中汽公司下达，配套却在联营公司。领导关系属中汽公司，而日常业务却又要东风联营公司代管，把联营厂吊在夹缝之间，无论是制订年度计划或解决其他具体问题，常常要跑北京、跑十堰，来往奔波十几趟，困难重重。他们要求，把联营厂交由联营公司直接管理，对各方都有利。

四　几点建议

对于现行体制同横向联合的矛盾，从长远来看，需要通过全面经济体制改革才能彻底解决。从当前来看，为了促进像二汽集团（东风联营公司）这类企业集团的顺利发展，建议中央采取一些变通政策。为了鼓励企业集团的发展，应该把条件成熟的企业集团单列户头，在总盘子中，将计划、物资、资金等单独切出一块，直接下达给企业集团，由企业集团按照国家的规定自行安排。二汽集团（东风联营公司）成立时间较早，联合的方向比较正确，经济效益比较显著，组织形态也比较完备，在全国企业联合中是一个比较好的典型。如果组织得好，这种企业集团有可能成为未来新的经济体制中国家和企业联系的纽带，成为纵向管理和横向联系的"连接点"，应该给予必要的扶植。为此建议：

第一，把二汽集团（东风联营公司）作为横向联合发展企业集团的试点单位，以便从各方面取得经验，逐步推广。

第二，把东风联营公司作为一级计划单位，国家和中汽公司将联营公司的 33 个紧密、半紧密、合资联营厂及其他个别有关厂的指令性生产计划直接下达到东风联营公司，国家统配物资的分配指标，随生产计划直接"戴帽"下达，在联营公司内部，生产指标和物资分配指标可根据需要互相划转。

第三，支持东风联营公司成立投资信托公司，归东风联营公司领导，受人民银行统一管理。通过信托公司，把二汽投入的资金、各联营厂的资金、国家贷款用于这些企业的技术改造资金捆在一起，作为投资信托公司在联营公司内开展投资信贷业务的本金。搞好企业集团内部的资金融通。国家从信贷上也适当优先给予支持。这样做，既有利于企业集资、用活资金、发展短线产品、保证技术改造重点，又有利于缓解当前银根收紧之后出现的"三角债务"关系。将来，在具备一定条件之后，这个投资信托公司有可能逐步发展为企业银行。

第四，中汽公司进一步给二汽集团（东风联营公司）简政放权，一般不对东风联营公司下属企业越级管理。同时考虑到联营公司是各企业的联合体，为保证联营各企业的正当权益和正确决策，建议保持东风联营公司五年来一直实行的董事会领导下的经理负责制。实践证明，这对从体制上保证大中小企业一律平等的姊妹关系，坚持自愿互利、协商一致的原则是十分必要的。

努力实现投资和项目决策的科学化[*]

　　小平同志最近指出，"七五"计划的中心是改革。妥善地改变当前新旧体制相互矛盾的状态，让充满生机和活力的新体制顺利代替旧体制，这是第七个五年计划的中心任务。这一任务完成得好坏，将直接影响到我国90年代甚至下个世纪初的国民经济和社会的发展。经济体制改革的内容是多方面的。就固定资产管理体制来说，改革的基本目标之一，就是要使投资的决策和项目的决策科学化。

　　我国面临着实现社会主义现代化的历史任务。这个规模如此宏大，情况如此复杂的事业，的确是前无古人的伟大事业。固定资产投资和建设项目的科学决策，是社会主义现代化建设的一个重要前提。对于这个问题，我们虽然有了正面和反面的比较丰富的经验教训，但是还缺乏系统的总结，还没有提高到科学的高度。不论是搞理论研究的同志，还是搞实际工作的同志，都应该为建立具有中国特色的社会主义贡献自己的力量，为投资和项目决策的科学化献计献策。下面，我想提出三个问题，同同志们讨论。

---

　　* 本文是作者在"国务院经济技术和社会发展研究中心与中国人民建设银行 1986 年 5 月 14—19 日于昆明联合召开的全国第二次可行性研究和项目评价讨论会"上的讲话，原载《投资研究》1986 年第 7 期。

一　实现投资和项目决策科学化是一项非常紧迫的任务

在"六五"期间，我国基本建设和技术改造取得了重大的成就，全民所有制单位固定资产总额达到了 5300 亿元，新增固定资产 3880 亿元，建成投产的大中型项目 496 个，完成更造项目 20 多万个，这就为第七个五年计划和 90 年代的经济振兴奠定了良好的物质基础。但是，在取得重大成就的同时，也不能不看到有一些亟待解决的问题，主要表现在以下五个方面：

（一）固定资产投资过热，经济效益下降

根据概略计算，到 1985 年年底，全国在建的固定资产投资项目大约是 20 万个，在建规模 4000 多亿元。虽然去年我们努力压缩固定资产投资，但是全社会固定资产投资仍有 2475 亿元，比 1984 年增长 35%。同时，积累率也比过去提高了，过去几年积累率大体是 30%，去年已达到 33% 以上。这样的投资规模，大大超过了国民经济的承担能力，同时使经济效益下降很大。在"六五"期间，我国固定资产交付使用率由 1981 年的 86.6%，下降到 1985 年的 70% 左右。这个水平还低于第五个五年计划期间的平均水平（"五五"期间为 74.6%）。由于摊子铺得太大，工期就越拖越长，工程造价也越来越高。当然，工程造价的提高，还同生产资料价格上涨有关。

（二）投资方向不当，影响产业结构的合理化

国民经济增长的快慢，资源配置效益的高低，首先决定于产业结构的合理制度。因为国民经济的综合能力并不取决于"长线"部门的全部能力，而是取决于"短线"部门的有效能力。如山西的煤炭就是"以运定产"。现在，从全国来讲，煤炭的供应是不足的，但是山西的煤炭是限产的。为什么限产呢？因为山西的煤炭运不出去，现在已积压了 3000 多万吨。由于"六五"期间我国国民经济计划中能源、交通运输、原材料这些短线部门的发展指标，都是以"保四争五"的总盘子安排的，这本来给体制改革提供了比较宽松的环境，是一个好的安排。但是，由于经济

"超高速"地增长，特别是加工工业等长线部门超高速地增长，就使产业结构不仅没有得到合理的调整，有些方面反而恶化了。能源、交通的投资比重不仅没有达到"六五"计划规定的占投资总额 38.5% 的指标，反而从"五五"期间的 35.8% 下降到 34.9% 。

（三）投资过于分散，建设项目达不到合理的经济规模

根据调查，1984 年在全国全民所有制单位的基本建设项目中，1000 万元以上的占 5.5%，50 万元以下的占 52%，平均的投资规模只有 23.7 万元。例如，近年来由于钢材短缺，小轧钢厂就大量的发展，这种小轧钢厂都是用不合规格的钢，而且是混了号的钢来轧制的，轧制成材以后都是拿来盖房子，或者搞其他基本建设，这是很危险的。现在，符合国家质量标准的钢材，按照国家价格是 500—600 元一吨，而这种滥竽充数的钢材是 1700 元甚至更高的价钱一吨，这就刺激这些企业的发展。本来我们不应该再生产 250 型这种小轧钢机，没有这种轧钢机，这些小轧钢厂怎么能建设起来，它们总不能用两只手把钢轧出来吧。这样的事情是完全能控制住的。而现在这种盲目发展，不仅使大的钢厂急需的废钢材得不到保证，而且把好钢变成坏材，后患是很严重的。

（四）重复引进，盲目建设，造成了很大的浪费

根据中国建设银行的调查，截至 1985 年止全国有 82 家彩电厂引进了 92 条彩电装配线，生产能力达到年产 1500 万台的规模，生产能力大大超过了社会的需求量。而且装配这些东西还需要大量的外汇。还有一个例子，就是对新型建筑材料生产线的引进，南京塑料三厂，1983 年从意大利的一家公司引进了一条塑料产品的生产线，年设计能力 3 万件，1984 年生产了 3000 多件，只占设备能力的 1/10。但是，继这个厂之后，各地又从这家公司引进了 40 多条生产线，致使外国厂家有机可乘，不断提高价格。据调查，现在全国有 15 个省市已引进了塑料壁纸生产线 18 条、铝型材的生产线 13 条、塑料地毯生产线 27 条。这些重复引进的生产线，都是和基本建设规模扩大同时搞起来的。至于说重复引进洗衣机的生产线、电冰箱的生产线、做西装的生产线、炸土豆的生产线、做方便面的生产线、做豆腐的生产线、做罐头筒的生产线，等等，那就更多了。现在服装

（主要是西装）全国积压很多，武汉现在一套西装的价钱已降到24元钱还销不出去。重复引进上述生产线浪费了很多外汇，造成了很不好的结果。而且引进的这些东西不少是寿命短、产品质量差的装配线，对国外零部件和某些关键性的原材料有很大的依赖性。这些产品在国际市场上已经饱和，所以不能出口，因此，也就没有办法偿付外汇。这样的企业不少是从一哄而起开始，以难以为继告终，造成的损失是很大的。

（五）把技术改造的投资挪用于基本建设，妨碍了企业的技术进步

由于相互攀比生产增长速度，一些部门和地方上项目的劲头远远超过了进行技术改造的热情。第六个五年计划规定的更新改造的投资比重，应占固定资产投资总额的36%，而实际上只达到30%，其中还有相当一部分被变相地挪用去搞新的基本建设项目，真正实现的技术改造项目远没有达到预期的要求。

以上这些现象都说明，我们对投资项目的决策，还没有达到科学化的程度，这对国民经济和社会发展将会带来不良的影响。因此，实现投资和项目决策科学化是一项十分紧迫必要的任务。

二　投资和项目决策非科学化的因素是怎样形成的

我们之所以反复强调要实现投资和项目决策的科学化，正是由于在目前投资和项目决策中间还存在着大量的非科学化的现象。所谓决策的非科学化，就是在决策中缺乏科学性和民主性，存在着盲目性、随机性和任意性。对决策缺乏正确的理论指导，缺乏运用科学的方法，不遵循科学的程序，决策者对所要决策的项目没有掌握完备的科学资料，又缺乏对这些资料正确判断的能力，其决策的结果，也必然经受不住科学决策标准的检验和实践的考验，最终导致决策的失误。我们要治疗投资项目非科学化这一病症，就要首先摸清它的病因，追溯它的根源。在这里想提出以下三点和同志们讨论。

（一）认识方面的

投资和项目决策非科学化的首要根源，是违背了经济规律，导致国民经济战略决策的某些失误。回顾新中国成立 30 多年来我国经济建设的实践，不难看出，凡是对国际国内政治、经济形势的宏观分析产生战略性失误的时候，必然导致国民经济战略决策的失误；反过来说，我们对于这些事情认识正确的时候，我们的经济就会得到顺利的发展。由此可以清楚地看出，国民经济发展战略的正确制定，是投资项目决策科学化的首要前提。因为你在宏观上犯错误的时候，你微观上再正确，损失也不是能挽回的。所以如果宏观决策失误，投资和项目的论证就必然迷失正确的方向，就不可能走向科学化。中外经济发展的历史反复证明，经济发展有其自身的不以人们主观意志为转移的客观规律。政治对经济的干预，不能违背经济规律，否则定要受到惩罚。

影响投资决策科学化在认识方面的根源，还有一种，就是某些决策者只看到地方、部门和企业的局部的近期利益，忽视全局和长远利益。上某个项目对本地区、本部门、本企业来说也许是可行的，但从全局来说是不可行的。如果我们每一个地区、每一个部门、每一个企业都仅从本位着想，我们的投资决策就不能科学化了。为了追求本地区、本部门的局部利益，有时甚至把科学的可行性研究和项目的评价看成是达到自我目的和意图的障碍物。这些决策者认为，本来我要办这件事情，可一叫你论证就推翻了，连这个项目也争不到了。大量的可行性研究报告由本地区、本部门建设单位自做、自审，"自己捏个佛自己拜"，专业银行、咨询单位和专家学者在项目评价方面的作用没有能够充分地发挥出来，从而妨碍了项目评价的科学性和稳定性。

新中国成立以来，我们已经先后完成了几千亿元的生产性投资，对于这些投资，采取无偿使用的制度，是企业吃国家"大锅饭"的最突出的特征。这个制度不改，投资决策的科学化就无从谈起，我们现在对新的项目实行的"拨改贷"的制度也必然流于形式。现在我们的"拨改贷"，对使用贷款者来说是并不在乎的。因为这种贷款有的并不归还，有的是在税前还贷，这是一个很大的问题。同时，国家又缺乏系统的调控政策，缺乏国民经济的综合评价，缺乏固定资产投资法和投资与项目的决策法，使投资与项目决策无法可依，只能够凭所谓"长官意志"来实行"人治"，而不是实行法治。

这里需要指出的是，某些地区和部门把上项目看做是这些地方和部门负责同志政绩的同义语，于是就争投资、争项目、拉关系，把严肃的科学决策变成了庸俗的"关系学"。这种影响科学决策的非科学因素，是值得我们重视的。

（二）体制方面的

条块分割，这是项目决策非科学化的一个重要根源。由于条块分割，割断了项目的横向联系，使得可行性研究在综合利用、产品方案、规模方案等方面难以突破"大而全"、"小而全"的困境，而在配套条件、费用和效益的划分等方面，不得不做出许多往往不能兑现的假设，致使许多项目即使建成了也不能发挥应有的效益。比如有的铁路修通了没有煤炭可运；有些煤炭搞出来了，运煤的铁路又没有修通；有的电站建起来了，没有煤炭保证，等等。不同步、不配套的建设太多了。因为建设项目在生产能力、产品流向、综合利用等方面，必然与其相关的项目产生大量的横向联系，而条块分割切断了这些固有的联系，必然造成失误。随着体制改革的进一步深入，投资决策权将进一步分权和下放，企业将逐步获得投资的自主权，将来生产性投资决策主要由企业和企业集团来进行。在这种情况下，怎样使企业自我约束，使分散的投资决策符合宏观发展的要求，并将它纳入国家计划的总盘子以内，这是一个具有战略意义的课题，有待于深入研究。

（三）方法方面的

缺乏完备的国家参数，影响可行性研究和国民经济评价的普遍推广和深入进行。在进行项目评价时，必须将定性分析与定量分析结合起来。而科学地进行定量分析就需要有一整套相应的办法，需要有国家的参数，包括核算价格、核算汇率、社会折现率、基准收益率、行业的基准收益率，以及国内项目的经济规模，等等。国家参数既可为项目和投资的决策提供科学的依据，又可以根据实践的验证来进行修订。现在我国物价实行双轨制，对于同一个项目按不同的价格计算可得出截然不同的结果。因此，当前需要建立相对合理的经济参数。这是一个很大的问题。最近我看了二滩水电站，一说投资是 26 个亿，但又有一个数字是近 50 个亿，弹性很大，因为后者考虑了物价上涨的因素。还有项目的比选问题，有比较才能有鉴别，不同投资机会的比选是项目决策的重要条件，但由于缺乏相对合理的配套的国家参数，又缺乏可供选择的储备项目，比选工作也就很难进行，而且在决策时只以"可行"为满足，不求"优化"为目标，只以静态指标为标准，不计动态指标的弹性，只看到局部的、眼前的、暂时利益，看不到全局的长远利益和宏观效益，这就很难进行科学决策。

再有，就是投资和项目决策没有建立起责任制，盲目决策和决策失误不承担任何经济责任和法律责任。实践证明，没有决策责任制、没有法制做保障、缺乏社会监督和群众评价，其造成的损失是难以估量的。

三　如何努力实现投资和项目决策的科学化

什么是投资和项目决策的科学化呢？是不是可以这样说，所谓投资和项目决策的科学化，就是要在科学理论的指导下，采用科学的方法，遵循科学的程序，由掌握科学知识的整体，即专家、学者以及有丰富实践经验的了解宏观大势的领导人员紧密配合，应用集团智力的优势，经过可行性研究和科学的论证，遴选最优化的方案，使其决策的结果符合科学决策检验的标准，达到经济效益、社会效益和环境效益的统一与最优化。

投资决策科学化的基本尺度又是什么呢？归根到底是符合国家、社会和人民的根本利益。它要求投资要适应经济和社会协调发展的需要和国家的承受能力，达到结构合理、规模适当、效益显著，广大人民群众能够从中得到真正的实惠和长远的利益。只有真正实现投资决策的科学化，才能使投资方向、投资结构、投资规模和投资效益真正达到合理的程度，才能够理顺经济生活中间的各种关系，才能产生一个比较宽松的经济环境和安定的社会环境，能为体制改革铺平道路，使我国的国民经济健康地发展。因此，投资决策科学化已经成为国民经济健康发展的关键问题。

投资决策科学化，首要的要求是正确确定建设项目。投资决策是否科学，最终要在确定建设项目上得到体现。因此，实现投资决策科学化，中心工作是认真执行项目的可行性研究。可行性研究的主要内容，是经济评价（特别是国民经济评价）、技术评价、社会评价和环境评价，并选择综合评价的最优化方案作为项目可行性研究的最优结果。

如何实现投资和项目决策的科学化呢？

第一，实现投资项目决策的科学化，应该有一些先决条件。这个条件就是党和国家对国内外政治、经济的宏观形势估计准确，制定正确的发展国民经济的战略方针和中长期的计划。党的十一届三中全会以来，党和国家制定了对内搞活经济、对外实行开放的一系列政策，党的十二大又规定了到本世纪末经济社会的发展目标。这些政策和目标，实践证明是完全正确的，这就从宏观战略上为我们投资和项目决策的科学化指明了正确的方向。

第二，必须制定系统的宏观的调控政策。这个正确的调控政策体系将会有效地控制住宏观投资的规模，使投资和我们的国力相适应，达到国民经济的综合平衡，以避免社会总需求的膨胀和市场的紧张，使那些粗制滥造的低劣产品找不到销售的市场。调控政策体系要保证合理的投资结构，加大能源、交通运输、原材料等基础工业和基础设施的投资比重，加强更新改造，提高企业内涵发展的能力。为使投资结构趋于合理，是否可以将各种建设项目，区别不同的情况，划分层次，运用经济杠杆加以调节。具体来说，我们的建设项目可以分两类：一类叫非营利的建设项目；另一类叫做营利的建设项目。对非营利的建设项目，比如说教育、医疗，以及其他一些基础设施，主要是讲求社会效益。对于这一类项目的投资，当然要由国家负责。但是同样可以实行设计和建设的招标投标制度，由承建单位进行设计和建设。对这类项目，国家要有个标准投资定额，不能乱花钱、不能想要多少钱、要多少钱、要多少钱就给多少钱。对于营利性的投资项目，应该基本上由企业或企业集团来负责，要实行资金有偿使用的制度。对有偿使用资金的单位，要根据产业政策的要求划分不同的层次，运用税率、利率、汇率、贴现率等经济杠杆，认真进行调节，使产业结构达到宏观的意愿，逐步地改变那种部门大包干，"分灶吃饭"的做法，实行资金随项目走的办法，使部门原则上不再具有分配投资的职能。为了治愈

"投资饥饿症"，对所有营利性的投资项目，不仅新的投资要坚决实行投资的有偿使用，对原有的企业也都必须这样做，否则这个政策就会流于形式。现在我们对原有企业是实行资金无偿使用制度的，新建的企业实行"拨改贷"以后，是有偿使用，要付利息的，但是利息很低，而且是在税前还贷的。现在利息提高了，过去是三厘的利息，现在变成六厘七，还有十厘的。那么，同样一类企业，有的固定资产不取利息、无偿使用，有的是低利息，有的是高利息，这怎么能使这些企业在平等条件下竞争呢？在这种情况下，你怎么进行科学的研究、科学的决策呢？所以，这个制度要改，就得普遍地改，就是所有的企业都要实行资金有偿使用。有些新中国成立前就已存在的企业，固定资产估价低了；新中国成立后我们新建的企业，那时的一块钱顶现在的几块钱需要升值。建议利用这次企业普查的机会，重新核定固定资产的价值。这样提高折旧率才有意义，否则，提高的折旧率还低于固定资产的贬值率，那有什么用呢？这些不改，"拨改贷"就流于形式。我们要扶持经济效益好、有竞争能力的企业和企业性的经济实体或企业集团，逐步取消行政性的公司。企业或者企业集团，从经济生活的实际需要，提出项目建议书，由专业银行委托咨询单位，进行可行性研究、科学论证，使企业和银行对项目的资金共同分担责任，并且以一定的资本垫底。外国的银行，你要贷款，要有一定的资本才行。我们中国人借外国人的钱，都要中国银行担保，就是你破产以后人家到中国银行要就是了。我们专业银行将来要实行专业化，银行的投资如果效益不高，不仅影响到企业，也影响到专业银行本身的收益。这样大家都负起责任来，就可以逐步把争上项目和投资膨胀控制住。其实，"投资饥饿症"的患者并不是真正的饥饿，他们考虑的是那些钱来得容易，可以无偿占有，不拿白不拿。所以，才"吃着碗里边的，盯着盆里边的，想着锅里边的"。只有把资金的有偿使用真正实行起来，并且和决策者以及企业的全体职工、从业人员的切身利害，经济收益挂起钩来的时候，才能治愈这种"饥饿症"。这件事情是非常清楚的，我们和日本经济界人士讨论的时候，日本人讲："要建设一个工厂，如果能拿 8000 亿日元建起来，就决不借 1 万亿日元；而中国朋友很奇怪，本来有 8000 亿日元就可以办到的事情，你们却要 1 万亿日元或者更多。"这就是我们实行资金"无偿使用"的结果，因为错过这个要钱的机会就再没有这个机会了。这个做法是不行的。宏观调控的政策体系还要有利于设计单位和咨询单位的企业化、社会化，使它和行政部门逐步脱钩，保证项目评价的公正性。这种政策体系还要有利于把建设银行和其他专业银行办成像世界银行那样的有审贷自主权的投资银行。这种银行有稳定的资金来源，有强有力的投资咨询机构和政策分析系统，这就便于进行科学决策了。过去投资决策的主要根据，是直接的指令性计划。在社会主义有计划的商品经济条件下，投资决策越来越多地考虑市场信息，宏观调控的政策体系要有利于经济信息的畅通交流，有利于短期的和中长期的市场预测，使投资项目保持长期的较高的经济效益，避免遭到刚刚投产就不得不关停并转的厄运。

第三，投资和项目决策真正科学化，就要重视专家、学者的论证意见，实行独立自主的科学的评估制度。为此，要对固定资产投资实行法制化、规范化，建议尽快制定一个固定资产投资法。另外还要制定投资项目决策条例、投资招标投标条例；设计和咨询单位的信誉审查，也应有个条例。

第四，要建立起整个投资项目的一贯负责制。每个投资项目的总负责人，要从项目的确定，到设计、施工、安装、生产准备、投入生产负责到底。就像设计负责人对工程的设计终身负责一样，每个投资项目的总负责人应对整个投资项目终身负责。首先要对决策的正确与否负责。决策的责任制要搞这么几种：要有设计单位的责任制，项目评估单位责任制，专业银行责任制，投资项目决策者责任制。要逐步地建立投资项目决策者和决策咨询人员的考核制度，建立健全投资项目决策的法制保障和社会监督。总之，在项目决策的每一个环节上，都应规定严格的程序，改变过去盲目决策和错误决策无人负责的状况。为形成一定的社会监督，还应考虑确立一定的宣传媒体，开辟专栏和专题节目，刊登各界对大中型项目的不同意见。同时，对给国家造成重大损失的决策者，应追究法律责任。周总理生前说过一句话："最大的节约是计划的节约，最大的浪费是计划的浪费。"而计划中最大的节约是基本建设有效控制的节约，最大的浪费是基本建设失误造成的浪费。这个问题是个很大的问题。

第五，我们要改进决策分析的技术，完善决策分析的方法。为此，要大力推广建设项目的国民经济项目评价方法。我国基本建设程序已经明确规定，凡是大中型工业建设项目，必须进行国民经济项目评价，评价的结果，作为项目取舍的主要依据。今后还应规定，以能否掌握国民经济评价方法，作为从事决策分析工作的技术经济师的主要考核标准。另外，还要由国家正式颁布国民经济的评价参数，并建立定期修订和信息反馈的制度。建立项目前期工作的基金也很必要，这个钱筹措得好，可以一个钱顶几个钱用，是一本万利的事。同时，还要建立备用项目库，库里应有许多项目，有钱的时候，打开库看，哪个宏观的经济效益好就上哪个。现在要上项目了，才去现抓，什么可行性研究，什么科学化都谈不上，这是个大问题。有"项目备用库"，才可能使我们的可行性研究超前进行。

加快对企业的更新改造[*]

我国现有工业企业 50 万个，固定资产原值约 5000 亿元。这是一个很重要的基础，脱离这个基础就谈不上发展。鉴于长期忽视现有企业的技术改造，国务院领导同志曾多次提出：我国经济发展的战略方针，要从过去的以外延为主转向为以内涵为主。国务院并为此做出过决定。据此方针，"六五"计划要求把更新改造占全民所有制固定资产投资的比重由"五五"的 26.5% 提高到 36%，而实际执行结果仅达到 28.8%，其中还有 40% 左右挪用于新的基本建设。今年以来，技术改造投资增长速度有所加快，但挪用于新的基本建设的状况并无明显的改善。用挤占更新改造资金的办法，扩大基本建设规模，听任原有企业和原有工业基地的生产能力不断老化，这是一种"慢性自杀"政策。必须坚决改变这种做法，要下决心对老企业和老工业基地"输血"，使其摆脱困境，获得新生。建议把五六十年代建设的老工业企业的留利水平由现在的 30% 左右提高到 40%；实行分类折旧，根据国家财力、物力的情况，提高老企业、老工业基地的折旧率；实行差别利率，对老企业、老工业基地给予低息或贴息的技术改造贷款；适当提高折旧基金和生产发展基金的存款利率。同时，要明令严禁把技术改造资金挪用于新的基本建设。

---

* 本文是作者 1986 年 7 月 18 日写给国务院领导同志的信。

在全国软科学研究工作座谈会上的发言[*]

　　盼望已久的全国软科学大会，在国家科委的主持下，终于召开了。这是我国科学界在进入新的历史时期的一大盛事，它无疑将对我国社会主义现代化建设事业产生巨大的推动力量，并将为我国的科研事业开辟一个崭新的领域，为赶上和超过世界科技先进水平起到极大的促进作用。为此，我怀着十分喜悦的心情热烈地祝贺大会开幕。

　　科学在一个时代发展的程度，决定于时代对它需要的程度。软科学在今天之所以被人们所瞩目，所重视，正是因为它是随着时代的前进应运而生，并随着实践的需要而不断发展的。在我国社会主义四化建设的新时期，软科学日益显示出越来越重要的作用。

　　要顺利地进行我国社会主义现代化建设，无论是在宏观方面或微观方面，都需要正确解决决策、组织、管理的一系列重大问题，达到决策的科学化、组织的科学化和管理的科学化。而要使这一切真正达到科学化，始终都离不开软科学。

　　党的十一届三中全会以来，我国的软科学研究受到了党中央、国务院和科研领导部门的重视，得到了迅速的发展。大批咨询研究机构如雨后春笋一般相继问世。若干省、市、自治区乃至全国的中长期经济社会发展战略在反复研讨。一系列重大的建设项目得到科学的论证。如"2000 年的中国"

---

　　*　本文是作者 1986 年 8 月在"全国软科学大会"上的讲话。

的研究，在国务院经济技术社会发展研究中心的组织下，获得了初步的成果。山西能源重化工基地开发规划的研究由中国科学院和中国社会科学院共同牵头，组织专家学者携手合作，利用集团智力的优势，取得了重大的成果，已故科学家华罗庚推广的优选法、统筹法，著名科学家钱学森倡导的系统工程在传播和应用中，已经产生了巨大的经济效益，化为伟大的物质力量。这些通过软科学浇灌出来的实践之花，又结出了软科学理论的丰硕之果。科学的发展与对科学的认识是不断深化的。毋庸讳言，有些同志至今对软科学仍抱有一种虚无主义的态度。他们只重视硬科学，不重视软科学；只注重"硬件"，而轻视"软件"。实践证明，这对社会主义现代化建设是十分不利的。

当今的世界，科学的发展日新月异。它一方面向微观方向发展，分支越分越细；另一方面向宏观方向发展，越来越趋向综合，而后者是适应前者的需要而产生的。两种或多种学科的相互交叉，彼此渗透，已经成为当代科学发展的大趋势。软科学正是在学科分支的丫杈之间产生最活跃的生长点。有鉴于此，各学科的科学工作者应当携起手来，大力发展软科学。自然科学工作者与社会科学工作者相结合，自然科学与社会科学内部各学科学工作者相结合，基础科学工作者与应用科学工作者相结合，专门研究理论的科学工作者与长期从事实践活动的科学工作者相结合，展开一个科学研究的横向大联合，形成合理的智力结构，组成解决社会主义建设重大课题的相关学科荟萃的智力群体，改变我们科研领域目前存在的囿于一隅，孤军奋战的封闭状态和"小而全"、"大而全"重复研究的不合理的组织结构，建立起有关学科协同研究的开放型科研体制，将科研变成社会化的大协作，取人之长，补己之短，扬己之长，避己之短。

为了实现这一目标，我们需要大力发展软科学的研究组织和研究机构。科研工作的落实，首先应是组织的落实。要建立各个层次、各种形式、各种学科的公办的、民间的、固定的、松散的乃至沙龙式的组织，活跃学术气氛，营造生动活泼的科研环境，有计划地培养软科学的研究人才，调整科研人员的知识结构，更紧密地联系和解决四化建设中的实际问题，使我国的软科学研究更上一层楼。

热烈祝贺大会圆满成功！

搞活内外横向经济联合　加速大西南的发展[*]

　　党的十一届三中全会以来，随着对外开放，对内搞活总方针的贯彻执行，经济体制改革的深入和企业自主权的扩大，在生产、流通、科技等领域，多层次的、多渠道的、多形式的横向经济联合有了很大的发展，并显示出强大的生命力。

　　为了进一步推动横向经济联合，发展社会主义商品经济，国务院最近发出的《关于进一步推动横向经济联合若干问题的规定》指出，横向经济联合，是经济体制改革的主要内容，"是发展社会主义商品经济的客观要求，是社会化大生产的必然趋势，是对条块分割、地区分割的有力冲击，对于加快整个经济体制改革和社会主义现代化建设，具有深远的意义"。我们应当认真贯彻国务院的《规定》，大力推动经济的横向联合。

一　西南地区横向经济联合的紧迫性和多层次性

　　西南地区是我国的一个自然资源极为丰富，但商品经济很不发达的地区。对于这样一个地区，发展横向经济联合具有特殊的重要性和紧迫性。

　　第一，发展内外横向经济联合，有利于使西南地区由封闭、半封闭的经济体系向开放型的体系转变。西南地区由于地理位置偏僻，交通不发

---

　　* 本文写于 1986 年 8 月，原载《技术经济与管理研究》（双月刊）1986 年第 4 期。

达，现代工业较少，以及管理体制等方面的原因，使这个地区经济长期处于封闭、半封闭的状况。只有通过发展内外横向经济联合，才能打破封闭、半封闭的经济体系，才能确立开放型的经济体系，才能促进本地区经济的迅速发展。

第二，只有大力发展内外横向经济联合，才能使西南的自然资源优势尽快转化为商品经济优势。西南具有丰富的自然资源，只有通过发展内外横向经济联合，引进其他地区的先进的技术、资金、人才，才能使本区的自然资源优势尽快转化为商品经济优势。

第三，大力发展内外横向经济联合，更有利于实现把西南建设成为"四大基地"（能源基地、重工业基地、满足本地需要的有西南特色的轻工业基地、粮食充分自给基础上的林牧业基地）的战略目标。

第四，大力发展内外横向经济联合，才能较快改变经济发展的不平衡现状。从我国经济的全局上看，全国各地区之间在经济发展上极不平衡，西南地区与东部沿海地区相比差距很大，相比之下，从总体上来说，属于经济不发达的地区。在西南地区内部经济发展的不平衡性表现得更为突出，为数不多的现代工业集中在少数几个大中城市，而广大农村尤其是少数民族地区生产力基本停留在极其低下的水平上。只有通过发展内外横向经济联合，才能使发达地区的技术、资金、人才逐步向不发达地区转移，逐步改变经济发展的不平衡问题，才能逐步提高西南地区在全国经济发展中的地位，才能逐步改变边远地区、少数民族地区经济落后的状况。

横向经济联合是相对于原来高度集权体制下经济生活中占主导地位的、隶属于行政层次的纵向关系而言的。横向经济联合是社会主义商品经济的基本要求和特征，它是多层次的。可以把横向经济联合归纳为以下六个层次：第一个层次是企业之间的横向经济联合；第二个层次是企业集团或企业群体的横向经济联合，第三个层次是省内（或市内）的横向经济联合；第四个层次是大的区域内的横向经济联合，比如，这次会议所讨论的四省区五方横向经济联合问题，就是属于这个层次的；第五个层次是全国范围内的横向经济联合，我们通常所讲的东西联合，就是属于这个层次的；第六个层次是对外国开放，与外国企业或企业家进行技术经济合作。

根据党的对外开放、对内搞活的总方针，对于一个地区来讲，发展横向经济联合应当是多层次的，即在上述所讲的六个层次上开展充分的联合。对于西南这样一个商品经济不发达的地区来讲，既要注重省、市内的，大区域内的联合，还应注重与本地区以外的横向经济联合。处理好两者之间的关系，对于推动整个西南地区的横向联合，加速这一地区的经济发展具有重大的意义。

二　大力推动企业之间的横向经济联合

（一）企业之间的横向经济联合是经济联合的基本形式

《国务院关于进一步推动横向经济联合若干问题的规定》中指出："企业之间的联合，是横向经济联合的基本形式，是发展的重点。"为什么说企业之间的横向联合是其基本形式呢？

首先，企业是横向经济联合的基本载体。前面说过，横向经济联合大体上可分为六个层次，但无论哪一个层次上的联合，最后必然体现在企业之间的联合上。企业集团或企业群体这一层次上的联合，其内容也是企业集团或群体内部的企业之间的联合；同样，省内的、市内的，大的区域内的，全国范围内的横向经济联合，其内容最终还是体现在省、市内的，大区域内的，全国范围内的企业之间的横向联合。所以，企业是载体，是各种层次横向经济结合体的细胞，企业之间的横向联合是基本的。

（二）怎样开展企业之间的横向经济联合

怎样开展企业之间的横向经济联合，这方面需要讨论的问题很多，我不打算全面讨论这个问题，只想把我最近在武汉市调查时所学到的该市发展企业的横向经济联系的成功经验作点介绍。

近几年来，武汉市在经济体制综合改革试点过程中，坚持以两通（发展商品流通和发展交通）开路，加快发展商品经济，增强中心城市的经济辐射力和吸引力，开始形成了多种形式的横向经济联合。据不完全统计，截至去年底，武汉市与全国各地已签订各种联合协作项目 1916 项；建立经济联合体、协作体 648 个；引进资金 1.9 亿元；实现科技成交项目

6837 个；引进和输出人才 3600 多人；兴办中外合资企业 21 个。

由于武汉市有效地开展了横向经济联合，它们在经济体制改革方面迈出了可喜的步子，经济活动充满了活力，经济效益也十分显著。我觉得武汉市在发展企业横向联合时采取在全国范围内公开招标、投标的方式的经验，特别值得重视。

武汉市是在全国各城市中较早地实行企业生产协作招标的。1983 年，武汉洗衣机厂率先打破外购、外协作件只能在本地区、本系统配套的陈规，面向全国招标，国内有 700 多家工厂投标，中标项目 47 个，中标厂 60 多家。由于招标，使得当年单台成本下降近 10 元（即 5% 左右）。到目前为止，武汉市先后有 66 家企业通过招标、投标，与全国 27 个省市的 1300 多个企业建立了经济协作关系，获得直接经济效益 1640 万元。

武汉市在企业中开展招标、投标，这可以说是我国在企业发展横向经济联系方面的一个成功的尝试或突破，它对经济体制改革，发展商品经济具有重大的意义和作用。

首先，企业开展招标、投标使横向联合突破了区域的界限。由于在全国范围公开实行招标、投标，一下子彻底突破了区域界限，把联合范围扩展到全国。其次，公开招标，彻底突破了企业联合中行政的壁垒。公开招标，不论是哪个部门、哪个行业，怎样的隶属关系，都可进行投标。而且投标也不必通过什么行政层次，由企业之间直接见面，这才是真正的没有行政束缚的企业之间的经济联系。最后，公开招标把竞争机制率先引入到企业联合之中。我们知道，要发展社会主义商品经济，必须在经济活动中开展竞争，没有竞争，经济就没有生气。我们所要确立的社会主义新型的经济体制，就是要把竞争机制引入到我们的经济生活中来。但目前我们还处在新旧体制的交替过程之中，社会主义统一的市场还很不完善，我们经济生活中的竞争还是远远不够的，这些有待于新体制的逐步确立。但是，企业的公开招标，却从一个局部造成了一个富有竞争性的市场。通过投标厂家之间的竞争，使得招标厂家能够从中做出最优的抉择。公开招标，有利于提高企业的经济效益。公开招标是一种极其灵活的联合形式，这主要是因为招标的内容，根据需要可大可小，大到一项产品、一项设计，小到某种工艺、某个零部件，都可进行招标，这就使得企业之间的联合很灵活。同时，由于招标厂家可在许多投标单位中，择优中标，这就使得企业能够最经济合理地引进技术、人才开展协作，从而在各个环节上取得最优的经济效益。

西南地区怎样有效地推动企业的横向联合呢？我觉得应当注意两个方面的问题：一是在推动企业的联合时，注重本地区特点，发挥本地区优势。西南出自然资源，其他先进地区出技术、出资金，自然资源与技术、资金联合是西南企业与区外企业联合方面的一个特点。二是在推动企业联合时，注意推广招标的方式。招标的范围，应当是面向全国，跳出本地区，有关行政部门应当为企业的招标创造条件，提供方便，尽量减少或消除行政限制或区域限制。

三　发展横向经济联系，促进企业群体或企业集团的形成和发展

所谓企业群体或企业集团，是指以生产主导产品的主导企业为"龙头"、以生产产品过程中的内在的技术和经济的联系为依据，不同区域、不同部门的许多企业以不同的方式和不同的层次进行全方位的、自愿的协作和联合而形成的经济联合体。

这样形成的企业群体或集团是依照技术和经济上的内在联系而形成的，而不是像过去我们搞的一些行政性公司那样，不管联合对企业是否有利、是否自愿，只按照行政隶属关系，"装口袋"、"梳辫子"式地组建。以横向联合方式形成的企业集团、企业群体，符合经济规律，经济效益好，因而具有很大的生命力。

从生产力发展的要求看，我们应当大力推动企业群体或企业集团的形成和发展。生产力越发展，分工协作越细密，越要求专业化和联合化。通过横向联合形成企业集团、企业群体正是适应了生产力发展的这种分工和联合的要求。所以企业集团、企业群体的出现，既是生产力发展的必然产物，又是经济横向联合的较高级的形式，它代表了企业横向联合发展的趋势。

最近，我们到"二汽"对东风汽车工业联营公司进行了调查。这里我想就"二汽"的经验谈一下通过横向经济联合，促进企业群体和企业集团发展的问题。

东风汽车联营公司是以"二汽"为中心，以生产东风牌系列汽车产品为对象，于1981年4月正式成立的。几年来，他们坚持多层次、多形式的联合，联合的广度和深度不断有所发展。联合范围以东风牌系列产品的内在生产联系为根据，突破部门、地区，所有制的界限，东起浙江、江苏、福建，西到新疆乌鲁木齐；北起哈尔滨，南到广州、深圳、云南昆明，以南部一大片为主，在全国范围内建立了包括21个省、市、自治区的127个企业的大规模东风牌系列汽车企业集团。

公司联合的形式，按照经济关系的密切程度分为以下四种方式，即联合投资的合资企业；改变隶属关系的紧密联营企业；不改变隶属关系、财政渠道和所有制的半紧密企业；以及只生产配件的松散联合的企业。

联营公司成立以来，已经显示出巨大的生命力和优越性：

第一，有力推动了汽车产品结构的合理化。产品品种由过去的杂乱众多形成了产品系列，扩大了品种，提高了质量。

第二，用经济力量改变了"大而全"、"小而全"的状况，形成了专业化生产，推动了汽车工业组织结构的合理化。

第三，带动了地方工业的发展，提高了整个汽车行业的管理水平。

第四，扩大了东风牌系列汽车的产量，提高了经济效益。东风牌汽车产量由1981年的4200辆增加到1985年的95000辆，增长136%；利润由1981年的1.29亿元增加到1985年的10.7亿元，增加7倍多。中心厂和一大批成员厂经济效益都大幅度提高，充分显示了集团优势和集团效益。

二汽集团在横向经济联合中成长的实践，既为我们提供了怎样突破现有体制的束缚，发展企业集团或群体成长的宝贵经验，又使我们看到了我国企业集团或企业群体发展的广阔前景。

二汽集团之所以具有如此旺盛的生命力，根本在于公司的发展是按照生产力发展的客观要求办事的，按照商品经济的基本要求办事的，把公司办成符合生产发展要求的企业性实体。具体地讲，有如下三个方面：第一，联营公司是根据产品在生产技术上的内在联系组建的，而不是像行政性公司那样组建。根据生产技术上联系的不同程度和要求，建立起"中心厂"与"卫星厂"之间紧密程度不同的联合关系。第二，尊重参加联营公司的各企业作为商品生产者、经营者的必要权力和独立利益，让各企业的产品经受市场竞争的考验。在联合中坚持互利互惠、自愿结合的原则，自愿选择联合形式；允许公司内部货比三家、择优选购。这样，即使联营厂在联合中得到好处，又有来自竞争方面的压力，同时公司又积极帮助它们整顿和改进。第三，公司的组织机构形式选择的适当。为了避免公司与"中心厂"可能出现的"两张皮"和"尾大不掉"的情况，以及避免公司变成行政性公司，他们选择了"中心厂"和公司机构大体合一，在"中心厂"基础上适当增加一些协调部门这样一种组织机构，即"一个机构，两块牌子"。实践证明，这样的组织形式是有效的。

东风汽车联营公司的经验有重要的参考价值。西南地区如何推动企业集团的发展，我没有做专门的调查研究，这里提出两点同大家商榷：一是在本区内有哪些行业、哪些产品可以形成大小不等的企业集团，如西南现已组建的五十铃系列轻型汽车联合体，把军工和民用的生产力合理组织起来，生产市场紧俏的轻型汽车，这是很好的。像二汽集团这样大的企业集团，在全国也是不多的。企业集团或群体不一定都要那么大。企业集团的大小是由主导产品的技术及经济特点所决定的。各地区根据自己的各种优势产品的技术经济特点，可以形成大小不等的企业集团或企业群体。二是本区内哪些企业或企业联合体可以加入到区外的企业集团之中，成为区外企业的卫星厂（如昆明的云南汽车厂就早已成为东风汽车联营公司的紧密联营企业）。西南地区的各级有关部门应当为这些企业积极创造条件，消除旧体制下限制企业联合的各种陈规。

四　"东西联合"问题

搞活内外横向经济联合，加速大西南的发展，需要解决西南与外部地区，特别是东西联合的问题，正确处理东西部经济发展的关系。

根据我国各地区经济发展的程度，把我国划分为东、中、西三大部，东部主要指沿海经济比较发达地区，西部指西南、西北等地区的经济比较不发达省份；中部是介于二者之间的一些地区。近年来，在探讨我国经济发展的战略时，人们都比较关心东、中、西部在经济发展上到底应当有怎样一个关系。

根据党中央和国务院的安排，在"七五"期间以至今后一段时期，我国经济发展的重点是东部地区。怎样理解这样的发展战略呢？西部地区应当采取怎样一种对策呢？我想这是当前在西部地区工作的同志们比较注意的一个问题。

我国是一个发展中的国家，在一定时期内，用于建设的资金有限。怎样用好有限的资金，使资源达到最充分的开发和利用，使国力得到迅速提高，避免过去大家都想很快上去，又都上不去的做法。这是我们确定经济发展战略时需要认真考虑的一个重要问题。

（一）开发大西南必然要走"东西联合"的道路

在搞好西南本区内的横向经济联合的同时，还应当搞好西南地区与外区省市的联合，特别是与东部沿海地区的联合，把东部沿海地区的优势同四省区五方的优势结合起来，开拓更广阔的合作领域，增强四省区五方"自我造血"的机能。

从全国看西南，就可以清楚地显示出：西南是我国商品经济很不发达的地区之一。西南人口有 2.03 亿，占全国人口总数的 1/5。水能蕴藏量占全国水能蕴藏量的 70%，煤炭储量占全国的 1/10，许多重要的有色金属的储藏，居全国之首，人力及自然资源都很丰富，但产出却不高。据1983 年统计，人均收入只占全国平均水平的 68.4%，工农业总产值比重只占全国的 11.57%，人均工农业总产值只占全国平均水平的 59.2%。从技术上看更落后，全民所有制单位科技人员每万人中仅有 105.4 人，只及全国平均水平的 15.38%。主要工业部门产值，除冶金、电力占全国的比重为 11% 左右以外，像煤炭、石油、化工、机械、建材等在全国所占的比重都在 10% 以下。

在这样的情况下，西南地区要振兴、要繁荣，必须开展区外联合，特别是与东部沿海地区的联合。只有通过这种联合才能以人所长，补己之短，促进本地区经济更快地发展。

由于历史上政治、经济、民族、文化、地理、自然等因素长期交互作用的结果，古往今来，我国经济一直存在着发展不平衡的状态。当然，经过30多年来社会主义建设，这种不平衡状态有所缩小，但是东部沿海地区与西部之间仍然存在着一个不小的经济差距。我们现在研究西部和东部的关系，不是研究它们的地理关系，而是研究它们的经济关系；不仅是研究它们的现时关系，而且是还研究它们的长远关系。即深入研究西部和东部沿海地区在经济上绝对的优势和劣势，相对的优势和劣势，现实的优势和劣势，潜在的优势和劣势，当前的优势和劣势，未来的优势和劣势。

我国西部资源十分丰富，开发利用条件优越，国土资源开发程度低，有经济发展的广阔天地。由于资源丰富，可以为经济发展提供充足的能源和原材料。西部与东部相比，也有它的劣势，如交通不便，信息不灵，技术水平低，商品经济不发达，少、山、边、穷地区所占的比重比东部高，资金短缺，等等。

东部的优势和劣势同西部大致相反：自然资源少，能源、原材料严重匮乏，国土资源开发利用程度高，发展余地小，工业比较发达，但产业结构不合理，环境污染严重，基础设施的薄弱与适应人民生活需要的矛盾比西部更为突出。其优势是：经济比较发达，技术力量比较雄厚，人才集中，信息灵通，对外交往有长久的历史传统，劳动生产率较高，经济效益较好，有技术和资金转移的必要性和可能性。

东部的优势正是西部的劣势，西部的优势正是东部的劣势，东西联合，可以取长补短，相辅相成。两者的劣势产生了相互依赖的必要性、迫切性；两者的优势产生了相互支援的可能性。东西部的联合使生产要素在全国范围内达到天然合理的配置，会产生相得益彰的效果。所以，实现西南经济的振兴，应走"东西联合"的道路；东部经济发展也必须走"东西联合"的道路。"东西联合"的战略是全国国民经济和社会发展总体战略的一个重要组成部分。当然，开发大西南，基本的力量是四省区五方自己，这是完全正确的，但同时还应当大力发展与四省区五方以外的地区，尤其是东部沿海地区的横向经济联合，提到战略的高度予以考虑，现在四省区五方以内实行优惠的政策，也应在吸引东部地区与大西南搞横向经济联合上采取优惠的政策。使大西南真正达到全方位的联合，以全国和世界为横向经济联合的视野，正如开发大西南的战略是全国总体发展战略的一部分一样，大西南内部的横向经济联合，也仅是与全国和世界横向联合的一个组成部分。

国家把东部作为近期发展的重点，并不是东部脱离西部孤立发展，而是东西部的协调发展。

孤立地发展某一地区，既不利于经济本身的发展，也不符合我们的社会主义制度性质。从经济发展的本身要求看，东部发展离不开西部的发展，西部的丰富矿产、原料、能源等是东部发展所必需的；同时西部又是一个极大的市场，西部不发展，这个市场就萎缩，西部越发展，这个市场就越大，从这个意义上讲，西部的发展又促进或抑制东部的发展。我们是社会主义国家，走共同富裕的道路，各地区之间，应当有一个大体协调的发展。通过这样一个协调的发展，建立起大西南面向全国和世界的开放性市场，即投资市场、资金市场、物资市场、技术市场、信息市场、劳务市场，形成与全国和世界保持密切联系的覆盖整个大西南的开放型的市场体系。

同时，我们还会看到，东、西部优势劣势的划分，不是绝对的，某些行业、某些产品，西部地区也有一定的优势。西南地区在核工业、电子、微电子工业、光学玻璃等方面，起步较早，有较好的基础和骨干企业。而这些高技术，正是世界新技术革命形势下，我国需要大力发展的新技术和新产业。在开发大西南过程中，应该看到这种优势，直接引进国外80年代新技术，进一步发展高精尖产品，让大西南某些产业、某些产品，一跃进入全国以至世界的先进行列。这样，又可向东部、中部地区转移某些高技术，用获得的经济效益，来支持西南地区的开发。

在重点发展东部，以东部带动西部的这样一种整体战略下，西部应当采取怎样的战略对策呢？现在看来，今后西部的开发，不可能再采取像以前"三线"建设那样的方式，由国家集中全国的财力，大量投入。重要的方式将是发展横向经济联系，特别是与东部沿海地区的经济联系。这是我国经济体制改革的一个必然趋势。

（二）东、西联合中要体现互助互利的原则

西部要有不怕吃亏的思想，要有不怕"肥水落入外人田"的思想。这个问题，我们与国外关系中存在这个问题，恐怕大西南地区和全国来讲也存在这个问题，我们与这个省、那个省，这个市、那个市之间也存在这样的问题。

互助互利原则，其实质是等价交换原则，在社会主义商品经济条件下，这一原则必须遵守。我们在组织企业之间的横向联合时，强调要自愿互利，建立在这样基础上的企业联合才可能是牢固的和有生命力的。同样，在省际联合、区域之间的联合等较广泛的联合层次上，也必须遵循这一原则。

在社会主义商品生产和商品交换中，那些技术、智力、资金等比较密集的地区与技术薄弱、智力短缺、资金匮乏的地区搞经济合作，一般来说，前者总是要获得更多的利益。从短期来看，后者在经济上可能吃点亏。但从长期来看，从东、西联合中逐步增加自身的经济实力，引进了东部的技术、人才、资金，使西部得到了开发，增长了后劲，这是长远的利益。眼前让点利、吃点亏，吸引了投资者和联合者，引进技术、引进资金、引进人才，这叫做眼前做些小牺牲，争取长远的大发展。这样，虽然暂时让利，但换来了对东部乃至全国企业的吸引力，是很划得来的一件事情。

总之，东、西互相依赖，互有需求，这是东西部联合的基础。有了这个基础，在联合中采取互利原则，东、西部联合的前景是十分广阔的。以东部带动西部，东、西协调发展，将不会仅仅是一个设想或愿望，必将变成一个我国经济发展中的生动的现实。

（三）西部地区在东西联合中要注重增强自力更生能力，增强西部自身的经济实力

第一，在引进中，要注重消化，逐步地由"输血型"变成"造血型"。

在引进问题上，有两种态度或做法：一种是只注重引进，不注重消化；一种是在引进的同时，注重消化、改进和提高。前一种做法是不正确的，只引进不消化，这样劣势就永远是劣势，有可能使差距越拉越大，对对方的依赖性越来越大，这是不可取的。后一种做法可以把别人的优势变成自己的优势，把自己的劣势化为自己的优势，这样就可能增强自己的经济实力，在某些方面赶上或超过别人。

第二，在引进中要有选择、有计划地引进。一个省份、一个地区，在一定时期内，所能用于引进方面的资源、资金是有限的，怎样利用有限资源、资金，使引进效益达到最大，这是引进中应当注意的问题。在一个地区内也有一个避免盲目引进，重复引进的问题。各省在联合和引进时，应当有一个适合本区特点的产业政策。

当然这里所讲的产业政策完全不同于过去那种地区自成体系，地区分割的那样的产业政策，而是在符合国家宏观要求的前提下，在全方位开放的情况下，选择本地区经济发展的最优战略，在引进中有重点地扶持某些行业尽快成长。形成具有地区优势的产业结构。

第三，要警惕"污染转嫁"。即经济发达地区为了本地区的利益，将污染严重的企业或生产线转移到经济不发达的地区或乡镇企业。在这方面，希望四省区五方做出规定，保护好大西南2亿多人民的生活环境。

第四，在搞好东西联合的同时，注重本地区的合理开发，充分发挥地区的优势。

要注意处理好东西联合与西部自身发展的问题。东西联合将有助于西部的发展，但还应看到西部自身的发展水平又制约着东西联合的发展。某一地区的经济发展水平越低，它与外部联合的水平也越低，范围也越窄。随着某一地区经济实力的增强，它与外部的联合水平就提高，范围就越大。从这个意义上讲，东西联合还有赖于西部经济的发展，西部越发展，联合的前景越广阔。

就西部来讲，加强智力开发是个大问题，所以要下工夫抓好教育，提高人们的文化水平和技术水平，这样才能吸收消化东部引进的技术，获得良好的经济效果。

略论中心城市的重要地位和功能[*]

80 年代中期以来，我国逐步形成以城市特别是大中城市为依托的不同规模的、开放式的、网络型的经济区格局。中心城市的地位和作用问题，不仅引起我国经济界的极大重视，而且成了我国经济体制改革的重要考虑因素。因此，对于中心城市的形成和发展规律，对于中心城市的重要地位和功能作用，以及如何充分发挥中心城市的功能作用问题，就在理论界和实际工作部门，从理论和实际的结合上，展开了广泛而深入的研究和讨论，取得了基本一致的认识。这是一件具有重大现实意义和深远历史意义的事情。

一　中心城市在国民经济发展中占有极其重要的地位

城市是指人口集中、交通便利、工商业发达，居民以非农业人口为主的地区。因此，城市经济都具有集聚性。这种集聚性带来城市经济的高效益，当然，集聚应有一定的限度，超过适宜的限度就会走向反面。要获得最佳经济效益、社会效益和环境效益，就应根据每个城市的不同特点，研究集聚什么、怎样集聚和集聚的适宜限度。城市通常是周围地区的经济、政治和文化中心，城市是社会分工和商品经济发展到一定阶段的产物，是

---

　　*　本文原载《城市问题》（双月刊）1986 年第 4 期。

随着商品生产的产生而产生，随着商品生产的发展而发展的。从历史上看，随着手工业（作坊）从农牧业中分离出来，小商品经济的发展，形成了小城镇；随着工业化和商品经济的高度发展，便形成了大中城市。这是因为，城市是社会经济活动，即生产、分配、交换、消费比较集中的场所，或者说，它是其周围地区社会经济活动的中心。我们所说的中心城市的"中心"，当然包括政治的中心、文化的中心、教育的中心的意思，但主要的是指经济的中心。这种中心城市的显著特点，就是对其周围地区的社会经济活动具有辐射力和吸引力。中心城市的地位，主要不是指地理上的位置，而是指它在社会经济活动方面具有的重要程度。为什么这样说呢？因为城市经济是一种区域性的经济。区域的大小，不是决定于城市行政区划的大小，而是决定于城市经济辐射面与吸引力的大小。因此，广义的城市经济，是以中心城市为依托，包括其辐射面和吸引力所及的广大区域在内的区域经济。这样的城市经济当然是开放式、网络型的，而不可能是城堡式、封闭型的，这样我们讲中心城市的地位，就是指其在辐射面和吸引力所及的周围区域的经济中所处的主导的重要地位。国民经济发展和社会主义现代化建设，一刻也离不开中心城市，国家的各项基本国策和战略规划，都要通过它加以贯彻落实。据 1981 年资料，上海当年仅全民所有制企业提供的工业总产值就占全国的 14.5%；提供的利润、税金占全国的 18.7%；工业劳动生产率为 3 万余元，高于全国平均数的 1.5 倍以上；工业每百元固定资产提供的利润为 63.73 元，较全国平均数高出约 4 倍。上海以其出色的商品支援全国的市场，以其雄厚的实力——资金、设备、技术、经验、人才支援全国的建设。所以说，中心城市的"中心"，本身就是一种地位，一种中心的地位。具体表现在它是组织专业化协作和经济联合的强大的生产中心，组织物资集散和商品流通的中心，组织为自身和周围广大地区以至全国提供各种服务的综合服务中心，包括文化教育中心、信息情报中心、交通运输中心、金融信贷中心、科学技术中心、调节管理中心，等等。这种中心的地位不是自封的，也不是人为圈定的，而是在长期经济生活、政治生活和文化生活的发展中自然而然形成的。在中心城市形成的过程中，必然出现劳力密集、资金密集和智力密集的状况。

而在这三种密集中，最引人注目的是智力的密集。这种智力的密集，则表现为科技力量雄厚，城市居民的文化素养和业务素质比较高，教育事业比较发达。由于经济发展的不平衡性，一些地区先富起来，会产生资金密集和劳力密集的状况，但是却不容易一下子形成智力密集，所以先富起来的地区也不能立即成为中心城市。因此，中心城市的形成是长期的经济发展、文化积累、人才荟萃和智力凝聚的结果。

二　充分认识中心城市的功能作用

中心城市是全国范围内大的经济区的中心。如前所述，城市经济是以中心城市为依托的包括其辐射面和吸引力所及的广大区域内的区域经济。因此，这些以中心城市为依托的经济区，包括中心城市周围的若干较小城市及经济区域，则相互联系、相互促进，共同结成了一个有机的整体。它们成为全国的经济活动网络的联结点，对国民经济的发展起着主导作用。这种以中心城市为依托的经济区与行政区域的划分是不同的概念。比如河北省，其主要的经济活动中心，显然不是其省会石家庄，而是天津；又如四川省，其主要的经济活动中心，也不是其省会成都，而是重庆，当然重庆也是我国西南地区的经济中心。再如全国最大的经济中心，不是首都北京，而是上海。过去，我们有6个经济协作区，但它们与其说是经济协作区，不如说是行政管辖区。比如中南协作区，北至河南的新乡、安阳，南至广州，范围很广，很难成为一个紧密联系的经济协作单位。因此，以中心城市为依托的经济区绝不是简单的行政区域。各种经济中心的作用范围都是相对的，是相互渗透、犬牙交错的，是相互浸润的，不可能画出一条明显的界限。其经济活动也不是靠行政的力量、靠下命令来组织的，而是靠经济联系来促进的。这种经济联系可以大大超出行政管辖的范围。比如大连的经济活动，对内可以延伸到内蒙古、黑龙江、吉林等自治区、省以及全国其他地区，对外可以延伸到日本和世界其他国家和地区，而行政管辖权显然不能涉及这些地区。

截至1985年年底，全国进行经济体制综合改革试点的城市，经批准的有沙市、常州、重庆、武汉、沈阳、南京、大连等 7 个；经各省、自治区确定的有 54 个。近几年，在城市经济体制改革试点工作中，对中心城市的功能作用在认识上有 3 个转变：（1）中心城市不单单是工业生产基地，而是还有其他许多种功能；（2）中心城市不仅要为自身服务，还要为其辐射所及的整个经济区服务；（3）考核评价中心城市的工作好坏，不能单看其工农业总产值多少，而主要应看其国民生产总值多少（因为只讲工农业总产值而忽视其他方面，就会限制城市功能的发挥）、辐射面的大小和吸引力的强弱。中心城市的功能作用，主要表现在以下几个方面：

第一，组织协调生产活动的功能。中心城市生产集中，分工细密，商品生产发达，名牌产品多，经济联系广，它本身最需要也最有条件组织专业化协作和经济联合，构成强大的生产中心。它的这种优势，有利于促进城乡之间、沿海与内地之间、中心城市与和它相联系的广大地区之间的合理分工协作，把各方面分散的经济力量聚集起来，形成新的生产力。同时，也有利于对外的生产合作。

第二，组织物资集散和商品流通的功能。中心城市市场容量大，有自然形成的商品流通网。中心城市交通发达，各种商业服务比较完善，交易方便。有些中心城市还是外贸港口的所在地。所以，以中心城市为中心组织物资集散和商品流通，有利于产销之间、供求之间见面，按需要生产；有利于城乡商品交流；有利于内外贸结合，互相促进；有利于减少不必要的滞留商品的中间环节，节约流通时间和费用，取得较好的经济效益。

第三，为各项经济活动提供综合服务的功能。中心城市是为各项经济活动组织提供综合服务的中心。它不仅为本城市提供综合服务，还为其辐射所及的整个经济区提供综合服务。当然，由于中心城市的规模不同，辐射的范围不同，服务的范围也就不同。如上海是全国性的中心城市和经济中心，它服务的范围就是全国；武汉地处中原，首先是为华中地区服务，进而影响到西南、西北。服务的领域也是多方面的，不仅有生产、交换方面的内容，还有交通运输、金融信贷、对外贸易、科学技术、文化教育、信息情报、调节管理、研究咨询等方面的内容。所以，中心城市对自身和辐射所及的周围广大地区经济活动的管理，实际上是一种服务，一种综合性服务。服务得越好，中心城市的功能就发挥得越充分，它的社会化的程度也就越高，它的辐射力和吸引力就越强，它对国民经济的发展和"四化"建设的贡献就越大。

第四，促进社会主义现代化的功能。中心城市不仅是全国生产力比较发达的地方，而且也是文化教育、科学技术比较发达的地方，因此，它具有促进其辐射所及范围尽快地实现现代化的功能。它的这种功能发挥得越大，它的辐射力和吸引力也就越大，对社会主义现代化的推动力也就越强。

应当看到，城市经济是一个大系统，它的结构异常复杂。除了各个产业部门之间的结构以外，还应从它的综合性多功能特点出发，考虑它的设施结构，即主体设施、附属设施和基础设施之间的结构。主体设施因城市的不同特点而各异，而附属设施和基础设施则应与主体设施相适应。合理配置设施结构对发挥城市的功能至关重要。

每一个城市又总是在一定的城市群落中存在和发展的。处在同一城市群落中的各个城市之间，存在着既分工协作又彼此竞争的关系。所以，不能孤立地看待一个城市的经济发展问题，而应从国民经济的全局出发，建立合理的城市分工体系和竞争网络，发挥每个城市的主导功能，交换彼此的优势，避开彼此的劣势，促进整个城市群落的经济社会发展。

三 搞好经济体制改革，把中心城市的功能作用充分发挥出来

1985 年年底，我国已有 324 个市，工业总产值 7338 亿元（不包括村办工业），工业固定资产原值 5673 亿元，职工 4706 万人，创利润和税金 1484 亿元，都占全国 80% 以上。固定资产投资额 1365 亿元，社会商品零售额 2997 亿元，占全国约 2/3。它的重要性是很明显的。

（一）城市经济的新变化

近年来，以城市为重点的整个经济体制改革的步伐加快，我国城市经济出现了许多新的变化。新的变化有以下五个方面：

1. 以城市为中心，合理组织城乡经济网络

截至 1985 年年底，全国有 145 个市实行市领导县的管理体制，共管辖县 657 个（包括县级市），由市管辖的县占全国县数的 32.7%。实行市领导县的管理体制，集城市技术、管理、人才优势与乡村资源、劳动力优势为一体，搞活了城乡经济。1985 年，全国市辖县的工农业总产值增长速度，均高于全国和 324 个市市区平均增长速度，显示出以城带乡、以工促农的旺盛生命力。

2. 跨地区、跨部门、跨行业的横向经济技术联系日益增强

在城市综合体制改革中，各地区坚持把发展横向经济联合作为城市改革的突破口，实践证明，联合出活力、出效益。到 1985 年年底，南京市共组建各种联合体 344 个，参加企业 756 家；据已投产的 167 个联合项目的统计，新增产值 4.7 亿元，创利税 7300 万元。横向经济联合的发展，使我国城市经济结构开始由"封闭型"向"开放型"转变，出现了区域经济网和城市群体网络。以辽宁中部 7 个城市组成的城市联合体，一年来已签订 484 项协作项目，实现后可新增产值 10.2 亿元，增加利税 1.6 亿元。这些经济区和城市群体的出现，不仅使城市经济更有活力，而且增强了中心城市的辐射力和吸引力。

3. 流通体制朝着多渠道、少环节、开放式的方向发展

各市都抓了流通体制的改革，延伸了批发网，并以城市为中心，以县镇为外围，建立了大、中、小配套的贸易中心网络，改变了过去统购派购、统购包销、凭票供应、计划分配的状况，疏通了城乡商品流通渠道，繁荣了城乡经济。1985 年，各种贸易中心达 2543 个，拥有 12.5 万从业人员；社会商品零售总额 2819 亿元，比上年增长 29%；城乡集市贸易成交额 395.4 亿元。增长 37.3%。

4. 多种经济形式、经营方式有新的发展，形成所有制多元化的新格局

近几年来，我国城市在发展全民所有制主体经济的同时，大力恢复和发展集体经济，积极支持个体经营，吸收国内外投资，发展各种合营经济，还组建了一些不同所有制单位共同经营的经济联合体，城市经济形式

有了很大变化。1985 年，集体所有制工业企业的工业总产值为 1957 亿元，比上年增长 34.2%，占全部工业总产值的比重由 1982 年的 17.5% 上升到 26.7%。其他经济类型工业企业的工业总产值为 145 亿元，增长 41.5%，占全部工业总产值的比重由 1982 年的 1% 上升到 2%，其中个体经营企业产值为 27.1 亿元，增长 2 倍。在流通领域中，商业、饮食服务业网点增加很快，1985 年年底达 807 万个，其中个体网点增长最为突出，比上年增长 22.1%；从业人员达 665 万人，占全部商业、饮食服务业人员的比重由 1982 年的 11.6% 上升到 40.2%。小型国营零售商店，改为国家所有集体经营的有 3.4 万个，比上年增加 1.2 万个；转为集体所有制的有 4000 个，增加 2000 个；租赁为个人经营的有 3000 个，增加 1000 个。小型国营饮食店，改为国家所有集体经营的有 1 万个，比上年增加 3000 个；转为集体所有制的 1392 个，增加 592 个；租赁给个人经营的有 3000 个，增加 1000 个。小型国营服务企业，改为国家所有集体经营的有 8000 个，比上年增加 2000 个；转为集体所有制的有 1228 个，增加 516 个；租赁给个人经营的 2000 个，增加 1000 个。

据企业登记统计，1985 年年底，外商、侨商、港澳商在华与我方合资、合作以及独资经营的企业共计 5118 户，比上年同期增长 120.7%。其中外商与我方合资经营的企业 462 户，增长 165.5%；侨商、港澳商与我方合资经营的企业 1793 户，增长 189.6%；外商与我方合作经营的企业 123 户，增长 75.7%；侨商、港澳商与我方合作经营的企业 2599 户，增长 86.8%；外商在华独资经营企业 21 户，增长 40%；侨商、港澳商在华独资经营企业 120 户，增长 144.8%。

5. 城市公共设施有所改善

城市基础设施建设加快。据 317 个市统计，1985 年市政建设投资完成近 64 亿元，比上年增长 53.6%。城市住宅投资完成 193.5 亿元，比上年增长 53.6%，人均居住面积由上年的 4.9 平方米提高到 5.3 平方米。

（二）进一步改革城市经济管理体制

目前，城市体制综合改革所面临的新问题，主要是城市现行管理体制与发挥城市综合服务功能的作用还不相适应。

要充分发挥中心城市的功能作用，必须进一步改革现行的经济管理体制。因为现行的以行政管理办法为主的条块分割的管理体制存在很多弊端，使部门之间、地区之间、部门与地区之间筑起无形壁垒，造成盲目生产、重复建设、重复引进、流通阻塞、运输浪费、领导多头、政出多门、互相扯皮、互相牵制，企业的经济效益和社会效益都比较低。一句话，现行的条块管理体制束缚了生产力的发展。提出和实施发挥中心城市的功能作用，正是经济体制改革的重要突破。城市改革就是要进一步发挥城市的多种功能，把城市首先是大城市，改变成为开放型的、多功能的、社会化的、现代化的经济活动中心。当前，与发挥中心城市的功能作用有关的改革，主要有以下几个方面：

1. 增强企业活力

企业是城市经济的细胞。细胞的活力增强了，整个肌体的活力才能增强。所以，搞活企业，增强企业活力，是城市经济体制改革的出发点和落脚点，是中心环节。改革的方向是扩大企业的自主权，使企业摆脱行政机构附属物的地位，并从企业吃国家的大锅饭、职工吃企业的大锅饭转变成为相对独立、自主经营、自负盈亏的商品生产者和经营者。现在，城乡集体所有制企业已经大体上放活，它们的发展速度远远超过几千个大中型国有企业。这几千个大中型国有企业是国民经济的骨干，如果不能使之摆脱僵化状态，不但其发展会相对迟缓，而且还有可能削弱其在国民经济中的领导地位和骨干作用。所以，当前改革的重点从农村转向城市，开始了以增强企业活力为中心的全面改革，目的是把这几千个国有企业也变成充满生机和活力的真正能够自主经营、自负盈亏的社会主义经济实体。城市改革之所以必须把搞活企业作为带动全局的中心环节，是因为企业是把劳动者、生产资料和科学技术诸要素结合起来，变成现实生产力的基本单位，企业获得充沛的动力与活力，经济和科技的发展才会有蓬勃的生机；还因为国家内的计划、财政、金融、劳动工资等各项管理制度，都要为搞活企业服务。企业活动涉及各方面的经济联系，而原有体制不合理的东西，其表现也集中在把企业管死了。因此，从搞活企业入手，就比较容易看清旧体制的矛盾和弊端所在，使体制改革做到有的放矢，综合配套。

2. 实行放权和开放政策

实行放权和开放政策，是搞活企业的前提条件，也是增强中心城市辐射力和吸引力的前提条件。因为只有简政放权，才有可能使企业摆脱行政机构附属物的被动状态，真正成为自主经营、独立核算、自负盈亏的经济实体；只有对内对外实行开放政策，才能打破封锁，使企业从条块分割的束缚中解放出来。企业有了活力和动力，城市才能有辐射力和吸引力。

简政放权，就是扩大企业自主权，实行政企职责分开和各种形式的责任制，包括厂长（经理）负责制，使其在生产计划、产品购销、资金筹集使用、劳动人事管理等方面获得更多的职能、责任和较多的权益，调动企业和职工的积极性，促使企业逐步由单纯生产型向生产经营型或由单纯经营型向经营服务型转变，从而增强活力，提高经济效益。

最近，我们组织调查组调查了近 40 家大中型企业，绝大多数企业都强调存在种种困难。归纳起来有"十大难"：一是扩权未落实，政策多变，改革难；二是资金短缺，周转难；三是原材料涨价，消化难；四是指令性计划任务重，物质没保证，组织生产难；五是企业工资套改后，调动职工积极性难；六是企业留利水平低，技术改造难；七是社会摊派多，应付难；八是上级机关多，各方关卡多，办事难；九是党政不分，政企不分，处理关系难；十是监督检查多，接待难。

其中的某些困难，如流动资金不足、党政关系不协调等，经党中央与国务院采取措施后，目前已有所缓解，但还有一些带根本性的问题尚未彻底解决。企业强烈期望在明后两年的改革中能进一步明确这些问题。现在，国务院正组织有关部门对明后两年的改革进行总体设计，总的指导方针是：总体设计，配套改革，有主有次，分步实施。今后，要进一步完善计划、财政、金融、物资、价格、劳动工资等方面的体制改革，使它们互相配套，保证大中型国有企业扩大自主权的措施能够顺利实现。

开放就是敞开城市，对外省、外市、外地和外国实行开放。开放才有竞争，才能进步，才能发展。因为城门敞开以后，企业就可建立各种横向经济联系。企业需要的原料，哪里物美价廉就从哪里购进；出售的商品哪里利高就往哪里推销，并选择最有利的供销渠道，发展各种形式的经济关系，有效地促进生产力的发展和经济效益的提高。对国外的开放，是发展国际范围内的商品交换。无论是对国内开放，还是对国外开放，都是发展商品经济的必要条件。现代城市不同于过去的"城堡"，它是商品、技术、信息等交换的中心，必须开放，才能发挥其多功能的作用，才能扬长避短，使中心城市真正成为开放型的、多功能的、社会化的、现代化的城市，并发挥其多功能的作用。

3. 建立和发展以中心城市为依托的经济区

以大中城市为依托，形成各类经济中心，组织合理的经济网络，这是我们进行企业组织结构和管理体制改革的一个方向性的问题。建立以中心城市为依托的经济区，就是按照平等互利、经济合理的原则，广泛地发展横向经济联系，把一定半径内的城镇和广大农村连接起来，形成具有自身特点的经济区。建立这种经济区的目的是，充分发挥中心城市的优势，利用其物质基础雄厚、技术力量强、文化水平和经营管理水平高等有利条件，通过建立和加强横向经济联系，来组织社会化大生产和各种经济活动；以成本最小、效益最大为标准发展自己的优势产品结构和优势产业结构，与其他经济区相交换。由于客观条件不同，决定了有些产品在这个城市有优势，另一些产品在那个城市有优势。优势在哪里，就应以哪里为"龙头"，发展"一条龙"协作。这样，以各个城市为中心的经济区之间首尾衔接，形成一种群龙起舞的态势，使大家都达到成本小、效益大，就可在全国形成许许多多优势的经济联合体或企业集团。由于各个经济区是在统一规划下各扬所长，互补所短，从全国来看，可以做到各产业部门在各自优势基础上的平衡协调发展，从而可以获得最佳的社会经济效益。如以上海为中心的华东经济区，已建立经济联合体 2000 多个，投资总额约 20 亿元，投产后年产值可达 70 亿元，年创利税 14 亿元。

4. 发展横向经济联合

以中国城市为依托建立和发展经济区，绝不意味着"画区为牢"，把自己的经济活动局限在本区之内，相反，它应当大力发展同经济区以外的横向经济联合。武汉这个中心城市，突破本市、本省的界限，在全国范围内，以招标的办法，择优挑选自己的生产协作和经济合作的伙伴，使横向经济联合的规模扩及全国许多省市，这是一种明智的做法，值得大力提倡。

发展横向经济联合的原则是在自愿互利的前提下，扬长避短，共同发展。就是说，联合要从企业各自的实际情况出发，通过发挥自己的优势，通过联合来克服自己的短处。这种联合，实际上是企业间优势的联合，可使企业产生更多的活力。同时，联合应当采取多种多样的形式，怎样合适，怎样有利，就怎么办，不拘于形式，不搞固定模式。可以是企业之间的联合，也可以是地区、部门、城市、城乡之间的联合；可以是生产和经营服务型的联合，也可以是各种生产要素的联合；可以是紧密的联合，也可以是松散的联合。联合的根本目的是互利互惠，共同发展，使联合的有关各方在自愿平等的基础上，互利互惠地共同谋求最大的经济效益。当然，要注意把进一步搞活企业，特别是搞活大中型企业，作为推动联合的基础，并且要加强引导，使联合尽可能符合国家宏观经济发展的需要。但是，要防止不必要的行政干预。几年的实践证明，发展横向经济联合有许多好处，诸如有利于发挥现有企业的潜力，增加适销对路的产品，促进技术进步，提高产品质量，增加经济效益；有利于合理地开发资源，配置生产力，促进产业结构和生产力布局的改善；有利于打破条块分割和地区封锁，促进企业组织机构的合理化；有利于促进商品、资金、技术、人才和信息的合理流动，加速社会主义统一市场体系的形成；有利于逐步实现政企职责分开，促进政府管理经济职能的转变；有利于增强中心城市的辐射力和吸引力，更好地发挥中心城市的功能作用。在这里，我想稍微展开讲一下"二汽"集团，即东风汽车工业联营公司发展横向联合的情况。

东风汽车工业联营公司是以"二汽"为中心，以生产"东风"牌系列汽车产品为对象，于1981年4月成立的。由于该公司确实不是行政性公司，而是企业性公司，按照企业横向联合的客观规律办事，所以能在汽车工业一度发生困难的时候成立，并顺利闯过汽车滞销关，在风浪中站稳了脚跟。这个集团以"东风"牌系列产品生产的内在联系为根据，打破部门、地区、所有制界限，把全国21个省、市、自治区的127个企业联合起来，共有职工20万人（其中"二汽"6万人），1985年完成工业总产值近50亿元，实现利润10.7亿元。公司按照经济关系的密切程度分为4个层次，即有改变隶属关系成为"二汽"直属企业的紧密联营厂4家，隶属关系、财政渠道、所有制三不变的半紧密联营厂28家，松散联营的企业93家，此外还有77家定点厂和17家零件扩散厂。

联营公司成立5年来，显示了巨大的生命力：一是有力地推动了汽车产品结构的合理化，淘汰了质次价高的杂牌车，发展"东风"系列专用车150多种，其中38种达到省、部级优质产品。二是改造了"大而全"和"小而全"，实行社会化生产。如湖北麻城气门厂改为专业厂后，气门质量由以前全国第27名一跃成为全国第一名，产量占全国的1/7。三是提高了管理水平，使技术和管理技能得到扩散。郧阳汽车容器厂原是一个五换产品、五易厂名，连年亏损的企业，直到加入"二汽"集团之后，才连年赢利，充满生机。四是联营带来巨大的经济效益。1985年比1981年产量增长1倍多，总产值增长3.5倍，利润增加7倍多。像十堰这样的新兴城市，虽然历史不长，但因为有过硬的"龙头"产品，有雄厚的财力和密集的智力，所以它能发挥巨大的经济辐射力和生产力的凝聚力，照样能起到中心城市的作用。

目前，横向经济联合已经出现了一些新的发展趋势。

第一，像"二汽"集团这样的一批大企业集团陆续涌现，有利于工业管理体制的改革。"二汽"、"一汽"、嘉陵集团，贵州、深圳两个电子集团，东北电气经济技术集团，以洛阳矿山机械厂为主的矿山设备集团，以及由全国11个城市的14家大型百货商店组成的"贸联会"这一类的商业集团的出现，都显示了旺盛的生命力，有着强大的吸引力。可以设想，今后我国对工业商业的管理，包括计划、投资、物资供应等，将不再依靠条条块块，主要通过几百个大企业集团进行。

第二，股份制经济正在萌芽，对所有制结构的改革做了有益的探索。在横向经济联合中出现了全民所有制企业和城市集体所有制企业、乡镇企业等不同所有制成分的联合。通过相互投资，进行技术改造，扩大经营内容，形成了各种所有制相互渗透，你中有我、我中有你的新的固定资产和资金。从已有的经验看，由于每个股份都有具体代表，各方面都关心资金的运用和效益的提高，可以促进企业行为趋向合理化和长期化。

第三，科研与生产联合的步伐加快，推动了技术成果向生产力的转化。现在，全国已有上万个科研生产联合组织，生产与科研的联合正由单项技术成果转让、新技术推广运用向成套技术开发和工程承包发展；由合作攻关、开发新产品向改造传统产业、开发新兴产业发展；由双边联合向多专业、多学科、多边联合发展，逐步向经济技术一体化过渡，将促进形成强大的系统功能。

第四，区域间、城市间的经济技术协作发展很快，促进了企业间的联合。如城镇联合，百厂、百种名优产品联牌生产，百项技术引进，百种边贸商品联销，百种商品物资协作，百名厂长培训。

第五，城乡联合有了新的发展，推动了城乡经济一体化的进程。

总之，这些新的发展趋势表明，我们的横向经济联合的范围越来越广，联合的程度越来越高，必将产生更加旺盛的生命力、吸引力，促进社会主义商品经济的繁荣与发展。

5. 开辟多种市场

如何把握社会主义经济的本质特征，尤其是如何看待和处理计划经济和商品经济的关系，对于社会主义国家经济模式的选择具有决定性的意义，是进行改革首先要解决的一个核心问题。党的十二届三中全会的《中共中央关于经济体制改革的决定》中正确地做出了社会主义经济是"有计划的商品经济"的科学论断，为经济体制改革奠定了最重要的理论基础。根据有计划商品经济的客观规律，并适应其进一步发展的要求，把市场机制引入计划经济，建立起计划与市场、微观搞活与宏观调节有机结合的经济体制，是经济体制改革的一项基本任务。因此，开辟多种市场，促进商品生产和流通，是鼓励竞争、发展商品经济和发挥中心城市功能作用的必要条件。市场必须有整套体系，相互配合、相互促进，才能协调发展。就是说，不仅要有消费品市场，还应当开辟生产资料市场；不仅要有商品市场，还应当开辟金融市场、技术市场和劳务市场；等等。

开辟商品市场，包括消费品市场和生产资料市场。消费品市场早已有之，需要继续扩大并努力做到产销直接挂钩，减少中间环节。过去认为，生产资料不是商品，不能进入市场流通领域，这种观点是不对的。现在，我国的生产资料分为计划调拨和市场调节两部分。随着生产的发展和流通体制的改革，属于指令性计划、按计划价格进行内部调拨的部分，所占比重将逐渐缩小；计划内允许自销和指令性计划以外的可以进行市场调节的部分，所占比重将逐步扩大，而这部分产品是按市场议价销售的。我国生产资料价格的改革，将通过两种渠道来进行：一种是通过逐步扩大进入市场调节部分的比重来解决；另一种是适当调整指令性计划以内的产品的价格。两者相辅相成，逐步达到合理的程度。煤炭价格的调整就是采取这种办法的，已经取得了良好的效果，生产量迅速增长，市场议价大大降低了。这种经验值得很好地总结。看来放则活，活则多，多则稳，稳则降，生产资料商品化，进入市场，产生了可喜的良性循环。

最近出现了以大的经济中心城市为依托、以横向经济联合为纽带建立的大型商业集团，这是商业体制改革的一个重要方向。随着商品经济的发展，在一些大的经济中心城市将会出现若干大型商业集团，影响范围将超出城市、地区，辐射全国以至国外，这对于加强中心城市商业的地位和作用、建立新型的科学的商品流通体制，可能是一个重大的突破。

同时，目前以大的经济中心城市为依托，以大型国营商业批发企业为骨干，发展多种批发形式，形成大辐射面的网络型的批发体系，也同样非常重要，这是发展商品流通的重要条件。

此外，由少数大型工业企业集团的销售系统在国内外直接设置网点，经销企业集团的产品，这对企业集团的进一步发展也至关重要。

以上三个方面，即大型综合商业集团、以大城市为中心的网络型的批发体系、生产企业集团的销售网，三位一体，很可能构成今后我国商业流通体制的三大支柱。

对于生产资料市场来说，各地对生产资料流通体制进行了初步的改革。不同类型、规模的生产资料市场已经开始出现。据统计，"六五"期间，江苏省组织计划外煤炭近 4000 万吨，钢材近 400 万吨，木材近 500 万立方米，占全省资源总数的 40%—50%，突破了原来无所不包的指令性计划分配制度，发挥了市场交易等多种流通形式的积极作用。

为了在"七五"期间基本上奠定新经济体制的基础，明后两年经济体制改革的步伐要迈出重要一步。从各方面来看，以钢材的流通和价格改革为先导，建立和发展生产资料市场可能是一种好的选择。因为在生产生产资料的企业中，钢材占原材料的比重最大，目前市场供求关系最紧张，价格扭曲最严重，流通环节漏洞最多，是我国当前经济生活中最突出、最迫切需要解决的问题。

在我国经济体制改革中，在进一步发展生活资料市场的同时，建立和发展生产资料市场是为了促进生产力的发展，这种社会主义的生产资料市场同资本主义的市场有根本的区别：

第一，我国生产资料市场的经营主体是公有制企业。

第二，我国生产资料市场总体上受国家计划的控制和调节。

第三，国家通过差别税率、差别利率以及必要的财政支出贯彻产业政策和生产力布局。

第四，国家对大型的公有制生产资料流通企业和贸易中心进行计划和政策性指导。

总之，建立和发展社会主义的生产资料市场不是为了改变社会主义经济有计划、按比例发展的性质，而是为了使我国的以指导性计划为主的经济计划体制建立在符合客观经济规律要求的基础上。

开辟金融市场势在必行。这是因为，社会主义商品生产要求发展横向联系，而目前我国的金融却是纵向联系，各方面的资金很难互相融通。这就需要开辟资金市场来解决这个矛盾。通过鼓励跨地区、跨部门、跨行业投资，可以把资金引导到社会需要和宏观效益较好的方面来，避免盲目建设和重复建设。

开辟技术市场。技术市场是科研和生产的媒介，是智力变为生产力的催化剂。它能够沟通科研部门和生产单位的联系，使科研成果迅速转化为生产力。现在，中心城市的技术市场已经出现了信息、设计、咨询、可行性研究等多种形式的技术知识商品，甚至出现了常年开放的技术市场。

开辟和健全劳务市场，劳务市场是社会主义市场体系的基本组成部分之一。开辟和健全劳务市场是中心城市体制改革的一项重要内容。劳务市场的主要业务是：为各方面的用户推荐有一定技能的工人；为各类人员介绍长、短期及各种形式的就业；为上班路远的职工对换工作牵线搭桥；为企业调节劳力余缺，办理各类人员招聘业务；承办各种技术工人培训；推荐家庭服务员、家庭教师；通过招标投标为工程项目组织施工力量；组织各种形式的劳务输出，等等。

在开辟多种市场的同时，要搞好价格体系的改革。价格是有力的、灵敏的经济杠杆。开放、搞活，理顺经济关系，发挥中心城市的功能作用，都离不开价格的改革，离不开发挥价值规律的作用。如果价格不合理，既不反映价值，也不反映供求关系，就必然影响生产的发展，阻碍产业结构和产品结构的合理化，限制人民生活水平的提高。因此，价格体系的改革是整个经济体制改革成败的关键，也是中心城市经济体制改革成败的关键，需要下大力气认真搞好。为做好价格改革工作，必须综合地、系统地研究与价格相关的制约因素和改革环境，并对它的经济环境和社会环境做出宏观的、客观的、全面的剖析，否则价格改革后出现的积极的活力也会被异常浓重的不合理的相关因素所冲淡、所同化、所抵消，或者抵消相当的部分，达不到我们预期的效果，这是经济体制改革向纵深发展时期值得引起我们深思的大问题。

6. 扩大中心城市的管理权限

为了更充分地发挥中心城市的功能作用，必须扩大城市的管理权限，开发新的管理方式，以适应新的体制的需要。扩大管理权限，首先要扩大中心城市管理企业的权限，特别是组织专业化协作和企业改组联合的权力。除为数很少的全国性大型骨干企业外，大量的企业应当逐步交给中心城市统一管理。特别是省属企业，更应当下放给城市，使城市充分发挥社会化大生产、组织协作的优越性，改变目前企业组织结构"大而全"、"小而全"和条块分割的状况。其次是实行市管县体制。这是解决城乡分割、发挥中心城市组织城乡经济协调发展的重大措施。市领导县，把城市与农村结合成为互相依存、互相促进的有机体，有利于统筹规划、协调发展城乡工业；有利于发挥农村的优势，统筹安排为城市服务的原料基地、商品基地，促进商品生产的发展；有利于城市对农村的支援，促进农业生产的发展。再次是改革计划管理体制。计划管理制度应该同中心城市在国民经济中的地位相适应。中心城市必须使企业成为相对独立、自主经营、自负盈亏、名副其实的生产者和经营者，名副其实的经济实体，这样才能有效地改变部门和地区的分割状态。为此，要把以行政手段为主的计划指导与管理，改为以经济手段同行政手段和法律手段相结合的计划指导与管理。在国家经济体制改革总体方案未确定前，有些重要的经济中心城市可采取计划单列办法作为过渡。

7. 提高中心城市的素质

搞好中心城市的自身建设，提高中心城市的素质，是发挥中心城市功能作用的关键所在。这主要包括：

第一，提高中心城市企业的素质，企业是城市经济的细胞，也是城市功能作用的基础。提高企业的素质，就是要对企业的经济活动进行有效的组织和管理，加强企业自我的经济活力、开发能力、应变能力，调动企业的积极性，提高企业的经济效益。

第二，调整城市的产业结构，使之不断合理化。每个中心城市都要根据自己的特点，确定自己的产业结构，大力发展本市的主体产业，把优势发挥出来，要形成以大中城市为中心的包括周围较小城市和集镇在内的经济群落。城市产业结构要各具特点，要明确自己的发展方向和重点，各城市之间要互相补充，不搞"大而全"和"小而全"。

第三，要加强综合服务能力。中心城市要根据自己的特点，一方面要建立和充实教育、科研、咨询、管理等机构，为腹地提供产品、资金、技术、信息和人才；另一方面要有计划、有步骤地加强城市各项基础设施的建设与改造，要搞好交通运输、民用住宅、邮电通信、环境保护，以及各种各样的生产和生活服务设施。这两方面工作搞好了，就为充分发挥中心城市的功能作用奠定了雄厚的物质技术基础。这样，就可以形成良好的城市投资环境、企业的生产经营环境和人民群众的工作、生活环境，从而大大增强中心城市的辐射力和吸引力，更好地发挥中心城市的功能作用。

第四，要大力发展第三产业。第三产业是服务性的产业，它不仅包括为生活服务的行业，而且包括为生产服务的行业。它的发展程度，对提高经济效益和工作效率有很大的关系。每个中心城市都要把提高第三产业在国民经济中的比重作为一项重要任务，并采用国家、集体、个人一起上的办法，充分调动各方面的积极性，把第三产业尽快地发展起来，尤其要把信息通信业、金融保险业、住宅建筑和房地产业尽快地发展起来。

8. 制定中心城市的发展战略

科学地制定大中城市的发展战略，是充分发挥中心城市功能作用的关键问题。这是因为，中心城市的发展战略是全国发展战略的重要组成部分，是实现全国战略目标的必要保证。制定中心城市的发展战略，要注意下面几项原则：一是全局性。即制定中心城市的发展战略，要从整个国民经济体系以及全国战略重点出发，分析、研究每个中心城市的性质、地位和作用，正确认识其共性和个性，内部经济结构和外部经济联系，经济发展的内因、外因及其相互关系，不能孤立地制定其发展战略。二是区域性。中心城市的经济发展，离不开周围的城镇和广大农村，因此，制定中心城市的发展战略，必须把中心城市这个点与周围地区的面结合起来。三是特殊性。即通过比较、分析、综合，找出每个中心城市的特色，扬长避短，发挥优势。四是综合性。即经济、科技、社会要综合发展，经济建设、城乡建设、环境建设要同步进行，以便互相促进，协调一致。为正确制定和切实执行中心城市的发展战略，还需要建立与之相配合的一整套体系，包括目标体系、政策体系、市场体系、考核体系和法规体系等。

中国经济体制改革的回顾与前瞻[*]

现在，我向各位朋友们谈谈中国经济体制改革的有关问题。

今年是中国进行第七个五年计划的第一年。从"七五"开始，中国将进入一个新的改革和发展时期。改革是实现"七五"国民经济计划的关键，我们要力争在五年或者更长一些的时间内，基本完成我国经济体制的双重模式的转换，建立起具有中国特色的、充满生机和活力的社会主义新体制的框架，实现新经济体制在我国经济生活中占主导地位的基本构想。

要实现这样一个宏伟的改革目标，无疑是艰巨的。因而，如何正确地估价和总结我国过去八年的改革经验，合理而又切实地设计好今后四年的改革实施方案和保证措施是至关重要的。

这里，先回顾一下我国八年来改革的进程。

一　八年经济体制改革的回顾

我国原有经济体制是在第一个五年计划时期逐步形成的，以后尽管进行过几次变更，但都没有脱开原有产品经济的旧模式的束缚。真正的改革是从 1979 年年初开始的，到目前，已经有将近 8 年的时间。这 8 年改革

＊　本文是作者在 1986 年 9 月"中日经济知识交流会第六次会议"上的报告。

的历史可以大致划分为两个阶段：

第一阶段从 1979 年年初开始至 1984 年 10 月，即我们党的十一届三中全会和十二届三中全会之间，将近六年时间，这是我国进行农村经济体制改革和进行以城市为重点的经济体制改革的准备和探索阶段。

第二阶段从 1984 年 10 月《中共中央关于经济体制改革的决定》发表开始，到目前，已经进行了将近两年。而这一阶段的改革正在进行，要延续到 1990 年第七个五年计划末期，整个历程也将近六年时间。这是我国以城市为重点的经济体制改革全面推进和深入发展的阶段，是一个关键性阶段。

这就是说，我国经济体制改革从开始到建立新经济体制的框架，大约要经历两个六年的时间。

（一）第一阶段的改革

第一阶段改革，我们不仅在实践方面进行了许多大胆的试验和探索，取得了某些重大突破，而且在意识形态和改革理论准备方面，取得了明显的成就。

改革首先在农村取得了成功，并向深入推进。党的十一届三中全会以后，我们大胆地打破了人民公社"一大二公""三级所有、队为基础"的旧模式，全面推行了基本上以家庭为生产主体的联产承包责任制。鼓励发展多种经营的专业户和多种行业的乡镇企业；改革了农村流通体制，变供销社独家经营为全民、集体、个人多渠道经营。农村商品经济空前活跃，农村经济向专业化、商品化、现代化跨出了决定性的一步。

在社会主义经济占绝对优势的条件下，调整和改革了所有制结构，形成了多种经济形式、经营方式同时并存，共同发展的格局，1979 年以来，实行了国家、集体、个人一起上的方针，采取引导和鼓励政策，积极发展城乡集体经济，适当发展个体经济，并积极采取措施，努力引进外资，发展中外合营和外商独资企业。并且涌现了一批不同所有制经济联合经营的新形式——企业集团和企业群体。全民经济本身在经营形式和财产关系上，也有了新改革，一部分国营小企业实行了承包和租赁等方式。集体经济也改变了某些名为集体，实际具有强烈全民色彩的状况，向真正劳动群众合作经营方向转化。从全国讲，所有制结构实现了多元化。

围绕建立社会主义统一的商品市场，对主要消费品的流通体制进行了"三多一少"改革（即多种经济形式，多种经营方式，多种流通渠道，减少流通环节）。从1979年起，逐步取消了日用工业品的统购包销、农副产品统购派购；打破了行政区划和所有制界限，实行灵活多样的购销方式；集体与个体长途运销有明显发展；全民商业和物资企业参与市场调节，发挥流通主渠道作用；各种贸易中心、贸易货栈、批发市场、农贸市场、联营商店、农工两联合企业等成批涌现，从而繁荣了市场，满足了消费，促进了生产发展。

对计划管理体制进行了初步改革。逐步减少了指令性计划，扩大了指导性计划，加强了市场机制对生产建设的调节作用。国家对主要农产品生产实行指导性计划，只对粮、棉、油等关系国计民生的重大产品实行定购合同。对工业，大幅度地削减了中央的生产建设计划范围和权限，国家指令性计划生产和统配物资，由250多种减少为20多种；扩大了企业在生产经营上的自主权，有区别地增强了企业支配人财物和产供销方面的权限。打破了旧的"大一统"的银行体系，开始形成以中国人民银行为核心、四大专业银行为主，其他金融机构为辅的金融组织体系；在农村，恢复并健全了集体所有制的信用社；城市中发展了投资公司、信托公司、租赁公司和信用社等非银行金融组织。在信贷管理上，改变了统存统贷的管理制度，实行了"统一计划、划分资金、实贷实存、相互融通"的管理办法，并改大联行结算为各专业银行内部结算；开始形成以银行信用为主体，商业信用、委托信用、民间信用等多种信用并存的局面。

围绕调整国家与企业、中央与地方分配关系，改革了财政税收制度。为了扩大企业财力，正确处理国家与企业的分配关系，从1979年以来，对国营企业实行了企业基金、利润留成、上缴利润包干等多种改革办法。从1983年6月起，又进行了第一步利改税，并先后恢复和新开征了一些新的税种，初步打破了长期以来企业吃国家"大锅饭"的局面。在国家预算收支方面，为了改变统收统支状况，从1980年起实行了"划分收支、分级包干"（即"分灶吃饭"）的财政管理体制，中央与地方预算分级管理，调动了各级政府增收节支的积极性，也为今后进一步改革，实行分税制的分级财政体制奠定了基础。

职工收入分配制度做了初步改革，开始破除平均主义，大多数企业实行了基本工资加奖励的办法，一部分工种恢复了计件工资制，少数企业（大约15％）正在试行工资总额与经济效益挂钩的办法，按国家规定的税利增长与工资增长的比例，实行本企业工资浮动制。对某些特殊行业，如煤炭、建筑等部门，实行了工作量工资含量制。在改革工资制度同时，针对过去管得过死、集中过多的弊病，对工资管理也做了某些改革。

实行对外开放，加强了对外经济技术交往，建立了4个经济特区、开放了14个沿海城市和海南岛。在利用外资方面，区别不同情况采取优惠政策，改善投资环境，加强经济立法。对外贸易制度进行了探索性的改革，打破了外贸部门独家经营局面，成立了一批地方性、专业性外贸公司，允许少数特大企业直接对外，并开展了多种形式工贸、技贸结合试点；实行了出口商品外汇分成制度。

总的来说，第一阶段改革，在农村取得了显著的成功。城市改革的探索性试验也取得了明显进展，获得了一些重要经验，但是，从整体讲，由于城市经济体制改革情况比较复杂，涉及方面很广，难度较大，起步较慢，还没有取得全面性突破。不过，第一阶段的一系列改革，无疑为第二阶段改革的进行，铺平了道路。

改革是一项极其复杂的、群众性的探索和创新的事业，存在不同的认识是必然的。在以往6年里，我们经历了几次认识上的反复，终于在党的十二届三中全会上得到了纲领性的解决，使大家对具有中国特色的社会主义经济体制模式有了比较统一的认识。这对第二阶段及以后的改革是极其宝贵的精神财富。这种新的精神已经在社会生活各个方面开始发生作用，改革已成为中国不可逆转的社会潮流。

（二）第二阶段的改革

第二阶段改革从1984年10月《中共中央关于经济体制改革的决定》发表开始，到现在已经整整两年了。在第一阶段改革所取得的成绩基础上，在《决定》确立的改革指导思想和理论的推动下，这两年我国城市经济体制改革取得了一些新的重大进展，某些领域的改革取得了较大的突破。新体制的前景已经开始在经济生活各个方面越来越清晰地显现出来。

这两年的重大改革，主要有：

发挥了城市的中心作用，城乡开通，向社会主义统一的城乡市场迈进了一大步。城市改革的中心是敞开大门，打破封闭和条块分割状态，是要把城市变为开放型的、多功能的、社会化的、现代化的经济中心。这两年通过简政放权，改革城市政府的经济职能，开辟多种市场，包括商品市场、金融市场、技术市场、劳务市场等和发展"第三产业"，通过以城带乡，以乡补城，城乡经济协调发展，城市中心作用大大加强，辐射力和吸引力明显提高。

价格体系的改革迈出了重要的一步。我国价格体系不合理，价格严重扭曲，改革价格体系一直是我国经济改革的一大课题。过去，只做些局部的调整和改革。1985 年我们在价格体系改革上进行了大胆尝试：主动放开了价格改革中普遍认为风险最大的副食品价格，调整了生猪购销政策和价格政策，相继放开了城市蔬菜等鲜活副食品价格；实行了国营商业参与下的市场调节；同时，变农副产品统购派购制度为合同收购制，调整了农村粮食购销价格，提高了铁路短途运价；实行小商品价格完全放开；对企业超计划生产的原材料、燃料等重要生产资料的自销部分，实行浮动价格；等等。这一系列大胆改革尝试，尽管一度使价格总水平有所上升，但总的说来，进展是顺利的，情况是好的。目前，市场物价已趋于稳定，并开始显露出活力。

实行了国家机关、事业单位工资制度的改革。实行了以职务工资为主的结构工资制，初步纳入了新的工资体系轨道。这项改革，使多年没有解决的劳酬脱节、职级不符的情况有了一定程度的改善，同时，也为今后机构改革和干部制度的改革创造了好的条件。国营企业普遍进行了工资套改，简化了工资标准，为进一步改革企业工资制度做了准备。对部分实行工资总额与经济效益挂钩的企业，进一步调整和落实了挂钩内容。

进一步发展了横向经济联系，地区、部门、企业之间的生产、流通、科技协作等经济联合有了广泛发展。在"扬长避短、形式多样、互利互惠、共同发展"的原则下，涌现出一批新的企业群体和企业集团，以及地区间、部门间、行业间的对口经济联合体。这对进一步发掘社会潜在生产力，促进资源开发、技术进步、商品流通、资金融通和人才交流，发挥了积极的推动作用。

实行了第二步利改税，完成了由第一步利改税的税利并存向完全的以税代利的过渡。用税法形式初步确定了国家与企业的分配关系。财政体制上，为了克服"划分收支、分级包干"制度的某些缺陷，从1985年开始实行向"分税制"的财政体制过渡的改革办法——"划分税种、核定收支、分级包干"的预算体制，为下一步实行完全的分税制财政体制准备了改革基础。

进一步发展对外开放和经济技术交流。继第一阶段改革建立4个特区和开放14个沿海城市与海南岛以后，1985年我们又开放了长江三角洲、珠江三角洲和闽南三角地带。广大内地省份和城市，包括像新疆这样的中国腹地的省区，也积极发展双边的对外经济技术关系。为进一步做好对外开放，还建立和健全了涉外经济立法，制定了《外资企业法》，修订了《关税条例》，等等。

二　今后改革的展望

从第一和第二阶段改革的八年历程中，我们积累了不少经验，也获得了许多教训。概括起来说，在改革指导思想上，我们得出了以下五个方面的新认识：

第一，改革的方向是不可逆转的，改革的决心必须坚定不移，但改革的方法、步骤要谨慎稳妥，要从实际出发，符合中国国情。既要认识改革的迫切性，又要认识改革的复杂性和艰巨性。

第二，改革与发展要相得益彰。改革要为进一步发展生产力创造条件，发展要为改革的顺利进行提供比较宽松的环境，一个稳步发展的经济环境是改革所必需的。

第三，改革的各项基本内容必须配套出台，改革所采取的各项相关措施和后续行动要统一设计，配合实施。单项独进会招致许多不良的连锁反应或出现与改革要求相悖的逆效应。

第四，微观放活与宏观控制的改革要相适应，微观改革是基础改革，但必须与宏观控制能力的加强相配合。必须处理好个别与整体、局部与全局的改革关系。

第五，改革中主要靠经济手段和法律手段，要减少行政手段。但在一定时间内，必要的行政手段还要运用。要使经济的、法律的、行政的手段密切配合，加强改革的领导和掌握改革的主动权。

根据配套改革的要求，建立新型的社会主义经济体制，主要是抓好互相联系的三个方面：

第一，进一步增强企业，特别是大中型企业的活力，使它们真正成为相对独立的经济实体，成为自主经营、自负盈亏的社会主义商品生产者和经营者。

第二，进一步发展社会主义商品市场，逐步完善包括货物和服务市场、金融市场、技术市场在内的市场体系。

第三，建立新的社会主义宏观经济管理制度，国家对企业的管理，逐步由直接控制为主转向间接控制为主，主要运用经济手段和法律手段，并采取必要的行政手段，来控制和调节经济运行。

过去八年经济改革的经验证明，上述三方面的改革，是互相联系的有机整体。三者不可分割和缺一不可，不能孤立地突出某个方面而忽视另一个方面。由于全面配套改革的任务十分艰巨和复杂，改革的进行又不能不受到经济和社会条件以及干部条件的制约，上述三方面的改革不可能一蹴而就，而只能按照把勇于开拓的进取精神同实事求是的科学态度结合起来的原则，扎扎实实地工作，分步骤地逐步实现。

"七五"期间改革的主要方向是：

（一）关于增强企业活力

总的原则是：实行政企职责分开，使企业成为自主经营，自负盈亏经济实体。具体的工作包括：

（1）在坚持公有制为主体的前提下，继续发展多种所有制形式和多种经营方式。小型国有的工商企业，可以通过承包、租赁等形式转为集体或个体经营。

（2）国有大中型企业要进一步扩大企业的经营自主权，逐步划小经济核算的单位，继续完善和巩固各种形式的经济责任制，逐步实现所有权同经营权的分离。目前正在有限范围内进行试验的股份制等试验，将在试验取得的结果基础上确定可以在何种范围内推广。

（3）改进企业领导体制。逐步推广和完善厂长（经理）负责制，发挥经营者的积极性和开拓创新精神。

（4）大力发展企业之间的横向联系，逐步形成一批企业群体和企业集团。

（二）关于发展社会主义的市场体系

建立和完善社会主义的市场体系，关键在于进一步改革价格体系和价格管理体制。"七五"前期价格改革的重点是有计划、有步骤地解决能源、原材料计划价格偏低的问题，并使计划价格和市场价格趋于接近；逐步建立起极少数重要商品和劳务由国家定价、其他大量商品和劳务分别实行指导价格和市场价格的制度。

与此同时，要继续减少国家统一分配调拨产品的种类和数量，逐步建立各种新的商业组织形式，不断扩大消费品市场和生产资料市场。

还要有步骤地开拓和建立金融市场、技术市场和促进劳动力的合理流动。

（三）关于新的宏观经济管理制度的建立

"七五"期间宏观经济管理要从过去的宏观、微观"大一统"，以指令性计划的直接控制为主，转到运用经济政策和经济手段进行控制为主的、更全面的宏观管理的轨道上来。具体的工作包括：

（1）合理设置税种和调整税率，以便为合理调整产业结构服务，并为各类企业创造比较平等的竞争环境。

（2）逐步过渡到按税种划分中央税、地方税和中央地方共享税，同时明确划分中央、地方的财政支出范围的分级管理的财政体制。

（3）通过金融体制改革逐步建立起既强有力又灵活自如的金融控制

和调节体系。中国人民银行要通过综合信贷计划、金融政策、外汇管理和信贷、利率、汇率、准备金等各种调节手段，有效地控制货币供应量。各专业银行要沿着企业化的改革方向，逐步办成独立核算的经济实体。

如何实现以上谈到的改革，真正建立起既区别于过去那种僵化半僵化的模式，又与资本主义模式有本质不同的、具有中国特色的社会主义经济体制，是一项前无古人的崭新事业。许多问题的妥善解决，还有待艰苦的实践和探索。我们除认真总结自己的丰富实践经验外，还要虚心学习世界各国一切反映社会化大生产规律的先进管理经验。在这一方面，我们恳切希望和在座的朋友们进行更多的交流和讨论。

重新认识企业家的社会地位和作用*

当代中国，正在进行着两项全新的事业，这就是体制改革和现代化建设。在改革和发展的过程中，既要充分发挥工人、农民、知识分子的积极性和创造性，又必须正确认识并十分注意发挥社会主义企业家的作用。这是因为，随着我国经济体制改革的不断深化，各种生产要素的重新组合和创新，将越来越依靠企业家的活动，他们将比较全面地承担起经营企业的重任。如果没有千千万万的社会主义的企业家，有计划商品经济的发展就缺少中坚力量，现代化的建设就缺乏强有力的经营者和最有成效的组织者、管理者。这样，就会贻误我国社会主义建设的伟大事业。因此，必须创造一系列条件，造就千百万社会主义的企业家。

在我国现有条件下，企业家这个社会重要阶层的形成和壮大，需要逐步地把企业家同政府官员这两种人和他们的职能区分开来。在传统的经济体制下，企业家与政府官员有一种殊途同归的趋势。一方面，许多政府机构的官员从不同的领域直接调控着企业的生产经营活动，行使着类似企业家的职能；另一方面，企业的厂长（经理）从行政等级、物质、政治待遇等方面靠向行政官员，企业被分成县团级、厅局级、省市级等。经营好的或上级看中的厂长（经理）等企业领导者就被提升为局长、市长、省

---

  * 本文是作者 1986 年 11 月 27 日在上海金融企业家俱乐部召开的"企业家与中国经济发展研讨会"上的讲话，原载《企业家》1987 年第 2 期。

长，等等。这种体制很难使企业经营者全力以赴地搞好经营，大展宏图，扩展他们经营的事业，而容易诱发经营者产生做官的兴趣，走所谓"仕途经济"的道路。要使各种企业普遍得到有效的经营，必须形成企业家这个社会阶层，并通过企业家进行管理。要创造一种新的制度和评价标准，使官员和企业家分离开来，彻底改变诱发经营者追求行政性晋升目标的机制。

社会主义的企业家不仅和行政官员不同，也与传统体制束缚下的厂长（经理）不同。在传统体制下，我们的许多厂长与其说是经营者，不如说是一种"准官员"。这不仅因为厂长享有一定的行政性级别，随时可以转化为政府官员，更重要的还在于企业受到传统体制的制约，不是一个自主经营的主体。企业生产所需要的条件由国家按计划供给，产品按计划调拨，财务统收统支。在这种情况下，经营者的工作主要在于对企业内部事务的不完全的管理。并且缺乏自主经营、开拓市场、娴熟地运用各种市场工具的能力，特别是缺乏在市场上进行各种风险决策的能力。由于传统体制下企业经营者本身存在着这种知识和才能结构的缺陷。因此，传统体制下的厂长、经理还不能成为真正的企业家。

真正的社会主义企业家不是天生的，也不是由某一级权力机关任命的，更不是自封的。企业家只有从发展社会主义商品经济中，经过社会主义市场竞争的大风大浪的严峻考验，不断地锻炼和成长起来，就像运动场上的比赛那样，优胜劣汰。真正的企业家都是竞争中的胜利者与转败为胜者。

为了促进中国新一代企业家的形成，除了企业经营者自身要进行不懈的努力外，还必须从观念、法制、体制等方面创造一系列的条件。比如，从观念方面来说，社会主义企业家与政府官员一样，应该以全心全意为人民服务为己任。但是，企业家为人民服务的主要形式就是经营好企业，运用好各种经营管理方法和市场竞争方法，去创造更大的市场，创造更多的物质财富，为社会提供更好的服务。在国家法律、政策允许的条件下，创造的物质财富越多，为社会提供的服务越好，对人民的贡献就越大。因此，社会应该用企业家所经营单位的市场占有率、经济效益、技术水平等标准，即它特有的功能评价企业家，而不应以评价政府官员的标准评价企业家。又如，在收入分配方面，由于企业家带领企业活动在一个前景不确定而存在相当风险的市场上，经营的好坏可以产生极不相同的结果。因此，必须创造一套促进企业家成长的新的奖惩机制，使企业家的责、权、绩、利有机对称地结合起来。优秀的企业家对企业的经营收入有超乎一般的贡献，因而必须从报酬制度上（主要是工资而不是奖金）使他们能够获得高额的收入，这也是培养和造就千千万万优秀企业家的重要条件之一。

从根本上来说，中国社会主义企业家这个社会阶层的形成，取决于整个经济体制改革和政治体制改革，只有通过这种改革，实现经营权同所有权的分离，使企业由政府直接管理转向自主经营，建立并发展社会主义的市场体系，才能为大批企业家脱颖而出创造机会和条件。因此，社会主义企业的管理者应该具有强烈的创新意识和市场开拓精神，善于把科学技术转化为现实的生产力，善于使企业经营适应市场需要；更应该具有高度的责任感和使命感，积极投身改革，积极协助党和国家搞好经济体制改革，在改革中不是追求优惠的条件，而是在争取机会逐步均等的基础上开展经营竞争，促进社会主义市场体系和新的企业运行机制的形成，更有力地推动社会主义现代化建设事业日新月异地前进。我们的企业家应当把历史所赋予自己的光荣使命勇敢地担当起来。

深化企业改革，增强企业活力[*]

一　经济体制改革的目标和明年改革重点的选择

我国的经济体制改革进行了八年，分为两个阶段。第一阶段，是1978 年年底的十一届二中全会开始至 1984 年 10 月，以农村经济体制改革为重点，城市改革进行试验和探索，共经历六年时间。第二阶段，从1984 年 10 月《中共中央关于经济体制改革的决定》开始，已经进行两年半，将延续到“七五”整个时期。这个阶段是以城市为重点的改革全面推进和深入发展时期。

我国农村的经济体制改革收到了巨大效果，城市经济体制改革也有了一个良好的开端。改革以来的八年是我国经济持续、稳定、协调发展的八年。这是新中国成立以来的最好时期。这八年社会总产值年平均增长10.3%；居民消费水平年平均提高 8.6%；农民平均纯收入由 134 元增加到 398 元，增长 197%；职工平均工资收入由 614 元增加到 1148 元，增长86.9%。人民生活水平提高的幅度也是新中国成立以来空前的。我国人民从经济体制改革中普遍地得到了好处。在我国，改革已成为不可逆转的历史潮流。

---

　*　本文是作者 1986 年 12 月 10 日在中宣部、国家教委等有关单位主办的形势政策讲座会上的讲话。

目前新的体制和传统的体制并行，呈现某种"胶着"状态，于是产生一些摩擦这是难以完全避免的，但是，是完全可以解决的。面对这种情况，我们不是畏难后退，而是开拓前进，有步骤地实现旧体制向新体制转换。

我国经济体制改革的目标，《中共中央关于经济体制改革的决定》已经做出明确的阐述，就是按照发展社会主义有计划商品经济的要求，基本上奠定有中国特色的、充满生机和活力的社会主义经济体制的基础。也就是说要将新的经济体制的框架建立起来，以新体制为主来引导组织经济的运行，实现由旧体制向新体制的转换。

为了实现这一目标，需要在三个方面进行配套改革。

第一是增强企业，特别是国营大中型企业的活力，使它们真正成为相对独立、自主经营、自负盈亏的社会主义商品生产者和经营者。

第二是进一步有计划地发展社会主义商品市场，逐步完善社会主义市场体系。

第三是逐步减少国家对企业的直接控制，建立和健全间接控制体系，主要运用经济手段和法律手段，并采取必要的行政手段，来调节和控制经济的运行。

增强企业活力，形成市场体系，完善间接控制手段，这三方面的改革是相互联系的，构成有机的整体，要相互配套进行。

明年在这三方面的改革都要进行，但是重点放在哪里？曾有过几种考虑：（1）围绕建立生产资料市场，进行税收、财政、金融、计划等方面的联动改革；（2）调整钢材价格，建立钢材市场和相应的配套改革；（3）除给农业注入新的活力，增强农业发展的后劲之外，城市的改革，以增强企业活力为中心，深化企业改革，相应地进行有关的改革。

现已确定按后者进行。

第一种考虑的方案，是把重点放在建立市场体系，主要把生产资料市场先搞起来，对钢铁、煤炭、石油、化工、建材，以及相应的电力、交通运输等的价格进行一系列的调整，同时相应地对税收、财政、金融、投资体制、计划体制等进行联动改革。这种改革对完善社会主义市场体系，给企业创造平等竞争的外部环境，有重要作用。但是，考虑到这样做，变动很大，牵涉到许多方面，担心社会承受不了。而且企业外部的经济环境的改革与企业内部的经营机制的改革必须互相适应，才能取得良好的效果。但是目前企业的经营管理还不具备这种条件。于是又考虑了第二种方案。这种设想是把重点放在以调整钢材这个重要的生产资料价格上，联系钢材系列产品、钢坯、生铁、焦炭、矿石的价格，也做相应的调整，其余不调整。这样影响的方面会小一些，社会承受的负担可以减轻一些。但也产生一些新的问题。目前，钢材的两种价格悬殊很大，主要是由于供需矛盾突出，这同固定资产投资规模过大、需求过大有直接关系。现在国家计划供应价格：碳素钢每吨约 600 元，市场上议价是 1200 元左右一吨，同国际市场上的价格相差不多。但是，如果把计划价格调整到接近议价价格的水平，也会影响到很多方面。日常生活用品，如菜刀、铁锅、钉子、铁丝等都要受影响。生产资料如机器设备、零件、配件和基本建设所需的钢材也要相应提价。这个影响也是不小的。还有一个重要问题：现在生产资料产品中，钢材的资金利税率现在是 20% 左右，这样调整之后将提高达到 30% 左右，而一般工业产品的利税率平均为 12% 左右，这就容易出现不同行业、不同产品之间的价格扭曲更大。这样调整，虽然在一定程度上能暂时缓和钢材的供求矛盾，但会给今后的生产资料价格改革造成困难。而且，这两年改革过程中，农产品价格提高，给以农产品为原料的工业企业带来了相当大的困难。还由于生产资料价格实行双轨制，企业使用议价材料逐渐增多，现在企业反映的困难中，就有原材料涨价消化不了的困难。在过去一两年中，经营好的企业最多只能消化 15%—20%，其余 80% 以上企业消化不了，而它的产品又不准涨价，如果钢材的系列产品再提价就更困难了。考虑到以上情况，这种设想的方案，也不宜作为明年改革的重点，于是，做出了以进一步增强企业活力为重点，深化企业改革，相应地进行有关改革的决策。

为什么做出这样的决策？

中央关于经济体制改革的决议中指出："增强企业活力是经济体制改革的中心环节。"企业是否具有强大的活力对于我国经济的全局和国家财政状况的根本好转，对于实现十二大提出的战略目标是一个关键问题。具有中国特色的社会主义，首先应该是企业具有充分活力的社会主义。而现行经济体制的种种弊端，恰恰表现为企业缺乏应有的活力。所以增强企业活力，特别是全民所有制大中型企业的活力是以城市为重点的整个体制改革的中心环节。

企业的活力是什么呢？首先在于企业"具有自我改造和自我发展的能力"。第七个五年计划报告又补充了"自我积累的能力"。因为只有具备了这三种能力，企业才能真正成为相对独立的经济实体，成为自主经营、自负盈亏的社会主义商品生产者和经营者。为了使企业获得这三种能力，"决议"规定了在服从国家计划和管理的前提下，应当具有以下六种权力：（1）选择灵活多样的经营方式；（2）安排自己的产、供、销活动；（3）拥有和支配自留资金；（4）依照规定自行任免、聘用和选举本企业的工作人员；（5）决定用工办法和工资奖励方式；（6）在国家允许的范围内确定本企业产品的价格。"七五"计划又规定要适当缩小指令性计划，减免调节税，提高折旧率，完善厂长负责制，实行各种不同形式的经济责任制，改革职工的奖励制度和劳动制度，等等。国务院按照上述精神，曾多次发布扩大企业自主权的命令和条例。所有这一切都是为了使企业逐步加强上述三种能力，以增强它的活力。

而目前，企业缺乏活力，处境是相当困难的。今年5月，我们向上海、北京、沈阳的40家企业做了调查，反映企业面临十大困难：（1）企业自主权不落实，改革难；（2）原材料涨价，消化难；（3）资金短缺，周转难；（4）指令性计划任务重，计划调拨物资没保证，组织生产难；（5）企业工资套改后，调动职工积极性难；（6）企业留利水平低，技术改造难；（7）社会摊派多，应付难；（8）上面"婆婆"多，各方关卡多，办事难；（9）政企不分，党政不分，处理关系难；（10）监督检查多，接待难。存在这"十难"，企业就很难有活力。

现在企业实行厂长负责制，这"十难"都集中在厂长身上，普遍反映厂长难当。说"厂长权力是小小的，责任是大大的；罚款是多多的，利益是没有的"。

　　所以，明年将以深化企业改革，增强企业活力为改革的重点。如果不是这样，将会给企业带来更多的困难，那对我们整个国民经济的发展影响将是很大的。

二　如何深化企业改革，增强企业活力

　　党的十一届三中全会以来，我们在扩大企业自主权方面，做了大量工作，取得了显著的成效。生产有很大的发展，品种花色增多，质量改进，劳动生产率提高，上缴利税增加，职工的物质文化生活有了前所未有的改善。所有这些，大家是看得很清楚的。过去，扩大企业自主权的工作，着重在处理国家同企业的关系，尤其是在减税让利，为企业经营活动创造较好的外部环境方面。当然，在这个方面，有很多规定要进一步落实，而且整个经济机制，要顺应企业内部经营机制的改革，相应地进行改革。现在，要把企业的注意力引向企业自身，引向如何改善企业内部的经营机制，以利用外部给予企业的有利条件，来充分发挥企业内部的潜力，为社会主义建设事业作出最大的贡献。这里谈以下几个问题。

　　第一，深化企业改革，增强企业的活力。关键的问题是把企业的所有权、经营权分开，给企业以充分的经营管理的权力。

　　两权分开的问题，在1984年《中共中央关于经济体制改革的决定》中已有明确的规定，但到目前为止并没有真正解决。农村改革的成功经验是把所有权同经营权分开了。城市中国营企业两权没有分开的情况普遍存在。大中型企业更为严重。目前，乡镇企业比集体企业活力大；集体企业比国营企业活力大；企业越大，活力越差。乡镇企业设备差得多，而费用低、效率高，工资也高。国营企业设备、生产条件一般较好，而发展慢，步履艰难。这是什么原因呢？其中一个关键问题是所有权与经营权没有分开。

　　《中共中央关于经济体制改革的决定》中指出："根据马克思主义的理论和社会主义的实践，所有权同经营权是可以适当分开的。"

　　按照马克思、恩格斯对未来社会所有制形式的设想，由于那时生产社

会化的高度发展，单一的全社会范围的联合劳动，社会所有的生产资料由一个社会中心直接占有和支配；利益一元化，所以，不再存在生产资料所有权与经营权分离的问题。但是，从社会主义建设的实践来看，不论中外，都存在着两个需要解决的问题：（1）在社会主义全民所有制形态上，还存在国家对生产资料总体上的所有和企业局部占有与支配的矛盾；（2）在社会主义全民所有制中，国家、企业和劳动者个人，三者利益在根本上是一致的，但各自又有不同的物质利益要求，即仍然存在着各自相对独立的物质利益。基于这种种原因，就存在着全民所有制内部所有权与经营权的相对分离的问题。

这里，涉及一个重要的理论问题。资本主义制度下的两权分离理论马克思曾做过阐述，他说："资本主义生产本身已经使那种完全同资本所有权分离的指挥劳动比比皆是。"[①] "一个乐队指挥完全不必就是乐队的乐器的所有者"[②]。我们经常引用这些话来论证社会主义全民所有制企业所有权与经营权的相对分离，问题是这个原则能否适用于社会主义制度下的国营企业。马克思在《资本论》第二十三章《利息和企业主收入》中提出了资本的法律所有权与经济所有权的分离。"同一资本实际上要通过双重的完全不同的运动。一个只是把资本贷出去，另一个则把资本用在生产上。"[③]

这里，马克思指出的法律所有权同经济所有权分离的理论，对当前我国全民所有制企业的改革很有启发。是否可以这样设想：对全民所有的资产，国家有法律上的所有权，而企业则有经济上的所有权。国家通过某种适当的途径把资产"贷出去"；企业则把资产用在生产上。两种所有权的分离发生"在生产过程之前和生产过程之外"[④]。这将从根本上解决目前存在的国家直接经营企业、政企不分的问题。

国营企业两权分离从目前的现实可能来看，就是"国家所有，企业

---

① 《资本论》第三卷，人民出版社1975年版，第435页。

② 同上。

③ 同上书，第418页。

④ 同上书，第420页。

经营"。在这种情况下，国家基本上不参与企业微观经济活动领域内的事务，对绝大多数企业取消指令性计划，不仅简单再生产以至扩大再生产的大部分权力都交给企业。国家不再直接向企业无偿投资，企业扩大再生产所需资金主要靠自己内部积累和通过银行贷款以及发行股票等方式筹集。企业投资方向由社会需求、预期利润率及贷款利率决定。只有少数重要部门和企业仍由国家直接经营，下达指令性计划。当然随着两权分离的日臻完善，这种状况还是会逐步变化的。

全民所有制企业实行法律所有权与经济所有权相分离，具体形式要进一步探索。目前实行的租赁和承包就是广泛采用的形式。

租赁或承包之后，企业不仅有了经济上的经营权而且有了经济上的所有权，就是说，它有权支配企业的生产资料并具有相对独立的经营自主权。即有企业内的用人权、机构设置权、材料采购权、产品推销权、工资和奖金分配权，以及购买新的生产资料的权利，等等。所有这些，均由企业自理，既负盈，又负亏，亏了不能转嫁给国家，也不能转嫁给消费者。这不是改变所有制，而是改变了企业内部的经营机制，使企业活起来。这类企业以执行指导性计划为主，小型企业也可以完全放开，靠市场竞争得以生存，发展。这样企业的厂长、职工就对有关生产经营的战略有决策权。一些企业如果因经营不善而破产，那时职工也就不会像现在这样说："财产是全民的，厂长是任命的，政策是上级的，决策是厂长的，企业破了产凭什么要我们倒霉"，而是与企业、与厂长形成命运共同体，共担风险。

当然，不是所有全民所有制企业都实行法律所有权与经济所有权的分离。凡是在市场上有竞争性质的企业，可以实行两种所有权相分离，使它们真正成为相对独立的社会主义商品生产者和经营者；一部分小型企业可以考虑通过出售，转归集体，甚至个体，国家连法律上的所有权也不保留。还有些企业可以实行股份化，成为国家、集体、职工合股的企业，法律上的所有权归股份持有者，经济上的所有权归属企业。那些不具有竞争性质或带有垄断性质的企业，如邮电、铁路、航空、电力、军工、城市公用事业等部门的重要企业，其他一些部门的少数大型骨干企业仍由国家经营，两种所有权可不分离，采取以国家下达指令性计划为主的管理体制，实行厂长负责制。在强调搞活企业时，不宜把这类企业和具有竞争性质的企业混为一谈。

在坚持公有制为主体的前提下，继续发展多种所有制形式和多种经营方式，研究和寻找在公有制条件下企业所有权与经营权分离的多种具体形式，改革和完善国营企业所有制形式的多种具体途径，是一项艰巨复杂的工作，我们正在实践与理论两个方面进行探索和研究。

实践的探索方面，已经和将要进行的有这样几种做法：

一是小型国有的工商企业通过承包、租赁等形式转为集体和个体经营。如全国最早开始进行工业企业租赁试点的沈阳市，现有租赁企业已达100多家。北京从今年7月份开始，对市区和近郊区理发、修理、饮食副食行业的小型企业实行租赁制，截至9月底，实行租赁的门市和商店1206个，占这些行业全部单位数的36%，其中实行集体租赁的223个，合伙租赁的514个，个人（包括家庭）租赁的469个。租赁和承包对于那些亏损和微利企业特别适用。一经租赁承包，企业经营状况大为改观。对于一般企业效果也很好。它一般适用于小企业，中型企业也可试点，大型企业则实行税后利润承包。

二是在横向联合的企业群体和企业集团中，在集体工业企业中，以及在个别全民所有制大中型骨干企业中试行股份制。如上海市最近确定的进行股份制试点的，都是在全国和上海有影响的企业。其中5个全民所有制大中型骨干企业中就包括拥有职工10600人，年利润达9200万元的上海市电真空器件工业公司，以生产永久、凤凰名牌车蜚声中外的上海自行车一厂、三厂。集体所有制企业则是由有24家工厂，年利润达839.5万元的上海大东实业公司进行股份制试点。今后联合投资的新建企业，有条件的也可以采取股份制的形式。

三是实行资产经营责任制，把资产损益与企业职工特别是经营者的利害关系联结起来，全面强化公有制企业的预算硬度和竞争能力。已经开始在沈阳和其他一些城市试点。

四是有些小型企业可以买卖。破产法规定，破产的企业可以拍卖，那么经营不好的或濒临破产的企业，是否可以由经营好的企业收买呢？报纸上曾多次登载过北京、沈阳等地一些经营不好的企业出售的消息。

这里有个理论问题：企业是不是商品？可不可以买卖？现在，企业的设备、原材料等生产要素已经作为商品在市场上进行交换。那么，作为集合上述多种生产要素的企业在社会主义市场中的整体流动，又有什么不好呢？这样做，有利于生产要素更加合理的组合和配置，有利于产业结构和产品结构的合理调整，有利于规模效益的提高。过去，个别小企业是拍卖给私人的，现在看来把那些濒临倒闭的企业卖给经营好的国营或集体企业可能更好，它可以使其摆脱困境、起死回生，也可以大大减少重复建设和盲目建设，缩小基本建设的规模。同时也可使公有制更加完善。

前不久，我们到浙江萧山县的杭州万向节厂调查，它们年产量150万套，今年出口美国20万套，明年出口50万套，创汇能力是很强的。这个厂的产量占全国总产量的1/3。全国有23个同行业厂家，其中有不少厂家经营不好，日子过不下去，而这个厂除了自有300万元资金外，中汽公司要给它投资500万元，农业银行要给它贷款500万元，准备新建厂房达到年产300万套的规模。我们同厂长鲁冠球讨论，可否把那些濒临倒闭的厂子合营过来或买过来，这要比建新厂合算，他认为这个办法好。最近，开封市就准备把一些工厂转售给上海市的有关工厂。

这四个方面，从当前发展趋势看，租赁、承包大有可为；资产经营责任制在一定意义上说，也带有承包性质；股份制适应于横向联合的企业集团和集资新建的企业的发展需要，它们将由目前实物形态的联合转向货币（资金）形态的联合，这种联合就是股份制；至于企业的买卖，除租赁给个人经营以外，一般来说，还是公有制企业之间买卖，它的所有制性质未变，但经营方式却改变了。但不论哪一种形式，对资产的估价，都要力求准确，最好是采取投标办法，防止各种形式的损公肥私做法。

以上各种形式，有的（如租赁、承包）在比较大的范围内进行，有的在试点，但还有许多不同看法和意见，反映比较突出的是股份制问题。

对于能否实行股份制，股份制的作用，有的同志认为："所有制改革是经济体制改革的关键"，主张以"建立越来越多的股份企业、合作企业作为重点"。企业的股份制是一种"新型的公有制企业"，是公有经济的扩大，而不是公有经济的削弱。认为在实际经济生活中重要的不是公有经济的资金拥有量，而是公有经济所"支配的资金量"，股份企业的发展，恰恰意味着公有经济所支配的资金量的倍增。有的同志提出，股份企业将成为"最有活力的经济实体"，是当前经济体制改革的一个"新趋势"，是社会主义企业的一个"新基点"。

持不同意见的同志中，有的虽然主张搞以公有制为基础的股份制，主要是跨地区、跨部门的横向经济联合体。但认为，这样的股份公司不能成为公有制经济的主体，也不能成为全民所有制的主体，它只是一种辅助的形式，大中型国营企业搞股份化不是方向。有的同志则认为，"要把股份制作为搞活大型国营企业的内部动力是不行的"，"实行股份制不符合我国国情"；要把全民、国家经营的公有制改为股份制，则是允许私有制进入公有制，并且是带着获取最大利润的积极性和内在动力变公有为私有。还有的认为"股份制"就是"资本制"。实行股份制实质上是资本化，它会起到瓦解社会主义公有制的作用，因而不赞成以股份制来改造我国国家所有制的主张。而且指出，股份制的建立和发展，必然带来按资分配，如果把国营企业改造为按资分配的企业，"那就是资本主义的复辟"。

关于职工入股问题，有的同志提出，为了防止把商品经营原则带到政治生活和思想领域中来，防止以权谋私，党政干部、文教人员不宜成为股票持有者。有的则认为，如果职工不平均购买股票，有的多，有的少，做同样的劳动，由于投入的股金不同，收入可以有很大差别，结果是投资的积极性调动起来了，劳动的积极性受到打击。还有的同志提出，在实行股份制时，要注意利用经济杠杆调节社会各阶层的收入，并把非劳动收入控制在合理范围内，不使收入差别过分悬殊。不少同志指出：股份化代替不了民主化，也克服不了平均主义的毛病，不同意那种"职工以股东的身份出现，就能加强职工主人翁责任感，推进企业的民主化进程"的观点。

关于实行股份制的具体形式，股份设置和结构、原有财产作价入股、企业利润的分配、股息和红利的分配、股票的发行和转让、股份企业内部的领导体制、试行企业股份制的配套改革措施等问题，各方面的看法也不尽一致。但是在股份制和职工入股问题上都强调要防止一种倾向，变公为私，刮分产风。

总之，股份经济问题是个比较复杂的问题，需要我们在理论与实践的研究探索做出符合我国国情的、马克思主义的回答。

在理论界，目前就实行所有权与经营权分离，对国家所有制的改革和完善问题，提出了一些设想，归纳起来大体有这样五种思路。

第一种思路：实行资金人格化。认为国家所有制改革的关键在于三方面：（1）在企业内部确立一个既真正代表所有者的增值利益，又具有充分经营权的主体；（2）通过所有者的多元化或分散化，转化国家主管部门对企业的直接干预；（3）通过劳动者所有权的明确化、具体化，使职工的增收倾向与企业的增利倾向结合起来，建立一个所有者、经营者和劳动者既相互制约又相互协调的利益结构。认为国家所有制可为此逐步改造为国家、企业和个人都可参股的股份制。

第二种思路：实现利益机制化。认为资金人格化很难行得通。国有制的改革应走利益机制化的道路，即从经济机制上寻求国家、企业和个人利益的制衡关系。这种机制包括：（1）通过企业内部机制将经营状况与职工利益联系起来，促使职工关心本企业经济效益、积累、发展和企业长期行为；（2）割断国家与企业的"脐带"关系，有计划地借助市场压力促使企业行为长期化；（3）通过经济法规和宏观调节，把企业谋求利润最大化的动力引导到实现社会效益最大化的轨道上。

第三种思路：把国家所有制改为企业所有制。第一步，在新旧体制并存而旧体制还占优势的情况下，国家对企业可以既管钱又管物，管物要松于管钱；第二步，新体制占优势后，国家对企业可以只管钱不管物；第三步，企业偿还国家的投资，在所有制上与国家割断联系，实行企业所有制。

第四种思路：把只有单一所有权主体的国家所有制改为由多种经济形式共融而组成的联合所有制。它的主体是不同所有制之间或同一所有制的不同企业间组成的经济实体或企业集团，具有法人资格。从目前情况来看，已在广泛推行的以公有制为主体的各种形式的横向经济联合，比较适应我国现阶段社会承受能力，有利于把宏观调节与企业行为衔接起来。

第五种思路：实行以公有制主要是全民所有制为主体的所有制多元化交织模式。

以上种种思路都是正在进行探索。将通过实践，做出科学的结论。我们应当在坚持以公有制为主体的前提下，继续发展多种所有制形式和多种经营方式，积极研究和努力寻找在公有制条件下企业所有权与经营权分离的具体形式，改革和完善国营企业特别是大中型企业的所有制形式的多种具体途径。真正搞活而不是搞乱国营大中型企业。

第二，要从培养企业"造血"机能入手，理顺国家与企业的关系，给企业以具有自我积累、自我改造、自我发展能力的条件。

我国国营工业企业是国民经济的支柱，是创造社会财富的主体，也是国家财政收入的主要来源。搞活企业不仅是经济体制改革的需要，也是国家经济发展的需要。要增强企业活力，提高经济效益，就必须改善企业境遇，给企业以一定的生机。这除了实行企业扩权外，从根本上讲，还必须赋予企业以具有创造新财富的"造血"机能，才能使其在提高、开拓与发展上有所进取、有所追求，要使企业有这种"造血"机能，必须在国家与企业关系上深化改革。

（1）把现有国营工业企业自我改造，自我发展的投资主体归于企业。与此相联系，在财力分配上，不仅是要保证企业具有新陈代谢的维持简单再生产的能力，而且要给予企业必不可少的自我发展的能力。为此，经过十年左右的时间，应把国营工业企业留利占税利总额的比例由目前的20％逐步提高。第一步先解决自我补偿问题，第二步再解决自我发展问题。但要有明确规定，这些只能用于企业的自我改造和发展，不能用于其他，当然，对生产经营状况不同的企业，要区别对待。对于那些产品符合社会需要而又有条件发展的企业，国家要积极加以扶持；对于那些产品不符合社会需要，长期亏损的企业，就不应当继续维持，而要限期整顿或转产，以至关闭。

（2）对工业企业采取新的折旧政策。过去我国长期实行企业折旧上缴政策，造成了企业更新改造的严重欠账。现在要下决心解决这一问题，否则工业企业很难翻身。从长远看，要加快工业的技术进步和提高效益，必须对现有企业和新建企业分别采取新的折旧政策。国务院已经规定：对现有企业可采取三种办法：一是原定于"七五"后期全面实行的分类折旧办法，提前于明后年内实施；二是对更新改造欠账严重的轻纺企业和部分大中型企业，在适当提高折旧的同时，给予调减部分所得税的照顾。实际上，这也是一种折旧返还；三是某些技术更新很快、盈利水平较高的行业和企业，实行快速折旧。对新建工业企业，从明年起开始实行新折旧法，根据不同行业的不同情况，实行快速折旧或特别折旧。所有折旧基金都应返还企业，上级部门不再截留，企业的折旧基金只能用于技术改造，而不能用于新的基本建设。技术改造应必须采用先进技术改造传统技术，不能"古董复制"。

（3）结合国家企业管理体制的改革，明确划分国家与企业的资产关系。对划定后新增值资产，分别不同管理形式，给企业以不同程度的好处。

（4）确立鼓励企业自我积累的机制。为鼓励企业把更多的自有资金用于生产发展和新产品开发，控制其留利的"主消费倾向"，可以把企业用于生产积累的投资的程度与消费基金税的优惠挂钩。凡是当年留利中用于发展的投资达到规定比例的，可以考虑适当地调减消费基金税率。

（5）企业的工资基金要同其劳动效果，即对社会贡献的大小直接挂钩。在国家确定的工资基金范围内，应给予企业自主决定本企业劳动用工制度和内部分配制度的权限。企业发展的生命力所在是效率和效益。而提高效率和效益的关键是技术进步和提高劳动生产率。要使企业的积极性充分发挥出来，必须使企业要有讲求效率的用工制度和符合多劳多得原则的分配制度，使企业领导能够真正按照生产需要和效率配备劳力，按照实际劳动效益分配报酬和给予奖励。这是企业机能发挥的关键。

以上是为使企业具有"造血"机能，在国家与企业关系上需要深化改革的几个方面。总之，要通过多方面的改革措施，使企业外有压力，内有动力，才能使企业在竞争中越搞越活。

第三，充分调动职工积极性。一是坚决贯彻各尽所能、按劳付酬的方针，主要是使职工劳动报酬和劳动成果挂钩。如已实行的煤炭行业的吨煤工资含量、建筑行业的百元产值工资含量等，有些行业的某些企业，或有些企业的某些工种，则可以采取计件工资（个人计件或集体计件）的办法，或工资总额与上缴利税挂钩的办法。这些，都起了积极作用。现在的问题，是要把它规范化，使劳动报酬与劳动成果更好地联系起来。国务院规定：明年在奖金税和工资调节税方面，也有所改变。企业全年发放奖金总额不超过标准工资四个月的部分，继续免征奖金税；4—5个月的部分，税率由30%降为20%；5—6个月的部分，由100%降为50%；6—7个月的部分，由300%降为100%；7个月以上，税率定为200%。试行工资总额同上缴利税挂钩的企业，工资增长率为7%—13%的，工资调节税率由30%降为20%；14%—20%的，由100%降为50%；21%—27%的，由300%降为100%；27%以上的，工资调节税率定为200%。今后企业内部工资奖金分配的具体形式和办法，完全由企业自主决定。二是职工工作的分配，应尽可能考虑职工的兴趣。厂里可以做个民意测验，尽可能使每个职工对他所从事的工作感兴趣。有的工种的工作没人愿意做，这大都是因为待遇不合理，那就应该提高这一工种的岗位津贴。北京市招收火葬场工人、清洁工人就不太好找，纺织厂也不太好找工人，有个厂招了580人，走掉620人，这是值得注意的。三是要允许工人和知识分子在一定范围内流动。四是加强思想政治工作，加强社会主义精神文明建设，提高广大职工群众主人翁的责任感，为四化建设勤奋地劳动和工作。这四个方面是和职工的积极性紧密相关的，做好这些工作就可以调动职工的积极性和创造性。

第四，实行厂长负责制，生产经营权由厂长行使，党委要做好党的工作、思想政治工作，起保证监督作用，支持厂长行使他的职权。从党委领导下的厂长负责制到厂长负责制的转变，是企业领导体制的重大改革。中央和国务院关于认真执行全民所有制工业企业三个条例的补充通知中已明确规定：全民所有制工业企业的厂长（经理）是一厂之长，是企业法人的代表，对企业负有全面责任，处于中心地位，起中心作用。厂长（经理）、党委书记要按照这一新的要求，认真负责，同心协力地履行自己的职责。对于不适应工作要求的厂长（经理）或党委书记，有关主管部门要积极慎重地从组织上进行调整。

企业领导体制的这种重大变革，要求人们在思想观念上有一个大的转变：要转变长期以来形成的党对企业实行"一元化"领导的观念；要转变靠权力做思想政治工作的观念；要转变党委是企业领导核心的观念，以维护厂长在企业中的中心地位。在实行厂长负责制时要处理好党组织的工作和经济工作的关系；处理好保证监督和支持厂长对生产经营实行统一领导的关系；处理好在产业重大问题上积极提出建议和尊重厂长决策权的关系。当然，处理好这些关系，必须有健全的民主集中制和严格而明确的规章、条例来加以保证。

实行厂长负责制，厂长究竟对谁负责？有的讲对国家负责，有的讲对企业负责，有的讲对企业的职工负责，这三者有一致的地方，也有矛盾的地方。如果发生矛盾的话，服从哪个？既然是全民所有制的国营企业，厂长当然首先要对国家负责，但现在往往只是从企业和企业的职工着想。将来企业有了董事会或管理委员会等组织之后，厂长就要对董事会或相关的组织负责。

第五，造就千千万万的社会主义企业家。所有权与经营权的分开，厂长（经理）负责制的普遍实行，这就为造就千千万万的社会主义企业家创造了必要的条件。而没有一个宏大的社会主义企业家队伍，实现社会主义工业、农业、交通运输和第三产业的现代化，是不可能成功的。中国社会主义现代化需要大批优秀的政治家、科学技术专家，也需要大批的企业家。他们不仅同广大的工农劳动群众一样都是我国社会主义现代化建设的中坚力量，尤其重要的是他们是政治舞台、文化舞台、经济舞台的主角。过去我们对于前两者强调得多，对于后者认识不够。最近，我到上海参加了《光明日报》金三角企业家俱乐部等单位召开的企业家与中国经济发展研讨会，大家就提出了许多重要问题：中国有没有真正的企业？有没有企业家？如果有的话，在社会主义现代化建设中起什么作用？企业家有没有共同的利益和要求？等等。

我认为，没有千千万万的社会主义企业家，社会主义有计划商品经济的发展就缺乏中坚力量，社会主义经济建设的舞台就缺乏主角，现代化建设就缺乏强有力的经营者和最有成效的组织者。必须创造一系列的条件，造就社会主义企业家队伍。

传统体制下的厂长、经理还不能称为真正的企业家。社会主义企业家与行政官员不同，也与传统体制束缚下的厂长、经理不同。在传统体制下，许多厂长与其说是经营者，不如说是一种"准官员"，这不仅因为厂长享有一定的行政级别，随时可转化为政府官员，而且在于企业受到传统体制的制约，不是一个自主的经营主体。从根本上说，中国社会主义企业家这个宏大队伍的形成，取决于整个经济体制和政治体制的改革，以及从观念、法制等方面创造的条件。只有实现经营权与所有权的分离，使企业由政府直接管理转向自主经营，建立并发展社会主义市场体系，才能为大批的社会主义企业家脱颖而出创造机会。

真正的社会主义企业家既不是天生的，也不是某一级权力机关任命出来的，更不是自封的，他只能从发展社会主义商品经济中，经过社会主义市场竞争大风大浪的严峻考验，不断地锻炼和成长起来，就像运动员在运动场上比赛一样，优胜劣汰或转败为胜。

第六，企业上面的公司大部分是行政性公司，挂公司的牌子，行政府的职能。它扼杀了企业的活力，下放的权力好多不落实，主要就是由于这种公司在中间起梗阻作用。国务院已确定，从明年1月起，除了少数经国务院批准赋予其行政职能的全国性公司以外，要切断行政性公司与企业人、财、物的关系，促使其尽快转为经营型或服务型经济实体，独立核算，自负盈亏，将它们承担的行政管理职能转交给政府有关部门。

明年6月底还不能转变的，就要撤销。它们没有经济来源也就无法继续存在了。但也要避免另一种情况发生。有的地方目前出现了一种"翻牌"现象，就是把公司的牌子换成两个处。当地负责同志说，这是一种过渡办法，过一段时期准备取消。但是很多企业的负责同志担心，怕换汤不换药。如果是这样，那将不利于企业的发展。

第七，进一步发展和加强横向经济联合。在发展经济横向联合基础上，以大型骨干企业或名优产品生产企业为主体，根据自愿互利原则，由企业自主组建企业集团，政府部门不得阻止。允许企业参加两个以上的企业集团，并按照参加各方商定的条件，自愿参加、退出，有条件的可实行股份制。要防止把企业集团变成行政性的公司或将行政性公司翻牌变成企业集团。在同一行业中一般不搞独家垄断的企业集团，以利于展开竞争，促进技术进步。目前，我国横向经济联合的形式已经发展得越来越多，除企业群体外，还有科研生产联合型、城乡联合型、加工厂原料产地联合型、资金联合型，以及工商联合型、商商联合型、城市联合群体等类型。截至 1986 年 7 月底统计，经国家工商局批准登记注册的紧密型、半紧密型经济联合组织已达 31743 个。其中全民企业之间的联合 5385 个，集体企业之间的联合 11656 个，全民与集体企业之间的联合 10149 个，其他经济类型的联合 4553 个。参加经济联合组织的共有 63251 个企业、事业单位。

横向经济联合冲击着旧的管理体制，推动着经济体制改革，促进了企业按照经济发展的客观要求合理组织生产要素，解放了被束缚的生产力，显示了强大的生命力。这种联合是社会主义商品经济发展的必然趋势。

横向联合的进一步发展，要求改革旧的管理体制，进一步落实企业自主权。同时，在计划物资、信贷、税收等方面，进行配套改革，特别是人民银行要在信贷计划中划出一定贷款额度，通过城市专业银行重点支持企业集团的技术开发与新产品开发。还要求加强和完善经济立法等。

第八，国家对指令性指标要逐步减少。国家对指令性产品的管理要减少。现有三十多种还是指令性的，准备适当减少；在指令性的产品中准备把国家调拨部分适当压缩，议价部分增加。但关系国计民生特别是人民生活必需品的价格变动，还要由物价部门批准。

第九，国务院发布了许多有关扩大企业自主权，增强企业活力的条令，明年都要进一步贯彻落实。目前，落实情况不好，有的地方只有 1/4 落实，有的地方落实也不到 30%。那么权力哪里去了?! 好多是被部门、省、市厅局特别是行政性公司截留了，落实到企业的很少。而且，给企业的留利部分、企业也不能真正拿到手，一般只拿到 60%—70%，其余都给上级以不同名义截留了。另外，有些权力虽然放给了企业，而企业也难以行使。比如，企业按照国务院的有关规定可以辞退职工，但辞退职工会给厂长带来什么后果？有的工厂被辞退的职工整天到厂长办公室、家里捣乱，让厂长不得安宁，他怎么还敢辞退呢。又比如，国家规定，完成了年度计划指标，厂长有权为3%的职工提级，但到底提哪个，就是一个难题。有的工厂，提的人受攻击，不提的人意见一大堆，提了还不如不提。这说明改革要配套进行。国务院已经决定，从明年开始，要把贯彻落实国务院发布的关于扩大企业自主权条令的情况，作为考核每个城市与地方政绩的一个标准。

加强咨询研究工作，促进决策科学化[*]

政策咨询研究工作座谈会今天开幕了。两年以前曾在山东省济南市召开过《经济咨询研究工作座谈会》，那次会议对于推动经济咨询研究工作的开展起了很好的作用。两年多来，我国的政治、经济形势有了重大的发展，社会主义建设已经进入"七五"时期，以城市经济体制改革为重点的全面的经济改革已经展开。随着我国经济体制改革向深度和广度的发展，前些时候中央又着重提出了政治体制改革的任务。政治体制改革的一个极为重要的方面，就是要改革和完善党和国家的领导体制，改革和完善决策制度和程序，进一步实行决策的科学化、民主化、制度化。不久前召开的《全国软科学研究工作座谈会》提出，各级领导部门都要改变不适应现代化要求的决策意识和决策方法，重视政策咨询研究工作，设立并依靠决策研究机构，实现决策的科学化。形势的发展清楚地表明，我国社会主义建设和经济改革的实践对政策咨询研究工作的要求越来越高，我们肩负的任务是重大的、艰巨的。

目前，各级政府的政策咨询研究机构已经普遍建立并有了一定的发展。29 个省、市、自治区基本上都建立了具有不同特点的研究中心或其他名称的承担政策咨询研究任务的机构，在不少省份，省辖市、地区、县一级也设立了相应的机构。这些政策咨询研究机构，在促进各级政府决策

---

* 本文是作者 1986 年 12 月在"全国政策咨询研究座谈会"上的讲话。

科学化方面，都程度不同地发挥了积极作用，做出了一定的成绩。但是，我们的工作同新时期的需要和要求还很不适应，我们自身的现状和咨询研究人员的素质同我们肩负的责任还很不适应，政策咨询研究工作亟待加强和提高。我们这次会议的任务就是要提高认识，总结、交流经验，研究和探讨为了实现决策科学化，如何使我们的咨询研究工作本身科学化，以适应新时期改革和建设的需要。下面，我想着重就这个问题提出一些想法，和同志们讨论。

一　决策科学化是形势发展的需要

当前，我们正处在世界发展的两大潮流之中：一个大潮流是世界新技术革命的蓬勃发展，科学技术广泛地应用到社会生产和社会生活的各个方面，使人类生活发生一系列新的变革，科学技术已成为推动社会发展的强大力量。另一个大潮流是世界各国，包括不同社会制度、不同发展阶段的国家，都在进行经济调整或经济体制改革，以适应前一个潮流的需要和要求。我们要想跟上迅速变化着的世界新形势，顺应历史发展的新潮流，就必须及时地提出我们的对策。在这样的国际大变革之中，不仅使我们比以往任何时候都更加需要科学的决策，而且使决策工作的复杂性和难度大大地增加了。党的十一届三中全会以后，我国实行的对内搞活经济、对外开放的方针，就是在当今世界发展的新形势下所采取的重大战略决策。我国的经济发展正在进行着如下的战略性转变：由自然经济、半自然经济转向有计划的商品经济；由追求速度型转向讲求效益型；由封闭型的经济转向开放型的经济，等等。

在经济发展战略转变的过程中出现了大量的新问题。归纳起来主要有四个方面：（1）新旧体制交替转换的问题；（2）经济结构调整的问题；（3）科技进步和技术改造问题；（4）利用国际市场、国际资源问题。客观形势的发展，使我们的决策工作也出现了一些新的特点：由对单一问题的决策发展为对经济、技术、社会问题进行综合研究和分析的决策；由集中统一的决策发展为层次化、分散化的各级决策；由只考虑国内因素的决策发展为必须兼顾国内外因素变化的决策；既有相对稳定的长期目标决策，也有应变性的决策。我们的经济体制改革，政治体制改革，对外开放本身是一种探索性的工作，需要不断地实践和总结。面对各种新情况、新问题需要我们及时做出决策，而且是科学的决策。所有这些，都对决策工作提出了更高的要求。

我们以往的决策工作远不能适应新形势的要求。党的十一届三中全会以前，由于长期盛行个人迷信，因而决策中带有浓厚的个人色彩和感情色彩，缺少理性化。虽然过去我们也有决策的研究工作，但传统的研究方法对于科学决策来说是远远不够的。在这种情况下，某些重大决策出现失误，并常常发生"政策多变"就是不可避免的。

与科学决策相比较，我们传统的决策方法从本质上讲还是一种与小生产方式相适应的，主要依靠人的经验所做出的经验决策；从决策发展的角度看，还处于初级、落后的阶段。人类的决策活动是随着人类社会的发展而产生、发展的。在原始社会，人们的决策基本上是对外界环境变化的一种本能的反应。这种反应支配着原始人的行动。随着社会生产力的发展，人类经济活动和社会活动的范围逐渐扩大，需要更多的人们协调行动，这就产生了决策的要求。在漫长的奴隶社会、封建社会，国家高层次的决策是由少数帝王将相亲自决定的。这种决策有时也得到谋臣或智囊人物的协助，但主要是依靠他们个人的阅历、知识、才能和个人的感情因素。由于个人的经历、学识、经验都是有限的，个人决策的失误总是不可避免的。随着商品经济的发展，整个社会生活的各个方面都广泛地、密切地联系起来了。由于科学技术的进步和社会生产规模的扩大，出现了所谓"大科学"、"大工程"、"大企业"。当代社会活动变化因素之繁多，规模之庞大，活动规律之复杂，知识增长之迅速，信息量之巨大，都是原来那种小生产、自然经济所无法比拟的。要有效地指导和驾驭这种新局势，做出正确决策，单凭个人的经验和才能是十分困难的，必须讲究科学方法，以科学决策代替经验决策。于是，决策便从经验阶段上升到科学阶段，这是人类活动的一个巨大飞跃。

科学决策要求严格遵循一定的科学程序，依靠各类专家运用现代科学方法和先进技术手段进行决策。显然这绝不是任何个人或少数几个人所能完成的。当今的各种智囊团体和咨询机构正是适应科学决策的需要而发展起来的。所谓智囊团或咨询机构，实质只是一种高智力机构。它拥有一批具有不同知识结构，不同经验的专家，并与社会上的智力队伍有着广泛的联系，对于需要做出抉择的问题进行反复研究，提出各种可行方案，供决策者选择。它们是决策者的"外脑"、"脑库"，对决策者个人和决策集体的才智、经验、知识是个必不可少的补充，是各级领导者解决复杂问题，进行正确决策所必须依靠的机构。

咨询研究机构在我国出现得较晚。党的十一届三中全会以后，我们党进一步认识到科学决策的极端重要性，纠正了指导思想上"左"的和主观主义的错误，恢复了民主讨论、集体领导的作风，强调尊重科学、尊重人才，为实行科学决策造成了必要的社会的、政治的、观念的有利条件。正是在这样的一种形势下，各类的咨询机构，特别是各级政府的政策咨询研究机构，从无到有，从小到大，较快地发展起来，这标志着我国决策科学化的进程在加快。可以预料，随着我国社会主义现代化建设事业的蓬勃发展，随着经济改革和对外开放的深入进行，随着政治体制改革的逐步实施，咨询研究工作越来越显得重要，对它的需要也会愈加迫切，我国的咨询研究机构必将得到进一步的加强、完善和发展。

二　决策的民主化、科学化迫切要求咨询研究工作的民主化、科学化

政策咨询研究机构，是为各级领导提供思路、方法、策略、方案及其论证的，是为各级领导出谋划策的。因此，咨询研究自身工作的科学化是决策科学化的重要前提。当然，咨询研究工作有时也难免会出现差错，但是我们应该尽量把可能产生的失误减少到最低程度，为领导提供科学的决策依据。一项错误的政策建议可能会产生很大的危害。这个问题必须引起咨询研究工作者的重视，我们必须以高度的政治责任感，严肃认真地加以对待。否则，那就是失职。

什么是咨询研究工作的科学化，怎样做才能实现咨询研究工作的科学

化，是个需要解决的新课题。在这里把问题提出来，请大家共同讨论研究。下面根据实际工作中存在的问题，讲一些不太成熟的想法，供同志们参考。

实现咨询研究工作的科学化，有些一般的原则必须遵守。首先，要遵循经济技术社会发展的各种客观规律。除了掌握事物发展的一般规律之外，还要掌握某种事物在中国发展的特殊规律，这就要求我们掌握和熟悉国情，从实际出发，从国情出发。其次，要对所研究的问题进行周密地调查研究，系统地占有信息资料。再次，要运用马克思主义的科学理论和科学方法，作为研究、分析问题的思想武器。为了提高咨询研究工作科学化的程度，除了遵守上述一般原则以外，还应注意以下几方面的问题。

第一，注意对事物做系统的分析。过去我们进行咨询研究工作，往往只抓某个问题或一个问题的某个方面，在追求某个单一目标时，得到了某一方面的利益，却损害了其他方面的利益，或给今后的发展带来困难。出现这种情况，是由于我们缺乏整体观念、系统观念，忽视了事物之间的联系和制约关系。在研究复杂问题时，我们必须运用系统分析方法，把研究的问题看做一个整体和统一的系统，并把它分解为许多小的子系统，揭示影响分系统的因素及其相互关系，在综合分析的基础上选出最优方案。现代社会中要决策的问题，一般是多因素的、大系统的、动态的综合性问题，我们不能只孤立地研究某项决策，应该把它放进经济技术社会发展的大系统中，对多种因素进行动态的综合分析，既考虑经济、技术因素，也考虑政治、社会因素，找出解决问题的最佳方案。

第二，注意多方案的比较和模拟政策实施的后果。过去，我们对问题的研究，往往只提供一个决策方案，没有选择的余地，这样，决策者也难于辨其好坏、优劣。为了正确解决某个问题，通常存在着多种选择，每种解决方案又各有所长所短。科学的咨询研究，应该提出解决问题的多种方案。在多方案的比较研究中，分析论证每一方案的利弊。要特别注意某些不确定因素、限制性因素对决策方案的影响。要准备多种方案，以适应多种情况的发生，使决策者能站在综览全局的高度，有比较、选择的余地。仅仅为决策者提供政策方案的设计是不够的，还要对方案的实施，在思想上、组织上可能遇到的阻力，进行分析，提出相应的对策。同时，要采用特定的模拟手段，对政策方案实施以后可能产生的经济、技术、社会的效果进行预测。帮助决策者在事前考虑到某项决策可能引起的各种后果，使之更全面地权衡决策方案。

第三，注意科学的预测研究。我们过去的咨询研究一般多从历史的总结和现状的分析出发，而缺乏对未来变化的预测。咨询研究从本质上讲是属于未来范畴的动态研究，因此，科学的咨询研究不仅要把握过去和现在的信息，而且要通过科学的预测掌握未来的趋势。通过科学的预测研究，就可以收集到事物未来发展的规模、质和量的变化、时空变化、影响后果等动态依据。只有掌握了决策所必需的未来发展趋势，才能弥补咨询研究可能存在的缺陷，这种咨询研究才能是完整的、科学的。

第四，注意定性分析与定量分析相结合。定性分析是在逻辑分析、判断推理的基础上发展起来的。抽象出事物的质的规定性是很重要的，过去我们重视对事物进行定性分析，这是必要的。但随着研究对象的日益庞大和复杂，影响事物变化的因素日益增多，仅做定性分析是不够的。过去由于忽视做定量分析，仅凭对个别事例的定性分析就对重大问题做出判断与决策，曾给我们的事业带来许多严重后果。进行定量分析是现代决策研究的一个特点。对复杂事物，要有数据的统计，要掌握反映一定质的事物所具有的量的界限，这样才能求得决策的准确。我们必须在做出定性分析的同时，运用数学、统计学、运筹学、计量学对事物做出定量分析，以使咨询研究工作更加精密化、科学化。当然，定量分析也有一定的局限性，现代经济技术社会发展中的复杂的综合性问题，不可能单靠数学计算来解决。我们要做到咨询研究科学化，就必须既做定性分析，也做定量分析，把定性分析与定量分析结合起来。

第五，注意运用现代科学技术手段。目前我们咨询研究的手段比较落后，无论是信息资料工作，还是分析研究工作，基本上是手工操作，效率很低，缺乏精确性和科学性。依靠这样的研究手段，难以实现咨询研究的科学化。我们要采用现代的研究方法，就必须运用电子计算机等先进的计算工具和测试手段，拥有现代化的信息处理和通信设备，等等。这是实现咨询研究工作科学化的应备条件。

咨询研究工作的科学化需要咨询研究工作的民主化，而这又与决策的民主化是分不开的。为此，决策机关需要创造一个良好的政治环境，培养民主、平等、协商的政治气氛，鼓励咨询研究单位独立思考，使其具有自主研究的主动性。咨询研究单位要想领导之所想，急领导之所急。但是不能仅仅停留在论证或阐述领导的意图上。作为咨询研究机构不可能在每个问题上都和领导的意见或现行政策完全一致。我们还要从所掌握的信息和资料出发，从实际情况出发，想领导之所未想，急领导之所未急，要敢于直言自己的意见，特别是与领导不一致的意见。

咨询研究工作的民主化，要坚决贯彻"双百"方针，提倡大胆探索，提倡百家争鸣。在研究问题时，每个研究人员都有平等的发言权。由于看问题的角度、解决问题的思路不同，有不同意见是正常的。对待不同意见、不同观点不但不能压制，而应鼓励大家勇于探索，勇于提出不同意见，应该通过讨论、争鸣来辨明是非优劣。要重视那些有理有据、经过深思熟虑的不同意见，因为这些意见本身也可能是决策所需要的另一种方案。一个好的决策方案，一般不是在众口一词中得出的，而是充分研究了各种互相冲突的意见之后确定的。要做到这一点，就必须有民主的气氛。这样才能集思广益，充分发挥智力群体的作用，以保证咨询研究的科学化。

为了实现决策的民主化、科学化，还有个决策的法制化问题。任何决策都必须在国家有关法律程序的范围以内进行，而不要背离国家法律程序。属于政府的决策，都要形成法规，这样才能保持决策的稳定性和连续性。在决策的法制化过程中，应该相应地对咨询机构、咨询程序、咨询责任等做出有关法律规定，以使咨询研究工作也有法可依。这也是实现咨询研究工作民主化科学化的重要保证。

三 提高研究人员的素质，加强对咨询研究的组织和管理工作

前面所提出的要求，是为了实现咨询研究工作科学化应该努力实现的

目标。但是，目前咨询研究工作的现状，与民主化、科学化的要求还有一定的距离。在咨询研究机构成立的初期，存在着这样或那样的问题，也是难免的。当前主要应该从研究人员的素质、对咨询研究的组织和管理方面来加强和改善我们的工作。

第一，要培养一支素质较高的研究队伍。咨询研究工作能否做到科学化，关键之一是要有一支政治素质、业务素质较高的研究队伍。这也直接关系到我们的机构能否具有较大的活力和较强的吸引力。现代的咨询研究工作是一种复杂的、综合性很强的思维创造活动，对人员的素质有很高的要求。从这几年的工作实践来看，他们应具备以下的素质或条件：

其一，专业要精深，知识要广博。咨询研究人员应该对某个专业有较深的造诣，同时对其他相关的学科有较多的知识，博中有专，专博相济。咨询的专家应该既是某个方面的专家，又是博学多知的通才。这里所说的知识也包括经验，经验也是咨询人才知识构成中的重要方面。他们应该尽可能地掌握社会科学和科学技术两方面的知识，同时学习运用一些新兴的软科学知识。

其二，要具有政策分析和制定政策的能力。我们的咨询研究工作不能离开正确理论的指导，但更重要的是实践，是为制定政策服务的。因此，我们要熟悉党和国家的大政方针和各项政策，要能够对问题做出政策性分析和思考，结合以往的经验教训和今后的发展需要，得出必要的政策结论，设计出供领导决策的政策性方案。

其三，要具有敏锐的洞察能力、较强的分析能力、综合能力和表达能力。作为咨询研究人员，接受新事物要快，要善于发现新问题，预见新的趋势，并且能够提出新的对策，解决新的问题。特别是能对尚未发生或处于萌芽阶段的问题，提出预警性意见。咨询专家应该具有较强的研究能力，主要包括思维、分析、综合、创造、逻辑推理等能力。要善于用语言、文字、图表、模型等，准确、简明地表达自己的思路和方案。

其四，要具有高度的政治责任感和严谨正派的学风。我们肩负着重大的责任，必须以极大的政治热情和责任感来对待咨询研究工作，对我们所提供的一字一句负责。因为我们任何一点疏忽，都可能引起十分严重的后果。要具有开拓精神和献身精神，甘做无名英雄。要坚持真理，实事求是，敢讲真话，不讲假话。我们所提出的咨询意见应该是资料翔实、视野开阔、观点鲜明、思想辩证，不以奇取胜，不哗众取宠，要树立和自身所担负任务相适应的独特的风格。

在人员的素质方面，我们既强调个人的素质，更强调整体的素质。每个研究人员的知识结构要合理，整个研究机构的人才结构也要合理。作为政策咨询研究机构，应该有从事过经济工作或在综合部门从事过领导工作的同志，也应该有从事过社会科学、自然科学、工程技术研究工作的同志；应该有经验丰富的老同志，也应该有精力充沛，思想活跃的中青年。这样组成的咨询研究机构，才能较好地发挥智囊团的作用。

用高标准来衡量，从总体上看，我们的素质与自身所肩负的任务和责任是很不适应的。有的知识面太窄，有的知识老化，有的缺乏必要的实际经验。缺乏现代管理和决策的知识及有关技能，外语水平较低，也是比较普遍的现象。我们必须从战略的高度来对待提高研究人员素质的问题。我们所需要的人才要经过长期的培养和锻炼，一般院校的毕业生一下子很难适应我们的工作。我们要处理好对人才的使用和培养的关系。要创造条件，做出规划，抓紧对现有研究人员，特别是中青年的培养和提高。作为高级智力机构，不仅要出高水平的研究成果，也要为国家培养出高级人才。这是一项长期的重要任务。

第二，要加强对咨询研究的组织工作。对咨询研究工作科学地进行组织，是实现咨询研究工作科学化、民主化的重要一环。组织社会力量进行研究，这是政策咨询研究机构的性质和任务所决定的。国务院领导同志在今年年初会见联邦德国经济发展专家委员会主席施耐德教授时谈到了咨询研究工作。他说："你们是经济发展专家委员会，我们有一个经济技术社会发展研究中心，可以说也是我们的经济发展专家委员会。""我们叫中心，就是说研究工作不仅靠中心工作的专家，还要组织在全国各地的专家，包括不同观点的人，进行讨论，对政府工作提出这样或那样的建议。"目前各地的政策研究机构一般都在五六十人，即使研究人员的素质都是符合要求的，仅仅依靠自身的力量也难以完成各项咨询研究任务。我们必须与社会上的各有关经济部门、各种研究机构和各类专家学者保持密切的联系和协作，根据不同的研究课题，通过多种形式组织社会力量进行研究，广泛听取、吸收各方面的意见，经过我们的分析、综合，最后形成各种供领导选择的政策建议。回顾这几年的工作，凡是重要一点的研究课题都不是关起门来搞的，都是内部的和外部的专家相结合共向进行研究的。咨询研究机构应该办成开放型的，应该具有较强的吸引力和辐射力。

我们重视组织社会力量进行研究，绝不能忽视自身的研究。我们所说的组织工作不是行政的组织工作，而是研究的组织工作，是要靠专家去完成的，是以文会友。如果自身对某个问题缺乏了解，缺乏研究，那又如何能把这方面的专家、学者吸引住，组织好呢？如果我们不具有一定的研究能力，不搞好自身的研究，那就无法对社会上的研究成果进行判断、综合、深化并使之转化为可供领导决策的政策。既依靠本身的专家，又组织社会上的专家，内外专家相结合，在不同的研究课题上各有侧重，这是通过实践总结出的一条成功的经验。

通过什么形式组织社会力量进行研究，各地已有不少成功的做法。比如，建立特约研究人员制度，召开专家、学者研讨会，委托研究，联合调查研究，联合召开有关会议，建立专题研究组，进行国际学术交流，等等。在形式上可以灵活多样。不管采取什么形式，都要明确外单位参与研究人员的工作任务、权利、义务，要采取民主协商的做法，要与参加者共享研究成果。

第三，要加强我们内部的组织管理工作。我们内部的研究力量也有一个科学的组织和管理问题。研究组织形式多样化，是我们内部组织结构设计应遵循的一个原则。如果单纯按照学科、专业、部门划分研究组室，就无法与研究课题相结合，因为我们研究的课题多是跨学科、跨专业、跨部门的综合性问题。如果按照下达的任务、研究课题划分成课题组，又难于固定，不便管理。兰德公司采用的以学科和任务相结合的研究组织形式，即矩阵式的组织形式，把上述两种组织方法结合在一起，很值得我们研究借鉴。

我们的研究力量很有限，研究课题不能太多，不能四面出击，分散兵力。在研究课题的安排上要注意远近结合，注意课题之间的内在联系，要留有适当的余地，准备完成领导交办的或临时产生的任务。在研究力量的安排上，必须把最强的力量投放到领导最需要的、最紧迫的课题上。我们提倡个人研究，个人研究是基础，但个人研究要和集体研究结合起来。作为智囊团，更重要的是通过各类专家的协作，形成和发挥集体研究的优势。

还必须建立一套科学的咨询研究工作管理制度。除了建立必要的行政管理制度外，在研究课题的选择，研究力量的组织，研究成果的论证、评价、审查以及研究人员的考核等方面都要制定出科学的工作程序和有效的管理制度。有了这些制度，才可以高效率、有秩序地进行咨询研究工作，及时发现并妥善解决研究过程中出现的各种问题，保证研究成果的高质量。

四　总结经验，积极探索，更有效地为各级政府决策服务

咨询研究机构在我国的出现和发展只有短短几年的时间，应当承认，对咨询研究这样一件新的工作我们还缺少经验。各级领导体制从经验决策到科学决策要有一个转变的过程；从事咨询研究工作的同志，从一般调查研究转到政策咨询研究也要有个摸索适应过程。在这两个方面都需要积极探索，不断地总结经验。

政策咨询研究机构是为各级领导人、决策者服务的，许多领导同志都非常重视并正确地使用这类机构，使之在决策科学化中有效地发挥了作用，但有些咨询研究机构的工作还存在一些问题，需要解决。在研究课题的选择上，有时不能紧密地配合各级领导的决策，使领导人感到我们的咨询意见抓不到痒处，或远水不解近渴；还不大善于发挥自身比较超脱、比较综合的优势；有时去做些本来应该由具体业务部门或学术研究机构去做的工作。在研究力量的组织上，有的单纯依靠社会力量，自身缺乏研究能力，中心成了"空心"；有的则只靠自身奋战，没有起到联系社会上的智力为领导决策服务的作用。在研究成果上，有的缺乏时效性，不能在领导

决策之前拿出意见，有的则缺乏科学性和预见性。情报信息工作还普遍薄弱，缺少必要的人才和手段，远不能满足咨询研究工作的需要。对于研究的组织管理工作，有不少单位还尚未开展。有些单位在工作条件上还存在着这样那样的困难。这些问题的出现原因很多，其中重要的一条在于，我们有些同志对咨询研究工作的重要性和规律性认识得还不深。这些问题的解决，要靠各级领导同志的重视和支持，更要靠我们自身的努力。引起各级领导同志重视的关键还在于我们自身的工作。我们这次会议就是要总结和交流这些方面的经验，把我们自身的咨询研究工作再提高一步。

在目前的条件下，加强各咨询研究机构之间的联系和协作，是十分必要的，也是可以做到的。随着咨询研究工作的开展，国务院发展研究中心同各地、各部门的咨询研究机构已经建立了一些联系和协作关系。各地也已经开展了一些区域性的多边联系和协作。比如湖北、山东、江苏、浙江、四川 5 省"中心"每年轮流在各省召开会议，交流经验，研讨问题。再如，省会城市经济研究中心已经召开了两次工作会议，加强它们之间的交流和协作。这次会议也要研究探讨如何在信息的交流和咨询研究工作的合作等方面，建立和加强我们之间的联系与协作，并以此为基础，逐步在我国形成多层次的咨询研究网络体系。

同志们！

这次政策咨询研究工作座谈会是在我国经济体制改革全面展开，政治体制改革已经着手进行的关键时刻召开的。这是我国咨询研究工作中的一件大事，它必将对我国咨询研究工作的发展起着积极的推动作用。我们这一代咨询研究人员，肩负着重大的责任和历史使命。今天，各方面的专家聚集一堂，机会难得，请大家敞开思想，各抒己见，畅所欲言，共同为发展我国的咨询研究事业作出贡献。

这次会议的召开，得到了浙江省委、省政府以及浙江省人民政府经济技术社会发展研究中心的大力支持和协助。在此，我代表全体与会同志对他们表示衷心的感谢！